W0333172

GESTION
DES RESSOURCES
HUMAINES

GESTION SUP

COMPTABILITE - CONTROLE DE GESTION

- ***Contrôle de gestion***
  Le pilotage de la performance
  Löning H., Pesqueux Y.
- ***Le contrôle de gestion stratégique***
  La gestion par les activités
  Lorino P.

STRATEGIE - MANAGEMENT

- ***Diagnostic et décisions stratégiques***
  Atamer T., Calori R.
- ***Le management dans le secteur public***
  Bartoli A.
- ***L'entreprise en 20 leçons***
  Conso P.
- ***Gestion de la banque***
  Coussergues S. de
- ***Les nouveaux fondements de la stratégie d'entreprise***
  Laroche H., Nioche J.-P. & *al.*
- ***Stratégies d'internationalisation***
  Le développement international de l'entreprise (Tome 1)
  Lemaire J.-P., avec la collaboration de Petit G.
- ***Le nouvel environnement international***
  Le développement international de l'entreprise (Tome 2)
  Desgardins B., avec la collaboration de Lemaire J.-P.
- ***Le manager stratège***
  Manuel pratique d'analyse stratégique d'entreprise
  Sicard C.

GESTION - FINANCE

- ***Gestion financière de l'entreprise***
  Conso P. & *al.*
- ***Marchés financiers***
  Gestion de portefeuille et des risques
  Jacquillat B., Solnik B.
- ***Méthodes statistiques en gestion***
  Tenenhaus M.

GESTION INDUSTRIELLE

- ***Politique d'achat et gestion des approvisionnements***
  Bruel O.
- ***La logistique d'entreprise***
  Vers un management plus compétitif
  Tixier D., Mathe H., Colin J.

DROIT DE L'ENTREPRISE

- ***Droit européen des affaires***
  Corruble P.
- ***L'essentiel du droit des affaires***
  Guéry G.
- ***Pratique du droit du travail***
  Guéry G.
- ***Introduction aux droits anglais et américain***
  Séroussi R.

RESSOURCES HUMAINES

- ***Gestion des ressources humaines***
  Cadin L., Guérin F., Pigeyre F.

À PARAITRE

- ***Le contrôle de gestion***
  Pesqueux Y. , Löning H.
- ***Droit européen des affaires***
  Corruble Ph.
- ***Le management d'équipe***
  Petit & al.
- ***Systèmes d'information***
  Delmont M.-H.
- ***Le gestion de trésorerie***
  Rousselot
- ***Gestion industrielle et logistique***
  Mathe & al.
- ***Le contrôle de gestion***
  Pesqueux Y. , Löning H.
- ***Droit pénal des affaires***
  Courroye Ph.

GESTION
DES RESSOURCES
HUMAINES

Loïc Cadin
Francis Guérin
Frédérique Pigeyre

DUNOD

Loïc CADIN, diplômé de l'ESSEC et titulaire du doctorat HEC est actuellement professeur à l'ESCP. Il a exercé diverses responsabilités dans les domaines de l'organisation et de la gestion des ressources humaines au sein des groupes Danone et Bull. Il est l'auteur avec J.-F. Amadieu *de Compétence et Organisation qualifiante*, Economica, 1996.

Francis GUÉRIN, diplômé de l'ESC Rouen, titulaire d'un DESS de gestion du personnel et d'un DEA de sciences sociales est actuellement professeur et responsable du département Gestion des ressources humaines de l'ESC Le Havre. Il a exercé pendant plusieurs années des fonctions de consultant en gestion des ressources humaines.

Frédérique PIGEYRE est diplômée de l'ESCP et docteur en sociologie du travail. Après avoir exercé des responsabilités de gestion des ressources humaines en entreprise et des activités de conseil, elle est aujourd'hui maître de conférences au CNAM. Elle a collaboré à différents ouvrages dans le domaine de la gestion des ressources humaines, en particulier sur l'évaluation des compétences et sur les relations entre savoir et action.

Ce pictogramme mérite une explication. Son objet est d'alerter le lecteur sur la menace que représente pour l'avenir de l'écrit, particulièrement dans le domaine de l'édition technique et universitaire, le développement massif du **photocopillage**.

Le Code de la propriété intellectuelle du 1er juillet 1992 interdit en effet expressément la photocopie à usage collectif sans autorisation des ayants droit. Or, cette pratique s'est généralisée dans les établissements d'enseignement supérieur, provoquant une baisse brutale des achats de livres et de revues, au point que la possibilité même pour les auteurs de créer des œuvres nouvelles et de les faire éditer correctement est aujourd'hui menacée.

DANGER

LE PHOTOCOPILLAGE TUE LE LIVRE

Nous rappelons donc que toute reproduction, partielle ou totale, de la présente publication est interdite sans autorisation du Centre français d'exploitation du droit de copie (**CFC**, 3 rue Hautefeuille, 75006 Paris).

© Dunod, Paris, 1997

ISBN 2 10 003688 2

Toute représentation ou reproduction intégrale ou partielle faite sans le consentement de l'auteur ou de ses ayants droit ou ayants cause est illicite selon le Code de la propriété intellectuelle (Art L 122-4) et constitue une contrefaçon réprimée par le Code pénal. • Seules sont autorisées (Art L 122-5) les copies ou reproductions strictement réservées à l'usage privé du copiste et non destinées à une utilisation collective, ainsi que les analyses et courtes citations justifiées par le caractère critique, pédagogique ou d'information de l'œuvre à laquelle elles sont incorporées, sous réserve, toutefois, du respect des dispositions des articles L 122-10 à L 122-12 du même Code, relative à la reproduction par reprographie.

TABLE DES MATIÈRES

Introduction 1

1 QU'EST-CE QUE LA GRH ? 3

Section 1 De l'administration du personnel à la GRH 5

1. Les dénominations, indices de références théoriques 6
2. Gestion de la main-d'œuvre et modèles productifs 8
3. Gestion de la main-d'œuvre et modèles nationaux 12
4. Retour sur le statut des savoirs en GRH 15
4.1. La mise en cause de la notion de poste 16
4.2. Le glissement de l'instrumentation au modèle instrumental 18

Section 2 Pratiques et politiques en GRH 20

1. Des politiques aux pratiques 20
1.1. Priorité aux processus de décision 20
1.2. Les décisions font intervenir des jeux d'acteurs 22
2. La notion de responsabilité partagée 23
3. Universalisme ou contingence ? 25
3.1. La GRH est contingente 25
3.2. La GRH et les pratiques informelles 28

L'essentiel 31

PREMIÈRE PARTIE
LES CHOIX FONDAMENTAUX DE POLITIQUE SOCIALE DE L'ORGANISATION

2 LES RELATIONS PROFESSIONNELLES 34

Section 1 Conflit et négociation 35

1. Le conflit et ses formes 35
2. L'analyse de conflit 36
2.1. Le postulat de rationalité 37

© Dunod – La photocopie non autorisée est un délit.

2.2. Les enjeux du choix des enjeux 38
2.3. Action collective et systèmes de valeurs 38
3. La négociation et ses modèles sous-jacents 39
3.1. La négociation-contrat 40
3.2. Des comportements à élucider 40
3.3. La négociation-manifestation 41
3.4. Conflictualité apparente et conflictualité réelle 43
4. La notion de régulation sociale 44
4.1. Le travail comme production de règles 45
4.2. La distinction de deux types de règles 45

Section 2 Les origines du système français de relations professionnelles 47
1. La notion de système de relations professionnelles 47
1.1. Les acteurs 48
1.2. Les contextes 49
1.3. L'idéologie 49
1.4. Les règles 49
2. La construction du syndicalisme français 50
2.1. Les grandes dates de l'histoire sociale française 50
2.2. Les différentes formes organisationnelles du mouvement ouvrier 52
2.3. Le pluralisme syndical 55
2.4. Évolutions des alliances et des clivages 58

Section 3 Les principaux traits du système français et ses incertitudes 60
1. Esquisse d'une modélisation du système français 60
2. La comparaison avec le système allemand 62
2.1. Les acteurs du système de relations professionnelles 63
2.2. Les règles de représentation 63
2.3. Tableau comparatif de deux systèmes de relations professionnelles 67
3. Les évolutions récentes 68
3.1. Le désengagement de l'État français 68
3.2. La mesure de l'audience syndicale 70
3.3. Les facteurs d'affaiblissement du syndicalisme 75

L'essentiel 79

3 GESTION DE L'EMPLOI ET ANTICIPATION EN GRH 80

Section 1 Les modèles successifs de gestion de l'emploi 81
1. Planification stratégique et gestion prévisionnelle 81
2. De la gestion prévisionnelle des effectifs à celle des carrières 83
3. Le premier choc pétrolier et ses conséquences 83

Section 2 Le schéma de base de la gestion de l'emploi 85
1. Les principes de fonctionnement du schéma de base 85
2. Quelques outils élaborés à partir du schéma de base 86
2.1. L'analyse des ressources disponibles 86
2.2. La connaissance réelle et prospective des emplois 87

3. Les vertus du schéma de base 90
3.1. Des apports instrumentaux utiles à la réflexion 90
3.2. Un surcroît de légitimité pour les DRH 90
3.3. Une meilleure cohérence dans le système de GRH 90
4. Les limites du schéma de base 92
4.1. Des limites liées à l'anatomie du modèle 92
4.2. Un fonctionnement social réel sous-estimé 94
4.3. Des utilisations controversées 95
4.4. Exemple : les techniciens supérieurs chez Electropro 95

Section 3 Les questions liées à la mise en œuvre de la gestion de l'emploi 97
1. Le champ d'action du modèle de GPE 97
2. L'importance de la communication 99
3. De la gestion prévisionnelle à la gestion préventive 100

Section 4 La notion de compétence et sa contribution à la gestion de l'emploi 101
1. L'identification des compétences 102
1.1. Une conceptualisation inachevée 102
1.2. Analyse du travail et compétence : une liaison problématique 103
2. Les méthodes de repérage et de codification des compétences 104
2.1. L'approche par les connaissances professionnelles 104
2.2. L'approche par le potentiel estimé 105
2.3. L'approche par les savoir-faire opérationnels 105
2.4. L'approche par les démarches intellectuelles 105
3. Gestion anticipée des compétences et stratégie 106

L'essentiel 108

4 LA FLEXIBILITÉ DES RESSOURCES HUMAINES 109

Section 1 Visite guidée dans l'univers de la flexibilité 111
1. L'emploi «salarié» et ses avatars 113
2. L'émiettement de l'emploi «à temps plein» 114
2.1. Quelques rappels historiques 114
2.2. La réduction du temps de travail 116
2.3. L'aménagement du temps de travail 118
3. La raréfaction de l'emploi «à durée indéterminée» 119
4. La fin de l'unité de lieu 122
5. Un processus d'individualisation/collectivisation 123
6. Une poussée vers la déréglementation 125
7. Quelques typologies classiques de la flexibilité 126

Section 2 Les différents usages de la flexibilité 129
1. Les facteurs restrictifs d'une politique de flexibilité 130
1.1. Des incompatibilités 130
1.2. Différentes situations envisageables 131

© Dunod – La photocopie non autorisée est un délit.

2. Les conditions de mises en œuvre des flexibilités 132
2.1. Les conditions de la flexibilité quantitative (interne ou externe) 133
2.2. Les conditions de la flexibilité qualitative 134

L'essentiel 138

DEUXIÈME PARTIE
LE SOCLE DE LA RELATION D'EMPLOI

5 CLASSIFICATION ET RÉMUNÉRATIONS 141

Section 1 Les fondements de la rémunération 142
1. Précisions de vocabulaire 142
2. La base du système de rémunération 143
2.1. Une alternative simple : la personne ou l'emploi 143
2.2. Évolution historique des classifications 146
2.3. La résurgence du débat 147
2.4. La classification entre objectivation et négociation 150
3. Les enjeux individuels et organisationnels de la classification 151
4. Les méthodes d'évaluation des emplois 153
4.1. Les méthodes globales 153
4.2. Les méthodes analytiques (ou critérielles) 154
4.3. Quelques problèmes liés au choix d'une méthode 155

Section 2 Les questions classiques en matière de rémunération 156
1. La masse salariale : définition, contraintes, maîtrise 156
2. L'élaboration des politiques de rémunération 158
2.1. Réponse à des enjeux économiques et sociaux 158
2.2. Les différents systèmes de rémunération 158
3. La notion de rémunération globale 163
3.1. La rémunération directe : entre part fixe et part variable 163
3.2. Les différents types de périphériques 165
3.3. Le mix du système de rémunération 166

Section 3 Rémunération et stratégies d'entreprise 167
1. Contraintes et objectifs stratégiques de la rémunération globale 167
2. Nouvelles configurations organisationnelles et rémunérations 169
3. Stades de développement de l'entreprise et système de rémunération 171

L'essentiel 173

6 LE RECRUTEMENT 174

Section 1 L'efficacité des outils de sélection : une fausse bonne question ? 175
1. L'entreprise Infomax 176
1.1. Une opération de recrutement apparemment très soignée 176
1.2. Des choix cependant très discutables 178

1.3. Apports de l'exemple Infomax 181

2. Validité et utilité des outils de sélection 183
2.1. La notion de validité 183
2.2. L'usage des méthodes de sélection 185
2.3. Le cas particulier de l'entretien 189

Section 2 Le recrutement dans toutes ses étapes 190

1. La sélection, moment d'un processus plus vaste 190
1.1. Une représentation classique du processus de recrutement 191
1.2. Conséquences sur l'importance de la sélection 196

2. L'influence du contexte économique 197
2.1. L'effritement du statut privilégié des cadres 197
2.2. L'essor des relations de proximité dans le recrutement 199
2.3. Les marchés internes de recrutement 201

3. L'apport des modèles administratif et politique de la décision 202
3.1. Un processus de décision apparemment rationnel 202
3.2. Le modèle administratif 203
3.3. Le modèle politique 206

Section 3 Les autres fonctions du recrutement 207

1. L'ethnologie et la sociologie interactionniste 207
1.1. L'ethnologie 207
1.2. Les principes de la sociologie interactionniste 210
1.3. Application au recrutement 212

2. Reproduction sociale et formation des élites 214
2.1. La reproduction sociale selon P. Bourdieu 214
2.2. Les modèles nationaux de constitution des élites 216

L'essentiel 219

7 L'APPRÉCIATION 220

Section 1 Les composantes de tout processus d'évaluation 222

1. Un exemple de révisions de l'appréciation 222
1.1. La réforme prévue par l'institution 222
1.2. Les questions de mise en œuvre imprévues 223

2. Les composantes interdépendantes d'un processus d'évaluation 225
2.1. La visée, ou pourquoi évaluer ? 225
2.2. L'objet, ou évaluer quoi ? 228
2.3. Les acteurs, ou qui participe à l'évaluation ? 229
2.4. Les procédures, ou évaluer avec quoi ? 230
2.5. Le référentiel, ou au nom de quoi évaluer ? 231

Section 2 L'appréciation au fil du temps et des théories managériales 235

1. Les théories managériales et l'appréciation 235
1.1. Management scientifique et appréciation 235
1.2. Le courant des relations humaines et l'appréciation 236
1.3. Processus de décision en GRH et appréciation 237

© Dunod – La photocopie non autorisée est un délit.

2. Les difficultés de conception et d'évolution de systèmes d'appréciation 239
2.1. Excès de visées 239
2.2. Visées incohérentes avec les processus de décision 239
2.3. Absence d'enjeux réels de la procédure d'appréciation 239
2.4. Problème de la pertinence du choix de l'appréciateur 240
2.5. Implication purement verbale des dirigeants dans le processus 240
2.6. Déficits en formation ou information 240

Section 3 Nouveaux regards sur l'appréciation 241
1. La sociologie de la régulation 241
2. L'approche par la culture nationale 243
2.1. Les fondements de cette approche 243
2.2. Fondements culturels de l'appréciation 244
3. La sociologie interactionniste 246

L'essentiel 249

TROISIÈME PARTIE
LE DÉVELOPPEMENT DU POTENTIEL HUMAIN

8 MOBILITÉ ET GESTION DE CARRIÈRES 253

Section 1 Les principaux déterminants des trajectoires professionnelles 254
1. La mobilité : une réalité hétérogène 254
1.1. Les différentes formes de mobilité 254
1.2. L'influence des caractéristiques internes 255
1.3. L'ancrage organisationnel et sociétal des pratiques de mobilité 258
2. Les conditions d'instauration de la gestion des carrières 261
2.1. La carrière comme contrat implicite 261
2.2. La mobilité comme mode de régulation dans les marchés internes 262
3. Les freins à la mobilité 264
3.1. Les freins structurels 264
3.2. Les freins dans les politiques de GRH 265
4. Présentation de quelques outils de gestion de la mobilité : 266
4.1. La nécessité de définir une politique de mobilité 266
4.2. Les principaux outils de la gestion des carrières 266

Section 2 La carrière : notion d'avenir ou du passé ? 271
1. La carrière : une notion à l'épreuve 271
2. La ligne brisée des trajectoires professionnelles 273

Section 3 De nouvelles perspectives pour la notion de carrière : entre responsabilité organisationnelle et responsabilité personnelle 274
1. Les pratiques d'orientation : une tentative de conciliation des intérêts de l'entreprise et des individus 274

1.1. Quelques éclairages sur l'origine d'un concept 274
1.2. L'orientation en entreprise 276
2. De la compétence au bilan de compétences 277
2.1. Gestion des compétences et mobilité : le développement de la validation des acquis 277
2.2. Le bilan de compétences et ses usages 278
3. L'employabilité : nouvelle responsabilité de la GRH ? 280
3.1. Employabilité et chômage 280
3.2. La notion d'employabilité en GRH 281

L'essentiel 283

9 LA FORMATION PROFESSIONNELLE CONTINUE 284

Section 1 Une pratique en tensions 285
1. Tension entre l'entreprise et l'État 285
1.1. La faible tradition de formation de l'entreprise française 285
1.2. L'implication croissante de l'État 288
1.3. Attitudes des entreprises vis-à-vis de la formation 291
2. Tension entre l'entreprise et l'individu 294
2.1. L'impossible harmonie des intérêts 294
2.2. Les multiples finalités du plan de formation 296
3. Tension entre situation de travail et situation de formation 298
3.1. Un bref retour sur l'histoire 298
3.2. Le retour de la formation par le travail 299

Section 2 La formation : seulement une pratique de gestion ? 303
1. Nécessité d'une approche gestionnaire 303
1.1. L'idée de formation-investissement 304
1.2. L'ingénierie de formation 305
2. Un investissement pas comme les autres 309
2.1. Problèmes liés à la notion d'investissement 309
2.2. Les enjeux organisationnels de la formation 315
3. Changer la formation ? 318
3.1. L'investissement-formation : une innovation conceptuelle ? 318
3.2. La formation professionnelle continue comme système 319
3.3. Les limites à la plasticité de l'individu 321

L'essentiel 323

Bibliographie 325

Index 331

© Dunod – La photocopie non autorisée est un délit

INTRODUCTION

Commençons par un petit test ! Quel lecteur pourrait soutenir qu'il n'a aucune idée sur la manière dont les entreprises s'y prennent pour recruter ? Lequel pourrait garantir qu'il n'a jamais feuilleté une de ces enquêtes de salaires dont les magazines font périodiquement leur couverture ? Qui oserait affirmer qu'il ne peut citer aucune organisation dont la gestion de carrière des salariés illustre ou approche la façon dont il aimerait être géré ou se gérer lui-même ?

Notre hypothèse est qu'il n'y a pas sous-information sur le domaine de la gestion des ressources humaines, mais sur-information. Les médias se font l'écho d'une pléthore de discours sur les dernières techniques promues par les consultants, de déclarations de dirigeants et de témoignages plus ou moins sincères.

Pourquoi proposer alors un livre de plus sur la question ? D'une part, l'information n'est pas la connaissance. Plus il y a d'informations et plus le besoin de mettre de l'ordre dans les idées et de disposer de schémas explicatifs est nécessaire. D'autre part, ce besoin est primordial en gestion des ressources humaines, car c'est un domaine de connaissances fort jeune, même s'il traite de questions qui ne le sont pas. En effet, depuis que les organisations existent, elles prennent quotidiennement des décisions qui concernent leur main-d'œuvre, terme à prendre dans son extension la plus large (de l'OS au PDG). Il faut ajouter que les mutations actuelles de l'économie et de l'emploi questionnent fortement la gestion des ressources humaines.

Le présent ouvrage entend ne pas se contenter de la présentation de ce que font les entreprises considérées comme les plus exemplaires ni de l'administration de quelques recettes censées résoudre les problèmes courants. Il prétend permettre aux lecteurs de faire le lien entre les techniques ou démarches mises en œuvre dans les organisations et des connaissances plus fondamentales ou des apports des disciplines sur lesquelles s'adossent les sciences de gestion, principalement la sociolo-

© Dunod – La photocopie non autorisée est un délit.

gie, l'économie et la psychologie. Le but est que le lecteur puisse être capable de porter un regard critique sur ces pratiques et contribuer à leur évolution.

Cet ouvrage correspond à un travail de ré-élaboration du cours de gestion des ressources humaines de l'ESCP. Il est fondé sur un enseignement suivi par tous les étudiants de l'école lors de leur cursus de deuxième année. Il ne s'agit donc pas d'un enseignement de spécialisation, mais bien d'un enseignement fondamental s'adressant à des futurs cadres d'entreprise appelés à exercer à un horizon plus ou moins proche des responsabilités d'encadrement et, à ce titre, à prendre des décisions affectant les personnes placés sous leur responsabilité. Des variantes de ce cours sont également enseignées en troisième année d'école d'ingénieur et dans le cadre d'actions de formation permanente.

Cet ouvrage s'adresse donc en premier lieu aux étudiants de deuxième cycle de l'enseignement supérieur, aussi bien des écoles de gestion que des universités et des écoles d'ingénieur. Il intéressera également ces cadres d'entreprise soucieux de connaître les fondements des techniques qu'ils sont amenés à pratiquer ou souhaitant conduire un diagnostic de la gestion des ressources humaines dans leur organisation. Enfin, même s'il suppose un minimum de connaissances de l'organisation et du fonctionnement d'une entreprise, il se veut accessible à des lecteurs n'ayant jamais suivi d'enseignement de gestion des ressources humaines.

La pédagogie à partir de laquelle cet ouvrage a été développé s'appuie largement sur des cas pratiques, tirés pour la plupart des expériences opérationnelles des auteurs. Ces cas mettent en scène des difficultés récurrentes auxquelles sont confrontées les organisations en matière de gestion des ressources humaines. Leur exploitation repose sur des grilles d'analyse et des schémas théoriques permettant de s'extraire de la singularité du cas étudié et de disposer de concepts et de méthodes transférables à d'autres situations.

1 QU'EST-CE QUE LA GRH ?

Qu'est-ce que gérer des ressources humaines ? «Faire en sorte que l'entreprise ou l'organisation à laquelle on s'intéresse dispose en temps voulu des personnels dont elle a besoin», répondent en chœur ceux à qui l'on pose cette question.

Atteindre cette adéquation des ressources et des besoins, est-ce si compliqué ? Cela mérite-t-il qu'on y consacre tant d'ouvrages ? Ne suffit-il pas de s'adresser au marché du travail lorsque l'entreprise a un besoin, et de remettre à disposition du marché du travail lorsque ce besoin cesse ?

A-t-on besoin d'autre chose finalement que d'être au clair sur ce qu'on attend du personnel et de disposer d'un minimum de connaissances du droit du travail et des usages en vigueur sur le marché de l'emploi ?

La GRH n'est-elle pas affaire de bon sens, ou du moins de sens des relations humaines ? Peut-on apprendre la GRH ? N'est-ce pas par excellence une affaire d'expérience et d'intuition, ou de cas singuliers se prêtant mal à la généralisation ? Y-a-t-il des connaissances en GRH ? Quelle est leur validité scientifique ?

Voici quelques questions fondamentales qu'un chapitre introductif ne peut éluder, sans être en mesure toutefois d'y apporter des réponses définitives. Chaque lecteur est voué à s'interroger en situation sur les enjeux de la GRH, à se demander quels sont les effets des différentes manières de nouer, entretenir ou défaire une relation d'emploi.

Section 1 ■ De l'administration du personnel à la gestion des ressources humaines

Section 2 ■ Pratiques et politiques en GRH

© Dunod – La photocopie non autorisée est un délit.

Comme les autres domaines de la gestion (marketing, finance, production...), la gestion des ressources humaines (GRH) est une pratique et elle entend bien être aussi une discipline. En tant que pratique, elle correspond à une fonction de l'entreprise au sens où H. Fayol l'entend, même si celui-ci ne l'avait pas identifiée en tant que telle[1], à savoir un ensemble d'activités ayant un rôle spécifique à jouer par rapport à la mission générale de l'organisation, notamment de permettre à celle-ci de disposer en temps voulu des ressources humaines correspondant à ses besoins en qualité et quantité ; d'autres diraient de transformer du travail en performances collectives.

La GRH se veut aussi «une discipline des sciences sociales consistant à créer et à mobiliser des savoirs variés utiles aux acteurs et nécessaires pour appréhender, comprendre, négocier et tenter de résoudre les problèmes liés à la régulation du travail dans les organisations»[2].

Cette formulation est très large et dépasse le champ que le présent ouvrage entend traiter. En effet, elle inclut des domaines tels que celui de l'organisation, du fonctionnement des groupes et de leur conduite, de la communication que nous n'aborderons pas, si ce n'est de façon incidente[3]. Notre propos porte sur les actes qui conditionnent la trajectoire du salarié dans l'organisation, de son recrutement à son départ, en passant par ses affectations successives et l'évolution de sa rémunération. Ces conditions sont en partie définies par le droit et la négociation collective. Le droit du travail fait l'objet de nombreux manuels et enseignements spécifiques : aussi nous contenterons-nous de quelques emprunts. En revanche, nous aborderons la négociation collective à partir des relations professionnelles.

Le découpage du domaine qu'opère le présent ouvrage peut sembler artificiel d'un point de vue théorique. Il correspond en fait au domaine d'intervention des services de ressources humaines, ce qui ne veut pas dire que ces actes sont des attributions exclusives de ces services, comme nous le verrons plus loin. La pratique de la gestion des ressources humaines a précédé la théorie, et les structurations correspondant aux exigences de l'action et de la production de connaissances ne coïncident pas toujours ; il y a tension, voire friction, entre les impératifs de l'action et les démarches de la théorie. Nous n'entendons pas occulter ces tensions, qu'on retrouve dans les autres champs de la gestion et qui sont finalement fécondes.

Elles sont au cœur des trois questions que nous souhaitons poser pour expliquer les partis pris qui sous-tendent cet ouvrage :

---

1. Fayol H. (1841-1925) publie en 1916 ce qui est considéré comme le premier ouvrage de management, *Administration industrielle et générale*. Il écrit : «Toutes les opérations auxquelles donnent lieu les entreprises peuvent se répartir entre les six groupes suivants ou fonctions essentielles». Il identifie parmi ces fonctions l'administration (planification, organisation, commandement, coordination, contrôle) et la sécurité (protection des biens et des personnes).
2. Définition adoptée par le GRHEP, groupe de réflexion épistémologique et prospective en GRH, citée *in* Brabet J., et *alii*, *Repenser la GRH?*, Paris, Economica, 1993, p. 224.
3. Ces domaines sont traités, par exemple, *in* Aubert N., Gruère J.P., Jabes J., Laroche H., Michel S., *Management, aspects humains et organisationnels*, Paris, PUF, 1991.

– Les évolutions de vocabulaire substituant la gestion des ressources humaines à l'administration du personnel correspondent-elles à des modifications des enjeux et des contenus ?
– Quel est l'objet d'un cours de GRH ? Est-ce la politique de GRH ou la boîte à outils du gestionnaire des ressources humaines ? Ou autre chose ?
– Y-a-t-il une «bonne» GRH et est-on en mesure de l'énoncer ?

Les réponses à ces questions de base sont loin de faire l'unanimité au sein de la communauté académique des enseignants de GRH et même parmi les praticiens. Aussi tenons-nous à expliciter nos options avant de rentrer dans l'étude des différents leviers de la GRH, car ces choix ne sont pas sans incidence sur la manière d'aborder les problématiques de GRH.

Section 1 DE L'ADMINISTRATION DU PERSONNEL À LA GRH

Titres des manuels comme intitulés des responsables des services spécialisés ont beaucoup fluctué au cours des dernières décennies :
– administration du personnel,
– relations humaines,
– relations sociales,
– gestion du personnel,
– développement social,
– gestion des ressources humaines[1],
pour ne citer que les plus usités.

Il est tentant d'expliquer la valse des intitulés[2] par la pression de la mode. Tel terme deviendrait vieillot, suranné, réactionnaire et, pour ne pas voir sa propre image ou celle de son service contaminée par cette usure de la dénomination, il serait sage de faire peau neuve périodiquement : des pratiques inchangées seraient rebaptisées pour mieux perdurer.

Sans écarter cette hypothèse, qui comporte comme corollaire la précaution de base consistant à vérifier si le changement de flacon et d'étiquette correspond à une modification réelle du contenu, il nous semble stimulant de postuler que les intitulés ne sont pas neutres, qu'ils sont le produit de conventions, qu'ils ont des connotations et plus encore qu'ils constituent des indicateurs de courants d'idées, de sensibilités à repérer.

1. Brabet J., Fenneteau H., «La fonction personnel : évolutions et différenciations», pp.129-142 ; Duyck J.Y., «Les métiers de la fonction ressources humaines : appellations, missions et profils», pp.143-156 ; Roger A., De la gestion du personnel à la gestion des ressources humaines : une analyse de l'évolution de la fonction Personnel à travers les offres d'emploi, pp. 91-106, *in Actes du 1er congrès de l'AGRH*, Bordeaux, 27-28 novembre 1990.
2. Voir à propos de l'évolution terminologique les travaux de Guest D. cités par Léonard E. dans Ingham M., *Management stratégique et compétitivité*, Bruxelles, De Boeck, 1995.

© Dunod – La photocopie non autorisée est un délit.

Il faut d'abord remarquer que les termes énumérés ci-dessus ont tous encore plus ou moins cours et qu'on ne manquera pas de les rencontrer dans les diverses organisations qu'on peut être amené à fréquenter. Toutes les organisations ne sont donc pas saisies par la frénésie de la mode.

Poursuivons avec un exemple classique de convention : les termes «personnel» et «ressources humaines» renvoient quelquefois à la distinction entre collaborateurs et cadres. Explicitons la convention :

- Le personnel est constitué des non-cadres (ouvriers, employés, techniciens et agents de maîtrise) ; il fait l'objet d'une gestion collective, largement réglée par des accords collectifs, qu'ils soient signés dans l'entreprise ou à un niveau supérieur (branche ou région). L'intitulé «relations sociales» est du reste utilisé pour désigner le service qui a en charge les relations avec les représentants du personnel et la mise au point et l'application des règles.
- Les ressources humaines font l'objet d'une gestion individualisée intégrant une dimension d'évolution de carrière : les instruments de gestion et les interlocuteurs mobilisés dans cette perspective sont différents de ceux qui correspondent à la catégorie «personnel».

Cette convention ne se réduit pas à une pure segmentation sociale des membres de l'organisation. Elle renvoie à une vision de la place et de l'impact des différentes catégories de personnel dans la performance de l'organisation.

Essayons justement de relier ces intitulés à des visions de l'homme au travail, à des théories de l'organisation.

1. Les dénominations indices de références théoriques

On peut mettre en rapport intitulés des services spécialisés et grands courants de la théorie des organisations.

- Le terme d'administration, généralement associé à celui de personnel, renvoie à une vision juridique de la main-d'œuvre. Le salarié est considéré comme un ayant droit[1], ce qui n'exclut pas qu'il soit soumis à des obligations et exposé à des interdits. La référence organisationnelle sous-jacente est celle de la bureaucratie avec ses caractéristiques de formalisation, de hiérarchisation, de centralisation et d'impersonnalité. Même si le terme n'est pas employé, on est dans une logique de statuts. La fonction publique représente l'archétype de ce modèle de gestion, mais on en trouve des versions atténuées ou hybrides dans le secteur privé.
- Le terme de relations humaines constitue une référence au courant des relations humaines, lequel a constitué au moins partiellement une remise en cause du modèle bureaucratique. Ce courant a été initié par les expériences d'Hawthorne[2]

1. On pourrait dire un sujet du droit du travail ou des conventions, accords, statuts.
2. Voir Aubert N., Gruère J.P., Jabes J., Laroche H., Michel S., *op.cit.*, pp. 20-22.

et a sensibilisé à la dimension affective de la vie en organisation. Il a mis l'accent sur la motivation et sur les facteurs qui la conditionnent (besoins).
Les pratiques de dialogue et d'expression (démarches participatives), de communication (journaux internes, réunions), de face-à-face (entretien d'appréciation), l'évolution des styles de commandement ont été fortement valorisées. On peut inscrire dans cette filiation théorique l'accompagnement par la GRH de démarches d'élaboration de projets d'entreprise et de renforcement dc la culture d'entreprise.

– Le terme de développement social renvoie au courant socio-technique, qui trouve son origine dans les travaux du Tavistock Institute[1], repris et prolongés par les Scandinaves avec l'expérimentation de formes d'organisation plus autonomes[2]. Ce courant est porteur d'une critique du courant des relations humaines, lequel, en privilégiant la dimension affective et la communication, néglige les déterminants organisationnels et s'avère faire figure d'allié du taylorisme. L'intitulé développement social abrite des préoccupations qui vont selon les problèmes critiques du moment concerner les conditions de travail, les alternatives organisationnelles liées à l'introduction des nouvelles technologies et à l'automatisation, la mise en place de cellules de production plus autonomes ou le déploiement de la qualité totale.

REPÈRES : Référents théoriques de quelques intitulés courants

Intitulés de service	Référence théorique	Actions privilégiées
Administration du personnel	Bureaucratie	Réglementation, procédures.
Service des relations humaines	Courant des relations humaines	Communication, culture
Développement social	Courant socio-technique	Organisation, conditions travail

Les intitulés peuvent être considérés comme des indicateurs d'une inspiration théorique, d'une vision dominante de l'homme au travail. Le repérage de ces filiations théoriques permet de formuler des hypothèses quant aux actions des services concernés ; leur cohérence avec les problèmes dominants de l'entreprise, leurs effets éventuels sont à analyser.

© Dunod – La photocopie non autorisée est un délit.

1. Trist E.L., Bamforth K.W., «Some Social and Psychological Consequences of the Long-wall Method of Coal-getting», *Human Relations*, 3-38, Londres, 1951.
2. Liu M., *Approche socio-technique de l'organisation*, Paris, Les Editions d'Organisation, 1983.

2. Gestion de la main-d'œuvre et modèles productifs

Les dénominations étant versatiles, nous utiliserons dans la suite de ce chapitre celle de gestion de la main-d'œuvre pour les englober toutes et pour qualifier cette fonction qui a pris tantôt l'intitulé d'administration du personnel, tantôt celui de gestion de relations humaines et sociales ou de gestion des ressources humaines. Cette expression est empruntée à l'économie et nous supposerons que le terme «main-d'œuvre» est neutre et recouvre toutes les catégories de personnel, y compris les cadres les plus supérieurs.

Rapprocher les programmes d'action et les structurations internes des services spécialisés de gestion de la main-d'œuvre des différents courants de la théorie des organisations et des évolutions de la pensée managériale est utile, et nous le ferons dans plusieurs chapitres de cet ouvrage. Mais il n'est pas sûr que cela permette de répondre simplement à la question que nous nous posons, à savoir : qu'est-ce que la gestion des ressources humaines et quelles sont les différences fondamentales avec l'administration du personnel ? Autrement dit, il nous semble légitime en termes pédagogiques de construire une opposition entre deux idéaux types, deux pôles stylisés, deux formes dont on force les traits[1]. Ceci suppose effectivement de prendre quelques libertés avec l'histoire et avec la complexité de la réalité. Mais en contrepartie, cela aide à comprendre des évolutions profondes – même si elles sont graduelles – qui affectent l'économie et la société contemporaines.

Il est commode pour rendre compte des mutations des contextes concurrentiels et de leurs implications organisationnelles et humaines de s'appuyer sur l'exemple du secteur automobile, certes très particulier mais à bien des égards emblématique. On évoque ce secteur non seulement parce qu'il parle à chacun, mais aussi parce qu'il accueille de nombreux chercheurs en gestion, parce qu'il donne lieu à de gros efforts de conceptualisation et parce que les modèles qu'il contribue à théoriser sont ensuite exportés dans d'autres secteurs ou leur servent de référence. Il suffit de penser au rôle qu'a joué l'élaboration du «fordisme» dans la mise au point de la production standardisée, à celle du «toyotisme» dans la construction du modèle japonais, pour avoir une idée de l'influence de ce secteur dans le développement de la théorie organisationnelle.

Chacun a en tête cette déclaration prêtée à H. Ford selon laquelle le client peut choisir la couleur qui lui plaît pourvu que ce soit le noir. Cette citation rend compte du souci de standardisation (des produits, des outils et méthodes de travail) qui est à la base du succès de son modèle d'organisation bien connu. L'offre actuelle de n'importe quel modèle automobile dépasse plusieurs centaines de milliers de variantes si on combine les motorisations, les couleurs, les options et les équipements. La qualité fait l'objet de bancs d'essais comparatifs et de notations qui sont un élément déterminant de la réputation du produit et de son succès commercial. Le délai de livraison est devenu également un élément clé de la compétition et, en

---

1. Cette forme de raisonnement est développée par Guérin G., Wils T., *Gestion des ressources humaines, du modèle traditionnel au modèle renouvelé*, Montréal, Les Presses de l'Université de Montréal, 1992.

quelques années, les délais ont été divisés par trois. Chaque nouveau modèle relance les ventes du constructeur automobile concerné ; le raccourcissement de la vie des produits se répercute sur la compression des cycles de développement de nouveaux produits, et nécessite le recours à des démarches d'ingénierie simultanées[1] inusitées[2].

On assiste donc à un double phénomène de complexification des objectifs (figure 1.1.) et à une modification des horizons temporels. Il ne s'agit plus comme au temps de la mise en place de la production de masse d'agir sur les seuls prix de revient, mais d'être performant simultanément sur les dimensions coûts, qualité et flexibilité (délai, variété et innovation).

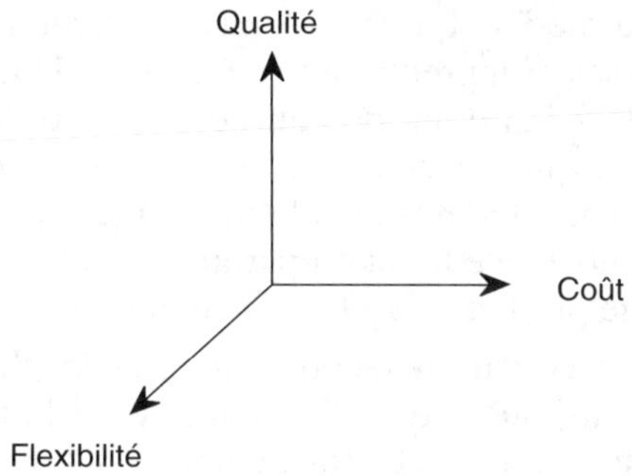

Figure 1.1 : *Les dimensions de la concurrence*

Ceci suppose de recourir à des méthodes de gestion de production nouvelles : juste-à-temps, Kanban, changement rapide d'outils, systèmes anti-erreurs, techniques de fiabilisation et toute la panoplie de la qualité totale. Ces techniques trouvent leur pleine efficacité dans le cadre d'organisations remodelées faisant appel au travail en équipes ou cellules, dotées d'autonomie et responsabilisées sur des objectifs de performances (en termes de qualité, coûts, délais), intégrant des tâches de qualité, de maintenance, de gestion et d'approvisionnements, inscrites dans des lignes hiérarchiques raccourcies[3].

Les énumérations effectuées ci-dessus sont un peu lourdes et fastidieuses, mais il importe de comprendre qu'il ne s'agit pas d'un catalogue de techniques plus ou moins facultatives, mais d'une vision de l'organisation complètement renouvelée :

1. L'ingénierie simultanée consiste à faire travailler en parallèle les fonctions (bureau d'études, bureau des méthodes, achats, fabrication...) qui travaillaient avant en séquence.
2. Voir Womack J.P., Jones D.T., Roos D., *Le système qui va changer le monde*, Paris, Dunod, 1992 et Midler C., *L'auto qui n'existait pas*, Paris, InterÉditions, 1993.
3. Nous passons rapidement sur ces éléments largement développés dans toute la littérature relative au toyotisme et autres formes de dépassement du taylorisme. On peut consulter le chapitre «Modèle systémique et flexibilité» de Veltz P. et Zarifian P. dans : de Terssac G., Dubois P., *in Les nouvelles rationalisations de la production*, Toulouse, Cépaduès Editions, 1992.

© Dunod – La photocopie non autorisée est un délit.

là où on pensait flânerie des ouvriers, on pense flânerie des machines et des matières ; là où on ne voyait pas les stocks et où on pensait série économique optimale, on va devenir obnubilé par les flux. C'est pour cela que les économistes qui cherchent à synthétiser ces modifications systémiques parlent de changement de «modèle productif» et s'interrogent sur la profondeur de ce changement.

La modification des horizons temporels est indissolublement liée à la complexification des objectifs et elle se traduit par une inversion des proportions de temps dédiées respectivement à l'apprentissage et à la routine. Dans le modèle fordien, les phases d'apprentissage sont l'exception et les phases de routine constituent la généralité. Dans le nouveau modèle productif, il en va tout autrement puisque les durées de vie des produits sont raccourcies : à peine commence-t-on à maîtriser la production d'un nouveau modèle qu'on se trouve confronté à l'introduction d'une version restylée. Les phases d'apprentissage deviennent la norme. On sait combien les stratèges sont attachés à la notion de courbe d'apprentissage ; pour eux, gagne celui qui apprend plus vite que ses concurrents. Car c'est bien d'apprentissage collectif comme individuel dont il s'agit et cela met en jeu des compétences. L'émergence de la notion de compétence là où on parlait de qualification est concomitante du changement de modèle productif dont nous cherchons à rendre compte.

Le modèle taylorien est conçu de façon à intégrer le plus rapidement possible une population de faible niveau de qualification grâce à la forte division du travail et à la simplification qu'il opère : historiquement il a permis d'employer dans l'industrie une population rurale, étrangère, faiblement alphabétisée. Par construction, il est fondé sur un personnel substituable.

Les évolutions organisationnelles évoquées ci-dessus éloignent de cette substituabilité [1] :

- les niveaux de compétences mis en œuvre sont plus élevés (la polyvalence, la responsabilisation sur des performances multiples, la participation aux groupes d'amélioration de la qualité, l'autonomie et la diminution du nombre de niveaux hiérarchiques) ;
- la coopération au sein de l'équipe est à la fois facteur de performance globale et aussi une condition de production d'améliorations permanentes ; elle suppose des routines de coordination qui sont lentes à se créer.

L'expression «logique de compétence»[2] s'efforce de rendre compte de l'impératif de mutation de la gestion de la main-d'œuvre correspondant à ce changement de modèle productif. Elle entend s'opposer à celle de «logique de poste», qui correspond au modèle taylorien.

En s'appuyant sur le changement de modèle de production, on est fondé à opérer une opposition entre administration du personnel et gestion des ressources humaines.

1. Dans le chapitre 4 nous nuancerons cette formulation quelque peu caricaturale.
2. Zarifian P., «L'émergence du modèle de la compétence» *in* Stankiewicz F., *Les stratégies des entreprises face aux ressources humaines*, Paris, Economica, 1988.

REPÈRES : La GRH comparée à l'administration du personnel

Gestion de la Main-d'œuvre	Administration du personnel	Gestion des Ressources humaines
Conception de la main-d'œuvre	Personnel substituable	Actif spécifique
Mode d'action	Réaction	Anticipation
Statut de la Main-d'œuvre	Variable d'ajustement	Variable stratégique
Statut du responsable fonction	Modeste chef du personnel	DRH membre du comité de direction

Dans une perspective «gestion des ressources humaines», la main-d'œuvre est un actif spécifique, en ce sens qu'elle est porteuse de compétences particulières à l'organisation concernée, compétences qui ne s'acquièrent que dans l'organisation et non instantanément. Bien sûr, on peut affiner l'analyse en distinguant les compétences générales et les compétences spécifiques, en précisant l'étendue et le degré de la spécificité et en qualifiant la plus ou moins grande transférabilité des compétences en question.

La notion d'actif spécifique a été développée par G. Becker qui est un pionnier de la théorie du capital humain[1]. Cette approche en termes de capital humain confère une légitimité économique à l'investissement sur les ressources humaines. Elle invite à prendre en compte les pertes de compétences que peut occasionner une flexibilité externe[2] inconsidérée.

Dans une perspective de forte substituabilité de la main-d'œuvre, l'ajustement des effectifs au besoin est susceptible d'être atteint par des réductions d'effectifs : licenciement lorsque la conjoncture le requiert et ré-embauche lorsque le besoin s'en fait sentir.

Dans une perspective «gestion des ressources humaines», l'avantage concurrentiel est conçu comme une compétence difficilement imitable et repose largement sur les compétences individuelles et les routines de coordination. La préférence pour la flexibilité interne, laquelle consiste à jouer sur la mobilité interne et sur la formation pour faire face à l'évolution quantitative et qualitative des emplois, suppose un effort d'anticipation car la transformation des compétences est un processus lent. Les chapitres 3 et 4 reviennent sur les thèmes de l'anticipation et de la flexibilité aussi ne commenterons-nous pas plus longtemps ce tableau.

Le statut du titulaire de la fonction personnel ou ressources humaines est un indicateur de différenciation des deux perspectives, mais il convient de ne pas le surestimer. Il est peu probable qu'un chef de personnel ne participant pas au comité de

1. Becker G.S., *Human capital*, New York/Londres, Columbia University Press, 1964.
2. Voir chapitre 4 relatif à la flexibilité.

© Dunod – La photocopie non autorisée est un délit.

direction exerce une influence stratégique sur l'entreprise, mais on peut avoir un DRH, membre du comité de direction, dont l'influence réelle est négligeable sur les décisions stratégiques.

Référer les pratiques de gestion de la main-d'œuvre à un modèle productif revient à s'interroger sur le type de modèle productif dans lequel s'inscrit l'organisation à laquelle on s'intéresse ; il ne faudrait pas considérer que l'ère taylorienne-fordienne est révolue et que l'ensemble des organisations actuelles relève d'un modèle post-taylorien. Toutes les organisations ne sont pas exposées aux mêmes règles concurrentielles ; il existe aujourd'hui des organisations tayloriennes très performantes et des secteurs en voie de taylorisation. Certains auteurs considèrent même que le modèle taylorien gagne du terrain, que les organisations post-tayloriennes sont surmédiatisées et ne sont nullement représentatives du tissu industriel[1].

En résumé, il ne nous semble pas inutile d'inviter ceux qui s'intéressent à la gestion des ressources humaines d'une organisation à se poser la question du type de règles du jeu économique auxquelles elle se trouve confrontée, et d'interroger le degré de spécificité et de substituabilité de la main-d'œuvre qu'elle emploie. Mais ce n'est pas suffisant pour comprendre les pratiques de GRH et, de plus, cela risque d'induire une approche excessivement déterministe, qu'il s'agisse de déterminisme économique ou technologique[2].

3. Gestion de la main-d'œuvre et modèles nationaux

Nous avons parlé tantôt de taylorisme et tantôt de modèle fordien ou de modèle taylorien-fordien. Nous ne reviendrons pas sur le taylorisme, que nous supposons connu, mais il n'est pas inutile de rappeler l'apport spécifique de H. Ford. En effet, si H. Ford utilise tout à fait les acquis du taylorisme (décomposition de chaque tâche en opérations élémentaires, attribution de chacune des parcelles à des ouvriers déqualifiés, préparation et contrôle du travail), il introduit quant à lui trois innovations majeures :

– standardisation extrême du produit en vue d'une production en très grandes quantités. L'entreprise en vient à produire elle-même des machines-outils spécialisées facilitant l'interchangeabilité des pièces et le montage sans l'opération préalable du finissage ;
– la chaîne de montage continu. F.W. Taylor était centré sur l'efficacité du travailleur. H. Ford pense la redéfinition du processus en termes de mécanisation ;
– *5 $ a day*. Il s'agit à l'époque d'un quasi-doublement des salaires, motivé par un turn-over de la main-d'œuvre de 370 % en 1913. Certes, la charte salariale élaborée par H. Ford met des conditions pour pouvoir bénéficier de ce régime : 6

1. Linhart D., *Le torticolis de l'autruche*, Paris, Seuil, 1992.
2. Le déterminisme technologique est un courant qui privilégie la variable technologique comme variable explicative des strucutures des organisations.

mois d'ancienneté, être père de famille ou épargnant si on est un célibataire, être un bon citoyen. Mais elle est sous-tendue par une vision de l'économie globale, puisque les gains de productivité sont répercutés sur les prix et les salaires, permettant ainsi une croissance du marché et le déclenchement d'un cercle vertueux.

On constate donc que le modèle productif comporte un compromis social, ce qui était déjà le cas chez F.W. Taylor avec le salaire aux pièces et la lutte contre la flânerie ouvrière. Du reste, F.W. Taylor ne se présentait pas comme un ingénieur, mais comme un économiste proposant une organisation sociale plus rationnelle que celle qu'il observait au début de ce siècle.

Le compromis social fordien se joue sur une division du travail entre direction et syndicats : les syndicats acceptent les prérogatives des directions sur l'organisation du travail, sur le choix des technologies et les politiques de produits en échange d'avantages financiers sous forme de salaires directs et d'avantages sociaux. Il y a échange entre un travail répétitif, monotone, parfois dangereux et des contreparties salariales.

Les économistes[1] qui cherchent à rendre compte du fonctionnement global de la société industrielle des années trente jusqu'à la fin des années soixante-dix se sont saisis des apports de H. Ford pour en faire un modèle théorique, le modèle fordien, qu'ils ont beaucoup enrichi par rapport à la figure historique qui lui prête son nom. Ce modèle (figure 1.2) fait intervenir les interventions keynésiennes de l'État, le rôle du système bancaire et du crédit à la consommation, les systèmes de protection sociale, les différentes formes de syndicalisme (associatifs et de classe) et l'échange politique entre employeurs et syndicats de non-remise en cause du système capitaliste.

Ces lectures globalisantes s'effectuent au niveau de la société et des variantes nationales sont mises en évidence. Ainsi, la variante française accorde une place centrale à l'État et à la protection sociale, la variante allemande au système éducatif et au syndicalisme, et la variante anglaise est marquée par les syndicats de métier.

Le compromis fordien permet aux économistes de rendre compte de la fantastique croissance qui a suivi la Deuxième Guerre mondiale, et il aide à expliquer les dérèglements qui apparaissent vers le milieu des années soixante-dix autrement qu'en recourant à la crise de l'énergie.

Ceci dit, ne s'éloigne-t-on pas des problèmes de GRH ? Un peu, dans la mesure où le modèle évoqué est un modèle sociétal et qu'il dépasse le niveau de l'organisation ou de l'entreprise ; assez peu, si on considère que ce modèle articule des dimensions essentielles pour comprendre la GRH, à savoir les conditions concurrentielles, les principes d'organisation, la relation salariale. Nous allons revenir dans le chapitre suivant – consacré aux relations professionnelles – sur la notion de régulation et montrer que la GRH s'inscrit dans des compromis sociaux, d'autres diraient dans de l'échange politique.

1. Boyer R., Durand J.P., *L'après-fordisme*, Paris, Syros, 1993.

© Dunod – La photocopie non autorisée est un délit.

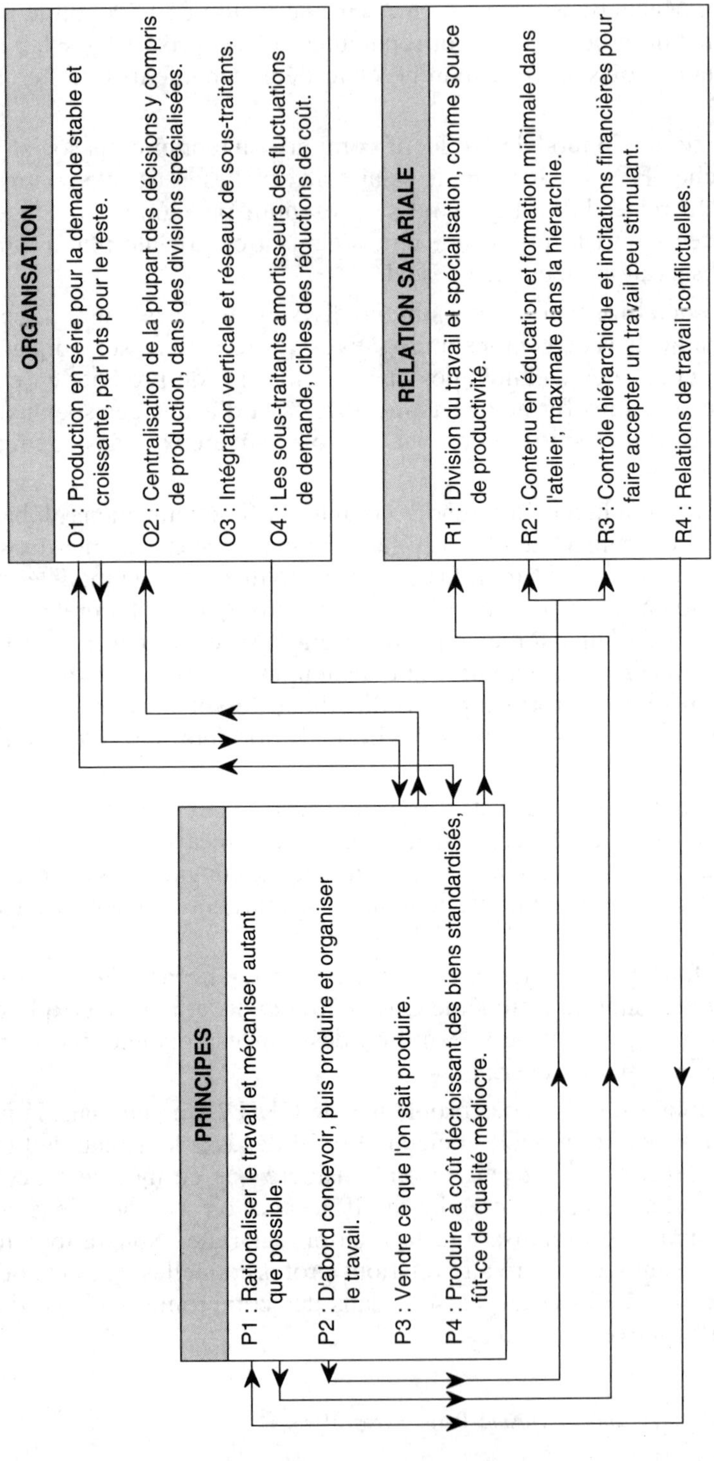

Figure 1.2 : Le modèle productif fordien

Les régulations qui ont fonctionné dans le cadre du compromis fordien sont en voie d'épuisement ; elles sont de plus en plus remplacées par le marché, comme l'indique le mot d'ordre de dérégulation si souvent évoqué. Les effets des régulations par le marché (chômage, fracture sociale, exclusion, nouvelles formes de pauvreté) donnent lieu à de vifs débats, y compris à travers des mouvements sociaux tels que ceux qu'a connus la France en décembre 1995, et amènent à poser la question suivante : régulation de la crise ou crise de la régulation ?[1]

La théorie de la régulation, qui a élaboré la notion de compromis fordien, privilégie le niveau des variantes nationales : variantes nationales d'adaptation du modèle fordien, variantes nationales de dépassement du modèle. Le présent ouvrage s'efforce, chaque fois que c'est possible, de faire intervenir les modèles nationaux pour rendre intelligibles les actes de GRH auxquels nous nous intéressons. En effet, la comparaison internationale a l'avantage de faire prendre conscience des singularités françaises en matière de GRH.

Comprendre les pratiques de gestion de la main-d'œuvre c'est prendre en compte les systèmes productifs et les sociétés dans lesquelles elles s'inscrivent ; c'est aussi interroger les outils intellectuels qu'elles utilisent et les théories scientifiques implicites sur lesquelles elles s'appuient.

4. Retour sur le statut des savoirs en GRH

Nous avons introduit ce chapitre en indiquant que le terme GRH était utilisé à la fois pour désigner une fonction de l'entreprise et pour nommer une discipline ou du moins un domaine de connaissance en voie de constitution. Le présent ouvrage entend s'appuyer sur ces deux ancrages. Il prétend former à l'exercice de responsabilités de GRH, pas seulement dans le cadre de services spécialisés du même nom, mais surtout dans le cadre de la pratique de la fonction d'encadrement. Il s'efforce de relayer les débats qui agitent ceux qui développent le domaine de connaissance, même si cela peut entraîner parfois sur un terrain qui est plus celui de la recherche que celui des savoirs stabilisés. Les deux ancrages dont il est question sont plus souvent en tension qu'à l'unisson. En effet, la discipline questionne sans relâche les présupposés, les schémas de pensée, les notions, les catégories de la pratique ; ce qui ne manque pas d'irriter les praticiens.

Tout en poursuivant l'instruction de la question des différences entre l'administration du personnel et la gestion des ressources humaines, nous allons illustrer ce travail de questionnement des catégories de la pratique et de mise à jour des présupposés implicites.

1. La Chaise G., *Crise de l'emploi et fractures politiques*, Paris, Presses de Sciences Po, 1996. Voir le chapitre de Groux G. intitulé : «Régulation de la crise, crise de la régulation», pp. 250-278.

© Dunod – La photocopie non autorisée est un délit.

4.1. La mise en cause de la notion de poste

Nous avons opposé gestion des ressources humaines et administration du personnel en contrastant la place de la main-d'œuvre dans le modèle taylorien-fordien et dans un nouveau modèle productif que certains baptisent post-taylorien, et d'autres modèle de la spécialisation flexible. Dans le premier, le personnel occupe un poste, dans le second il est porteur de compétences. Cette opposition débouche sur la mise en question de la notion de poste.

La notion de poste fait partie du vocabulaire courant, que ce soit au niveau du grand public comme à celui des spécialistes du personnel : on parle de poste à pourvoir, de description de poste et de formation au poste de travail. Le terme est si usité qu'il apparaît comme naturel, comme un mot neutre, atemporel et universel pour appréhender ce qui correspond à l'activité de travail d'un individu dans une organisation. Référer ce terme à un modèle productif conduit à se poser la question de son origine, de son enracinement historique et des fondements organisationnels dont il est le produit. La notion de poste est bien une invention taylorienne et sans doute une de ses trouvailles majeures. La division du travail ne date pas de F.W. Taylor ; A. Smith l'avait déjà bien conceptualisée avec l'analyse de la manufacture d'épingles ; en revanche, la notion de poste forgée par F.W. Taylor comporte plusieurs caractéristiques originales[1] présentées ci-dessous.

REPÈRES : Les caractéristiques de la notion de poste

- Elle est prescriptive. Elle est sous-tendue par l'idée du *one best way*,[2] que permet la mobilisation de la science dans l'analyse du travail.
- Elle est procédurale. Le poste se ramène à un certain nombre d'opérations à effectuer dans un ordre donné (gamme de production).
- Elle est individuelle. F.W. Taylor avait la phobie des groupes. Plus fondamentalement, la performance globale est supposée être la somme des performances individuelles.
- Elle suppose une stabilité, car en régime instable les prescriptions vont perdre leur validité.

Mais en quoi est-elle indissociable du modèle productif dans le cadre duquel elle a été forgée ? Il suffit d'examiner les caractéristiques de la notion au regard des exigences auxquelles s'efforce de répondre le nouveau modèle productif pour s'en rendre compte :

– La prescription. La notion de *one best way* a été largement remise en cause par les théoriciens de la contingence comme on le verra un peu plus loin.

---

1. Veltz P., Zarifian P., «Vers de nouveaux modèles d'organisation ?», *Sociologie du travail*, XXXV, 1/93, Paris.
2. Taylor F.W. postule qu'il existe pour toute activité de production une meilleure manière-de-faire que le recours à la science permet de déterminer.

– Le caractère procédural est de moins en moins réaliste. Lorsqu'il s'agit de piloter un process très automatisé, il est difficile de structurer le travail en termes d'opérations à effectuer selon un ordre préétabli ; la performance dépend de la pertinence et de la diligence de la réaction face à une panne ou un dérèglement quelconque. C'est plus la qualité du diagnostic, la capacité à mettre en rapport l'évolution de différentes variables, qui importe. Et c'est bien pour cela que la notion de compétence vient se substituer à la notion de poste.
– Le caractère individuel résiste de moins en moins bien à l'analyse de la performance dans le cadre de processus de production automatisés. Compte tenu des interdépendances dues à l'automatisation, la communication entre les opérateurs intervenant à différents niveaux du processus s'avère particulièrement importante. Le principe d'additivité des performances duquel relève l'individualisation des postes est remis en cause et fait toute sa place à la qualité du fonctionnement des collectifs de travail.
– La stabilité temporelle est également une des dimensions les plus attaquées, comme nous l'avons vu lorsque nous avons présenté les règles du jeu concurrentiel qui tendent à s'imposer dans un certain nombre de secteurs.

Les services de personnel développent depuis des décennies une critique du taylorisme, sans même se rendre compte que les notions qu'ils utilisent quotidiennement (la notion de poste en est un exemple) sont des produits d'une pensée taylorienne de l'organisation. Les services de personnel préexistent à l'élaboration taylorienne, mais ils ont été fortement développés et équipés par F.W. Taylor que ce soit au niveau de la psychotechnique pour les activités de recrutement, de la formation (TWI ou formation au poste de travail), de l'appréciation pour la détection de ceux qui sont susceptibles d'être promus en position d'agent de maîtrise ou d'agent du bureau des méthodes[1].

On peut avancer l'hypothèse que le recours à une notion taylorienne est producteur d'effets tayloriens. Le contrôle de gestion a beaucoup travaillé sur les fondements tayloriens de la comptabilité analytique et a montré que ces outils étaient porteurs de décisions tayloriennes[2]. Un contrôle de gestion, qui se veut au service d'une stratégie intégrant qualité, coût, délai, doit se fonder sur des outils rénovés de comptabilité analytique. Rémunérer le poste n'est pas neutre, cela renvoie à une vision de l'organisation qui peut être contradictoire avec les efforts qu'on fait par ailleurs pour la «détayloriser». Ce point sera développé dans le chapitre consacré aux rémunérations.

On peut donc voir comment la GRH, en tant que domaine de production de connaissances, travaille à la mise à jour des fondements théoriques explicites ou implicites des notions sur lesquelles elle s'appuie.

© Dunod – La photocopie non autorisée est un délit.

1. Taylor F.W., *Principes de l'organisation scientifique des usines*, Paris, Dunod et Pinat, 1912.
2. Lorino P., *Le contrôle de gestion stratégique*, Paris, Dunod, 1991.

4.2. Le glissement de l'instrumentation au modèle instrumental

Toute organisation, dès lors qu'elle est constituée, procède à des décisions de gestion de main-d'œuvre : elle mobilise de la main-d'œuvre, elle la paie, elle lui affecte des tâches et, à un moment ou à un autre, s'en sépare. La pratique a de longue date précédée la mise en forme de la connaissance. La constitution de la GRH comme champ de connaissance prétendant à une certaine autonomie est fort récente[1]. L'existence de services spécialisés de gestion de la main-d'œuvre susceptibles de constituer un débouché professionnel a amené diverses institutions à mettre en place des cursus dédiés à la GRH et à solliciter pour ces formations des enseignants tantôt praticiens, tantôt professeurs originaires de diverses disciplines : droit, psychologie, sociologie, économie, notamment. Un travail de codification des pratiques a été entrepris, puis une réflexion sur les fondements théoriques a vu le jour.

Il ne s'agit pas de rentrer dans un travail d'analyse des conditions de production de la connaissance en GRH et d'examen critique des conditions de validité des savoirs produits. Mais au-delà du signalement de l'existence de ces préoccupations et lieux de réflexion, nous souhaitons indiquer l'apparition d'un questionnement critique à l'égard d'une partie de la littérature disponible dans le domaine de la GRH dominée par le «modèle instrumental». Ce courant de production se préoccupe avant tout du «comment ?» et néglige le plus souvent la question du «pourquoi ?». Comment réussir un recrutement, comment conduire l'appréciation de son personnel, comment rendre la rémunération stimulante ? Ces questions sont bien évidemment légitimes, mais cela ne doit pas interdire de s'interroger sur nombre d'implicites qu'un travail un peu minutieux de confrontation de textes et notamment de manuels permet de mettre en évidence. Nous nous contenterons d'en mentionner quelques-uns :

– *Convergence de l'efficacité économique et de l'efficacité sociale.* Tout se passe comme si une politique vertueuse sur le plan social ne pouvait qu'avoir à terme des retombées positives sur le plan économique, ou comme si les entreprises performantes étaient celles qui combinaient intelligence sociale et pertinence économique. On retrouve ici un des fondements du compromis fordien ; la question qui se pose est de savoir si ce présupposé reste crédible dans le contexte actuel. La Bourse ne salue-t-elle pas chaque réduction d'effectif par une remontée du titre ?

– *L'entreprise et son environnement, le marché, sont présentés comme des données de nature et non comme des constructions sociales.* Certes, il y a lieu de nuancer cette affirmation : la fonction publique et par extension le secteur public apparaissent ou sont présentés comme des formes organisationnelles artificielles datées et localisées, des produits de conjonctures historiques singulières, des formes en sursis condamnées pour archaïsme. Mais, de façon générale, la GRH du modèle

---

1. L'Association francophone de gestion des ressources humaines, (AGRH), association académique réunissant les professeurs de GRH, a tenu son premier congrès seulement en novembre 1990.

instrumental est a-historique, pour ne pas dire amnésique (elle ne se pose pas vraiment la question du contexte d'émergence des pratiques qu'elle codifie), et elle recourt peu à la comparaison internationale.

– *Malléabilité des comportements.* Un implicite fort sous-tend le modèle instrumental : il serait possible et souhaitable d'agir sur les comportements au moyen d'outils de gestion de façon à maximiser la performance[1]. Ce sont ces visées prioritaires d'instrumentation (outils de gestion) et d'instrumentalisation des comportements qui amènent à parler de modèle «instrumental» de la GRH. La ressource humaine est appréhendée comme un vecteur de performances potentielles ; certains font remarquer du reste que le terme de «ressource humaine» est plus réducteur que celui de «personnel», car dans ce dernier mot il y a le terme de personne avec toutes les dimensions que cela peut comporter et notamment la dimension politique, philosophique et pas seulement la dimension économique.

– *Prééminence d'un acteur : la direction de l'entreprise.* La GRH instrumentale privilégie les objectifs définis par la direction, certes formulés dans l'intérêt général de l'organisation et de sa survie à long terme dans un environnement menaçant structuré par le marché ; elle privilégie aussi l'acteur fonctionnel censé fournir et activer les instruments de gestion permettant de réaliser la convergence des intérêts et le modelage des comportements, grâce à des connaissances humaines et sociales conformes au modèle des sciences de la nature.

Les sciences de la nature reposent sur un principe d'objectivité, selon lequel le réel existe indépendamment du sujet, l'observation par un sujet ne modifiant pas la nature. L'adoption de ce principe dans les sciences de gestion est fortement remise en cause au profit d'un principe d'interaction entre le sujet et l'objet[2].

La GRH[3], en tant que domaine de connaissance, a engagé un travail de mise à jour de ses présupposés et des déterminants qui pèsent sur son élaboration. Cette réflexion débute et oriente certains courants de recherche. Elle inspire la manière dont nous entendons aborder et enseigner la GRH et c'est pourquoi nous en faisons état dans cette introduction ; nous souhaitons en effet que, dès l'abord de ce domaine de connaissance, nos lecteurs se posent la question des fondements de ce qui leur est enseigné[4].

Nous allons essayer dans la partie suivante de ce chapitre de préciser la méthode de travail que nous préconisons. Ce qui nous amènera à continuer à répondre à la question : qu'est-ce donc que la GRH ?

---

1. Bournois F., Brabet J., «Les connaissances en gestion des ressources humaines, réflexion sur leurs modes de production et sur leurs caractéristiques essentielles», *in* Brabet J. et *alii*, *op. cit.*, pp. 15-38.
2. Le Moigne J.L., «Epistémologies constructivistes et sciences de l'organisation», *in* Martinet A.C., et *alii*, *Epistémologies et sciences de gestion*, Paris, Economica, 1990.
3. Ou du moins un certain nombre de chercheurs en GRH.
4. Nos lecteurs remarqueront par eux-mêmes, peut-être dès ce chapitre ou dans les suivants, que nous n'échappons pas aux implicites et pré-supposés que nous avons pointés ; le programme est lancé, il faudra encore de nombreux travaux et réflexions critiques pour renouveler le corpus.

© Dunod – La photocopie non autorisée est un délit.

Section 2 PRATIQUES ET POLITIQUES EN GRH

Quel est au juste l'objet de ce manuel ? Il a été question d'actes conditionnant la trajectoire du salarié dans l'organisation, de compromis sociaux, de régulation sociale, mais comment appréhende-t-on cela ? Doit-on se fonder sur les textes produits par l'organisation sur ces différents sujets ? Doit-on écouter les porte-parole autorisés, doit-on enquêter sur le terrain ?

1. Des politiques aux pratiques

D'aucuns prétendent que parler c'est déjà agir. Une politique claire et comprise ne structure-t-elle pas l'action et beaucoup de malentendus ne tiennent-ils pas à une communication défaillante ? Cette conviction conduit à privilégier le charisme et la mise en scène du discours des dirigeants.

Exemple : La politique de mobilité de la société Avanson

La société Avanson a une politique de mobilité aussi claire qu'écrite. Elle souhaite favoriser la mobilité de son personnel (50 % de cadres et 25 % de techniciens supérieurs), considérant que c'est un moyen privilégié de développement professionnel et de dynamisation des différentes structures. Elle encourage la mobilité fonctionnelle entre métiers et en fait même une condition de promotion pour l'accès à une position d'encadrement. Cette politique de mobilité est ancienne et périodiquement réaffirmée.

Qui s'intéresse aux cursus des principaux responsables hiérarchiques constate qu'ils sont aux antipodes de la politique proclamée : leur parcours s'est essentiellement effectué dans la même fonction, dans la même unité, et c'est la connaissance des clients de leur secteur qui a favorisé leur ascension. La sédentarité a des ressorts cachés qui n'échappent à personne !

1.1. Priorité aux processus de décision

Une politique explicite est utile et sans doute même indispensable, lorsqu'on cherche à affirmer une volonté ou provoquer un changement. Il serait illusoire de considérer qu'elle est suffisante. Il ne suffit pas de dire pour que les actes suivent ! L'exercice de direction d'une entité serait bien simple s'il suffisait de parler pour être entendu. Après avoir tant insisté sur la signification des mots, il serait certes malvenu de ne pas les prendre au sérieux. Mais nous ne saurions réduire l'objet de cet ouvrage aux discours tenus au nom de la GRH ou sur les sujets relatifs aux ressources humaines. Nous souhaitons entraîner notre lecteur à s'intéresser prioritairement aux décisions concrètes affectant les ressources humaines de l'organisation : si l'on considère le cas de la société Avanson, nous prenons acte de la politique affichée, mais ce qui nous importe le plus c'est de comprendre quels éléments interviennent, de fait, lorsqu'une position d'encadrement est à pourvoir et sur quoi se joue réellement la promotion.

Ceci suppose d'examiner les processus concrets selon lesquels se prennent les décisions qui affectent les ressources humaines : qui prend, quelle décision affectant quelles ressources humaines, selon quel calendrier ou quelle temporalité, en fonction de quelles informations et selon quelle logique et avec quelle légitimité ?

Nous appelons pratiques les contenus des décisions et la manière dont elles se prennent réellement.

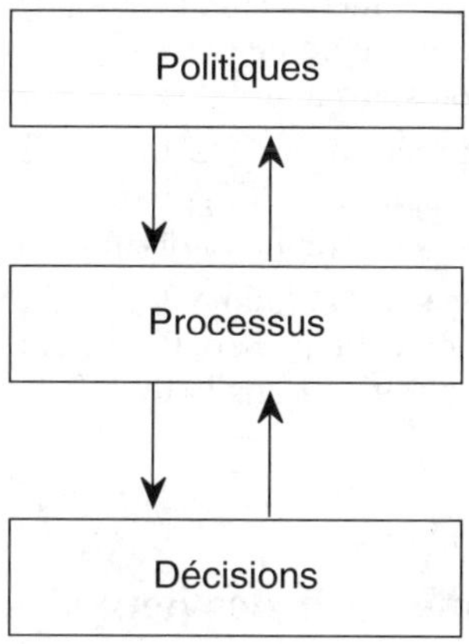

Figure 1.3 : *Des politiques aux décisions*[1]

Il n'y a pas nécessairement de relation directe entre les prescriptions politiques, les discours ou exhortations et les décisions concrètes. Le rôle des procédures est d'organiser les processus de décision de façon à ce que les décisions prises correspondent un minimum aux prescriptions politiques. Elles n'y parviennent pas toujours comme le montre le cas de la société Avanson.

Nous employons ici le terme «procédure» dans un sens très général qui permet d'y inclure :

– les prescriptions précisant qui doit faire quoi, quand et comment ;
– les outils de gestion tels que, par exemple, les méthodes de classification, les méthodes de repérage et d'évaluation des potentiels ;
– les modalités de contrôle, de tableau de bord, d'audit.

Nous avons déjà évoqué la question de la neutralité des outils de gestion, mais insistons encore en rappelant que les outils ne sont pas neutres, qu'ils sont porteurs d'une logique, et que cette logique perdure et produit ses effets même sous l'égide

1. Cette distinction est empruntée à Galambaud B., *Des hommes à gérer*, Paris, ESF, 1991.

© Dunod – La photocopie non autorisée est un délit.

de politiques et de discours sensiblement modifiés. On a coutume de dire que l'intendance suit ; il serait plus réaliste de dire qu'elle précède ou que les outils ont leur raison que la raison des politiques ignore trop souvent[1]. Une politique de gestion de ressources humaines redéfinie mais recourant à des outils de gestion dont les logiques n'ont pas été suffisamment évaluées peut contribuer à générer des décisions décalées par rapport aux intentions politiques.

Exemple : Politique salariale et représentations des situations de salaires

Prenons le cas de cette entreprise qui décide de moduler les augmentations individuelles strictement en fonction de la performance, mesurée par une note issue du dispositif d'appréciation.

Les états de salaire remis aux décideurs sont accompagnés de graphiques de positionnement salarial, présentés sous forme de nuages de points, avec en abscisse l'âge du salarié et en ordonnée le niveau de son salaire.

Les analyses faites par la direction des ressources humaines sur plusieurs exercices consécutifs montrent que la logique de l'âge reste dominante et que les performances n'ont qu'une incidence faible sur le montant des augmentations individuelles.

Les nuages de points en âge-salaire perpétuent la logique antérieure et l'entreprise décide de supprimer la diffusion de cette présentation ; elle lui substitue des états ne faisant plus intervenir l'âge, mais la position dans la fourchette de rémunération de la catégorie et le niveau de performance.

1.2. Les décisions font intervenir des jeux d'acteurs

L'expérience montre que les décalages entre politiques et pratiques sont le lot quotidien des organisations. Les politiques auxquelles nous nous intéressons ont les ressources humaines pour objet, mais il ne faut pas oublier que les ressources humaines ne sont pas des objets, mais des sujets. Nous nous contenterons ici de les considérer comme des acteurs[2]. Ce mot est à considérer dans un sens fort. Il signifie que l'individu agit, qu'il est doté de libre arbitre et qu'il décide s'il applique la politique ou s'il l'a réinterprète à sa manière. L'individu ou les groupes dont il est question tout au long de ce manuel sont pris dans des réseaux de contraintes, mais ne sont jamais totalement déterminés par ces contraintes. Ils calculent, évaluent les bénéfices et coûts que représentent pour eux les différentes possibilités qui leur sont ouvertes.

Revenons au cas Avanson : l'acteur se demande si les réseaux dans lesquels il est inséré ne sont pas susceptibles de lui procurer plus d'avantages que la mobilité qui

---

1. Berry M., *Une technologie invisible ?l'impact des instruments de gestion sur l'évolution des systèmes humains*, Paris, Centre de recherche en gestion de l'Ecole Polytechnique, juin 1983.
2. Nous nous inscrivons dans la perspective de la sociologie des organisations développée par des auteurs tels que Crozier M., Friedberg E., *L'acteur et le système*, Paris, Seuil, 1977 ou Friedberg E., *L'analyse sociologique des organisations*, Paris, L'Harmattan, 1988.

est soi-disant encouragée, mais qui l'amènerait à distendre des relations précieuses. C'est donc un acteur rationnel qui est postulé, même si cette rationalité est limitée. Entendons-nous bien, il ne s'agit pas de prétendre que l'acteur joue au mieux de ses intérêts, qu'il est exempt de passions ou d'émotions ; nous adoptons tout simplement une hypothèse qui est plus susceptible de rendre les comportements concrets intelligibles, que celle – inverse – qui consisterait à considérer que l'être humain est irrationnel.

Les organisations sont peuplées d'acteurs qui sont pris dans des rationalités locales et qui vont privilégier leurs intérêts locaux par rapport aux intérêts généraux de l'organisation que sont censées incarner les politiques de ressources humaines. Faut-il alors s'étonner que l'observation des pratiques concrètes amène à constater des décalages significatifs par rapport aux politiques promulguées ?

En résumé, nous proposons d'entraîner nos lecteurs à repérer et analyser les processus concrets de décision affectant les ressources humaines, à les interpréter en termes de jeux d'acteurs, à expliquer les dérives les plus classiques ou les perversions les plus récurrentes, afin d'aider à formuler des évolutions de ces processus de décision de nature à instaurer plus de cohérence avec les évolutions recherchées.

2. La notion de responsabilité partagée

Représenter la GRH en distinguant politiques, procédures et décisions c'est déjà prendre acte d'une caractéristique, qui n'est pas propre aux activités de ressources humaines mais qui est particulièrement importante pour spécifier le fonctionnement d'une organisation : la responsabilité partagée.

Le service Ressources humaines a en charge l'élaboration des politiques de GRH, qu'il propose à la direction générale et fait légitimer par celle-ci. Il a aussi en charge la définition et l'implantation des procédures (attributions, outils, contrôles) permettant de concrétiser les politiques. En revanche, les décisions de GRH sont en général prises par la hiérarchie ou font largement intervenir celle-ci.

Exemple : Le partage de responsabilité en matière salariale

Dans le cadre d'une évolution de la masse salariale discutée avec la direction générale, le service Ressources humaines propose au comité de direction :

- un taux d'augmentation générale, tenant compte dans une certaine mesure de l'évolution du coût de la vie ; des montants planchers (favorables aux bas salaires) où des plafonds (pour limiter le nombre des bénéficiaires) sont spécifiés ;
- un budget d'augmentations individuelles, pour sanctionner les performances considérées comme significatives. Des pondérations sont introduites pour moduler les augmentations individuelles en fonction des notes d'appréciation et des niveaux de salaires des intéressés ;
- des bénéficiaires prioritaires. Il s'agit de protéger certaines populations clés ou sensibles contre les risques de débauchage de la part de la concurrence (les embauchés récents, les experts de telle ou telle spécialité).

© Dunod – La photocopie non autorisée est un délit.

> La loi prévoit une discussion avec les représentants des salariés, dans le cadre de la négociation annuelle sur les salaires.
>
> Les enveloppes sont ensuite réparties entre les unités en fonction de leur composition au regard des critères pris en compte, et des directives d'application de la politique sont fournies aux hiérarchies de ces unités. Les lignes hiérarchiques rentrent en scène !
>
> Les unités opérationnelles et fonctionnelles impliquent de façon variable les différents niveaux de responsables hiérarchiques dans la définition des évolutions individuelles et dans l'exercice des arbitrages : cela dépend de leur organisation interne et de la décentralisation des actes de GRH en vigueur en leur sein.
>
> Le service Ressources humaines contrôle le respect des enveloppes et des grands équilibres de la politique définie.

L'exemple présenté montre une répartition du travail spécifique, même si elle est classique, entre service Ressources humaines et responsables hiérarchiques. Ce partage de responsabilité confère au service Ressources humaines un rôle de structuration du processus de décision et de contrôle, la hiérarchie décidant en fonction des réalités du terrain.

Dans l'exemple évoqué ci-dessus, le service Ressources humaines assure :

– le calcul des enveloppes d'augmentation possible allouées aux unités ;
– la mise à disposition des unités opérationnelles des situations salariales exactes de leur personnel, ainsi que des éléments statistiques de positionnement salarial individuel ;
– la mise à disposition des supports de propositions d'augmentation avec les signatures requises pour qu'elles deviennent exécutoires ;
– la définition des modalités d'interprétation de la politique sur les cas imprévus ou particuliers et des instances d'arbitrage en cas de conflit ;
– la définition des modalités de contrôle et d'audit de l'application de la politique salariale.

Ce bref aperçu montre que la ligne de partage se joue en fait dans les moindres détails. Prenons l'exemple de l'allocation des enveloppes d'augmentations individuelles aux unités : selon le périmètre que retient le service Ressources humaines en matière de découpage de la structure, il augmente ou diminue les degrés de liberté des responsables hiérarchiques ; ce n'est pas la même chose d' affecter des enveloppes aux grandes directions ou de descendre jusqu'au niveau du service. On peut sans peine imaginer combien les rapports de forces entre le DRH et ses collègues opérationnels vont peser sur la définition précise de la ligne de partage et combien celle-ci peut fluctuer au fil du temps.

Ce partage de responsabilités est éminemment variable selon les entreprises ou organisations et selon les perspectives définies plus haut : administration du personnel ou gestion des ressources humaines. La perspective «administration du personnel» privilégie des mesures centrales s'appliquant de façon automatique en fonction de critères objectifs : ancienneté, âge, coefficient, catégories d'appartenance. La perspective «GRH» cherche à préciser le cadre et l'esprit dans lequel la décision doit être prise.

La tendance actuelle consiste[1] soit à responsabiliser les lignes hiérarchiques, et notamment le premier niveau d'encadrement ; soit à substituer un contrôle *a posteriori* au contrôle *a priori* de la part du service Ressources humaines. Pour poursuivre l'exemple ci-dessus, le service Ressources humaines ne signe pas chaque demande de modification de salaire, mais assure ou fait assurer un audit de l'application de la politique salariale définie.

Le repérage et l'analyse de la ligne de partage entre service Ressources humaines et ligne hiérarchique est à effectuer avec la plus grande attention. C'est un révélateur du fonctionnement de l'organisation et de la place de la gestion des ressources humaines. Il faut bien voir que c'est dans ce partage et dans ses modalités concrètes que se joue le pouvoir réel des services de ressources humaines, bien plus que dans les déclarations des dirigeants qui font de «l'homme la vraie richesse des organisations» !

Avant de conclure ce chapitre introductif reposons-nous la question : y'a-t-il une «bonne» GRH ?

3. Universalisme ou contingence ?

La presse professionnelle[2] comme les médias en général privilégient dans leurs colonnes les dernières techniques, les approches les plus nouvelles et laissent à penser que les outils et concepts les plus récents sont les meilleurs, qu'ils correspondent à un état de l'art et qu'ils indiquent les *best practices*. Ils sont porteurs d'une idée de progrès, d'avancée de la modernité, voire de dépassement de l'archaïsme.

La modernisation du secteur public a parfois conduit à brandir des outils de GRH comme des signes de la modernité ; avec le recul il n'est pas sûr que la modernité résidait là où on le pensait[3].

Qu'il y ait des notions telles que celle de compétence qui soient plus en rapport avec les enjeux concurrentiels auxquels se trouvent confrontées certaines entreprises aujourd'hui que les notions plus anciennes de poste ou de qualification est une opinion défendable. Faut-il pour autant prescrire ces notions à toutes les organisations ? Certainement pas.

3.1. La GRH est contingente

La comparaison de deux fromageries faites par P. Boisard et M.T. Letablier[4] illustre de manière flagrante qu'il n'y a pas de bonne GRH en soi, mais qu'il y a des GRH plus ou moins adaptées à des contextes.

1. Peretti J.M., et *alii*, *Tous DRH*, Paris, Les Éditions d'organisation, 1996.
2. *Liaisons sociales, Personnel Andcp, Compétences, Stratégies Ressources Humaines.*
3. Alter N., Reynaud E., Le système social de France Telecom et ses acteurs à l'épeuve des réformes, *La lettre du Centre d'Etude de l'Emploi*, n°42, Paris, avril 1996.
4. Voir «Investissement de forme et gestion des ressources humaines», *in* Stankiewicz F. , op. cit.

© Dunod – La photocopie non autorisée est un délit.

Exemple : Comparaison de deux fromageries

	FROMAGERIE «A»	FROMAGERIE «B»
Produit	– Fromage traditionnel	Fromage industriel
Clés du succès	– Savoir-faire artisanal – Qualité du réseau de producteurs de lait – Réseau de détaillants – Fidélité des consommateurs	– Innovation – Rendements et réduction des coûts de production – Investissements techniques – Marketing et publicité
Collecte du lait	– En bidons sans réfrigération – Ramassage quotidien – Relations personnalisées avec producteurs de lait – Parcours optimisés	– Approvisionnement régulé sur l'année – Collecte tous les deux jours en citernes réfrigérées
Fabrication	– Lait cru – Ensemencement bactérien naturel – fabrication manuelle	– Fractionnement lait – Ferments livrés par laboratoires spécialisés – Processus automatisé
Distribution	– Réseau de détaillants spécialisés – Clients connaisseurs – Prix de vente élevé	– Grandes surfaces – Vive concurrence sur les prix
	GRH «A»	GRH «B»
Recrutement	– Connaissances familiales – Niveau de formation et diplôme sont d'importance secondaire	– Deux niveaux : • local : qualifications basses • national : qualifications élevées – Basé sur diplômes et niveau de formation
Formation	– Sur le tas	– Développée – Centrée sur nouvelles technologies
Qualifications	– Pas de grille officielle	– Grille hiérarchique – Définies en références aux machines et aux postes de travail
Promotions	– A l'appréciation du chef hiérarchique	– A l'expérience – A l'ancienneté – A la formation
Relations professionnelles	– Individualisées et directes	– Syndicats, DP, CE
Traitements des conflits	– Arrangements informels	– Négociations direction-partenaires sociaux

Cette prise de position en faveur de la contingence[1] ne constitue pas une avancée théorique révolutionnaire. Elle correspond à une évolution de la théorie des organisations largement popularisée par les travaux de J. Woodward dans les années soixante et développée par bien d'autres auteurs.

Il n'en demeure pas moins que de nombreux cabinets de conseil en gestion des ressources humaines continuent à développer un discours commercial d'inspiration universaliste. Cela va de la méthode permettant de comparer des postes quelle que soit l'organisation d'appartenance, aux compétences qui seraient partout génératrices de hautes performances. On voit bien tout l'intérêt commercial que peut présenter une approche universaliste. Elle consiste à avancer qu'il n'y a pas lieu de réinventer les solutions que d'autres ont su apporter à des problèmes classiques, et qu'il existe des solutions éprouvées qui s'appliquent à toutes les organisations. Tous les cabinets ne sont pas sur un positionnement de promotion de produits standardisés, et une organisation n'est pas non plus condamnée au «sur-mesure». Nous entendons préparer ou plutôt aider ceux qui seront exposés à de telles offres à évaluer la pertinence d'une solution par rapport à un contexte donné. En attendant, on peut déjà donner un aperçu des principaux facteurs de contingence qui pèsent sur la GRH.

REPÈRES : Quelques facteurs de contingence affectant la GRH

Environnement interne		G.R.H		Environnement Externe
STRATÉGIE • Coût ou différentiation • Diversification ou spécialisation	→	• **La fonction ressource humaine :** – statut du DRH – profil du DRH – mission du DRH – structure de la FRH	←	ÉCONOMIE • Marché du travail • Taux d'inflation
ORGANISATION • Taille • Structures	→	• **La gestion des ressources humaines :** – vision – modes d'action – activités – partage entre hiérarchie et FRH	←	TECHNOLOGIE • Rythmes des innovations • Intensité de la R&D
IDENTITÉ • Profil des dirigeants • Représentations partagées	→		←	SOCIAL • Systèmes culturels • Appareil éducatif
RESSOURCES HUMAINES • Qualifications • Statuts	→	• **L'instrumentation :** – techniques – outils – dispositifs – contrôle	←	LÉGISLATIF • Lois, règlements • Systèmes d'aides du gouvernement

1. Voir Aubert N., Gruère J.P., Jabes J., Laroche H., Michel S., *op.cit.*, pp. 23-24.

© Dunod – La photocopie non autorisée est un délit.

On peut faire remarquer qu'une large partie de la littérature de GRH est de fait une GRH qui tait ses contingences. Il s'agit souvent de la GRH de grandes entreprises, essentiellement nord-américaines ou anglo-saxonnes, de haute technologie. Sa pertinence pour des PME européennes, par exemple, est loin d'être garantie.

La contingence est une remise en cause du *one best way*. Elle admet qu'il puisse y avoir plusieurs bonnes solutions ou que la pertinence de telle ou telle solution puisse varier selon les situations. Cela n'exclut pas la norme : tel facteur de contingence peut rendre telle solution mieux adaptée que telle autre.

3.2. La GRH et les pratiques informelles

Certaines entreprises pratiquent une GRH très peu formalisée. Peut-on considérer qu'il s'agit encore de GRH ?

Exemple : Une GRH peu orthodoxe

> Un étudiant a utilisé un questionnaire issu d'un manuel américain pour faire l'audit de la GRH de l'entreprise – installée en France – dans laquelle il travaille. Cette check-list permet d'établir un score. L'entreprise en question a fait l'objet d'une notation médiocre sur la base des questions posées.
>
> Cette petite société a néanmoins une réussite économique et stratégique assez remarquable. Fondée par une famille originaire d'un pays du Moyen-Orient, elle ne recrute que des ressortissants de ce pays et de plus provenant de familles connues des fondateurs ; elle aide ses salariés à obtenir les papiers nécessaires pour pouvoir travailler en France. Le discours mobilisateur des dirigeants est du type : «On va montrer au monde entier que ceux de notre pays sont les champions internationaux dans le métier qui est le nôtre».
>
> Les différentes pratiques de GRH de cette entreprise s'éloignent significativement des canons de certains manuels américains. Sa réussite est cependant avérée.

Notre position consiste à suspendre le jugement *a priori* sur la valeur d'une GRH et à essayer de comprendre sa logique, sa pertinence et ses effets. Certes, dans le cas évoqué, ce qui avait bien marché dans la phase de démarrage de l'entreprise commençait à trouver ses limites, compte tenu du développement atteint par l'entreprise. Il ne s'agit donc pas de s'incliner devant une réussite économique peut-être précaire pour avaliser n'importe quelle pratique de GRH.

Nous considérons que les GRH les plus informelles voire inédites méritent d'être analysées et évaluées *a posteriori* et non *a priori*.

Chaque fois que ce sera possible, nous mettrons à disposition de nos lecteurs des typologies qui permettront de situer une pratique de GRH dans un éventail des pratiques observées dans les organisations. C'est notre manière d'aider au développement d'approches plus contingentes.

*

* *

Après avoir présenté le contexte dans lequel se posent aujourd'hui les questions de GRH et la position pédagogique que nous souhaitons tenir tout au long de cet ouvrage, quelques mots sont nécessaires pour expliquer l'ordonnancement des différents chapitres de cet ouvrage.

Nous avons choisi de structurer ce manuel en trois parties :

– les choix fondamentaux de politique sociale (chapitres 2 à 4) ;
– le socle de la relation d'emploi (chapitres 5 à 7) ;
– le développement du potentiel humain (chapitre 8 et 9).

- **Les choix fondamentaux de politique sociale de l'organisation**

Nous avons essayé tout au long de ce chapitre introductif de référer l'évolution de la GRH aux mutations des contextes concurrentiels et aux régulations intervenant au niveau des modèles sociétaux. C'est ce qui nous amène à ouvrir ce cours par la question des relations professionnelles, contrairement aux autres manuels qui, s'ils ne font pas une impasse totale sur ce thème, le traitent plus en aval ou d'une manière strictement juridique. L'affaiblissement syndical n'est pas étranger à cette relégation, mais il nous semble que la crise de la régulation que traverse notre modèle national comme nombre d'autres modèles nationaux doit inciter à travailler cette dimension de la GRH plus qu'à la marginaliser.

La situation de l'emploi avec «l'armée de réserve» qu'elle constitue confère aux entreprises un rapport de forces qui a pu freiner certaines ardeurs contractuelles. Mais les organisations sont aussi pour la plupart réticentes à s'engager, tant l'environnement s'est avéré turbulent au cours des dernières années. Certaines ont dû se rétracter, quelques mois à peine après la signature d'accords sur la gestion de l'emploi.

Ce n'est pas parce que l'exercice de gestion prévisionnelle devient plus difficile que dans un contexte de croissance régulière, qu'il faut renoncer aux efforts d'anticipation. La démarche que tout effort d'anticipation mobilise reste fondamentale pour poser les termes des choix de politique sociale, et notamment pour permettre le développement de la flexibilité interne. Aussi sera-t-elle abordée dès le chapitre 3.

Les organisations sont toutes aujourd'hui engagées à des degrés divers dans des opérations d'externalisation : que faire soi-même ? que faire faire par d'autres ? Cela les amène à redéfinir à la fois les frontières de l'organisation et les périmètres des différents statuts auxquels il est fait recours : salariés sous contrat à durée indéterminée, statuts précaires (CDD, intérim...), sous-traitance. La question des diverses formes de flexibilité est devenue centrale et sera approfondie dans le chapitre 4.

- **Le socle de la relation d'emploi**

Toute relation d'emploi suppose de choisir quelqu'un, de le payer et de l'évaluer. C'est patent dans une relation salariale ; c'est fortement médiatisé dans une relation de sous-traitance. Cette partie traite donc du programme minimal. On pourra s'étonner d'y voir figurer l'appréciation, mais chacun sait que tout le monde est jugé dans une organisation, même s'il n'existe aucun dispositif formalisé d'appréciation.

© Dunod – La photocopie non autorisée est un délit.

Les décisions dont il est question dans cette partie sont «incontournables», mais nous ne nous contenterons pas de les traiter dans leur approche administration du personnel. Nous essaierons de montrer comment les définir en termes de gestion des ressources humaines.

C'est sur ces actes de base que la dispersion des pratiques est la plus ouverte. Aussi nous efforcerons-nous de fournir des typologies permettant de caractériser les situations singulières rencontrées.

- **Le développement du potentiel humain**

La troisième partie renvoie à des préoccupations typiques de la gestion des ressources humaines, du moins telle que nous l'avons définie dans le cadre de ce chapitre introductif, en l'opposant à l'administration du personnel : la construction de trajectoires professionnelles, de carrières et la formation.

Les actes dont il est question ne sont pas complètement absents d'une approche administration du personnel, mais ils sont conçus et réalisés de façon différente selon que l'on se place dans une perspective de substituabilité de la main-d'œuvre ou de relation durable.

L'essentiel

Le terme de gestion des ressources humaines (GRH) s'est progressivement substitué au cours des dix ou quinze dernières années au terme d'administration du personnel et à quelques autres appellations plus éphémères. Au-delà des effets de mode ou d'affichage, il y a lieu de rechercher les principaux déterminants et les significations de ces intitulés.

Une définition

La GRH entend être «une **discipline** des sciences sociales consistant à créer et à mobiliser des **savoirs variés utiles** aux acteurs et nécessaires pour appréhender, comprendre, négocier et tenter de résoudre les problèmes liés à la régulation du travail dans les organisations».

Une discipline...

- La définition met l'accent sur l'ambition de ce **domaine de connaissances** à constituer une discipline scientifique. Cela suppose de ne pas se contenter de la simple description des outils de gestion (comment faire pour... ?). Cela passe par un questionnement systématique des notions utilisées (par exemple la notion de poste), des acteurs privilégiés (la direction) et des présupposés des démarches prescrites (convergence de l'économique et du social).
- La définition invite à s'intéresser aux apports possibles, aux filiations, aux influences d'autres disciplines proches ou plus fondamentales.

Ainsi les intitulés successifs évoqués plus haut renvoient à des **inspirations théoriques** précises. L'école dite des «relations humaines» a été si dominante à une époque qu'on a vu fleurir les services de relations humaines.

Des savoirs utiles...

Si l'ambition disciplinaire est récente, il n'en va pas de même de la **pratique** : toute organisation prend des décisions affectant sa main-d'œuvre.

- Les conditions concurrentielles dominantes à une période donnée façonnent une manière d'organiser le travail et de gérer la main-d'œuvre (les économistes parlent de modèle productif : le modèle taylorien par exemple). Derrière les termes de personnel et de ressources humaines se joue la question de la **substituabilité** de la main-d'œuvre (est-elle porteuse de compétences peu ou très spécifiques ?).
- Historiquement on constate que ces modèles productifs très généraux donnent lieu à des **variantes nationales** qu'il est nécessaire de prendre en compte pour comprendre les politiques de gestion de la main – d'œuvre et les enjeux correspondant aux intitulés qu'elles arborent.

La gestion de la main-d'œuvre est loin d'être **universelle**.

Quelques points de méthodes

La gestion des ressources humaines est donc à la fois domaine de connaissances et domaine d'action. Elle est aussi à la fois politique affichée et décisions concrètes.

- Les **politiques** annoncées ne se retrouvent pas toujours dans les **décisions** prises. Une politique salariale peut prôner la différenciation selon les performances individuelles, et l'analyse des évolutions réelles des salaires montrer que c'est l'ancienneté qui s'applique. Il s'agit de s'entraîner à repérer ces décalages et à les interpréter.
- La GRH est une **responsabilité partagée** entre le «service des ressources humaines» et la ligne hiérarchique. Le premier produit des règles et la deuxième prend les décisions locales. Les logiques de chacun de ces **acteurs** peuvent différer. La ligne de partage fluctue d'une organisation à une autre et d'une époque à l'autre dans la même organisation.

© Dunod – La photocopie non autorisée est un délit.

PREMIÈRE PARTIE

LES CHOIX FONDAMENTAUX DE POLITIQUE SOCIALE DE L'ORGANISATION

2 LES RELATIONS PROFESSIONNELLES

Doit-on considérer que la GRH consiste essentiellement à gérer des individus et que la dimension collective se ramène à l'application de prescriptions légales et conventionnelles relatives au fonctionnement des instances de représentation du personnel ?

On peut se poser la question tant furent décriés au début des années quatre-vingt ces DRH, souvent appelés à l'époque directeurs des relations sociales, qui passaient la majeure partie de leur temps en négociation ou discussion avec les syndicats. Cette priorité conférée aux collectifs et au terrain fut sans doute un peu rapidement opposée à une gestion plus stratégique, plus prospective, plus personnalisée. Les effectifs syndicaux étaient en baisse et on a vu disparaître des manuels de GRH ce qui a trait à la négociation collective et aux relations avec les partenaires sociaux. Faut-il anticiper le déclin syndical, voire concourir à sa disparition ? Ne vaut-il pas mieux essayer de comprendre l'émergence du fait syndical, ses logiques et les fonctions qu'il remplit ?

C'est notre point de vue et il nous semble que l'interrogation sur la régulation sociale et ses difficultés actuelles fait partie des questions fondamentales de la GRH aujourd'hui. Pour aider nos lecteurs à formuler ces problèmes, il nous a semblé nécessaire de faire un détour par l'histoire et par la comparaison internationale. Il est difficile de comprendre les comportements concrets à l'intérieur des organisations en restant au sein de celles-ci. Ce qui se vit dans telle ou telle entreprise ne peut être détaché d'un ensemble plus large, ce que nous appellerons un système de relations professionnelles.

Auparavant, il convient de se pencher sur la notion de conflit et sur la notion de négociation afin de préciser ce qu'on entend par régulation. Notre démarche au cours de ce chapitre nous amènera donc à partir du local pour aller vers le global.

Section 1 ▪ Conflit et négociation
Section 2 ▪ Les origines du système français de relations professionnelles
Section 3 ▪ Les principaux traits du système français et ses incertitudes

---

Le conflit a vraisemblablement été de toutes les époques. Il n'en va pas de même de la négociation collective, qui est une invention relativement récente.

Section 1 CONFLIT ET NÉGOCIATION

La négociation collective est une des formes de régulation élaborées pour gérer les conflits. Après avoir affirmé la permanence du conflit et donné un aperçu de la variété de ses formes comme des fluctuations de son intensité, nous montrerons qu'il est nécessaire de prendre en compte différents modèles de la négociation pour comprendre les comportements observables dans les organisations.

1. Le conflit et ses formes

«Aucune harmonie préétablie n'assure que, dans une entreprise, une administration ou, plus généralement, dans une organisation les intentions et les intérêts des différents participants coïncident. Si c'était le cas, la tâche des dirigeants serait bien aisée». Ainsi commence l'ouvrage de J.D. Reynaud[1] intitulé *Sociologie des conflits du travail*[1]. Il définit le conflit comme la divergence des intérêts, des prétentions et des perspectives. L'illustration du constat par les salaires est classique : rares sont ceux qui dans une organisation s'estiment payés à la hauteur de leurs efforts ou mérites et il n'est pas de politique salariale qui n'engendre quelques frustrations. Ces frustrations débouchent parfois sur des grèves, mais heureusement cette issue reste relativement exceptionnelle. Il convient donc d'affiner cette notion de conflit pour décoder ses manifestations et ses évolutions.

Quatre distinctions sont utiles :

– *conflit ouvert et conflit fermé*. A. Hirschmann[2] identifie deux types d'expression du mécontentement : l'un comporte l'expression publique d'une revendication

1. Reynaud J.D., *Sociologie des conflits du travail*, Paris, PUF, 1982, p.7.
2. Hirschman A., *Exit, Voice and Loyalty*, Cambridge, Harvard University Press, 1970.

© Dunod – La photocopie non autorisée est un délit.

(*voice*, la grève relèverait de cette catégorie), l'autre prend en compte le retrait partiel ou total (*exit*, du désengagement personnel à la démission) ;
– *conflit manifeste et conflit dévié*. Une revendication peut servir de support à une insatisfaction se situant à un autre niveau. C'est le cas de la revendication salariale qui est plus fédératrice que des frustrations plus locales ou personnelles ;
– *conflit ponctuel et combat pour le changement des règles*. Le conflit est un révélateur des situations de travail et l'enjeu d'une large partie de l'activité conflictuelle tourne autour de la formation des règles et de la constitution d'une nouvelle légalité. Nous revenons sur ce point un peu plus bas ;
– *conflit local et conflit global* : les vagues de grèves de 1936 ou 1968 illustrent la notion de conflit global par rapport à des conflits plus localisés.

Ces distinctions sommaires renvoient chacune à des difficultés de l'observation sociale et du pronostic quant à l'imminence d'un conflit ouvert[1] ; elles illustrent aussi les problèmes d'interprétation d'un conflit, même lorsqu'il a cessé d'être ouvert. Essayons cependant de donner quelques pistes méthodologiques pour l'analyse de conflits ouverts.

2. L'analyse de conflit

On trouvera ci-dessous une liste de questions clés élaborées par J.D. Reynaud, qui permettent de structurer la collecte de données et de guider la production d'une interprétation.

REPÈRES : **Grille d'analyse des situations**

1. Les enjeux
- Identifier l'enjeu : revendication exprimée et enjeu réel ; les intérêts économiques et les autres ; les intérêts et le pouvoir.
- Sur cet enjeu, les intérêts sont-ils tout à fait divergents ?
  En partie convergents ? Quelles sont les limites d'accord, de désaccord ?
- Y a-t-il d'autres enjeux liés ?
- Comment l'enjeu a-t-il été formulé ? Peut-il être formulé autrement (généralisé, limité, lié à d'autres enjeux) ?
  Avec quels effets sur les acteurs, les alliances, les compromis possibles ?

2. Les acteurs
- Qui a posé le problème ? Qui est intéressé par le même enjeu, par un enjeu proche (coalitions possibles) ?
  Qui est indifférent ? Qui est menacé ?
  Que signifient les enjeux pour les différentes parties prenantes ?

1. Le conflit de la fin de 1995 en constitue un exemple.

- Les organisations transforment-elles l'enjeu ? En quel sens ? Ont-elles des enjeux propres ? Favorisent-elles certains enjeux ?
- Les relais possibles d'un acteur (d'un enjeu) par un autre.

3. Les alliances
- Les alliés possibles de part et d'autre : solidarité syndicale ou professionnelle ; opinion publique ; élus ; administration.
- Les enjeux et les alliances : la liaison entre les deux.
- Les tiers en position d'arbitre ou de médiateur.

4. Les conduites possibles
- Elles doivent être analysées en droit, bien sûr, mais aussi en estimant les coûts et les avantages : quels sont les effets sur la définition de l'enjeu, les coalitions, les alliances ? Quels en sont les effets sur les possibilités de compromis et sur les relations futures ?

5. Le compromis final
- Le compromis proposé concerne-t-il bien l'enjeu (les enjeux) du désaccord ? A-t-il des conséquences pour d'autres problèmes ? D'autres acteurs ?
- Établit-il des relations acceptables avec les intéressés ? Entre les intéressés et l'encadrement ?
- Avec les organisations représentatives et les représentants ?
- Peut-on estimer à quelles conséquences il conduit à plus long terme ?

Quelques commentaires sont indispensables pour utiliser cette grille à bon escient. Nous les ramènerons à trois points : le postulat de rationalité, les enjeux du choix des enjeux et les systèmes de valeur des acteurs.

2.1. Le postulat de rationalité

La grève peut être assimilée à une décision et l'analyse de cette décision est facilitée par le postulat de rationalité. Il faut bien voir que c'est un postulat de recherche et qu'il n'a pas pour conséquence de nier que les acteurs peuvent perdre raison et se laisser emporter par la passion ou quelque autre sentiment. Ce postulat signifie, comme nous l'avons vu au chapitre précédent, qu'on a plus de chances de rendre des comportements intelligibles en s'y référant, qu'en s'appuyant sur un postulat inverse d'irrationalité des acteurs.

La rationalité des protagonistes ne se réduit pas à la rationalité économique, même si l'on peut toujours s'amuser à traduire en termes de coûts présents ou différés des préférences plus qualitatives. Si on prend l'exemple de l'employeur, sa rationalité fait intervenir bien d'autres éléments que le coût financier des revendications qui lui sont adressées : il peut considérer que son autorité, sa réputation, ses relations avec tels ou tels partenaires internes ou externes sont en jeu dans le conflit. De même, les représentants des salariés ont affaire à des listes de revendications hétérogènes et éventuellement contradictoires. Un conflit du travail est donc la rencontre de rationalités divergentes.

L'examen *a posteriori* d'un conflit donne souvent l'impression que l'issue en

© Dunod – La photocopie non autorisée est un délit.

était évidente, voire qu'elle était jouée d'avance compte tenu du rapport de force. Il faut être conscient du biais que comporte une lecture rétrospective ; en effet, les acteurs et les enjeux ne sont pas donnés d'avance.

2.2. Les enjeux du choix des enjeux

Confronté à un mécontentement ou à une revendication locale, un représentant du personnel se demande s'il vaut mieux conseiller aux intéressés le calme et la patience ou au contraire donner un écho à cette insatisfaction. S'agit-il de formuler le problème posé en termes locaux en le limitant au groupe qui l'a soulevé ou d'adopter une formulation susceptible de concerner un nombre plus élevé de salariés ? Mais ce groupe élargi va-t-il accepter de se mobiliser sur le thème proposé ?[1] La formulation de l'enjeu détermine le cadre et éventuellement le résultat de la négociation. La direction va également faire un travail de reformulation et considérer qu'il s'agit d'un problème particulier ou d'un problème de principe qui remet en cause tous les fondements de la politique salariale, par exemple de l'entreprise.

Le choix de l'enjeu conditionne les coalitions d'acteurs internes et externes qui vont pouvoir se constituer. Lors du mouvement social de décembre 1995, le thème de la «grève par procuration» a joué un rôle non négligeable dans le courant de sympathie ou de compréhension dont ont fait preuve les usagers. Ce thème transformait des revendications catégorielles en dénonciations des évolutions de notre société, et les grévistes en porte-parole de travailleurs qui ne pouvaient se joindre à eux compte tenu des menaces qui pèsent sur l'emploi. Un conflit social, pour peu qu'il suscite un minimum de médiatisation, devient vite une partie à trois arbitrée par l'opinion publique.

Enfin, tout au long d'un conflit, l'enjeu se reformule en fonction de son évolution et des perspectives de la négociation.

2.3. Action collective et systèmes de valeurs

Il existe une littérature abondante sur l'application de la théorie des jeux à la compréhension des conflits et de leur déroulement ainsi que sur les techniques, ruses ou ficelles de la négociation[2]. Nous ne pouvons traiter de ces aspects dans cet ouvrage car ils ne sont pas vraiment spécifiques de la négociation sociale.

En revanche, nous souhaitons insister sur une dimension particulière à la négociation sociale. Les positions défendues ne peuvent être comprises à partir de la seule maximisation des résultats pour les mandants. Les positions renvoient aussi à des systèmes de valeur qui sont constitutifs des groupes impliqués dans l'action. L'action collective suppose un minimum d'intégration sociale : si les chômeurs,

1. Les grévistes de la fin 1995 ont élargi les revendications de façon à ce que le secteur privé se sente concerné ; en vain.
2. Dupont C. , *La négociation : conduite, théorie, applications*, Les Éditions d'Organisation, 1986. Rojot J., *La négociation*, Paris, Vuibert, 1994.

malgré la croissance de leur effectif au cours des vingt dernières années, n'ont pas été en mesure de structurer des mouvements significatifs, même à l'occasion de la protestation sociale de décembre 1995, c'est aussi parce que leur situation est très désintégratrice.

L'action collective suppose des collectivités concrètes de référence, des communautés auxquelles les intéressés soient susceptibles de s'identifier[1]. Le conflit met en scène des coalitions réunissant des groupes dominants et des groupes plus faibles. Historiquement les ouvriers professionnels ou de métiers ont structuré le mouvement syndical et les ouvriers spécialisés se sont raccrochés à eux[2]. Les ouvriers de métiers ont imposé leur modèle de discussion, leurs critères et leurs valeurs à l'organisation syndicale[3]. Dans la négociation, les représentants du personnel vont défendre avec acharnement des principes tels que celui de l'ancienneté, qui peuvent apparaître contradictoires avec les intérêts immédiats des salariés directement concernés par la négociation ; ces principes constituent toutefois des valeurs fondatrices de la communauté sous-jacente à l'action collective[4].

Le conflit ne débouche pas seulement sur une répartition d'avantages, mais sur un compromis entre des systèmes de valeurs et sur la production de règles de vie en commun.

La négociation sociale met en présence non seulement des systèmes de valeurs différents, mais aussi des conceptions contrastées de la notion de négociation.

3. La négociation et ses modèles sous-jacents

Les expressions telles que «négociations donnant-donnant» ou jeu «gagnant-gagnant» connaissent un tel succès qu'elles font perdre de vue qu'elles renvoient à une vision tout à fait singulière de la négociation : le modèle du marchandage. Non seulement cette conception particulière de la négociation tend à occulter qu'il existe d'autres approches de la négociation, mais de plus elle est incapable de rendre compte de comportements qui peuvent paraître déroutants, voire négatifs, à l'observateur extérieur[5], sans parler de la stigmatisation du syndicalisme français que cela suscite.

---

1. Groux G., *Le conflit en mouvement*, Paris, Hachette, 1996.
2. Noiriel G., *Les ouvriers dans la société française, XIXe-XXe siècle*, Paris, Seuil, coll. Points, 1986.
3. Sainsaulieu R., montre combien diffèrent les systèmes de valeurs des ouvriers professionnels et des OS. Voir *Les relations de travail à l'usine*, Paris, Les Éditions d'Organisation, 1973, et *L'identité au travail*, Paris, Presses de la Fondation Nationale des Sciences Politiques, 1977.
4. Segrestin D., «Les communautés pertinentes de l'action collective», *Revue Française de Sociologie*, XXI, 1980, pp. 171-203.
5. Les notions présentées dans cette partie ont été développées dans l'ouvrage de Morel C., *La grève froide*, Toulouse, Octares Editions, 1994. Voir aussi Morel C., «La drôle de négociation», *Gérer et Comprendre*, mars 1991, p. 4-20.

© Dunod – La photocopie non autorisée est un délit.

3.1. La négociation-contrat

Ce modèle implicite de la négociation comme marchandage repose sur deux éléments fondamentaux :

– un processus de communication interactif,
– débouchant sur un ensemble de concessions et de contreparties.

Les deux parties prenantes ont certes des objectifs opposés ou différents et n'entendent pas tout se dire, mais elles acceptent d'entrer dans un jeu de communication. Au terme des discussions, chacune se considère comme susceptible de céder des contreparties aux avantages obtenus et de signer en quelque sorte un contrat, d'où le terme de négociation-contrat utilisé pour désigner ce modèle de négociation.

3.2. Des comportements à élucider

Avant de présenter un modèle alternatif de la négociation, évoquons quelques exemples courants de comportements observables sur le terrain, que ce soit au niveau d'unités de travail ou d'établissements d'entreprise.

Exemples de comportements de négociation

• Les représentants du personnel demandent à plusieurs reprises à la direction de meilleures statistiques sociales. La direction propose une commission paritaire afin de se mettre d'accord sur l'application de la loi relative au bilan social et se déclare prête à développer des indicateurs complémentaires. Aucune suite n'est donnée par les représentants du personnel. La direction procède unilatéralement à l'amélioration de la structure du bilan. En effet, les représentants du personnel, tout en refusant de discuter du sujet, maintiennent une pression à l'occasion de diverses réunions.

• Les possibilités d'augmentation se situent entre 2 et 4 %. La revendication syndicale porte sur 12 %.

• Une usine de la région parisienne employant un personnel étranger maîtrisant mal le français est transférée en province ; le représentant de la direction veut aborder les problèmes techniques posés par cette décision. Les délégués du personnel s'enferment dans le mutisme ou dans la répétition systématique de leur refus de voir l'usine fermée.

On pourrait évoquer de manière plus générale bien d'autres comportements qui constituent la vie quotidienne de nombreux sites :

– les délégations pléthoriques, que ce soit par fait accompli ou par revendication ; la rotation des délégués qui conduit la direction à ne jamais avoir face à elle le ou les mêmes interlocuteurs ; la lecture imposée et répétée de déclarations écrites présentant parfois un rapport lointain avec les sujets à l'ordre du jour ;
– les manœuvres d'évitement ou de réserve à l'égard de discussions proposées par l'employeur ou par la loi ; le silence ou le refus de formalisation d'un avis requis par la loi ; le refus des débats techniques ou le refus d'aborder des points de consultation ;

– la volonté d'engagement limitée, les contreparties floues ou inapplicables ;
– le refus de signer les procès-verbaux des réunions auxquelles on a participé.

Pris isolément, ces comportements semblent choquants, paradoxaux, peu productifs ; en fait ils constituent bien un ensemble de pratiques cohérentes !

Ils peuvent être rendus intelligibles en recourant à un autre modèle de la négociation que celui de la négociation-contrat.

3.3. La négociation-manifestation

Abandonnons un moment le terrain de la négociation sociale pour celui de la diplomatie. H. Kissinger, secrétaire d'État des États-Unis, lors des premières négociations de paix avec les Vietnamiens, avait remarqué que le comportement de ceux-ci ne visait pas du tout à déboucher sur un accord constructif : les revendications irréalistes succédaient aux discours fleuves retraçant l'histoire de leur pays. Le processus de communication était systématiquement entravé et la recherche de concessions mutuelles ne semblait pas être la préoccupation de la partie vietnamienne. Cette approche de la négociation avait déjà été observée chez les interlocuteurs soviétiques dans le cadre de la guerre froide : le souci de ces derniers semblait moins d'aboutir à des accords viables qu'à mettre à jour les limites des concessions que les Américains étaient susceptibles d'accepter, voire à obtenir des concessions unilatérales.

La transposition de ces jeux diplomatiques dans le champ des relations professionnelles est tout à fait féconde et a conduit C. Morel à parler de «grève froide», en référence à ces travaux de science politique relatifs à la guerre froide, et à opposer deux modèles de la négociation qu'il baptise «négociation-manifestation» par opposition à la «négociation-contrat».

La négociation-manifestation n'aborde pas la négociation comme une discussion susceptible d'aboutir à un contrat, mais comme un instrument de pression pour obtenir des concessions sans contrepartie.

Revenons aux anecdotes évoquées plus haut ; elles sont loin d'être irrationnelles si l'on prend en compte les caractéristiques de la situation dans laquelle se trouvent placés ceux qui les adoptent.

En effet, la négociation contractuelle suppose un équilibre des forces, une relative parité des protagonistes en termes de pouvoir. Cette forme de négociation n'est pas acceptable en cas de déséquilibre flagrant des partenaires : le partenaire le plus faible se trouve obligé de passer sous les fourches caudines du plus fort. La négociation-manifestation devient alors beaucoup plus pertinente : elle permet de tirer plus que ce qui pouvait être espéré de la négociation contractuelle.

Pour comprendre les comportements syndicaux, il faut partir de la situation de faiblesse structurelle dans laquelle se trouvent les syndicats dans la plupart des entreprises, et notamment au niveau local des établissements. Nous reviendrons sur ce point dans la partie de ce chapitre consacrée au système français de relations professionnelles et à sa comparaison avec le système allemand.

© Dunod – La photocopie non autorisée est un délit.

Cette faiblesse se traduit par une incapacité à garantir la paix sociale, une capacité très incertaine à déclencher une grève et une impossibilité à engager les autres syndicats[1]. Nombre de grèves sont déclenchées en dehors des syndicats, lesquels s'efforcent ensuite de réguler ces mouvements nés hors d'eux. On pourrait citer la grève de la SNCF de 1986, ou les grèves d'infirmières de 1990, sans remonter à 1968.

Dans ces conditions, il serait bien imprudent de vouloir passer contrat et il vaut mieux être le moins transparent possible, ne serait-ce que pour accroître la crédibilité des menaces. Un acteur faible n'a pas grand-chose à attendre d'une négociation-contrat, car le processus de communication risque de mettre en évidence sa faiblesse et les contreparties qu'on est susceptible de lui demander risquent de l'affaiblir encore.

La pauvreté des syndicats français les prive de moyens d'expertise, au moins au niveau local. Disposant de sources d'information fragmentées et dispersées, souvent handicapés dans le maniement du langage écrit comme parlé, ils redoutent de se retrouver sur le terrain technique face à une direction mieux équipée. Ceci explique les comportements de fuite évoqués ci-dessus dans l'anecdote des indicateurs du bilan social. En participant à la définition des indicateurs, ils s'interdiraient de critiquer par la suite la forme de l'information communiquée. Ils préfèrent conserver intact leur pouvoir de contestation plutôt que d'arriver à un quelconque compromis sur lequel ils savent ne pas pouvoir peser.

Lors de la fermeture de l'usine, l'attitude de refus de la discussion procède aussi d'une évaluation raisonnable : la position de manifestant est finalement moins défavorable que celle consistant à rentrer dans une discussion technique en condition de forte vulnérabilité.

Refuser le compromis est une manière de refuser un contrat qui légitime le pouvoir en place. Les revendications irréalistes sont une manière de contester l'objet même de la négociation : dans la mesure où elles contraignent la direction à prendre une décision unilatérale, elles évitent à ceux qui ont une faible capacité d'influence sur la décision d'apparaître comme une caution, à ceux qui ne sont que présents d'apparaître comme consentants. Comment expliquer à ses mandants qu'on a peu influé sur le résultat ?

On peut alors se poser la question suivante : pourquoi participer à une négociation ou à des réunions dont on n'attend rien de bon ?

La démarche de la négociation-manifestation consiste à mobiliser dans la situation de négociation des armes qui sont celles de la manifestation. Cela va du harcèlement verbal à la démonstration de force physique par le truchement de délégations pléthoriques, en passant par tous les moyens de pression psychologique que constituent les tactiques évoquées plus haut. Ces éléments de déstabilisation ne laissent pas les responsables d'entreprise ou leurs représentants indifférents ; ils en conviennent même s'ils sont des négociateurs endurcis.

---

1. Nous reviendrons dans la partie suivante sur l'historique du pluralisme syndical français.

De fait, même si *in fine* la décision est unilatérale, elle prend malgré tout en compte ce qui est apparu lors des discussions. La négociation-manifestation n'exclut pas complètement la négociation. Elle constitue une sorte de négociation silencieuse et comporte une forme de compromis tacite. Il y a le dit et le non-dit. C'est le cryptage si caractéristique des relations sociales, qui fait qu'un tract incendiaire peut signifier un ralliement de fait ; cette figure de rhétorique permet de gérer à la fois les attentes des mandants et la crédibilité vis-à-vis de la direction.

La négociation-manifestation est une manière somme toute très rationnelle de tirer meilleur parti d'une situation de départ de grande faiblesse stratégique.

REPÈRES : **Traits distinctifs de deux formes de négociation**

	Négociation-contrat	Négociation-manifestation
Conditions	équilibre des forces	déséquilibre des forces
Principes	– communication – concessions-contreparties	– pressions – obtention de concessions sans contreparties
Niveaux	branche ou interprofession *	entreprise ou établissement
Négociateurs	effectif restreint et stable	effectif élevé et instable
Armes	– argumentation – expertise	– manifestations – évitement
Conclusion	signature	décision unilatérale

* Les ressources en expertise des syndicats se trouvent à ce niveau.

Dans un commentaire des travaux de C. Morel, E. Friedberg souligne que dans le modèle de la négociation-manifestation, les comportements des protagonistes forment système : «les stratégies de grignotage justifient les contre-offensives des employeurs et vice-versa, la méfiance se nourrit de la volonté de contournement des employeurs et vice-versa»[1].

3.4. Conflictualité apparente et conflictualité réelle

Le modèle de la négociation-manifestation permet aussi de rendre compte d'un paradoxe : les relations professionnelles au niveau des établissements semblent témoigner d'une certaine agressivité, alors que les séries statistiques (tableaux 2.1.) montrent une conflictualité française tout à fait moyenne.

1. Friedberg E., «De la drôle de négociation au système indulgent», *Gérer et Comprendre*, mars 1995, pp. 59-60.

© Dunod – La photocopie non autorisée est un délit.

Tableau 2.1 : La conflictualité dans 19 pays industrialisés
(Moyenne annuelle de jours perdus pour cause de conflits pour la période 1970-1988)

Jours de travail perdus pour cause de conflit pour 1 000 salariés					
INFÉRIEURS À 100 JOURS		COMPRIS ENTRE 100 ET 250 JOURS		SUPÉRIEURS À 250 JOURS	
Suisse	1,4	Suède	114,0	Royaume-Uni	467,0
Autriche	6,0	France	147,0	Australie	512,0
Pays-Bas	30,0	Portugal	160,0	Finlande	538,0
RFA	43,0	Danemark	231,0 (moyenne annuelle 1980/1987)	Irlande	622,0
Japon	70,0			Grèce	732,0 (moyenne annuelle 1980/1987)
Norvège	75,0	États-Unis	237,0	Espagne	745,0
				Canada	753,0
				Italie	1 123,0

Source : Étude effectuée par l'IW (Institut de l'économie allemande), reproduite par la revue UIMM. *Social international,* n° 480, janvier 1990.

Il s'agit largement d'un biais psychologique : les formes d'action correspondant à la négociation-manifestation sont éprouvantes sur le plan psychologique et génèrent une impression de forte conflictualité, alors que les statistiques ne comptabilisent que les jours de grève, donc de conflit ouvert.

C. Morel parle de spectre de la conflictualité. Il a établi une échelle allant de la conflictualité faible à la conflictualité élevée :

– la négociation-contrat (donnant-donnant, communication bilatérale),
– la négociation-manifestation avec sa panoplie d'armes intermédiaires,
– la grève.

La notion de spectre de la conflictualité est intéressante, car elle établit un continuum entre diverses formes de conflit et rend compte de la pluralité des modes de recherche d'ajustement.

4. La notion de régulation sociale

Nous avons vu que la négociation d'un conflit ouvert pouvait s'analyser comme une production de règles ou l'élaboration de nouvelles règles communes. Autrement dit, la négociation formalisée est une modalité particulière de régulation, terme qu'on peut traduire par «adoption de règles» ; de même que la grève est une forme particulière de conflit.

L'examen du modèle de la négociation-manifestation a mis en évidence qu'il pouvait y avoir de la négociation tacite autour de la négociation formelle, et que de l'accord silencieux pouvait se nouer autour d'apparentes manifestations de désaccord. Refuser de signer un accord ne signifie pas forcément qu'on n'est pas d'accord.

La régulation ne se réduit ni à la négociation formelle de conflits ouverts, ni au fonctionnement officiel des instances de représentation du personnel, ou à la signature d'accords dans le cadre de la négociation collective. Non seulement elle doit prendre en compte des négociations tacites qui se jouent en marge de négociations formelles, mais elle inclut aussi des négociations informelles qui se produisent à tous les niveaux de l'organisation. En effet, travailler c'est produire des règles.

4.1. Le travail comme production de règles

On se souvient des travaux fondateurs du courant des relations humaines, notamment ceux d'E. Mayo à la Western Electric, qui avaient mis en évidence, dès les années 30, que dans toute unité de travail existe une organisation informelle génératrice de normes de comportement. Plus tard, de nombreuses études effectuées dans des entreprises taylorisées, où les tâches sont fortement prescrites, ont montré qu'il existe une organisation clandestine du travail, laquelle peut fortement influencer les cadences de travail[1]. Plus récemment encore, l'introduction de nouvelles technologies et de formes d'organisation sollicitant une plus grande polyvalence a contribué à renforcer et valoriser l'autonomie des opérateurs. Ainsi, G. de Terssac[2] a montré que l'exercice de l'activité amène à élaborer des tours de main, des manières plus efficaces d'accomplir le travail et qu'en permanence un groupe de travail invente, adopte, voire impose à ses membres des modalités de coordination qui lui semblent pertinentes.

4.2. La distinction de deux types de règles

Les règles produites au sein du groupe de travail sont appelées règles autonomes. Hors quelques cas exceptionnels, un groupe de travail n'est pas libre du choix de ses modalités d'organisation et de fonctionnement. Il reçoit des directives de l'extérieur qui ont trait à la répartition du travail, aux méthodes à appliquer et aux productions à atteindre : ces règles qui viennent d'en haut (hiérarchie et services fonctionnels) sont appelées *règles de contrôle*.

L'analyse un peu fine de toute unité de travail montre qu'elle est en permanence le siège de négociations entre les acteurs porteurs des règles de contrôle et ceux qui sont producteurs de *règles autonomes*[3]. Cette activité de négociation porte le nom de *régulation conjointe*[4]. Le plus souvent des compromis sont trouvés entre les exigences des parties ; ces compromis peuvent être informels, et consister à ce que la

© Dunod – La photocopie non autorisée est un délit.

1. Bernoux P., *Un travail à soi*, Toulouse, Privat, Paris, 1981.
2. Terssac de G., *Autonomie dans le travail*, Paris, PUF, 1992.
   Terssac de G., Reynaud J.D., «L'organisation du travail et les régulations sociales», *in* Terssac de G., Dubois P., *Les nouvelles rationalisations de la production*, Toulouse, Cépaduès Editions, 1992, pp. 169-186.
3. Le freinage de la production constitue un exemple de règle autonome.
4. Reynaud J.D., *Le conflit, la négociation et la règle*, Toulouse, 1995, Octares Editions.

hiérarchie de premier niveau ferme les yeux pourvu que telle condition soit respectée, ou être plus formels.

Cette lecture du fonctionnement concret d'une organisation en termes de jeux de négociation ne doit pas amener à considérer que les protagonistes sont dans des positions de pouvoir comparables. Les situations sont en général dissymétriques et les tenants de la régulation de contrôle ont une légitimité supérieure à formuler et faire appliquer la règle.

Puisque le terme de légitimité est prononcé, disons que diverses légitimités entrent en conflit. La régulation autonome invoque la légitimité de son efficacité. C'est du reste ce qui fait la différence entre les normes informelles identifiées par les chercheurs du courant des relations humaines (normes largement fondées sur l'affectivité) et la régulation autonome, qui entend s'imposer au nom d'une légitimité.

La lecture en termes de régulation conjointe ne doit pas non plus faire perdre de vue que le compromis n'est pas toujours atteint et qu'il peut y avoir retrait ou conflit ouvert.

Cette parenthèse théorique nous invite à ne pas nous intéresser aux seules règles officielles, mais à accorder toute la vigilance qu'elles méritent aux règles officieuses et clandestines ; de plus elle nous conduit à admettre qu'une partie seulement des relations de travail peut donner lieu à une négociation explicite[1].

La mobilisation des théories du contrat implicite développées par les économistes permet de rendre compte, sur une autre base que celle des sociologues, d'une large partie de la régulation qui se produit dans les organisations et d'expliquer que la négociation continue à se produire dans des contextes d'affaiblissement syndical[2].

Le regard porté sur l'activité de travail, comme production de règles, laisse entrevoir une dimension «d'échange politique»[3], de troc pour la paix sociale sous-jacente à toute interaction sociale se jouant dans la durée. Le concept d'échange politique est emprunté à la science politique et les analyses qui y recourent sont en général effectuées à un niveau national et même international, mais il montre un enjeu essentiel de la régulation en organisation.

Nous avons évoqué la négociation collective, formelle et informelle, tacite ou explicite, comme mode de régulation. Dans cette première partie du chapitre nous sommes restés au niveau de l'entreprise ou d'une organisation particulière, même si des réalités de l'environnement ont été évoquées à l'occasion. La négociation collective ne se produit pas seulement à l'intérieur de l'entreprise ; nous allons

---

1. Reynaud J.D., *op. cit.*, p. 26.
2. Amadieu J.F., «Contrat implicite et système de relations industrielles», *in* Reynaud J.D., Eyraud F., Paradeise C., Saglio J., *Les systèmes de relations professionnelles*, Lyon, Éditions du CNRS, 1990, pp. 291-301.
3. Cette expression est empruntée à Pizzorno A., «Political Exchange and Collective Identity in Industrial Conflict» in Crouch C., Pizzorno A., *The Resurgence of Class Conflict in Western Europe since 1968*, London, Macmillan, 1978, pp. 277-298.

même voir que pendant longtemps ce n'est pas dans l'entreprise qu'elle a eu lieu, mais à d'autres niveaux et qu'un mode de régulation particulier, le droit, a prévalu.

Section 2 LES ORIGINES DU SYSTEME FRANÇAIS DE RELATIONS PROFESSIONNELLES

Les syndicats allemands sont plus constructifs que les syndicats français ! L'entreprise japonaise est moins conflictuelle que l'entreprise française ! British Airways s'est réformée plus tôt, plus vite et mieux qu'Air France, mais les syndicats français...

Qui n'a entendu ou lu pareilles déclarations péremptoires régulièrement suivies de prescriptions en forme de «il n'y a qu'à... imposer une obligation de service minimum en cas de grève dans les services publics ou rendre obligatoires des clauses de paix sociale. On n'a pas les syndicats qu'il faut, le droit est mal fichu et les idéologies empoisonnent les débats dès lors qu'il s'agit de prendre les mesures qui s'imposent pour procéder aux adaptations requises par la concurrence internationale».

Est-il possible de sortir de ces clichés inspirés le plus souvent par le dépit ou l'irritation et dont on sent intuitivement les limites ? Quelles sont les notions qui peuvent nous aider à rendre compte de façon plus cohérente des comportements observés, et donner une intelligibilité à des actions qui peuvent en première instance apparaître comme l'expression du désespoir ou de la logique du pire ?

La notion qui nous semble la plus structurante est celle de système de relations professionnelles. Après l'avoir précisée, nous essaierons de montrer que les systèmes de relations professionnelles sont des constructions historiques ; nous nous appuierons sur la comparaison internationale pour faire apparaître les principales caractéristiques du système français, caractéristiques que nous finissons par perdre de vue à force d'être immergés dans ce système.

1. La notion de système de relations professionnelles

Avant de parler de système de relations professionnelles, il convient de situer la notion de relations professionnelles. Ce sont les Anglo-Saxons qui dès le début du siècle, suite à des grèves particulièrement violentes, se sont intéressés les premiers à la manière dont s'organisaient les rapports entre employeurs, salariés et État, que ce soit au niveau de l'entreprise, de la région, de la branche professionnelle ou de l'économie toute entière[1]. Ils ont ainsi ouvert un domaine de recherche et de production de connaissances qui a pris le nom de *industrial relations*, terme le plus souvent traduit en français par relations professionnelles, mais aussi par relations

1. Lallement M., *Sociologie des relations professionnelles*, Paris, La Découverte,1995.

© Dunod – La photocopie non autorisée est un délit.

sociales ou relations du travail. Ce champ théorique aborde de façon très générale la production de règles, qu'elle prenne une forme juridique, conventionnelle, procédurière ou coutumière ; qu'elle intervienne au niveau individuel ou collectif. Les chercheurs de ce domaine l'ont travaillé selon des optiques différentes ; certains s'intéressent à l'histoire du mouvement ouvrier et aux formes institutionnelles dont il s'est doté, d'autres aux conflits et à leurs dynamiques, d'autres se posent la question de la pertinence économique de l'action syndicale. Il s'agit donc d'un domaine pluridisciplinaire combinant histoire, économie, sociologie, sciences politiques et droit.

L'auteur qui a forgé la notion de système de relations professionnelles est l'économiste américain J.T. Dunlop[1]. Ses préoccupations portent sur l'impact des conflits sociaux et de la négociation comme forme particulière de régulation sociale sur les résultats des entreprises. Le contexte historique dominant au moment où il élabore ses travaux est celui de la guerre froide et plus particulièrement celui du maccarthysme. La «chasse aux sorcières» communistes qu'il a suscité a eu pour effet de décapiter un certain nombre d'états-majors syndicaux, notamment dans le secteur automobile et de conduire à la fusion de l'AFL, plutôt modérée politiquement, et de la CIO, d'obédience marxiste. Le projet de J.T. Dunlop est normatif : il entend proposer un cadre d'analyse universel, autrement dit valable pour toutes les sociétés au-delà des particularismes nationaux. Il est fondamentalement opposé à toute lecture marxiste de l'histoire privilégiant la lutte des classes comme moteur du progrès social. Il y a chez lui une aversion profonde pour le conflit. Sa tentative d'organisation des rapports sociaux est de nature à prévenir l'apparition du conflit, lequel présente pour lui une connotation pathologique. J.T. Dunlop s'inscrit dans une perspective systémique, largement ébauchée par R.K. Merton et T. Parsons.

La construction de J.T. Dunlop fait intervenir quatre éléments principaux :

- des acteurs,
- des contextes,
- ce qu'il appelle une idéologie commune, notion précisée ci-dessous,
- des règles, conçues comme étant la production du système.

1.1. Les acteurs

Ils sont au nombre de trois et on ne sera pas surpris de voir distinguer :

- l'organisation ou les organisations de dirigeants ;
- l'organisation ou les organisations de salariés ;
- l'État ou les institutions spécialisées assistant les acteurs précédents dans leurs relations.

Ces protagonistes entretiennent des rapports d'interaction et une initiative de l'un d'eux suscite des réactions ou des initiatives des deux autres.

---

1. Dunlop J.T., *Industrial Relations Systems*, South Illinois, University Press, 1971.

1.2. Les contextes

Les acteurs agissent dans le cadre d'environnements qui limitent leur autonomie. L'auteur distingue trois contextes :

– le contexte *technologique* qui détermine fortement les conditions de vie au travail ;
– le contexte *économique et financier* qui détermine largement le «grain à moudre», pour reprendre une expression chère à A. Bergeron[1] ;
– le contexte *politique* qui influence la répartition du pouvoir entre les acteurs. Par exemple, la montée du libéralisme modifie sensiblement le regard porté sur le SMIC par rapport à la période du keynésianisme triomphant.

Ces contextes modèlent le système de relations professionnelles et jouent un rôle décisif sur les règles produites par ce système.

1.3. L'idéologie

Le terme d'idéologie utilisé par J.T. Dunlop a une acception très spécifique. Il s'applique à l'ensemble des idées ou conceptions partagées par les protagonistes, qui font du système une entité et confèrent une légitimité aux rôles joués par chacun. Cette notion pose problème dans certains pays où les «idéologies» explicites de chacun des protagonistes semblent tellement contradictoires ou exclusives l'une de l'autre qu'on a du mal à repérer ce que serait l'idéologie évoquée par J.T. Dunlop. Cette difficulté fait aussi l'intérêt de la notion, car elle conduit à aller au-delà des apparences ou des discours, à repérer ce qui constitue malgré tout une base de consensus sur la place de chacun (par exemple réduire au maximum les interventions de l'État), une philosophie implicite sur ce qui permet au système d'exister.

1.4. Les règles

Elles sont en quelque sorte le résultat du système de relations professionnelles. On distingue les règles de contenu et les règles de procédures :

– les règles de contenu renvoient aux thèmes sur lesquels les acteurs entrent en relation : rémunérations, comportements dans le travail, droits et obligations des travailleurs en matière d'embauche, de transfert et de licenciement ;
– les règles de procédures ont trait aux modalités d'exercice de la relation : droit de grève, définition des acteurs habilités à négocier, critères de représentativité.

L'enjeu véritable d'un conflit est souvent à rechercher au-delà des contenus, du côté des règles de procédure. Ainsi le bilan d'un conflit n'est pas seulement à

---

1. André Bergeron a été secrétaire général de FO de 1963 à 1989.

© Dunod – La photocopie non autorisée est un délit.

apprécier du point de vue du contenu, mais aussi du point de vue des règles du jeu et du jeu autour de la règle.

La notion de système de relations professionnelles étant posée du point de vue théorique, essayons de dégager quelques caractéristiques du système français de relations professionnelles en nous appuyant sur la lecture historique et sur la comparaison internationale.

2. La construction du syndicalisme français

Le format du présent ouvrage ne permet pas de retracer l'histoire du mouvement ouvrier en France et nous renvoyons nos lecteurs aux manuels d'histoire ou à des ouvrages spécialisés[1]. Nous nous contenterons de faire un rappel des grandes dates et de dégager quelques traits qui seront repris par la suite dans le cadre de la comparaison internationale ; nous nous efforcerons de rappeler les sources doctrinales auxquelles puisent les syndicats français et d'expliciter une fonction identitaire assumée par le syndicalisme.

2.1. Les grandes dates de l'histoire sociale française

Pour faciliter la présentation, distinguons une première période allant jusqu'à la Première Guerre mondiale, et une seconde débutant après ce conflit.

S'il n'y avait que trois dates à retenir concernant la première période, elles seraient sans hésitation :

- 14.06.1791, la loi Le Chapelier proscrit toute association ;
- 02.05.1864, reconnaissance du droit de grève ;
- mars 1884, autorisation des associations professionnelles et donc reconnaissance légale des syndicats.

On se souvient que la loi Le Chapelier, en cherchant à éradiquer toutes les formes d'organisation corporatives et à instaurer un marché du travail, a en fait établi un déséquilibre majeur entre travailleurs et employeurs, puisque ces derniers peuvent licencier sans entrave alors que les premiers ne disposent que de leur force de travail. Le Code civil prévoit qu'en cas de contestation sur les salaires le patron est cru sur parole.

Cette loi a retardé la constitution en France d'un système de relations professionnelles. En Angleterre, le droit de grève est reconnu dès 1824[2]. Les unions de métier (*trade unions*) apparaissent dès le début du XIXe siècle et se fédèrent au milieu du siècle ; l'organisme fédérateur des associations professionnelles, des bourses du travail et des mutuelles, le TUC (Trade Unions Congress), est fondé en

1. Noiriel G., *Les ouvriers dans la société française, XIXe-XXe siècle*. Paris, Seuil, coll. Points, 1986 et Perrot M., *Jeunesse de la grève, 1871-1890*. Paris, Seuil, 1987.
2. Lallement M., *op.cit.*, p. 9.

1868. Il faudra attendre en France 1895 pour que le congrès de Limoges crée la CGT.

Il faut souligner que l'industrialisation et la formation de la classe ouvrière ont été plus lentes en France qu'en Angleterre : 55 % de la population active vit de l'agriculture en 1789, 47,5 % en 1880. En Angleterre, la population employée dans l'agriculture n'est que de 25 % en 1840, taux qui ne sera atteint en France qu'en 1950.

Le XIXe siècle est jalonné de conflits violents et d'actions de répression du mouvement ouvrier. On peut citer la révolte des Canuts de Lyon (1831 et 1834), la grève du Creusot (1869) qui symbolise l'exacerbation de la «lutte des classes» entre la bourgeoisie capitaliste et les prolétaires, la grève de Decazeville (1886) qui témoigne d'une conception absolue de l'autorité patronale. Cette grève, provoquée par une baisse de 35 % des salaires suite à un effondrement des prix du charbon, donne lieu à la défenestration d'un ingénieur, puis à 108 jours de grève, à une position inflexible du conseil d'administration qui a donné mandat au directeur de «fermer les mines et de liquider l'entreprise plutôt que de subir des conditions

REPÈRES : Historique des relations professionnelles depuis 1918

	Contexte	Négociation collective	Relations professionnelles dans l'entreprise
• 1919		Première loi sur les conventions collectives.	Création des délégués du personnel.
• 1936	Grandes grèves Front populaire Accords Matignon	Loi sur la négociation collective au niveau de la branche.	Création des comités d'entreprise.
• 1945/ 1946	Libération, Union nationale Interventionnisme de l'État	Interdiction des accords sur les salaires (contrôlés par l'administration).	
• 1951		Loi sur la négociation collective, centrée sur le niveau de la branche.	
• 1968	Grandes grèves Protocole de Grenelle		Reconnaissance de la section syndicale d'entreprise.
• 1971	Politique contractuelle, «Nouvelle société»	Loi sur la négociation collective, reconnaissant la négociation d'entreprise et interprofessionnelle.	
• 1982	La gauche au pouvoir	Lois Auroux sur la négociation collective : obligation périodique de négocier dans la branche et dans l'entreprise.	Droit d'expression directe des salariés. Négociation dans l'entreprise sur : – les salaires, – le temps et les horaires de travail.

© Dunod – La photocopie non autorisée est un délit.

incompatibles avec les conditions de la concurrence»[1]. En bref : trois grands procès, des peines de réclusion de 5 à 8 ans, plusieurs centaines d'ouvriers non réembauchés.

Nous ne parlons pas des journées révolutionnaires de 1848, ni de la Commune, qui furent des bains de sang.

Le tableau ci-dessus illustre combien les grandes avancées du droit social sont liées à des moments importants de la vie nationale. On pourrait certes penser que la loi avalise symboliquement en ces périodes cruciales des réalisations sociales déjà largement mises en place dans les faits. Il n'en est rien ; il s'agit d'actions volontaristes initiées par les pouvoirs publics et nous verrons un peu plus loin que cela atteste de la position centrale d'un acteur particulier du système français de relations professionnelles : l'État.

Nous ne pouvons pas dans cet ouvrage rendre compte des péripéties de l'histoire syndicale française. Nous souhaitons seulement fournir quelques points de repère permettant de caractériser le paysage syndical. A cet effet, nous aborderons successivement les points suivants :

– la question des formes organisationnelles du mouvement ouvrier ;
– les grandes sensibilités ou traditions politiques sous-jacentes ;
– les attitudes syndicales et alliances en découlant.

2.2. Les différentes formes organisationnelles du mouvement ouvrier

Le mouvement ouvrier a donné lieu à trois formes d'organisation, qui selon les pays se sont plus ou moins développées, ont entretenu des liens organiques étroits ou distendus, antagoniques ou coopératifs :

– l'organisation en syndicats ;
– l'organisation en parti(s) politique(s) ;
– les mutuelles et coopératives.

L'histoire du mouvement ouvrier français fait clairement apparaître ces formes organisationnelles. C'est la forme mutuelle qui survit après l'abolition des corporations. La loi Le Chapelier a interdit toute forme d'association professionnelle de 1791 à 1884. Malgré les poursuites policières et judiciaires, les travailleurs mettent en place des structures collectives et notamment des sociétés de secours mutuel.

En 1884, il existe environ 500 chambres syndicales en France et elles entament un mouvement de regroupement qui aboutit en 1886 à la création d'une Fédération nationale des syndicats et groupes corporatifs organisée par syndicats de métiers. Elle est très liée au POF (parti ouvrier de France), dirigé par Jules Guesde, qui est proche de K. Marx, et conçu comme un syndicat de classe.

1. *Source* : Trempé R. dans le cadre d'une série d'émissions sur l'histoire des grèves ouvrières. Voir aussi Trempé R., *Les mineurs de Carmaux, 1848-1914,* 2 vol., Paris, Editions ouvrières, 1971.

Parallèlement un autre type d'organisation syndicale se met en place, sur une base locale : les bourses du travail. Elles dispensent aux ouvriers une formation professionnelle et rassemblent des informations sur les salaires et les emplois dans la région et pour toutes les professions. Elles créent la Fédération des bourses du travail en 1892. Elles reçoivent l'adhésion des anarchistes, lesquels forment le courant dit «anarcho-syndicaliste» ou syndicalisme d'action directe ; ils nient la nécessité pour les ouvriers d'être représentés par un parti politique.

On voit dès la naissance de ces deux fédérations (Fédération nationale des syndicats et groupes corporatifs, d'un côté, et Fédération des bourses du travail, de l'autre) surgir le débat classique autour de l'organisation du mouvement ouvrier : doit-il prendre la forme d'un parti politique ou celle des syndicats ? Quelle autonomie la forme syndicat doit-elle présenter à l'égard de la forme parti ? Quel encadrement de l'action le syndicat doit-il assurer ?

On remarquera au passage combien les syndicats sont des constructions contingentes[1] du mouvement ouvrier. On aurait pu imaginer que la forme parti l'emporte complètement sur la forme syndicat.

Le Congrès de Limoges du 23 septembre 1895 fonde la Confédération générale du travail qui réunit des syndicats, des bourses du travail, des unions et fédérations. Au Congrès de 1902 à Montpellier, elle adopte une double structure : verticale (fédérations de métiers et d'industrie) et horizontale (bourses du travail), qu'on rencontre encore dans la plupart des confédérations (figure 2.1).

Le Congrès de 1906 adopte le texte dit «Charte d'Amiens» dans lequel transparaît l'influence du courant anarcho-syndicaliste. Ce texte prend ses distances vis-à-vis des partis politiques invités à poursuivre la transformation sociale de leur côté, et il magnifie la grève générale comme moyen d'action.

REPÈRES : Quelques extraits de la Charte d'Amiens[2]

- Le congrès confédéral d'Amiens confirme l'article 2, constitutif de la CGT.
- La CGT groupe, en dehors de toute école politique, tous les travailleurs conscients de la lutte à mener pour la disparition du salariat et du patronat.
- Le congrès considère que cette déclaration est une reconnaissance de la lutte de classe, qui oppose, sur le terrain économique, les travailleurs en révolte contre toutes les formes d'exploitation et d'oppression tant matérielle que morale, mises en œuvre par la classe capitaliste contre la classe ouvrière.
- Le congrès affirme l'entière liberté, pour le syndiqué, de participer, en dehors du groupement corporatif, à toutes formes de lutte correspondant à sa conception philosophique ou politique, se bornant à lui demander, à titre de réciprocité, de ne pas introduire dans le syndicat les opinions qu'il professe au dehors.

© Dunod – La photocopie non autorisée est un délit.

1. Les formes retenues n'étaient pas inéluctables, «naturelles». Il eût pu en être autrement.
2. 15e congrès national corporatif (9e de la Confédération), tenu à Amiens du 8 au 16 octobre 1906. Compte rendu des travaux, Amiens, Éd. de la CGT, 1906, pp. 170-171.

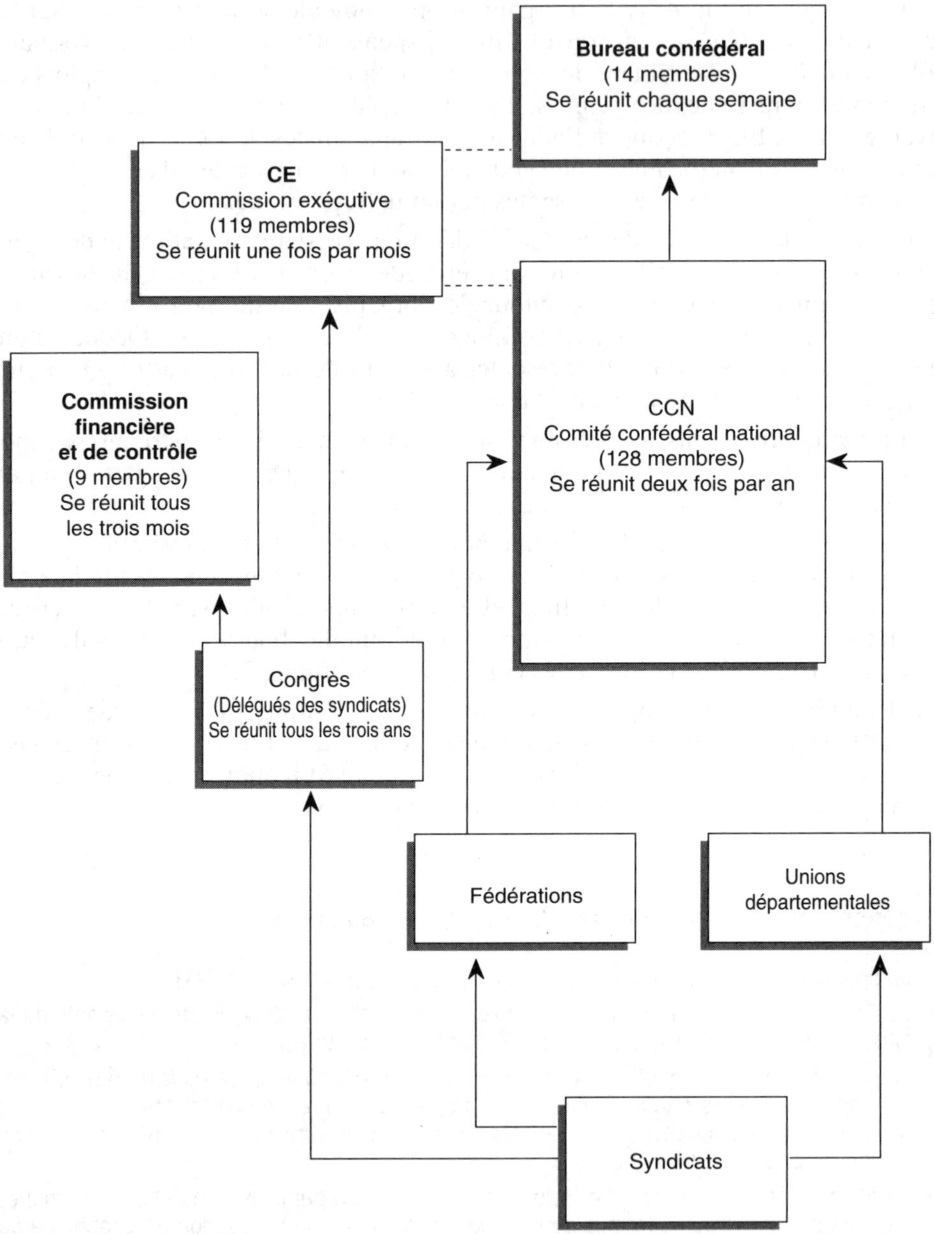

Figure 2.1 : *Les instances dirigeantes de la CGT*

Le mouvement d'unification syndicale français sera relativement éphémère, puisque dès la fin de la Première Guerre mondiale va apparaître une confédération chrétienne (CFTC) et, peu de temps après, la CGT va éclater.

2.3. Le pluralisme syndical

La question de la distinction entre organisation politique et organisation syndicale, celle des liens entre syndicats et partis politiques, s'est posée dans la plupart des pays et a beaucoup agité les Internationales ouvrières. On considère cependant que les syndicats européens peuvent être rapprochés de trois grandes sensibilités politiques : socialiste, communiste et chrétienne.

Ces grandes sensibilités sont représentées dans le paysage syndical français. Les scissions intervenues au sein des confédérations compliquent quelque peu le tableau.

Ce tableau mérite quelques commentaires pour échapper à un écrasement historique excessif.

➤ *La CGT*

L'histoire de la CGT est une succession de scissions et de réunifications. Une première scission intervient en 1921, au Congrès de Lille, suite au refus de Léon

REPÈRES : Origines historiques et doctrinales des 5 centrales représentatives[1]

	CGT	FO	CFDT	CFTC	CGC
Dates de constitution	1895	1948	1964	1919	1946
Sources doctrinales	Syndicalisme de lutte des classes.	Proudhonisme et charte d'Amiens.	Humanisme chrétien et socialisme démocratique.	Morale sociale de l'Eglise.	Organicisme social et idée de l'économie concertée.
Orientations stratégiques	Forte détermination dans la défense des acquis.	Défense des acquis sans concessions.	Acceptation explicite des concessions.	Défense des acquis avec concession.	Orientation mêlant une défense catégorielle et une logique de concession mutuelle.
Attitude envers la grève	Grève : élément central de la pression salariale.	Insistance sur la grève comme recours pour les salariés.	Grève, arme mythologique inévitable.	Grève : dernier recours.	Grève : dernier recours.

1. D'après Mouriaux R., *Le syndicalisme face à la crise*, Éditions La Découverte, 1986, p. 76.

© Dunod – La photocopie non autorisée est un délit.

Jouhaux, secrétaire général, d'adhérer à l'Internationale syndicale rouge, qui dépend de la 3e Internationale, l'Internationale communiste. En 1920, le parti socialiste SFIO avait lui-même éclaté au Congrès de Tours, une minorité restant fidèle à la 2e Internationale, tandis que la majorité avait constitué le parti communiste, section française de l'Internationale communiste. En ce qui concerne la CGT, une majorité suit L. Jouhaux, et c'est une minorité qui constitue une nouvelle confédération, la CGTU ou Confédération générale du travail unitaire.

C'est sous la pression de la base, mobilisée par la montée du fascisme et de l'antiparlementarisme, que la CGT et la CGTU sont conduites à se rapprocher et à se réunifier au Congrès de Toulouse de mars 1936.

En 1939, la signature du pacte germano-soviétique déclenche une nouvelle scission. Dans le cadre de la Résistance, les militants des deux centrales sont amenés à se rapprocher et décident en 1943 la réunification (accords clandestins du Perreux).

En 1947, la CGT et le parti communiste soutiennent des grèves très dures ; les dirigeants de la CGT se divisent et les minoritaires regroupés autour du journal *Force Ouvrière* fondent une nouvelle centrale : la CGT-FO, dont le secrétaire général est Léon Jouhaux.

REPÈRES : Les scissions et réunifications de la CGT

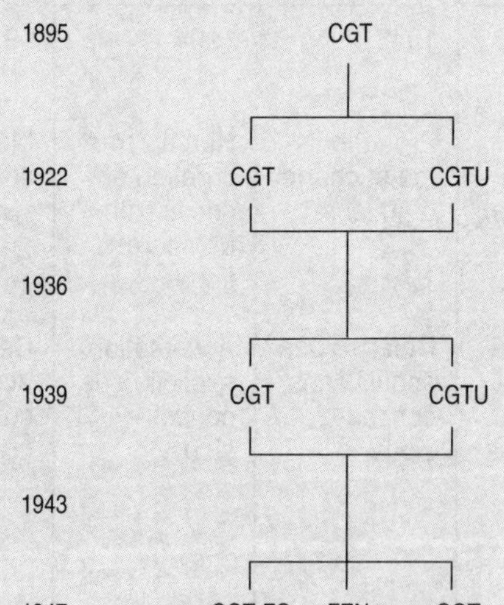

Cette dernière scission s'inscrit dans un contexte de guerre froide, laquelle a conduit à approfondir les clivages doctrinaux. La CGT est porteuse de l'héritage marxiste et d'une lecture de la réalité sociale en termes de lutte des classes et de refus de la subordination à l'égard de l'idéologie bourgeoise. L'entente avec la bourgeoisie désarme l'exploité et légitime l'exploiteur ; le compromis est certes nécessaire, mais ce n'est qu'une trêve limitée et précaire lourde de conflits ultérieurs.

➤ *La CGT-FO*

La CGT-FO est très attachée à la Charte d'Amiens et au message d'indépendance syndicale. Il faut avoir à l'esprit qu'elle regroupe des sensibilités allant des héritiers de l'anarcho-syndicalisme aux trotskistes. Proudhon reste une référence importante, notamment pour la notion de contre-pouvoir et pour son refus de croire à la disparition des antagonismes. La CGT-FO se présente comme un défenseur des intérêts de la classe ouvrière, soucieux de fonctionnement démocratique et pragmatique.

➤ *La CFTC*

Pour situer la CFTC, il est nécessaire de faire référence à Léon XIII et à l'encyclique *De Rerum Novarum* (des choses nouvelles), qui marque l'ouverture de l'Eglise aux problèmes sociaux. À la fin du XIXe siècle, l'Eglise est encore très distante vis-à-vis de la République et hostile aux idées socialistes. Avec Léon XIII, elle va opérer un rejet symétrique du libéralisme et du socialisme et prôner une forme de corporatisme : un syndicalisme libre dans une profession organisée. Elle refuse la lutte des classes et recherche la coopération autour de la production.

Dès la Deuxième Guerre mondiale, elle a connu des tensions internes : les militants issus des JOC (jeunesses ouvrières chrétiennes) et ceux qui avaient rejoint la CFTC au moment du Front populaire sont souvent en conflit avec la direction. Ils constituent un groupe de réflexion nommé «Reconstruction», qui fait référence au socialisme, recommande la déconfessionnalisation, et propose une réorganisation de la centrale par industrie. En 1961, cette tendance devient majoritaire et décide en 1964 la déconfessionnalisation, ce qui provoque une scission des minoritaires, lesquels obtiendront en 1966 leur reconnaissance sous le nom de CFTC maintenue.

➤ *La CFDT*

La CFDT est très influencée par les idées véhiculées par mai 1968. Elle fait en 1970 une analyse de la société capitaliste en termes de lutte des classes et met en avant trois projets :
- l'autogestion,
- la propriété sociale des moyens de production,
- la planification démocratique.

Elle développe des liens avec le PSU et le parti socialiste. Par ailleurs, elle passe plusieurs accords d'action avec la CGT.

À partir de 1978, elle fait un bilan critique et choisit le recentrage, à savoir la réévaluation de la notion de négociation et des résultats concrets.

Elle abandonnera progressivement les piliers du socialisme démocratique, de la

© Dunod – La photocopie non autorisée est un délit.

planification, de l'autogestion et prendra à partir de 1984 ses distances avec le pouvoir politique et le parti socialiste.

Ses thèmes prioritaires actuels sont : l'emploi et la réduction du temps de travail, la lutte contre l'exclusion et l'Europe sociale.

➤ *La CGC*

La CGC est une confédération un peu particulière puisqu'elle est catégorielle. Elle a une longue genèse qu'il faut rechercher du côté des amicales des grandes écoles, des mouvements catholiques d'ingénieurs, et de la Société amicale des chefs de service, ingénieurs, agents de maîtrise et techniciens (SACIAT), fondée dès 1896. En 1936, les succès de la CGT auprès des techniciens suscitent plusieurs regroupements. Ce n'est qu'en 1944 que la CGC se forme. Elle obtient la représentativité en 1946, suite à une grève.

La source doctrinale de la CGC, l'organicisme social, a été partagée à certains moments avec le catholicisme social ; cette doctrine a été élaborée par les physiocrates, qui développent une vision de la société ordonnée en strates hiérarchisées où chacun trouve une place naturelle en fonction de ses compétences. Les thèmes récurrents dans le discours de la CGC sont :

- la hiérarchisation des salaires et des retraites avec une vigilance toute particulière accordée aux prélèvements sociaux et à la fiscalité ;
- l'économie concertée et le rôle de l'encadrement en matière d'animation du personnel autour de la stratégie ;
- la construction européenne (une confédération européenne des cadres a été créée en 1989).

Cette revue rapide des histoires des grandes confédérations françaises montre que si chacune est dotée d'une forte identité et d'une certaine cohérence doctrinale, cela n'a pas empêché des évolutions de ligne stratégique significatives au cours des dernières décennies. On a pu ainsi assister à des évolutions importantes des clivages au sein du paysage syndical. Elles méritent d'être évoquées pour rendre plus lisible l'actualité sociale.

2.4. Évolutions des alliances et des clivages

Pour simplifier le propos, nous ne remonterons qu'aux années soixante-dix et distinguerons trois périodes séparées par deux dates : 1979 et 1988.

➤ *Les années soixante-dix*

La ligne de clivage passe entre les organisations contractuelles et les organisations conflictuelles. Pour ces dernières, le conflit est au centre des rapports sociaux et la négociation n'est pas un aboutissement, mais un élément d'un cycle dialectique, dans lequel le compromis issu de la négociation porte en germe les ingrédients d'un conflit futur.

Les organisations «conflictuelles» sont la CGT et la CFDT qui, dès 1966, ont signé un accord[1] ; trois autres accords suivront entre 1966 et 1977.

Les organisations «contractuelles» sont : la CGT-FO, la CFTC, la CGC et la FEN.

La FEN (Fédération de l'éducation nationale) est issue de la CGT, qu'elle a quittée en 1947 en même temps que la CGT-FO. La notion de syndicalisme contractuel a été largement élaborée par A. Bergeron, secrétaire général de FO, à l'occasion d'accords initiés dans la fonction publique à la fin des années soixante dans le cadre de la «Nouvelle société» promue par J. Chaban-Delmas et son conseiller social J. Delors.

Aussi paradoxale que cela puisse paraître, la division syndicale qui s'est traduite, de fait, par une division du travail syndical a été relativement efficace durant toute cette période ; les organisations conflictuelles ont régulièrement fait monter la pression sociale, laquelle a été calmée temporairement par des accords salariaux signés avec les organisations contractuelles et relancée par les organisations conflictuelles non signataires.

➤ *1979-1988*

La date de 1979 correspond au recentrage de la CFDT qui rejoint le groupe des organisations contractuelles. La CGT se retrouve relativement isolée et semble en perte de vitesse, ce qui sera démenti dès 1987 lors des élections qui suivent le conflit de la SNCF.

➤ *Depuis 1988*

La date de 1988 correspond au départ à la retraite de A. Bergeron[2], qui aura été pendant vingt-cinq ans secrétaire général de FO. Ce n'est pas son dauphin, C. Pitous, partisan de la modernisation syndicale, qui lui succède mais M. Blondel, favorable à une ligne de contestation. M. Blondel considère qu'en période de crise le contractualisme est un piège pour le syndicalisme. Il est vrai que les entreprises ont réduit drastiquement leurs effectifs et même si la fin des années quatre-vingt donne lieu à une fugitive embellie, les licenciements vont reprendre, discréditant les organisations signataires d'accords.

On assiste à une nouvelle polarisation de la vie syndicale française :
– le pôle contestataire avec la CGT et FO ;
– le pôle du syndicalisme de proposition avec la CFDT, la CFTC et la CGC.

La perspective unitaire semble plus que jamais une incantation. La fragmentation et la radicalisation sont les tendances à l'ordre du jour :

1. L'accord du 10.01.1966 entre la CFDT et la CGT fait suite au 1er congrès confédéral CFDT de décembre 1965. Il porte sur des revendications communes : pouvoir d'achat, conditions de travail, défense et extension des droits syndicaux dans les entreprises...
2. Bergeron A. a été en poste jusqu'au 4 février 1989.

© Dunod – La photocopie non autorisée est un délit.

- la FEN a éclaté et a engendré la FSU (Fédération syndicale unitaire) qui rejoint le bloc contestataire en critiquant les syndicats réformistes qui ont signé des accords avec l'État ;
- SUD (Solidaires, unitaires, démocratiques) est issu de la CFDT, à qui il reproche d'avoir apporté son soutien à la réforme de la Poste ;
- des syndicats activistes et ultra-contestataires tels que Super et Trait d'Union à Thomson font leur apparition, sans parler du regain d'influence de Lutte Ouvrière ou de mouvements trotskistes.

Avant de quitter ce tableau historique du syndicalisme français pour esquisser une modélisation du système français de relations professionnelles, il n'est pas inutile de rappeler que le syndicalisme a contribué à l'intégration de la classe ouvrière à la nation. Ceci a quelque chose d'un peu paradoxal, tant le modèle du syndicalisme de masse et de classe dont la CGT est le prototype a occupé une place dominante dans le mouvement ouvrier français et valorisé l'opposition et la contestation. Le syndicalisme a joué un rôle identitaire important pour des individus qui ne se sentaient pas acceptés par la société ou qui vivaient des ruptures fortes par rapport aux environnements dans lesquels ils étaient nés. Au-delà de l'action de défense des intérêts des travailleurs, le syndicat a rempli une fonction culturelle qu'il ne faut jamais négliger sous peine de ne pas comprendre ce qu'il a pu représenter pour ceux qui l'ont fait[1].

Section 3 LES PRINCIPAUX TRAITS DU SYSTEME FRANÇAIS ET SES INCERTITUDES

Nous souhaitons mettre en perspective le système français de relations professionnelles et nous appuyer sur une comparaison avec un système voisin pour mieux souligner les traits caractéristiques de chacun. Afin de contraster la présentation des deux modèles, nous allons commencer par donner un aperçu du fonctionnement dominant du modèle français au cours des quarante années qui ont suivi la Deuxième Guerre mondiale. Puis nous présenterons le modèle allemand. Nous reviendrons ensuite sur les évolutions du modèle français survenues depuis le milieu des années quatre-vingt.

1. Esquisse d'une modélisation du système français

De 1945 à 1984, le système français de relations professionnelles est dominé par l'État, et les jeux des partenaires sociaux sont largement structurés autour de cet

1. Verret M., *L'espace ouvrier*, Paris, Armand Colin, 1979.

acteur central. Comment schématiser ce jeu à trois (figure 2.2) et quelles ressources mobilise-t-il pour fonctionner ?[1]

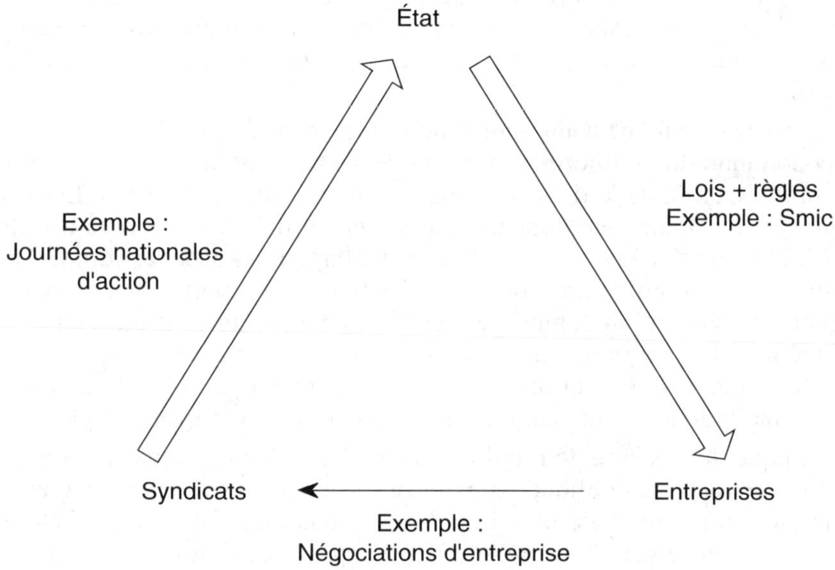

Figure 2.2 : *La dynamique du modèle français*

Les partenaires des syndicats sont moins les entreprises que l'État.

Les syndicats font pression sur l'État pour qu'il intervienne par voie juridique ou réglementaire sur les entreprises. Celles-ci ont longtemps refusé au syndicalisme la reconnaissance officielle de son rôle de contre-pouvoir et ont cherché à éviter toute négociation en leur sein. Elles n'ont pas vraiment voulu empêcher le recours à l'ingérence étatique. On est donc bien en présence d'une idéologie au sens de J.T. Dunlop, à savoir un consensus tacite quant au fonctionnement d'un certain système.

Pour faire sentir leur pression, les syndicats recourent volontiers aux journées nationales d'action, de préférence à l'approche d'échéances électorales ; les relais des partis politiques peuvent également jouer un rôle non négligeable dans cette stratégie.

Un exemple symptomatique de ces interventions centralisées du gouvernement est celui du SMIC décidé en conseil des ministres. Nous avons déjà vu que c'était par la loi qu'avaient été institués les comités d'entreprise, la section syndicale d'entreprise, les régimes de protection sociale, la participation des salariés aux bénéfices de l'entreprise et bien d'autres dispositions.

---

1. La présentation du modèle de relations professionnelles est empruntée à Guy Groux et notamment au chapitre «Le système de relations professionnelles : une évolution heurtée» dans l'ouvrage coordonné par Crawshaw R., *The French Business Environment*, à paraître chez Routledge.

© Dunod – La photocopie non autorisée est un délit.

Cette place centrale de l'État s'inscrit dans une longue tradition jacobine[1], héritée de la Révolution de 1789, qui légitime aux yeux de l'opinion la primauté de l'appareil politique central. Plus proche historiquement, le programme du CNR (Conseil national de la Résistance), dont sont issues de nombreuses réformes introduites au lendemain de la guerre, assigne au droit un rôle de producteur de réformes sociales.

L'État n'est pas seulement un acteur politique et juridique, il est également un acteur économique de premier plan puisque le secteur public, y compris les entreprises publiques, emploie le tiers de la main-d'œuvre salariée du pays. Les orientations salariales qu'il annonce donnent le ton bien au-delà de sa sphère d'influence directe. Mais en plus, l'État se considère et est largement accepté comme un producteur de normes, comme un pionnier en matière de rapports sociaux et d'avancées sociales. Renault a longtemps été considérée comme une vitrine sociale. EDF-GDF a joué un rôle historique dans la construction du dispositif français de formation professionnelle. Les contrats de progrès ont ouvert la voie de négociations élargies faisant intervenir salaires, formation, conditions de travail, emploi.

La dynamique du système de relations professionnelles passe par l'expérimentation dans les entreprises publiques, l'extension par voie légale, précédée ou suivie d'accords interprofessionnels, puis l'application dans les entreprises. Cette dynamique n'est pas étrangère à la proportion des profils juridiques, à une certaine époque, dans les services de ressources humaines.

Cette structuration du système de relations professionnelles éclaire le poids respectif des différents niveaux de l'organisation syndicale : le niveau confédéral impliqué dans les relations avec l'État revêt une importance toute stratégique. On va voir avec le cas allemand que le niveau interprofessionnel n'est pas forcément celui qui est prépondérant dans l'organisation syndicale.

2. La comparaison avec le système allemand

Cette présentation du système allemand de relations professionnelles est extrêmement simplifiée et notre intention pédagogique n'est pas de faire maîtriser l'histoire et le fonctionnement des instances allemandes de représentation, mais de faire mieux prendre conscience des points clés du système français. Après avoir dit quelques mots des acteurs, nous évoquerons le caractère dual de la représentation des salariés [2].

1. Cette tradition privilégie l'absence d'intermédiaires entre le peuple et ses représentants, l'Etat.
2. Cette présentation doit beaucoup aux travaux de Rehfeldt U. et notamment à son article «Le syndicalisme allemand entre branche et entreprise», paru dans *CFDT aujourd'hui,* en décembre 1991.

2.1. Les acteurs du système de relations professionnelles

◆ *L'acteur syndical*

Dès le début du siècle, il a eu une dimension de masse alors que les syndicats français ne l'auront qu'à des moments très particuliers de leur histoire tels que 1936, 1945, 1968. Avant la Deuxième Guerre mondiale, il existe quatre organisations chacune proche d'un parti politique : un syndicalisme chrétien, un syndicalisme libéral, un syndicalisme communiste et l'ADGB, le syndicalisme social-démocrate. En 1933, les nazis interdisent le syndicalisme indépendant et créent le «front du travail allemand». Après la guerre, la question du maintien de l'unification ou de la reconstitution du pluralisme antérieur est posée, mais les différentes sensibilités politiques acceptent de se rallier au DGB, successeur de l'ADGB. Il subsiste un syndicat d'employés (DAG) et un syndicat de fonctionnaires (DBB), mais il y a plus d'adhérents employés et fonctionnaires au DGB que dans ces syndicats.

Le taux de syndicalisation moyen est de 40 %. Il est de 80 % dans le secteur public et de plus de 50 % dans la métallurgie. C'est un syndicalisme d'industrie et chaque fédération industrielle est structurée géographiquement.

◆ *Le patronat*

Il faut distinguer la représentation des employeurs au niveau politique (le BDI) et la représentation au niveau des branches[1] habilitées à négocier avec le syndicat des salariés.

◆ *L'État*

Il intervient très peu. Il a eu un rôle plus direct avant guerre à travers les arbitrages qu'il était amené à rendre, mais ce rôle a été aboli en 1945. Le principe de subsidiarité[2] lui interdit de traiter de domaines susceptibles de relever de la négociation collective et, du reste, le BDI comme le DGB (échelon confédéral) n'ont pas de mandat de négociation.

2.2. Les règles de représentation

Le modèle allemand est dual et distingue la représentation des salariés dans l'entreprise et la représentation des salariés hors de l'entreprise, le syndicat relevant plutôt de ce dernier mode.

1. Le BDA ou union des employeurs allemands a une structure comparable à celle du DGB.
2. Dans une organisation comportant plusieurs niveaux, le principe de subsidiarité consiste à traiter les problèmes au niveau le plus bas ; un problème est traité par le niveau supérieur seulement si le niveau inférieur ne peut pas le traiter.

© Dunod – La photocopie non autorisée est un délit.

◆ *La représentation dans l'entreprise*

La représentation des salariés dans l'entreprise[1] s'opère au travers de deux institutions : le conseil d'entreprise et le conseil de surveillance.

Le conseil d'entreprise ou *Betriebsrat* (BR) est une instance créée en 1920 ; elle s'inscrit dans le courant du «mouvement des conseils» développé par les syndicats révolutionnaires au début du siècle, lesquels préconisaient la mise en place de conseils à tous les niveaux de la société, que ce soit au niveau de l'entreprise, de la ville, de la région ou du pays.

Le BR est uniquement composé de représentants des salariés et est présidé par un salarié. Dès 1920, le BR se voit interdire l'appel à la grève et s'oblige à un comportement positif et pacifique pour le bien de l'entreprise ; en 1952, cette notion est reprise sous le terme de «collaboration confiante». La loi est ainsi faite qu'elle oblige l'employeur et le BR à trouver un accord. Les attributions du BR (figure 2.3) sont larges et selon les sujets son pouvoir est plus ou moins important.

Pour ce qui concerne la décision économique, il faut faire référence au conseil de surveillance (sorte de conseil d'administration). La parité de représentation a été obtenue dans les entreprises de la sidérurgie à la fin de la 2ème guerre mondiale ; sur les 50 % de sièges tenus par les salariés, l'un d'eux est réservé au représentant des cadres, lequel est en général proche de la direction. La représentation des salariés au conseil de surveillance a été étendue en 1976 aux entreprises de plus de 2 000 salariés et introduite à hauteur du tiers des sièges dans les entreprises de 500 à 2 000 salariés. Les représentants des salariés au conseil de surveillance sont élus pour les deux tiers par l'ensemble du personnel et pour un tiers sont désignés par les syndicats. Les représentants désignés par les syndicats n'appartiennent pas à l'entreprise. Ainsi, le président d'IG Metall (fédération de la métallurgie) est au Conseil de Surveillance de Volkswagen.

On voit donc que la distinction que nous avons introduite entre représentation des salariés dans l'entreprise et hors de l'entreprise est à nuancer.

◆ *La représentation syndicale*

Les salariés syndiqués élisent des «personnes de confiance» (*Vertrauensleute*) qui jouent un rôle de relais entre le personnel et le BR. Lorsqu'un problème se produit dans un atelier, c'est à la «personne de confiance» la plus proche que s'adresse le syndiqué si la discussion avec la hiérarchie n'a pu aboutir à une solution satisfaisante.

Par ailleurs, un certain nombre de représentants des salariés au BR ont une appartenance syndicale. La structure de base du syndicat au niveau de l'établissement est le «corps de confiance» (*Vertrauenskörper*) qui se compose des «personnes de confiance» et des élus syndiqués du BR. Le «corps de confiance» joue

---

1. Kiesler L., «La cogestion en République fédérale d'Allemagne : modèle et réalité», *Droit Social*, n° 12, décembre 1988, pp. 857-870.

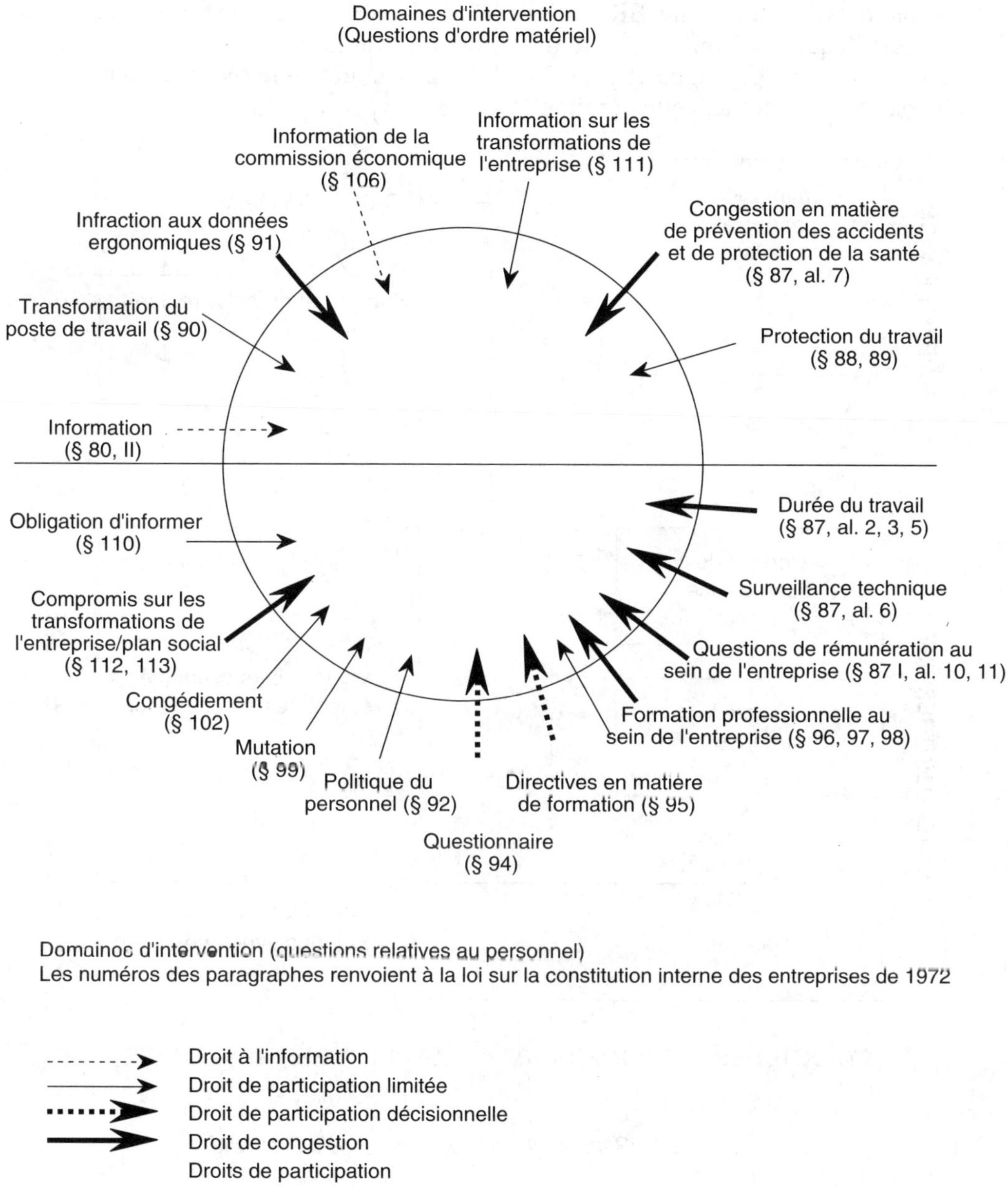

Figure 2.3 : *Les attributions du conseil d'entreprise*

© Dunod – La photocopie non autorisée est un délit.

un rôle de surveillance du BR, car en théorie le BR est autonome par rapport au syndicat, lequel est conçu comme une structure externe à l'entreprise. C'est pourquoi nous avons distingué (figure 2.4) la représentation interne des salariés et la représentation externe, cette dernière étant assurée par le syndicat.

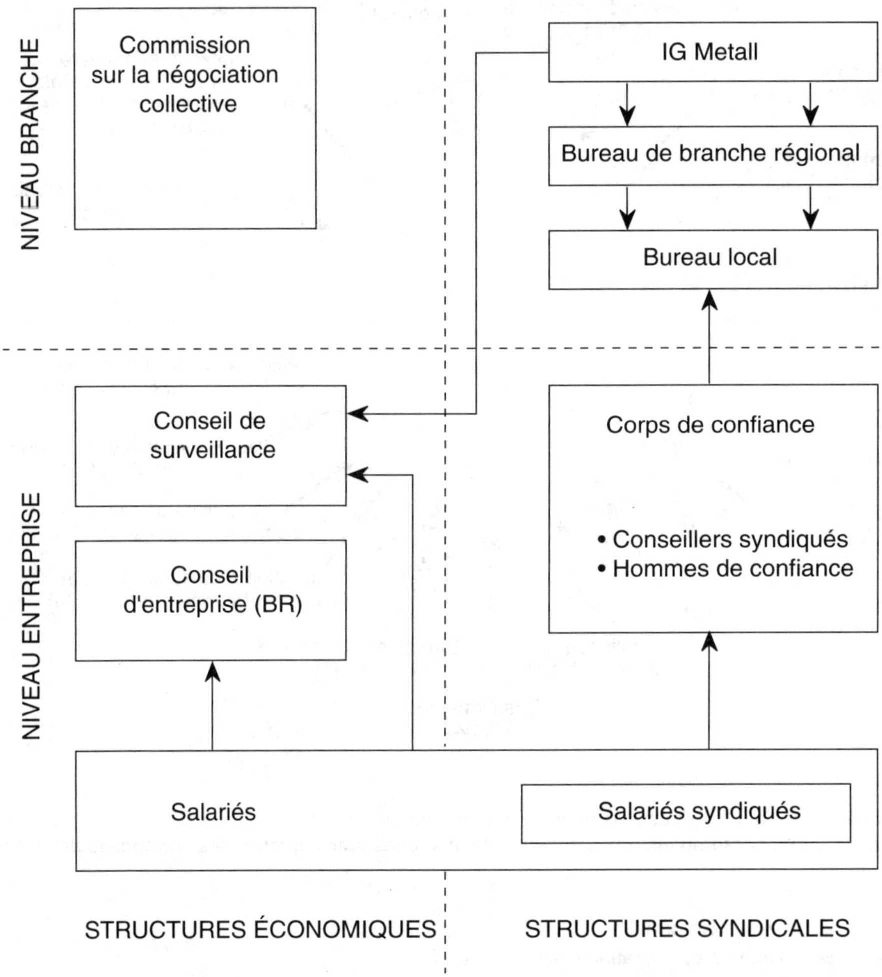

Figure 2.4 : *Représentations dans le modèle allemand*

Le «corps de confiance» élit un directeur de corps ; ce dernier participe à la commission locale des hommes de confiance, laquelle fait partie du bureau local du syndicat.

La structure syndicale comporte un échelon local, un échelon régional et un échelon national. L'échelon régional est nommé par l'échelon national, le syndicalisme allemand se méfiant de la démocratie directe. C'est l'échelon régional qui est l'échelon de la négociation. Le terme *Tarif* signifie négociation collective. La loi a fortement limité les pouvoirs de négociation du BR et a confié au syndicat la négociation collective. On a déjà signalé également que seul le syndicat peut appeler à la grève.

Si, en France, la grève est en général un préalable à la négociation, elle est en Allemagne le dernier recours après la négociation. Une convention collective ne peut être dénoncée avant son échéance et l'appel à la grève ne peut intervenir avant l'échec de la négociation. Enfin pour déclencher une grève, il faut que 75 % des votants y soient favorables, ce qui garantit que le mouvement sera suivi.

2.3. Tableau comparatif de deux systèmes de relations professionnelles

Essayons de récapituler les principales différences de logiques des systèmes présentés ci-dessus résultant de leur structuration d'ensemble.

Dans la colonne «France», nous présentons la version 1945-1984 du système.

REPÈRES : Traits distinctifs des modèles français et allemands

Critères de comparaison	France	Allemagne
Diversité syndicale	Pluralité	Unicité
Type de syndicalisme	Militants	Adhérents
Niveaux influents	Confédération	Branche
Localisation de la négociation	Niveau interprofessionnel	Niveau régional de la branche
Orientation branche	Contractuelle	Conflictuelle
Orientation entreprise	Conflictuelle	Contractuelle
Grève	Préalable à la négociation	Ultime recours après négociation

Des systèmes différents produisent des contenus différents de négociation. La négociation de branche au niveau régional peut aborder des objets de négociation qui sont improbables au niveau de la négociation d'entreprise. Ce n'est sans doute pas par hasard que l'Allemagne a su beaucoup plus souvent que la France faire aboutir des accords combinant la négociation sur les salaires, le temps de travail, les emplois et l'organisation du travail.

Les systèmes de relations professionnelles ont une inertie. Ils sont sujets à des remises en cause, mais on peut se demander si leurs caractéristiques fondamentales ne tendent pas à ramener le balancier vers ce qui constitue leur position d'équilibre dynamique.

© Dunod – La photocopie non autorisée est un délit.

3. Les évolutions récentes

Nous avons effectué la comparaison France/Allemagne, en nous appuyant sur le fonctionnement dominant au cours des quarante années consécutives à la Deuxième Guerre mondiale, car cela correspond aux moments où chacun des modèles se manifeste de la façon la plus originale et se prête à une comparaison riche en contrastes.

L'aperçu du modèle allemand que nous avons présenté correspond à son état avant la réunification des deux Allemagnes ; il semble que ce soit le modèle ouest allemand qui soit en cours de diffusion à l'est, mais cela ne se fait pas sans contrecoups à l'ouest. Le modèle allemand connaît quelques tensions aujourd'hui : ses principes structurants seront-ils ébranlés ? Nous n'instruirons pas cette question, qui dépasse l'objet de cet ouvrage ; nous nous contenterons de rendre compte des mutations que traverse le système français de relations professionnelles.

3.1. Le désengagement de l'État français[1]

C'est vers 1984 que va s'opérer un infléchissement significatif du fonctionnement du système français tel que nous l'avons décrit plus haut.

La situation économique et sociale de la France est alors fort mauvaise :

– l'inflation est trois fois plus élevée qu'en Allemagne ;
– le cap des deux millions de chômeurs a été franchi ;
– le déficit commercial atteint des records ;
– une troisième dévaluation du franc a dû être effectuée.

L. Fabius succède à P. Mauroy au poste de Premier ministre, et le choix de la désinflation compétitive est adopté. Les mécanismes inflationnistes inhérents au fonctionnement des relations professionnelles sont démantelés[2], et la rigueur salariale est encouragée pour restaurer la compétitivité des entreprises.

Le président Mitterand cherche à faire de l'Europe son grand projet et n'est pas insensible à ce qui pourrait rendre le système de relations professionnelles français moins atypique. Ceci passe par un désengagement de l'État et par la décentralisation du système de négociations, ce qui était déjà amorcé avec les lois Auroux. Il en résulte une intense activité contractuelle et une augmentation considérable de la part des accords d'entreprise, comme en témoigne le tableau 2.2.

---

1. Voir le chapitre de Guy Groux intitulé «Régulation de la crise, crise de la régulation», *in* La Chaise G., *Crise de l'emploi et fractures politiques*, Paris, Presses de Sciences Po, 1996, p. 260.
2. Nous verrons dans le chapitre relatif aux rémunérations que de nombreuses conventions collectives s'étaient dotées de clauses d'indexation.

Tableau 2. 2 : *Statistique des accords par niveau depuis 1950*

Année	Interprofessionnel et branche	Entreprise	Année	Interprofessionnel et branche	Entreprise
1950	47	17	1972	1 693	–
1951	156	25	1973	1 647	–
1952	104	44	1974	1 621	–
1953	104	31	1975	1 659	–
1954	184	40	1976	1 426	–
1955	578	208	1977	1 295	–
1956	538	258	1978	1 284	–
1957	835	257	1979	1 487	–
1958	1 032	281	1980	2 177	1 611
1959	624	266	1981	1 728	1 477
1960	829	278	1982	1 482	2 067
1961	940	312	1983	1 096	2 278
1962	1 020	430	1984	993	4 076
1963	1 197	383	1985	978	5 165
1964	811	290	1986	834	6 778
1965	909	395	1987	848	6 484
1966	1 054	353	1988	974	5 085
1967	1 162	408	1989	914	5 793
1968	1 626	581	1990	953	6 496
1969	1 445	584	1991	1 007	6 754
1970	1 413	658	1992	977	6 405
1971	1 393	–	1993	979	6 122

Sur le plan quantitatif, il y a bien développement de l'activité contractuelle. Sur le plan qualitatif, le tableau doit être nuancé.

De 1987 à 1991, on compte cinq grands accords interprofessionnels :

– accord sur le licenciement économique (1987) ;
– accord sur les nouvelles technologies (1988) ;
– accord sur l'aménagement du temps de travail (1989) ;
– accord sur le travail atypique (1990) ;
– accord sur la formation (1991).

Cela représente une activité considérable, car un accord interprofessionnel suppose de nombreuses négociations au sein même de chaque organisation impliquée.

On constate à l'énoncé des thèmes de ces accords qu'ils constituent un élargissement des champs de la négociation :

– ils dépassent le domaine des salaires et des acquis sociaux ;
– ils témoignent d'un souci de régulation préventive et pas seulement curative.

On assiste à de nouvelles pratiques et de nouveaux usages de la négociation. Certains accords d'entreprise font intervenir une dimension individuelle et pas seulement un aspect collectif : les supports et démarches d'appréciation, par exemple, figurent dans des accords sur l'individualisation des rémunérations.

© Dunod – La photocopie non autorisée est un délit.

Mais si on regarde plus attentivement la production contractuelle des entreprises, force est de constater qu'elle est assez peu innovante :

– 95 % des accords portent sur les thèmes imposés par la loi (salaires et temps de travail) ;
– moins de 1 % portent sur la gestion prévisionnelle des emplois ;
– moins de 4 % portent sur l'organisation et les conditions de travail.

La négociation s'est décentralisée, mais l'entreprise, dans l'ensemble, n'est pas devenue vraiment un lieu de production contractuelle autonome. C'est assez patent sur le thème de l'emploi, pour lequel le législateur a éprouvé le besoin de reprendre l'initiative fin 1993 avec la loi quinquennale. On peut considérer cette intervention comme un symptôme d'un retour de l'État, qui demande à être confirmé dans l'avenir.

Le président du CNPF en liaison avec les confédérations cherche à défendre l'autonomie contractuelle et un accord national interprofessionnel sur l'emploi et l'organisation du temps de travail a été signé le 31 octobre 1995. Il suppose des négociations de branche mais celles-ci tardent à aboutir.

Un dernier constat : la décentralisation de la négociation n'a pas apporté de surcroît de légitimité et d'influence pour les syndicats.

La décentralisation est-elle intervenue trop tard ? La crise du syndicalisme n'était-elle pas déjà trop avancée pour permettre à la négociation décentralisée de devenir la base d'une régulation effective ? Et comment explique-t-on la désaffection dont souffrent les syndicats ?

3.2. La mesure de l'audience syndicale

De quoi parle-t-on lorsqu'on parle de désaffection syndicale ? On parle de la baisse du nombre des adhérents, ce qui est à distinguer de l'audience syndicale et aussi de la notion de représentativité.

◆ *L'effectif syndical*

Nous y avons fait allusion lorsque nous avons parlé des syndicats allemands, le syndicalisme français n'a jamais été un syndicat de masse, sauf à certains moments de son histoire : 1936, 1945, 1968. Ce n'est pas un syndicat d'adhérents, c'est un syndicat de militants, voire d'appareil.

Il est utile pour pouvoir utiliser cette notion dans la caractérisation de situations nationales de disposer d'une gradation (figure 2.5) de l'engagement syndical :

– sympathisant (vote pour tel syndicat mais n'a pas la carte) ;
– adhérent (a la carte et règle ses cotisations) ;
– élu (a un mandat de délégué du personnel ou de membre du comité d'établissement) ;
– militant (contribue aux activités du syndicat : information, décisions, mobilisation) ;
– permanent (se consacre à plein temps aux activités du syndicat).

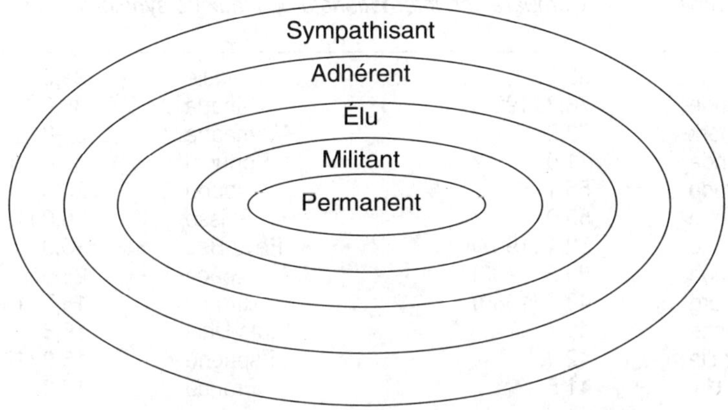

Figure 2.5 : *Les degrés de l'engagement syndical*

Les syndicats français manquent de militants compte tenu des tâches à assumer ; le développement du droit syndical a multiplié les instances auxquelles participent élus et représentants syndicaux, ce qui nécessite un travail de coordination. Elus et militants sont accaparés par cette activité institutionnelle et, de fait, dans le continuum présenté ci-dessus, c'est entre les élus et les adhérents que s'établit la distance la plus significative. Dans d'autres pays, c'est entre d'autres maillons que réside la distance critique, par exemple entre sympathisants et adhérents.

L'effectif des adhérents des syndicats français a baissé de moitié en vingt ans. Le décompte des adhérents est un exercice moins simple qu'il n'y paraît et de nombreuses contestations portent sur les chiffres publiés :

– nombre de timbres annuels pris en compte pour comptabiliser un adhérent : un adhérent qui n'a réglé que 9 timbres sur 12 est-il compté comme adhérent ?
– quelle prise en compte des retraités dans les effectifs affichés ?
– quels effectifs des différents syndicats sont pris en compte dans les votes lors des congrès ?
– quelle est la diffusion effective de la presse syndicale ?

Les incohérences entre ces différents indicateurs de mesure font les délices des spécialistes. Quelques confédérations ont procédé au cours des dernières années à des opérations vérité :

– la CGT en 1994 a annoncé un chiffre de 630 000 membres, bien inférieur aux effectifs affichés antérieurement ;
– la CFDT a présenté à la même époque un effectif de 650 000 adhérents qui a été considéré comme réaliste.

En tout état de cause, le taux de syndicalisation français figure parmi les plus bas des pays industrialisés, comme l'indique le tableau 2.3.

© Dunod – La photocopie non autorisée est un délit.

Tableau 2.3 : *Comparaison internationale des taux de syndicalisation*

Suède	85,3	Italie	39,6
Islande	78,3 (1989)	Canada	34,6
Danemark	73,2	Allemagne	33,8
Finlande	71,0	Portugal	30,0*
Norvège	55,1	Japon	26,5
Belgique	53,0	Suisse	26,0 (1987)
Irlande	52,4 (1987)	Pays-Bas	25,0
N.-Zélande	50,5 (1990)	Grèce	25,0*
Luxembourg	49,7 (1989)	Turquie	18,7 (1987)
Autriche	45,7	États-Unis	16,8
Australie	42	Espagne	16,0 (1985)
Royaume-Uni	41,5	France	12,0

Les taux pour le Portugal et la Grèce sont des estimations. *Source* : OCDE.

Source : Alternatives Économiques, mai 1992.

Il faut pondérer le chiffre français, qui inclut les effectifs de la fonction publique traditionnellement plus syndicalisée que le secteur privé ; dans le secteur privé, il faut distinguer grandes entreprises et PME. On peut donc considérer que certains segments du tissu industriel sont de véritables déserts syndicaux.

◆ *La représentativité syndicale*

La représentativité syndicale est une notion juridique, qui a notamment une incidence en matière de présentation de candidats au premier tour des élections de DP (délégués du personnel) et CE (comité d'entreprise), ainsi qu'en matière de constitution de section syndicale d'entreprise.

La représentativité s'apprécie en fonction du cadre d'intervention du syndicat : niveau national, niveau de la branche, de la région, de l'entreprise.

Au niveau national, sont considérées comme *représentatives de droit* les confédérations suivantes : CGT, FO, CFTC, CFDT et CGC. Cette dernière constitue un cas particulier car elle ne concerne que la catégorie professionnelle cadre.

Les syndicats affiliés à ces confédérations sont représentatifs de droit, ce qui signifie qu'ils n'ont pas à démontrer leur représentativité et que celle-ci ne peut être contestée. Les syndicats non affiliés à ces confédérations ont à faire la preuve de leur représentativité au niveau auquel ils prétendent. Celle-ci s'apprécie en fonction des critères légaux de représentativité, qui sont :

– les effectifs,

– l'indépendance par rapport à un employeur ou un groupe d'employeurs,

– les cotisations et le versement régulier des cotisations,

– l'expérience et l'ancienneté.

◆ *Les élections professionnelles*

L'audience est évaluée en fonction des résultats aux élections professionnelles du secteur privé et de la fonction publique, à savoir élections de :

– délégués du personnel (DP),
– comités d'entreprise (CE),
– prud'hommes,
– commissions administratives paritaires (fonction publique),
– conseils d'administration et de surveillance (fonction publique).

Nous n'évoquerons ici que les élections au CE et aux prud'hommes.

Les élections au CE ne concernent que les entreprises de plus de 50 salariés, soit 5,6 millions sur les 14 millions de salariés du secteur privé, en fait 2,5 à 3 millions d'électeurs chaque année, car les CE sont élus pour 2 ans. Il convient donc de cumuler deux années consécutives (tableau 2.4) pour apprécier l'évolution[1].

Tableau 2.4 : Résultats aux élections des CE tous collèges confondus

	1972-73 (%)	1982-83 (%)	1992-93 (%)	Évolution 1966 = 100
Participation (% inscrits)	71,6	69,0*	66,4	91
CGT	42,8	30,7	22,5	48
CFDT	19,1	22,4	20,7	110
CFTC	2,6	3,5	4,6	169
FO	7,7	11,5	11,9	157
CGC	5,4	6,8	5,7	119
Autres syndicats	6,4	4,7	6,6	132
Non syndiqués	16,0	20,5	28,1	198
Totaux	100,0	100,0	100,0	

Source : Législation sociale, n° 7278, série L.

On constate un lent déclin de la CGT, non compensé par le gain des autres confédérations, la progression constante des autres syndicats et non syndiqués et un taux d'abstention de l'ordre du tiers des inscrits.

Les élections aux prud'hommes (tableau 2.5) ont lieu tous les 5 ans et concernent les 14 millions du secteur privé. Les organisations représentatives ne disposent pas de monopole de présentation des candidats.

© Dunod – La photocopie non autorisée est un délit.

1. *Liaisons Sociales*, «Les élections aux comités d'entreprise (1945-1993)», *Législation Sociale*, n° 7278, série L, lundi 12 juin 1995.

Tableau 2.5 : *Résultats aux élections aux conseils de prud'hommes*

Syndicats	1979	1982	1987	1992
CGT	42,4	36,8	36,4	33,3
CFDT	23,1	23,5	23,1	23,8
CFTC	6,9	8,46	8,3	8,6
CGT-FO	17,4	17,78	20,5	20,4
CGC	5,2	9,64	7,4	7
Autres	4,6	3,76	4,3	6,9

Abstention : 54,1 % en 1987 ; 59,6 % en 1992.

Les taux d'abstention sont considérables. Les salariés font cependant confiance aux confédérations représentatives pour leur expertise et leur organisation.

Il convient donc de ne pas apprécier l'influence syndicale à l'aune des seuls effectifs d'adhérents. Les enquêtes (tableau 2.6) faites périodiquement auprès des Français confirment un potentiel de sympathie considérable.

Tableau 2.6 : *Les opinions vis-à-vis des syndicats*

* Estimez-vous que l'existence des syndicats est une chose très utile, plutôt utile, pas très utile ou pas utile du tout ?

	Très ou plutôt utile		Pas très ou pas utile du tout		Sans opinion
En %	Très utile	Plutôt utile	Pas très utile	Pas utile du tout	
Rappel enquête Fig-Mag/ Sofrès mai 1989	25	38	19	14	
	63		33		4
Ensemble des interviewés décembre 1994	27	46	20	5	
	73		25		2

Réponses en fonction des intentions de vote au premier tour de l'élection présidentielle

	Très utile	Plutôt utile	Pas très utile	Pas utile du tout	Sans opinion
Sympathisants de gauche	42	44	10	2	
	86		12		2
Robert Hue	97		0		3
Le candidat socialiste	86		13		1
Les candidats écologistes*	79		17		4
Sympathisants de droite	14	48	27	8	
	62		35		3
Raymond Barre	72		28		0
Jacques Chirac	66		31		3
Édouard Balladur	66		31		3
Philippe de Villiers	76		24		0
Jean-Marie Le Pen	59		41		0

* En raison de la faiblesse des effectifs, les résultats sont à interpréter avec prudence.

Source : *Le Figaro*, 15.02.1995.

Il n'en demeure pas moins que la difficulté à transformer le potentiel de sympathie en adhésion, les considérables disparités d'implantation selon les secteurs et tailles d'entreprises constituent un problème majeur et qu'aucun syndicat ne conteste la réalité de la crise syndicale. Comment l'expliquer ?

3.3. Les facteurs d'affaiblissement du syndicalisme

On peut distinguer différents ensembles de variables explicatives. Certaines tiennent à l'évolution des structures de l'appareil productif et de la composition de la population active, d'autres renvoient à des évolutions historiques ou d'agencement des institutions de la société.

◆ *Évolution des structures de main-d'œuvre*

On peut distinguer trois groupes de variables :

- La chute des effectifs ouvriers, qui ne représentent plus que le tiers de la population active. Leur poids dans la population active a baissé de 20 % entre 1975 et 1990. Complémentaire de cette évolution, on assiste à une substitution de tâches plus intellectuelles au travail manuel. Le syndicalisme s'est construit dans le cadre du mouvement ouvrier et ses références culturelles sont en décalage par rapport aux identités des catégories professionnelles montantes.
- L'industrie voit ses effectifs stagner, voire régresser, au profit du secteur tertiaire qui a toujours été moins syndiqué que le secteur secondaire. Par ailleurs, les effectifs des grandes entreprises sont stabilisés quand ils ne sont pas en régression et c'est dans le tissu des PME que se font les créations d'emplois ou, du moins, le solde net positif entre création et destruction d'emplois. L'implantation syndicale reste mal vue en PME.
- La précarisation de l'emploi (multiplication des emplois en contrat à durée déterminée, intérim et sous-traitance) ne favorise pas la syndicalisation. La crainte de la perte d'emploi est aussi évoquée ; elle peut jouer, mais la FEN qui œuvre dans le secteur public où ce facteur intervient peu a aussi perdu 40 % de son effectif en une quinzaine d'années.

Il n'est pas possible de retenir la variable «idéologie de lutte des classes», si fréquemment avancée, car la CFDT qui l'a abandonnée depuis 1979 a connu une érosion de ses effectifs comparable à celle de la CGT, qui l'a conservée.

On évoque aussi l'épouvantail de la grève qui ferait fuir les adhérents potentiels ; la baisse impressionnante de la conflictualité au cours des dernières années n'a pourtant pas suscité d'adhésions.

Les facteurs évoqués ci-dessus sont plus de l'ordre de la corrélation que de l'ordre de la causalité et ils restent somme toute peu convaincants. Dans d'autres pays industrialisés, on constate des évolutions comparables sans que l'hémorragie syndicale prenne les mêmes proportions.

© Dunod – La photocopie non autorisée est un délit.

◆ *Les explications historiques et institutionnelles*

Nous ne retiendrons que trois grandes explications que nous placerons chacune sous la responsabilité d'un auteur. C'est un artifice discutable, car elles s'inscrivent chacune dans des réflexions plus larges, mais justifiable dans un souci de synthèse.

A. Touraine[1], dès le début des années quatre-vingt, développe la thèse de l'accomplissement de la mission historique. La fonction du syndicat consiste à produire du droit social ; il n'y a pas de loi qui n'ait fait l'objet d'une revendication syndicale antérieure et aujourd'hui les garanties essentielles sont acquises. De ce fait, les syndicats ont perdu leur centralité, voire leur raison d'être.

Cette thèse est séduisante, mais son universalisme pose problème, car comment expliquer que le syndicalisme allemand attire 40 % des salariés et que le syndicalisme anglais après dix ans de thatchérisme ait pu susciter encore 35 % de syndiqués ? Certes, on peut considérer qu'ils assument d'autres fonctions que celle de contribution à la production de règles sociales.

P. Rosanvallon[2] s'intéresse aux valeurs et considère que l'individualisme a supplanté au plan des représentations symboliques les valeurs de classe, qui ont joué un rôle structurant dans l'organisation syndicale. Dans *La question syndicale* paru en 1988, il prend acte de la baisse des taux de syndicalisation, mais refuse de se résoudre à une disparition progressive des syndicats car cela correspondrait à une mise en cause des valeurs démocratiques sur lesquelles repose notre société. Les partis politiques ne trouvent pas leur légitimité dans le nombre de leurs militants mais dans les élections. La légitimité des syndicats peut être également basée sur l'élection et il faut repenser les institutions de façon à leur permettre de jouer un rôle accru dans la production législative.

M. Olson[3] ne s'intéresse pas spécifiquement au cas français mais fournit un cadre théorique qui permet de rendre compte des différences de taux de syndicalisation entre pays différents. Il est économiste et aborde la décision de se syndiquer en termes d'intérêts individuels : pourquoi me syndiquer si je bénéficie des avantages de la syndicalisation sans en assumer les coûts (cotisations) et risques (être mal vu par la direction de l'entreprise) ? Pour qu'ils puissent bénéficier d'une assise collective les syndicats doivent contraindre les individus à adhérer. La contrainte peut être plus ou moins pesante : elle peut passer par l'adhésion obligatoire pour rentrer dans telle entreprise ou tel métier (cas des *union shop* et *closed shop* des pays anglo-saxons) elle peut être requise pour prétendre aux allocations-chômage ou pour bénéficier de services tels que le logement à bon marché, les prêts financiers à taux avantageux ou des mutuelles complémentaires. Le syndicalisme de services fait l'objet de réflexions de la part de certains confédérations telles la CFDT, mais il suppose une puissance financière dont la plupart des syndicats français ne disposent pas. La comparaison internationale de l'évolution des taux de

---

1. Touraine A., Wieworka M., Dubet F., *Le mouvement ouvrier*, Paris, Fayard, 1984.
2. Rosanvallon P., *La question syndicale*, Paris, Hachette, coll. Pluriel, 1988.
3. Olson M., *Logique de l'action collective*, Paris, PUF, 1978.

syndicalisation montre que le pouvoir de contrainte ou de service détenu par les syndicats est une variable fortement explicative[1].

La crise du syndicalisme n'est sans doute pas une question aussi simple qu'il y paraît. À partir du moment où on raisonne en termes de système de relations professionnelles, on peut se douter que la crise d'un des acteurs du système ne se ramène pas à lui seul, mais renvoie à une crise profonde du système lui-même.

Nous avons vu que pendant plusieurs décennies, l'acteur État a joué un rôle central adossé à une légitimité forte tirée de l'expression de l'intérêt général et de la détention de la souveraineté (De Gaulle constitue la figure emblématique de cette conception de l'État) ; il s'est appuyé sur une vision du droit conçu comme un vecteur de réformes sociales. La mondialisation des échanges et des circuits financiers, l'apparition d'instances dépassant le cadre national telles la Communauté européenne voire l'Organisation mondiale du commerce entament la souveraineté de l'État. Insensiblement le droit fait place à des demandes de dérégulation ; des effectifs de salariés de plus en plus nombreux échappent à ses normes.

Les entreprises les plus volontaristes en matière contractuelle ont rencontré des difficultés considérables à honorer les accords qu'elles avaient signés, particulièrement sur le thème de la gestion prévisionnelle, quand elles n'ont pas été contraintes de se rétracter purement et simplement. Ce faisant, elles ont souvent déconsidéré les organisations syndicales qui se positionnaient en termes de proposition plus que de contestation.

Le mouvement de déconstruction du modèle fordien n'est sans doute pas achevé et la reconstruction du système de relations professionnelles reste encore à assurer [2].

*

* *

Revenons sur deux questions classiques[3], auxquelles nous n'avons fait qu'allusion au cours de ce chapitre :

– Les relations professionnelles constituent-elles un volet de la GRH, souvent baptisé relations sociales ?

– La GRH est-elle un sous-ensemble des relations professionnelles, une source, un lieu complétant d'autres sources de production de règles ?

Nous avons évoqué le champ de la discipline des relations professionnelles et montré qu'il embrassait des problématiques dépassant largement celles de la gestion. Le regard qu'il invite le gestionnaire à porter sur les questions de régulation n'est pas sans conséquence sur la manière dont celui-ci est amené à poser la question du rôle de la GRH.

---

1. Amadieu J.F., «Une interprétation de la crise du syndicalisme», *Travail et emploi*, n° 42, 1989.
2. Nous renvoyons ceux qui voudraient approfondir cette réflexion au chapitre de Guy Groux intitulé «Régulation de la crise, crise de la régulation» *in* La Chaise G., *op. cit.*
3. Kochan T.A., «Lancer une renaissance en recherche en relations professionnelles internationales», *Revue de Gestion des Ressources Humaines*, n° 15, 1995, p. 9.

© Dunod – La photocopie non autorisée est un délit.

Revoyons en survol les constats que la notion de système de relations professionnelles nous a conduits à dresser, ou plutôt retraçons l'évolution des poids relatifs des différentes sources de régulation dans le contexte français.

Le retrait de l'État est-il temporaire ou durable ? Il serait imprudent de vouloir répondre à cette question. Ce qui semble apparaître toutefois[1], c'est une modification des modes d'intervention de l'État : moindre production de droit normatif et prescription de nouveaux processus de régulation, soit «un aménagement régulé des processus de dérégulation» dont le droit du travail fait actuellement l'objet.

L'affaiblissement syndical a bien évidemment des effets sur la production contractuelle. Si l'activité au niveau interprofessionnel reste soutenue, elle est faiblement relayée au niveau des branches et ses retombées concrètes sont souvent mises en doute. Le désert syndical dans les PME limite le périmètre de contrôle de l'application du droit du travail.

La décentralisation de la négociation au niveau de l'entreprise se traduit par une activité contractuelle quantitativement importante mais qualitativement assez peu innovante.

Alors que les avantages concurrentiels des entreprises sont de plus en plus présentés comme la valorisation de compétences collectives sur des marchés, on peut se demander si un rôle stratégique de la GRH ne consiste pas à penser et négocier les régulations de nature à produire les conditions les plus propices à la coopération.

1. Amadieu J.F., Groux G., «Normes juridiques, contrats implicites et relation d'emploi : pouvoir politique et systèmes de production économique», Communication au Ve congrès de l'Association française de science politique, Aix-en-Provence, 23-26 avril 1996.

L'essentiel

On peut définir les relations professionnelles comme l'ensemble des pratiques et des **règles** qui, dans une entreprise, une branche, une région, ou l'économie tout entière, structurent les rapports entre employeurs, salariés et État. La GRH de même que le droit du travail constituent des sous-ensembles de ces règles. Ces règles s'inscrivent largement dans une histoire du **conflit**.

Élargir les notions de conflit, de négociation et de régulation

- Le terme de relations professionnelles apparaît à la fin du XIXe siècle, période marquée par des grèves dures réprimées violemment. Cette histoire hante les mémoires, mais il faut se garder de réduire le conflit à la **grève** et la régulation à la codification des rapports de force à l'issue de ces épreuves sociales. Les divergences d'intérêt sont indissociables de la notion d'organisation et toute activité de travail peut s'analyser comme une négociation permanente (la **régulation conjointe**) entre acteurs porteurs de **règles de contrôle** (la direction au sens large) et acteurs producteurs de **règles autonomes** (les collectifs de travail). Cette négociation n'est que partiellement explicite ; il en va de même de la négociation sociale entre la direction et les représentants du personnel.
- Le modèle de la négociation correspondant à la représentation la plus répandue est celui de la **négociation-contrat** (recherche de concessions réciproques et de contreparties). Ce modèle est insuffisant pour comprendre les relations professionnelles car il suppose un relatif équilibre des parties qui n'est qu'occasionnellement réalisé. D'autres modèles telles que la **négociation-manifestation** doivent être pris en compte. Ils s'inscrivent dans un **spectre** des formes de régulation allant du conflit ouvert (la grève) à la négociation explicite d'experts.

Les relations professionnelles constituent un système

- Pour dépasser une représentation réductrice des comportements patronaux ou syndicaux, il est utile de s'appuyer sur la notion de système de relations professionnelles. Selon J.T. Dunlop, les éléments du système sont : les **acteurs** (ne pas oublier l'État), les **contextes**, l'**idéologie** et les **règles**.
- La comparaison des systèmes allemand et français de relations professionnelles met en évidence le rôle central de l'État dans le cas français, permet de comprendre les effets des **niveaux de négociation** privilégiés par chaque système ainsi que l'articulation du conflit et du contrat chez chacun.
- Les systèmes ne sont pas figés : on a assisté en France à un certain désengagement de l'État au cours des années quatre-vingt. Même si ce n'était pas son objectif principal, on doit constater qu'il n'a pas permis d'infléchir l'érosion des effectifs syndiqués. Il ne faut pas confondre **taux de syndicalisation** et **audience syndicale**, laquelle fait intervenir les résultats aux élections professionnelles, l'influence lors de conflits et des courants de sympathie.
- La crise du syndicalisme est profonde et plusieurs théories s'affrontent dans l'analyse des causes. L'approche en termes de système de relations professionnelles invite à ne pas se focaliser sur le seul acteur syndical, mais à prendre la mesure d'une véritable crise de la régulation.

© Dunod – La photocopie non autorisée est un délit.

3 GESTION DE L'EMPLOI ET ANTICIPATION EN GRH

Gestion prévisionnelle, gestion préventive, gestion anticipée, appliquée à l'emploi, et/ou aux compétences, autant d'expressions qui renvoient à une préoccupation centrale dans les entreprises, celle de l'anticipation. On peut comprendre aisément que la prévision soit ainsi au coeur des préoccupations, car elle est au cœur de la gestion : quelle serait en effet l'efficacité et l'intérêt d'une gestion qui n'intégrerait pas la prévision ?

C'est pourquoi, depuis de nombreuses années, différents modèles ont été développés. A l'origine, il s'agissait d'alimenter en données sociales les modèles de la planification stratégique dans le but évident de mieux contrôler un facteur jugé essentiel pour la rentabilité de l'entreprise, mais cependant plus difficile à maîtriser.

Toutefois, ces modèles n'ont pas honoré toutes leurs promesses et régulièrement de nouveaux modèles émergent dont nous nous efforcerons d'expliciter les fondements et les apports successifs. Pourtant, la question de l'anticipation dans le domaine social reste plus que jamais d'actualité, dans la mesure où des décisions prises en matière d'emploi risquent d'émerger de nouvelles configurations du travail pour les années à venir.

Quelles sont les pratiques observables dans ce domaine ? De quelle(s) logique(s) procèdent-elles ? Comment comprendre leurs apports et leurs limites ? Comment évoluent-elles ? Vers quels modèles nouveaux de gestion de l'emploi ? Autant de questions que nous aborderons au cours de ce chapitre.

Section 1 ■ Les modèles successifs de gestion de l'emploi.
Section 2 ■ Le schéma de base de la gestion de l'emploi.
Section 3 ■ Les questions liées à la mise en œuvre de la gestion de l'emploi.
Section 4 ■ La notion de compétence et sa contribution à la gestion de l'emploi.

Section 1 LES MODELES SUCCESSIFS DE GESTION DE L'EMPLOI[1]

Si la gestion prévisionnelle de l'emploi (GPE) fait beaucoup parler d'elle depuis les années 1980, les préoccupations des entreprises en matière de prévision sont nettement plus anciennes. Un rapide éclairage historique permet de retracer la succession de différents types de modèles de gestion prévisionnelle en relation étroite avec les modèles développés en matière de stratégie d'entreprise.

1. Planification stratégique et gestion prévisionnelle

On peut situer l'apparition des modèles de gestion prévisionnelle dans le domaine social à la fin des années 1960. Ces pratiques s'inscrivent dans la continuité de démarches un peu plus anciennes de planification stratégique. Celles-ci résultent d'une conception nouvelle de l'entreprise, considérée comme un système ouvert en interaction avec un environnement de plus en plus complexe. Les modèles de planification stratégique élaborés à partir des années 1950 sont construits autour de trois axes :
– l'étude des caractéristiques de l'environnement concurrentiel,
– l'analyse des caractéristiques et des objectifs de l'entreprise,
– la compréhension de l'univers sociétal.

Les principaux modèles proposés à cette période (Gilmore et Bradenburg, et surtout LCAG[2]) reposent sur l'identification d'éléments clés :

1. Ce paragraphe s'inspire en partie d'une intervention de P. Gilbert réalisée dans le cadre du séminaire «Gestion des emplois et évolution des activités humaines», enseigné au CNAM.
2. Du nom de leurs auteurs Learned E., Christensen C., Andrews K. et Guth W., professeurs à la Harvard Business School, d'après Allouche J., Schmidt G., *Les outils de la décision stratégique*, Paris, La Découverte, (coll. «Repères»), 1995, p. 15 et suivantes.

© Dunod – La photocopie non autorisée est un délit.

– diagnostic externe ;
– diagnostic interne : il fait l'inventaire systématique des ressources, moyens et capacités de l'entreprise ;
– détermination de toutes les possibilités d'action, avec évaluation des avantages, inconvénients, risques et incompatibilités ;
– clarification des valeurs des dirigeants ;
– confrontation des actions possibles avec les objectifs généraux de l'entreprise[1].

Le recours à l'instrumentation pour ordonner et donner un sens à la masse des informations contenues dans le diagnostic stratégique inclut également les aspects humains, sans que ceux-ci soient pour autant déterminants.

Les premières tentatives sérieuses de modélisation portent ainsi sur la gestion prévisionnelle des effectifs et s'efforcent de calculer le nombre de personnes nécessaires à chaque niveau de qualification. Elles sont le fait de sociétés de conseil telles que la SEMA ou Quaternaire Education et concernent essentiellement quelques grandes entreprises (Renault, RATP, Kodak).

Les premiers travaux publiés s'inspirent fortement des modèles de recherche opérationnelle, élaborés par des ingénieurs qui, occupant des fonctions de responsables de personnel, cherchent à tirer parti des apports informatiques qui commencent à se développer de façon significative à l'époque. Les modèles élaborés sont donc principalement fondés sur une approche quantitative : ils se limitent à ce qui est calculable.

REPÈRES : **Deux types de modèles**

• Les modèles de gestion prévisionnelle relèvent alors de deux grandes catégories : des modèles de simulation et des modèles d'optimisation.

• Les modèles de simulation visent à prévoir les conséquences de certains choix politiques, qui se mesurent en taux de recrutement, taux de turnover, etc. Les modèles d'optimisation visent à déterminer la valeur de certains paramètres qui doivent respecter des contraintes imposées. Par exemple, ils s'efforcent de répondre à des questions telles que : «Que faut-il faire pour que la masse salariale soit maintenue à la valeur x ?»

Élaborés avec un souci de rationalisation, ces modèles se sont trouvés déconsidérés du fait d'une conception erronée des modes de décision. Il ne suffit pas en effet de connaître la solution optimale pour qu'elle soit appliquée. Car, on le sait depuis les travaux célèbres de H. Simon[2] sur la rationalité limitée, la prise de décision n'est pas fondée sur des critères d'optimisation, mais s'appuie sur des critères de satisfaction. L'indication de la rationalité scientifique s'avère donc souvent inopérante lorsqu'il s'agit de passer à l'action.

1. *Ibid.*
2. Simon H.A., *Administration et processus de décision*, Paris, Economica, (coll. «Gestion»), 1983.

Le responsable commercial d'une entreprise peut ainsi fort bien comprendre, d'un point de vue rationnel, que l'entreprise cherche à reconvertir des employés de bureau excédentaires en agents commerciaux. Cependant, le besoin urgent qu'il ressent de ce type de personnel explique également les pressions incessantes qu'il manifeste pour le recrutement immédiat sur le marché du travail, des personnes expérimentées et performantes dont il ne peut plus se passer.

2. De la gestion prévisionnelle des effectifs à celle des carrières

Une seconde approche s'exprime à peu près simultanément : c'est la gestion prévisionnelle des carrières, qui s'éloigne en partie de la neutralité scientifique précédente, et cherche à promouvoir l'idée d'un management à visage humain.

L'ouvrage phare de la période est indéniablement celui publié en 1972 par P. Jardillier[1]. L'auteur s'inscrit dans un courant de type relations humaines qui vise à allier le développement de l'homme et celui de l'entreprise. Cette orientation est donc surtout appliquée à la gestion des carrières.

P. Jardillier propose la définition suivante : «*La gestion prévisionnelle a pour objectif de prévoir les affectations du personnel en fonction des aspirations individuelles et des besoins de l'entreprise*». Cette définition renvoie à des pratiques aussi variées que la rémunération, le recrutement ou la gestion de carrières, et milite déjà pour une intégration de la gestion de l'emploi à l'ensemble de la GRH.

3. Le premier choc pétrolier et ses conséquences

On peut dire que le premier choc pétrolier de 1973 va porter un coup fatal à toutes les démarches visant la prévision, ce qui est bien compréhensible puisque nul n'avait prévu un tel événement. La période de forte croissance est terminée : il ne suffit plus d'extrapoler les courbes disponibles pour appréhender l'avenir, celui-ci devient moins linéaire.

Il faudra attendre une dizaine d'années pour que ce courant soit restauré, mais dans d'autres lieux puisqu'il s'agira alors surtout d'entreprises publiques. Le discours du moment s'inscrit dans le même courant idéologique des relations humaines, sur lequel s'appuient les responsables du secteur public pour moderniser leurs entreprises[2].

---

1. Jardillier P., *La gestion prévisionnelle du Personnel,* Paris, PUF, 1972.
2. L'ouvrage de Mathis L., *Gestion prévisionnelle et valorisation des ressources humaines*, Paris, Les Éditions d'Organisation, 1972, est en réalité publié sous le pseudonyme d'un collectif de responsables de personnel de la fonction publique.

© Dunod – La photocopie non autorisée est un délit.

Les années quatre-vingt voient réapparaître des approches de gestion prévisionnelle qui portent désormais sur les emplois et les compétences. Elles avaient été amorcées à la fin des années 1970, après les vagues de licenciements successifs dans la sidérurgie, les charbonnages ou le textile. Les traumatismes réels provoqués par les «dégraissages» massifs dans ces secteurs expliquent largement le souci des entreprises de ne plus avoir à faire face à ce type de difficultés, et donc les tentatives de prendre en compte les évolutions en termes de contenus d'emplois et de compétences requises.

Les expériences menées dans l'industrie se sont ensuite étendues aux grandes entreprises de différentes branches professionnelles. Cette période voit également la création de cabinets spécialisés sur le domaine de l'évolution de l'emploi (CREGE et Développement et Emploi, notamment).

Progressivement les modèles et les approches se sont affinés. Différents auteurs tentent, depuis près de dix ans maintenant, de mieux articuler les démarches de gestion prévisionnelle avec les domaines classiques de la GRH, la formation ou l'audit des emplois, par exemple[1].

Le tableau 3.1 propose une représentation de l'évolution historique des modèles élaborés. Comme toute représentation, elle tend à simplifier la réalité : d'une part, les périodes retenues ont donné lieu à des démarches qui ont été davantage élaborées en continuité que sur le mode de la rupture ; d'autre part, les modèles des années quatre-vingt-dix sont encore peu formalisés.

Tableau 3.1 : *Modèles de gestion de l'emploi et modèles stratégiques*

	Avant 1975	Années 1980	Années 1990
Modèles de gestion de l'emploi	GPP (gestion prévisionnelle du personnel)	GPE ou GPPE (gestion prévisionnelle et préventive de l'emploi)	GAEC (gestion anticipée des emplois et des compétences)
Modèle stratégique	Planification stratégique (LCAG)	Analyse concurrentielle (Porter) Portefeuille de technologies (Tassel, McKinsey)	Analyse des ressources, pôles de compétences (Hamel)
Problèmes centraux en GRH	Extrapolation de tendances («Combien de plus du même ?»)	Réduction d'effectifs Métiers émergents, métiers condamnés	Évolution des contenus d'emploi
Modes de production des modèles de GRH	«En chambre»	Collaboration avec les opérationnels (métiers)	Collaboration avec les opérationnels (métiers) et avec la DG (stratégie)
Acteurs clés	Direction du personnel	DRH et hiérarchies	DG, DRH et hiérarchies

1. Voir par exemple Egg G., *Audit des emplois et gestion prévisionnelle des ressources humaines*, Paris, Les Éditions d'Organisation, 1987 et Le Boterf G., *Le schéma directeur des emplois et des ressources humaines*, Paris, Les Éditions d'Organisation, 1988.

Les trois grandes périodes retenues caractérisent des ambitions différentes pour des modèles élaborés également dans des conditions particulières. Les premiers modèles de planification restent l'affaire des directions du personnel, les spécialistes du domaine social adoptant une approche «technique» pour renseigner des modèles plus généraux. Les grandes incertitudes des années quatre-vingt-dix favorisent la participation d'un grand nombre d'acteurs et surtout celle des directions générales. Leur ambition est en effet de mieux identifier les pôles de compétences – au sens large de produits ou d'activités et de savoir-faire – capables d'assurer l'avenir (voir *infra* 4.3).

Section 2 LE SCHÉMA DE BASE DE LA GESTION DE L'EMPLOI

Les différents modèles que nous venons de présenter s'appuient tous sur le même raisonnement. Nous allons expliciter maintenant ce noyau commun, que nous nommons schéma de base (figure 3.1).

1. Les principes de fonctionnement du schéma de base

Le même schéma de base procède à la fois à la construction et au fonctionnement de ces modèles. Il ne constitue pas une pratique en soi, mais sert de guide, de référence pour conduire l'analyse et élaborer des solutions.

Le schéma classique de gestion de l'emploi s'inspire du principe sous-jacent au contrôle de gestion : il s'agit de mesurer, analyser et chercher à réduire les écarts entre ce qui avait été prévu et ce qui est réalisé dans le but de prendre des mesures d'ajustement. La GPE (gestion prévisionnelle de l'emploi) transpose ce principe à la GRH : elle met en évidence des écarts entre l'évolution prévisible des ressources de l'entreprise et leur affectation aux emplois existants (besoins). Par ailleurs, elle détermine un horizon temporel, souvent fixé entre 3 et 5 ans, qui permet de se donner les moyens de préparer des évolutions pour éviter de réagir dans l'urgence.

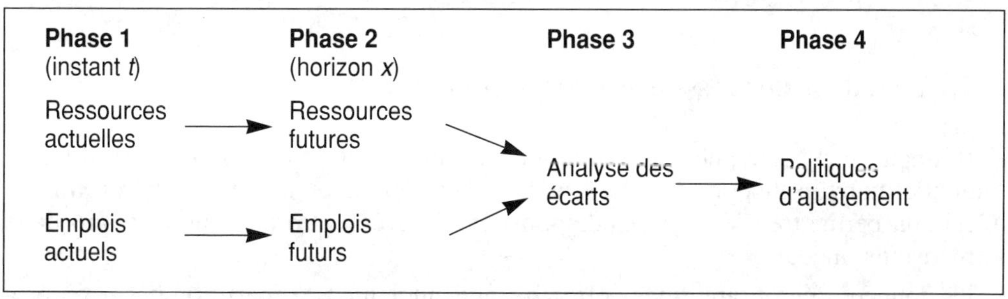

Figure 3.1 : *Schéma de base de la GPE*

© Dunod – La photocopie non autorisée est un délit.

Le point de départ du fonctionnement du modèle est la situation donnée à l'instant *t*, concernant l'état des ressources humaines (effectifs, âge, ancienneté, qualification, etc.) et des besoins de l'entreprise en emplois. Ensuite, en fonction de la prévision des besoins en emplois et de l'évolution probable des ressources à l'horizon fixé, on évalue les écarts pour envisager les mesures d'ajustement nécessaires.

2. Quelques outils élaborés à partir du schéma de base

Comme l'indique la figure 3.2, le modèle de la GPE donne lieu à l'utilisation de différents outils d'analyse.

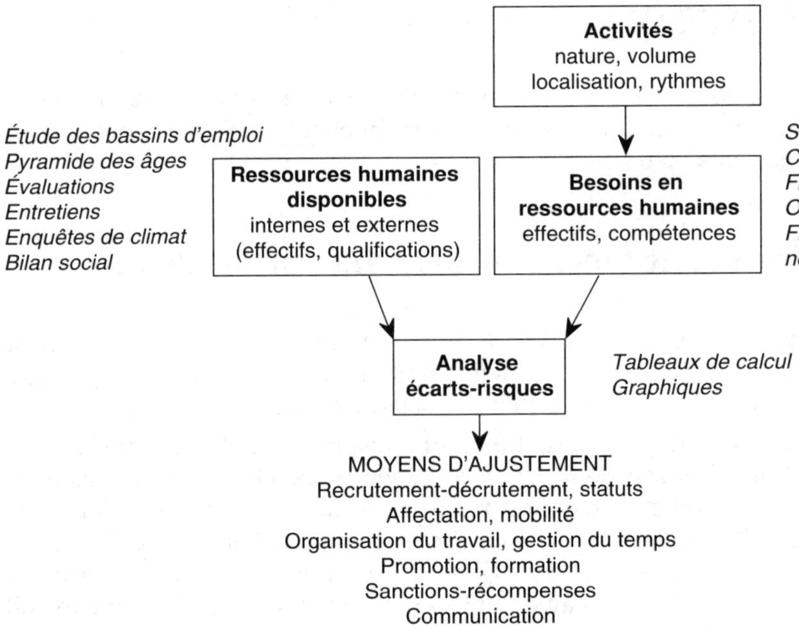

Figure 3.2 : *Présentation de quelques outils d'analyse*

2.1. L'analyse des ressources disponibles

Il s'agit de donner une représentation, la plus proche possible de la réalité, du potentiel humain disponible à la fois dans l'entreprise et sur le marché du travail. Cela doit permettre d'établir des diagnostics relativement précis sur au moins deux dimensions majeures :

– les données démographiques : effectifs, âge, ancienneté, répartition par sexe, projections à court et moyen terme, etc ;

– les qualifications et compétences disponibles : structure des qualifications, compétences disponibles et potentielles, situation du marché du travail, etc.

Différents outils permettent d'appréhender de façon plus précise les évolutions naturelles du personnel. Les pyramides d'âge et d'ancienneté donnent des représentations du devenir de la population par projection de la situation actuelle à un horizon déterminé. Les documents utilisés dans les procédures d'appréciation, quand elles existent, peuvent également apporter des informations intéressantes, à la fois sur les parcours réalisés antérieurement par les salariés et donc sur les compétences acquises, et sur leurs souhaits de formation et/ou d'évolution. Les données du bilan social, dans les entreprises de plus de 300 salariés, peuvent être utilement mobilisées. Les enquêtes de climat social apportent des indications sur d'éventuels départs des salariés ou sur leur propension à accepter les évolutions de l'entreprise à court ou moyen terme.

Bien entendu, la mise en place de ces outils n'a pas d'intérêt en soi ; elle n'a de sens que comme support à la réflexion.

2.2. La connaissance réelle et prospective des emplois

Du côté des emplois, les analyses portent sur leur nature et leur configuration actuelles. Les outils élaborés permettent une connaissance précise et systématique qui souvent n'existait pas avant la mise en place d'une démarche de GPE.

L'analyse des besoins suppose une connaissance assez précise des emplois disponibles. La notion d'emploi type, forgée par le CEREQ, facilite cette analyse. Elle prépare le questionnement prospectif qui est à la base de la GPE : quels seront les emplois de demain ? De quelle nature ? Dans quelles proportions ? Une analyse exhaustive n'étant guère possible dans un délai raisonnable, il est utile de recourir à des concepts qui répondent au besoin de disposer d'objets agrégés et en nombre limité, et qui permettent une démarche plus synthétique.

L'emploi type désigne ainsi un ensemble de postes concrets qui présentent des proximités suffisantes pour être étudiés et traités de façon globale.

Le CEREQ propose de définir un emploi type[1] selon quatre axes :

– technicité : techniques spécifiques mises en œuvre dans l'emploi ;
– information : informations parvenant à l'emploi et traitement opéré ;
– relations-communication : univers relationnel de l'emploi (clientèle, fournisseurs, hiérarchie, etc) ;
– contribution économique : valeur ajoutée de l'emploi.

Ces axes renvoient aux grandes questions de la démarche prospective : quelles sont les évolutions technologiques probables ? Quels changements organisationnels peut-on envisager ? Quelles répercussions sur le contenu relationnel de l'emploi ? Quelle place relative de l'emploi dans l'entreprise ?

1. Cette notion constitue la base du Répertoire français des emplois élaboré par le CEREQ dans les années 1970, ainsi que celle du ROME, Répertoire opérationnel des métiers et des emplois élaboré en 1990 par l'ANPE.

© Dunod – La photocopie non autorisée est un délit.

La définition des emplois types permet d'opérer des regroupements et donc d'identifier les proximités qui existent entre les activités des différents emplois-types. On peut les regrouper par *familles professionnelles* dans lesquelles on trouve les emplois qui s'inscrivent dans le même champ d'activité ou qui correspondent, soit à une même finalité professionnelle, soit à une même technicité. Par exemple, on parlera de la famille «commercial» pour désigner l'ensemble des emplois types portant sur des activités de marketing, ventes et administration commerciale.

Les familles professionnelles peuvent également être représentées sous forme de *cartes des métiers*. Elles offrent alors une représentation visuelle des familles qui sont suffisamment proches pour permettre des passages de l'une à l'autre.

Accompagnée d'une réflexion stratégique à moyen ou long terme, la notion d'emploi type peut être utilisée aussi pour déterminer les *emplois sensibles* de l'entreprise, c'est-à-dire principalement ceux appelés à disparaître et ceux qui vont émerger puis se développer[1].

Exemple d'utilisation du modèle de base : la société Dentine

La société Dentine, PME spécialisée dans la production et la vente de produits d'hygiène bucco-dentaire, emploie 332 personnes. Des études conduites par des spécialistes de l'évolution des modes de consommation des particuliers ont fourni à l'entreprise des éléments faisant état d'une croissance du marché à moyen terme, en particulier liée au vieillissement général de la population. La direction, décidée à profiter de cette croissance, a entrepris d'évaluer ses atouts en termes de personnel, et donc d'analyser l'évolution probable de ses salariés par rapport aux besoins prévisionnels.

Au moment de l'étude, le personnel se décompose de la façon suivante :

– ouvriers non qualifiés	195
– ouvriers et employés qualifiés	89
– techniciens et agents de maîtrise	25
– cadres	23
Total :	332

Les besoins prévus à un horizon de 4 ans indiquent une croissance et une transformation des structures de qualification :

– ouvriers non qualifiés	140
– ouvriers et employés qualifiés	110
– techniciens et agents de maîtrise	30
– cadres	18
Total :	298

Compte tenu de la pyramide des âges actuelle et à partir d'une reconduction des taux d'évolution au sein des catégories professionnelles (démissions, mutations, promotions), la direction est en mesure d'anticiper les caractéristiques de la population actuelle à l'horizon de 4 ans.

La catégorie des cadres, relativement jeune et très stable, ne devrait perdre qu'une seule personne.

1. Pour une analyse plus précise des différents «modes d'entrée» de la GPE, on pourra se reporter utilement à Thierry D., *La gestion prévisionnelle et préventive des emplois et des compétences*, Paris, L'Harmattan, 1990.

Parmi les techniciens, 3 auront vraisemblablement quitté l'entreprise et 2 auront accédé à la catégorie des cadres.

Le personnel qualifié aura diminué du fait des départs (8) et des promotions (3).

Le personnel non qualifié aura également diminué, principalement en raison d'un taux de rotation assez élevé. 10 personnes auront quitté l'entreprise et 7 auront été promues.

Les tableaux suivants indiquent l'état des besoins dans 4 ans, et les écarts avec les effectifs probables.

	Effectifs actuels	Besoins à 4 ans	Effectifs proprables	Écarts
Ouvriers non qualifiés	195	140	(195-10-7) 178	*Excédent 38*
Ouvriers et employés qualifiés	89	110	(89+7-8-3) 85	*Déficit 25*
Techniciens	25	30	(25+3-3-2) 23	*Déficit 7*
Cadres	23	18	(23+2-1) 24	*Excédent 6*
Total	332	298	310	*Excédent + 12*

Cette connaissance permet à l'entreprise d'envisager d'ores et déjà des mesures pour atteindre progressivement l'adéquation recherchée, en évitant le plus possible les licenciements.

Pour ce faire, Dentine peut procéder à des ajustements internes ou externes.

Au plan interne, il s'agira de faire évoluer les ouvriers non qualifiés pour qu'ils puissent accéder à la catégorie supérieure. Des programmes de formation adaptés aux besoins identifiés seront mis en place dès l'année suivant l'étude. De même, à partir des évaluations régulières du personnel qualifié, les chefs de service seront invités à repérer ceux qui présentent les plus fortes chances de réussite à des niveaux d'agents de maîtrise. Ils bénéficieront à leur tour de programmes de formation destinés à les aider à assumer leurs nouvelles responsabilités. Si la mobilité interne ne suffit pas à combler les besoins, il faudra alors recourir au recrutement

En ce qui concerne les ajustements externes, le recrutement devra être fait en tenant compte des difficultés d'évolution des techniciens, puisque la catégorie des cadres est excédentaire. Il conviendra donc de limiter leur recrutement pour privilégier celui de personnel qualifié pouvant évoluer progressivement vers des fonctions de technicien.

Bien que l'entreprise souhaite éviter tout licenciement, le problème se posera pour quelques cadres et ouvriers non qualifiés. Dentine souhaite ainsi faire bénéficier le plus grand nombre de volontaires possibles, remplissant les conditions d'âge requises, de mesures telles que les retraites anticipées ou les pré-retraites progressives. Ces mesures devraient lui donner davantage de souplesse. Pour l'un de ses cadres aujourd'hui âgé de 48 ans et prêt à tenter l'aventure, elle envisage de faire de l'essaimage, en lui confiant la création d'une cellule chargée de développer des marchés en Europe.

Le modèle de GPE élaboré dans les années quatre-vingt a été abondamment diffusé dans les entreprises, de toutes tailles et de tous secteurs d'activités. Cet engouement peut s'expliquer en grande partie par ses apports.

© Dunod – La photocopie non autorisée est un délit.

3. Les vertus du schéma de base

3.1. Des apports instrumentaux utiles à la réflexion

En premier lieu, le schéma de base de la gestion de l'emploi favorise une analyse précise de l'existant, c'est-à-dire aussi bien des ressources humaines dont l'entreprise dispose que de ses besoins en emplois.

La GPE n'a cependant pas pour objectif premier de produire de telles données. Souvent, la plupart d'entre elles existaient déjà avant la mise en place de ce type de démarche, mais elles se présentaient de façon éparse, pour les besoins particuliers d'une division ou d'un responsable hiérarchique. L'intérêt de la GPE consiste à la fois à centraliser ces données et à les diffuser dans l'ensemble de l'entreprise. Elle permet donc une utilisation plus rationnelle et efficace des données sociales disponibles. Ce faisant, elle peut permettre aussi de réinterroger des pratiques qui semblaient irréversibles. Par exemple, analyser finement une pyramide des âges pour en déduire les évolutions prévisibles peut amener à revenir sur la décision de bloquer tout recrutement de jeunes collaborateurs.

3.2. Un surcroît de légitimité pour les DRH

Le second avantage de la GPE repose sur l'utilisation stratégique que peuvent en faire les DRH. Souvent, et en particulier en période de mutations importantes de l'environnement économique, les DRH risquent de se trouver en difficulté pour discuter certaines décisions purement économiques ou financières. Or, au sein d'un comité de direction, ils ont besoin d'éléments leur permettant de tenir un discours stratégique. Les outils mis en œuvre dans les démarches de GPE et les analyses qu'ils favorisent sont susceptibles de leur fournir des arguments précieux capables de peser sur des choix stratégiques. Si chacun s'accorde à reconnaître l'importance des ressources humaines pour la compétitivité, il ne manque pas d'exemples d'entreprises qui ont vu certaines orientations compromises par un manque évident d'attention porté aux capacités objectives des ressources humaines disponibles[1].

3.3. Une meilleure cohérence dans le système de GRH

Le troisième niveau d'apports tient aux résultats que le modèle permet, en particulier en ce qui concerne les mesures d'ajustement. En GRH, ces mesures couvrent l'ensemble du champ : formation, recrutement, mobilité, reconversion, etc. Elles ne sont ni exhaustives, ni exclusives les unes des autres. Le modèle favorise donc des «dosages» entre les mesures d'ajustement internes et externes. Il permet de mieux les articuler, à la fois entre elles, et avec les autres politiques déjà existantes.

---

1. Voir l'exemple de BMW cité par Cadin L., «Vers l'organisation qualifiante», *Personnel*, n° 336, octobre 1992.

Exemple : Division du travail en GRH et GPE

Dans une grande entreprise du secteur des assurances, la DRH emploie 25 personnes sous l'autorité d'un directeur, réparties en 5 services : administration et paye (8 personnes), recrutement (2 personnes), formation (5 personnes), gestion des cadres et mobilité (3 personnes), relations sociales (5 personnes), développement des RH (3 personnes).

Les missions de chaque service sont définies de façon assez générale, le DRH préférant laisser une certaine autonomie aux responsables. Des réunions de service hebdomadaires permettent de vérifier la cohérence des actions de chacun.

Dans le cadre du changement de convention collective, et en raison des sur-effectifs présents dans certaines activités de plus en plus automatisées, la direction a décidé de mettre en œuvre un dispositif de gestion prévisionnelle des emplois. Elle souhaite d'abord disposer d'une connaissance fiable des emplois réels et des compétences du personnel en place, afin de prévoir dans un deuxième temps les mouvements de personnel nécessaires. La mission est naturellement confiée au DRH.

Celui-ci décide de confier à son tour l'essentiel du projet au service développement des ressources humaines. Après deux mois de travail, force est de constater que la division du travail au sein de la DRH se révèle être un frein important.

Au niveau du recueil des données, on constate en effet que les informations relatives à la connaissance des personnes sont éparpillées entre différents services. Par exemple, les procédures d'appréciation conduites dans l'entreprise prévoient d'utiliser des fiches. Celles-ci sont centralisées par le service gestion des cadres et par le service administration pour les non-cadres. Alors que les fiches concernant les cadres font l'objet d'analyses périodiques, surtout en cas de mobilité, celles concernant les non-cadres sont simplement archivées. Par ailleurs, le responsable du service formation dispose de certaines données lui permettant de mieux connaître les besoins individuels. Il a lui-même élaboré un questionnaire diffusé à l'ensemble des salariés de l'entreprise, car les informations contenues dans les fiches d'appréciation ne lui étaient pas communiquées de façon satisfaisante (retards, informations absentes ou incomplètes).

En ce qui concerne certaines décisions, comme dans le domaine de la formation par exemple, la démarche de GPE a conduit le responsable à élaborer un plan de formation cohérent avec les objectifs généraux de l'entreprise, en particulier ceux qui visent à relever le niveau de base des salariés peu ou pas qualifiés. Pour cela, contrairement aux habitudes, une coopération a été instaurée par le DRH entre le responsable de formation, le responsable de la gestion des carrières pour les cadres et le responsable administratif pour les non-cadres.

Le plan de formation a été élaboré sur la base des informations détenues par chacun. Il a permis de mettre fin à des pratiques qui se révélaient contraires aux objectifs de l'entreprise.

En matière de recrutement par exemple, l'entreprise s'efforçait avec beaucoup de difficultés de remplacer des rédacteurs connaissant une forte rotation. Pour cela, le responsable du recrutement recherchait des titulaires de Bac+2 acceptant de tenir ces emplois. En raison de l'excédent de ces diplômés sur le marché du travail, l'entreprise pensait pouvoir profiter d'un niveau de qualification intéressant à un coût moindre, là où des bacheliers auraient convenu. La démarche de GPE a permis de faire connaître les problèmes de reconversion des salariés les moins qualifiés de l'entreprise. Elle a pu revoir sa politique de recrutement et décider de se lancer dans une démarche inverse : au lieu de rechercher des personnes trop diplômées pour le niveau requis et qui finissaient par

© Dunod – La photocopie non autorisée est un délit.

quitter rapidement l'entreprise, ne valait-il pas mieux essayer de repérer parmi les salariés de l'entreprise dont les emplois étaient condamnés à terme, ceux qui pourraient bénéficier de la formation leur permettant de tenir correctement les emplois disponibles ?

Ce faisant, l'entreprise répondait à son besoin de combler le déficit en qualification du personnel tout en donnant à certains l'opportunité de se reconvertir. Elle était également amenée à reconsidérer sa politique de formation dans le sens d'une démarche plus collective qu'individuelle.

Apparemment simple, plutôt séduisant sur le plan de la rationalité du raisonnement, et offrant un intérêt réel à ceux qui l'adoptent, ce modèle se révèle pourtant difficile à mettre en pratique. Il est donc nécessaire de repérer ses présupposés implicites pour mieux cerner ses limites.

4. Les limites du schéma de base

Elles ont plusieurs origines. Les premières découlent de l'anatomie même du modèle, qui ne peut fonctionner autrement que selon les principes qui ont présidé à son élaboration. D'autres sont plus indirectes ; elles sont dues à la rencontre d'une réalité différente de celle incorporée dans le modèle. Elles sont aussi à rechercher plus en aval, dans les usages et les instrumentations développés à partir du modèle.

4.1. Des limites liées à l'anatomie du modèle

Du côté de l'anatomie du modèle, il s'agit de prêter attention à ce qui semble «naturel». Par exemple, on peut se demander comment sont définis les besoins en emplois de l'entreprise à un horizon temporel donné. Le modèle indique que ces besoins découlent des orientations de l'entreprise, et donc de la définition de sa stratégie. Pour que le modèle fonctionne, il faut donc que :

- l'entreprise élabore une stratégie ;
- que celle-ci soit connue, au moins de ceux qui sont chargés de mettre en œuvre la GPE ;
- qu'il soit effectivement possible de décliner les besoins en emplois à partir de la définition de la stratégie.

De même que les premiers modèles de gestion prévisionnelle s'étaient heurtés à une conception erronée des modes de prise de décision, le modèle classique de GPE suppose qu'il est parfaitement possible de définir un horizon temporel accessible, c'est-à-dire permettant de «probabiliser» les futurs possibles.

Or, il est de multiples exemples d'entreprises qui n'ont pas forcément de définition précise d'une stratégie à 3 ou 5 ans, ou tout simplement qui n'ont pas de visibilité à plus de 2 ou 3 mois. Les incertitudes économiques actuelles ou la transformation rapide des marchés peuvent tout à fait le justifier. Certains dirigeants peuvent même décider que leur stratégie consiste à «faire des coups», c'est-à-dire à tirer parti des opportunités qui ne manqueront pas de surgir. La stratégie fait très souvent l'objet d'une reconstruction *a posteriori*, ce qui permet de valoriser, après coup, des opportunités réussies et, de la même façon, de dissimuler des erreurs ou des attitudes trop prudentes. De la distinction entre stratégie émergente, qui est imprévisible par définition, et stratégie délibérée, élaborée à partir de prévisions dans des domaines différents, le modèle ne retient implicitement que cette dernière. Or, dans la plupart des entreprises, ces deux dimensions coexistent de manière variable dans le temps.

Par ailleurs, rien n'est moins naturel ni moins simple de définir des emplois, c'est-à-dire la traduction organisationnelle précise d'une stratégie, qui s'exprime la plupart du temps sous une forme assez générale, en termes d'accroissement de parts de marchés, de rachats d'activités concurrentes ou d'intégration verticale par exemple.

Enfin, le passage de la définition d'une stratégie à sa traduction organisationnelle relève aussi de différents choix possibles. On peut tout aussi bien créer des emplois nouveaux, redéfinir les emplois existants ou opter pour toute solution intermédiaire entre ces deux pôles. La confrontation entre emplois et ressources ne peut donc pas se réduire à une simple liste de compétences.

Dans un article récent, P. Gilbert[1] a fait valoir les résultats d'une enquête révélant la déception de la plupart des entreprises qui ont eu recours au modèle classique de GPE. En particulier, elles reprochent à la GPE de ne pas constituer un outil d'aide à la décision. C'est avant tout un outil d'analyse, certes intéressant, mais qui demande beaucoup de temps. Les consultants spécialisés dans ce domaine n'y sont pas non plus étrangers, leur intérêt évident consistant en la facturation d'un nombre important de journées de conseil. En outre, le modèle repose sur la mesure d'écarts qui se révèle assez hasardeuse, étant donné que ceux-ci, contrairement à ceux que prend en compte le contrôle de gestion classique, ne sont pas réalisés mais seulement prévus, au mieux anticipés.

L'ordre dans lequel le modèle prévoit de suivre la démarche n'est pas indifférent[2]. Il traduit en effet une conception précise des rapports entre savoir et action, l'action venant toujours après le savoir et après la prévision. L'enchaînement des étapes s'ordonne donc dans un ordre strict et suppose également que les données produites au début de la démarche, en l'occurrence la définition de la stratégie, soient immuables pendant le temps nécessaire à l'élaboration des étapes ultérieures. Ne serait-ce qu'en raison de la durée indispensable à la phase d'analyse des emplois et des ressources existantes et de l'évolution rapide de ces données dans le contexte actuel, les décisions continuent à être prises (mobilité, reconversion, licenciements, etc.) sans que les résultats du modèle puissent être utilisés.

La réalité est donc bien plus mouvante que ne le laisse entrevoir le modèle. Cette remarque s'applique également au fonctionnement social de l'entreprise dont la réalité n'est pas prise en compte dans le modèle.

© Dunod – La photocopie non autorisée est un délit.

---

1. Gilbert P., «Le modèle de référence de la GPE, postulats sous-jacents et structuration de l'action», *Actes du 4e Congrès de l'AGRH*, Montpellier, novembre 1994.
2. Gilbert P., *op. cit.*

4.2. Un fonctionnement social réel sous-estimé

La réalité sociale répond souvent à bien d'autres rationalités que celle prévue dans la logique du schéma de base. En effet, le raisonnement omet principalement l'existence de rationalités propres aux acteurs que sont les salariés de l'entreprise. Quel que soit le bien fondé des apports du modèle, en particulier des ajustements envisagés, ils s'opposent souvent à d'autres calculs ou souhaits émanant des individus eux-mêmes. Nombre de mesures d'ajustement ne remportent pas les effets escomptés car elles n'avaient pas suffisamment tenu compte des intérêts, des stratégies ou simplement de la volonté des individus auxquels elles s'adressaient.

Ce qui satisfait un calcul macro-économique, à savoir faire évoluer les salariés dont l'emploi est voué à la disparition vers les emplois nouvellement identifiés, se traduit rarement sur le plan pratique en une succession de reconversions individuelles qui procéderaient de la même logique. Ce type de limite peut également se rencontrer au niveau d'un individu.

Exemple : Le président de la Fédération des judokas

Employé dans une banque comme coursier, M. Zen travaille à temps partiel, tous les matins de 8 h à 13 h 30. Il donne entière satisfaction et chacun loue son efficacité, sa fiabilité et la gentillesse avec laquelle il accepte de rendre toutes sortes de petits services au-delà de ses attributions officielles.

Lorsqu'un emploi à plein temps se libère aux services généraux, le DRH convoque tout naturellement M. Zen dans son bureau pour lui proposer l'emploi. Il a fait preuve de ses qualités, il est unanimement apprécié et mérite donc de se voir reconnu par l'entreprise. Tel est l'état d'esprit dans lequel se trouve le DRH lorsqu'il reçoit M. Zen.

Or, à son grand étonnement, M. Zen, remerciant chaleureusement l'entreprise de lui avoir ainsi manifesté sa confiance, et exprimant son regret de la décevoir, explique pourquoi il refuse cet emploi. Le travail à temps partiel lui permet en effet d'assumer les responsabilités de président qu'il a acceptées au sein de la Fédération des judokas. Changer d'emploi l'obligerait à renoncer à cette présidence, ce dont il n'a pas envie car il y trouve de réelles satisfactions essentiellement liées aux activités d'encadrement des jeunes sportifs.

Même les expériences les plus remarquables dans ce domaine, telles que celle des 1 000 = 1 000 de Merlin Gérin vers le milieu des années quatre-vingt, qui avait pourtant mobilisé des moyens politiques et financiers d'une rare ampleur, sont loin d'avoir atteint tous leurs objectifs[1].

1. Cette expérience, décidée en haut lieu par les dirigeants de l'entreprise, visait à reconvertir un millier de salariés de faible niveau de qualification dont l'emploi risquait de disparaître 5 ans plus tard. Les besoins se portaient, selon les estimations, sur environ un millier d'emplois nouveaux, exigeant un niveau de qualification allant du Bac à Bac+2. L'opération, fondée sur le pari de faire passer les mêmes personnes d'un stade à l'autre, plutôt que de licencier les non-qualifiés et de recruter du personnel qualifié, a mobilisé d'énormes moyens, surtout en termes de formation. On estimait, au terme des 5 ans, que près de 600 personnes avaient pu être reconverties au niveau envisagé pour elles au départ. Les autres n'avaient pas atteint les niveaux requis.

4.3. Des utilisations controversées

Une troisième série de limites s'exprime dans certaines instrumentations qui sont souvent faites du modèle et dans les usages auxquels celui-ci donne lieu. Tout d'abord, le modèle est supposé s'appliquer indifféremment à toutes les catégories de salariés. C'est ignorer que généralement les entreprises françaises procèdent à une gestion catégorielle. En particulier, les cadres sont gérés différemment des non-cadres, par des personnes différentes, et le personnel ouvrier différemment des employés.

En ce qui concerne les outils élaborés à partir du modèle de base, certains d'entre eux entrent en contradiction avec certaines réalités. C'est particulièrement le cas pour les familles professionnelles, qui regroupent des emplois sur des critères d'ordre technique qui ne rendent pas compte d'autres réalités plus importantes et plus structurantes, telles que les identités professionnelles. Ces dernières déterminent en effet la capacité de l'individu à se projeter dans l'avenir et donc à anticiper une trajectoire d'emploi. Elles prennent sens par rapport au groupe de travail dans lequel s'inscrit chaque individu : «L'identité au travail est fondée sur des représentations collectives distinctes, construisant des acteurs du système social d'entreprise.»[1] C'est pourquoi les familles professionnelles telles qu'elles sont définies par regroupement fonctionnel d'emplois types, sur un principe lié à la nature du travail mais négligeant le contexte relationnel dans lequel celui-ci s'effectue, risquent fort d'être mal comprises des salariés qui ne pourront s'y reconnaître.

Le paragraphe suivant s'appuie sur l'exemple concret d'une catégorie socio-professionnelle faisant souvent l'objet de démarches de GPE pour illustrer en partie ces limites.

4.4. Exemple : les techniciens supérieurs chez Électropro

À la fin des années quatre-vingt, comme beaucoup de grandes entreprises industrielles, Electropro, société d'électronique professionnelle, est confrontée à un double problème.

D'une part, elle enregistre un besoin important d'ingénieurs diplômés, en particulier pour encadrer ses activités de production. Cette situation s'explique en partie par une croissance économique assez forte à l'époque, faisant suite à une période de crise qui avait contraint l'entreprise à limiter ses embauches pendant plusieurs années. Le soudain et important recours au marché des diplômés se trouvait par ailleurs limité – et c'est la seconde explication de la situation – par une pénurie générale d'ingénieurs diplômés formés en France, contrairement à certains pays européens, dont l'Allemagne qui à la même époque en «produisait» le double chaque année.

© Dunod – La photocopie non autorisée est un délit.

1. Sainsaulieu R., cité par Dubar, C., *La socialisation, construction des identités sociales et professionnelles*, Paris, Armand Colin, 1991.

D'autre part, elle doit faire face au mécontentement grandissant d'un nombre important de jeunes techniciens supérieurs, âgés pour la plupart de 30 à 35 ans, qui, malgré une bonne expérience professionnelle, se trouvent bloqués dans leur carrière parce qu'ils sont arrivés, assez vite d'ailleurs après l'obtention d'un Bac + 2, au dernier échelon de leur grille de classification. Un nombre non négligeable d'entre eux exercent pourtant de réelles fonctions d'ingénieur mais, le fait de ne pas être titulaire d'un diplôme reconnu leur interdit de franchir le barrage pour obtenir le titre d'ingénieur, et donc le statut de cadre.

La présence simultanée d'un besoin en emplois et de ressources disponibles susceptibles d'occuper ces emplois va se révéler non pertinente. En effet, comme l'ont montré différentes analyses, l'accès à la catégorie des ingénieurs fonctionne sur une logique spécifique qui est celle du diplôme. Dans la plupart des entreprises industrielles, et surtout dans les grandes entreprises, seuls les titulaires d'un diplôme reconnu par la Commission des titres d'ingénieurs peuvent accéder aux fonctions d'ingénieur. La compétence[1] réellement exercée importe moins. C'est ce qu'illustre le cas de ces techniciens supérieurs capables de «faire» l'ingénieur, c'est-à-dire d'exercer les fonctions habituellement confiées à un ingénieur, mais non reconnus pour «être» des ingénieurs.

Cette logique essentialiste[2] explique donc pourquoi un modèle de GPE, révélant un besoin d'un côté et identifiant une ressource disponible de l'autre, ne peut fonctionner. La réalité obéit dans ce cas à une logique d'ordre social et culturel. Dans l'entreprise Électropro, l'ampleur de cette logique sociale s'explique en grande partie par l'existence d'une importante proportion d'ingénieurs diplômés des grandes écoles, qui s'efforcent ainsi de limiter l'accès à leur catégorie.

Toutes ces limites permettent de comprendre que de nombreuses entreprises se disent déçues par un modèle qui n'a pas apporté les résultats escomptés. Peut-être les attentes à son égard étaient-elles disproportionnées par rapport à ses possibilités effectives. La loi n'avait-elle pas officiellement exprimé que la GPE devrait être le moyen de limiter, voire d'empêcher les licenciements ? En réalité, les difficultés majeures qui restent liées à la mise en pratique et à la prise de décision concrète sont inhérentes à la conception du modèle qui se révèle bien plus un outil d'analyse qu'un modèle pour l'action. C'est pourquoi, même si certains considèrent que la GPE n'est plus un problème puisque, selon eux, elle existerait partout dans l'entreprise[3], une remise en question de son utilisation la plus courante est désormais nécessaire.

---

1. Le terme est employé ici dans son sens le plus courant. Voir *infra* les réflexions que ce terme suscite.
2. Mise en évidence par Aubret J., Gilbert P., Pigeyre F., *Savoir et pouvoir, les compétences en questions*, Paris, PUF, 1993.
3. Nous faisons ici référence à des propos tenus lors d'une journée d'études consacrée en juin 1994 à la GPE, dans le cadre du DESS de l'Institut des Sciences Politiques de Paris.

Section 3 LES QUESTIONS LIÉES À LA MISE EN ŒUVRE DE LA GESTION DE L'EMPLOI

Bien que le modèle classique de la GPE et les principaux développements dont il a fait l'objet n'aient pas atteint les objectifs de départ, sans doute trop ambitieux, la question de l'anticipation demeure un des enjeux majeurs de la GRH. Il nous semble à la fois trop simple et regrettable de condamner sans appel le schéma de base. Les apports que nous avons identifiés sont à porter à son crédit et pourraient donner lieu à des développements tout à fait utiles à l'entreprise, sous réserve de quelques aménagements.

1. Le champ d'action du modèle de GPE

Il nous semble que l'on pourrait d'abord restreindre le champ d'application du modèle. Plutôt que de s'attaquer à tous les emplois de l'entreprise, il serait plus pertinent de l'utiliser pour répondre à des besoins précis. Il est en effet possible de limiter les objectifs recherchés, comme le suggère la figure 3.3.

Les cinq «entrées» possibles identifiées ici permettent de circonscrire la démarche de GPE à un problème ou un besoin spécifique de l'entreprise, illustré par un objectif particulier.

L'entrée par le plan à moyen terme est certainement la plus ambitieuse dans la mesure où elle suppose que des choix stratégiques précis sont exprimés et que l'entreprise pratique la planification stratégique depuis assez longtemps. De même nature que la précédente, l'entrée par les unités présente l'avantage de se positionner à un niveau plus décentralisé, plus restreint et donc plus facilement maîtrisable. L'entrée par les familles professionnelles intéresse généralement les grands groupes, qui ont besoin d'informations précises pour favoriser la mobilité entre les différents métiers et proposer aux salariés des itinéraires professionnels pertinents. Plus modestement, l'entrée par les investissements permet de connaître et maîtriser les conséquences d'un projet d'investissement en termes d'effectifs, de contenus d'emplois et de besoins de formation. Enfin, l'entrée par les emplois sensibles reste sans doute la plus connue. Il s'agit de repérer les quelques emplois types dont les évolutions constituent des enjeux majeurs, voire des risques pour toute l'entreprise.

Intégrer davantage les caractéristiques spécifiques du fonctionnement social de l'entreprise, en particulier tenir compte des individus, peut également se révéler possible à condition de renoncer à une conception trop générale du «salarié moyen». En effet, non seulement celui-ci n'existe pas en tant que tel, mais une telle représentation peut conduire à des décisions qui ne pourront contenter personne. Pour améliorer la faisabilité du modèle, il sera donc utile de circonscrire précisément une catégorie de salariés concernée par un problème donné.

De la même façon, on peut éviter de constituer des agrégats d'emplois qui peu-

© Dunod – La photocopie non autorisée est un délit.

OBJECTIFS D'EMPLOI

Déterminer les politiques globales de l'emploi	Déterminer la politique de l'emploi au niveau local	Développer la mobilité professionnelle	Adapter les compétences par rapport au contenu d'activités	Adapter les compétences et l'organisation en fonction des investissements projetés
Gestion prévisionnelle des flux de personnel de l'entreprise par rapport à une structure d'emplois actuelle et prévisionnelle, et plan d'action correspondant	Gestion prévisionnelle des flux de personnel de l'unité ou de l'établissement par rapport aux problèmes spécifiques et locaux	Gestion transversale (interstructure et interétablissement) des grands corps de métiers et orientation (emplois par proximité de compétences) Emplois en proximité de compétences : orientation	Évolution des compétences collectives et actions d'adaptation et notamment de formation spécifiques à des emplois prioritaires	Préparation et gestion des compétences diverses impactées par des évolutions fortes organisationnelles ou technologiques (processus)
↕	↕	↕	↕	↕
ENTRÉE PLAN MOYEN TERME	ENTRÉE UNITÉ	ENTRÉE FAMILLES PROFESSIONNELLES	ENTRÉE EMPLOIS SENSIBLES	ENTRÉE INVESTISSEMENTS

Source : D'après Thierry D., *Gestion prévisionnelle et préventive des emplois et des compétences,* Paris, L'Harmattan, 1990.

Figure 3.3 : Les différents objectifs de la GPE

vent être satisfaisants pour l'esprit mais qui risquent de rencontrer des réalités différentes. La famille professionnelle «management», par exemple, est souvent utilisée pour désigner les responsabilités et les tâches qui incombent à tout responsable d'encadrement. Cependant, si elles peuvent s'exprimer sous des vocables proches voire identiques, elles ne rendent pas compte de la spécificité de chaque situation. Celle-ci dépend très largement du contenu technique de l'activité «à manager». La composante «technicité» de l'emploi ne peut être écartée : manager une activité administrative ou être ingénieur et diriger une équipe d'ingénieurs ne relèvent assurément pas des mêmes réalités[1].

2. L'importance de la communication

Élaborant des outils relativement abstraits, la GPE rencontre souvent beaucoup de scepticisme, voire d'hostilité de la part de ceux à qui elle est supposée apporter une aide réelle. Ainsi, nombre de salariés ne reconnaissent pas leur activité de travail quotidienne dans l'emploi type qui leur est présenté comme celui auquel ils appartiennent. De même, ils éprouvent la plus grande difficulté à se représenter clairement la réalité que recouvre l'emploi type vers lequel ils sont engagés à s'orienter.

Pour pallier ces difficultés, la communication peut jouer un grand rôle. De nombreux moyens sont à la disposition des entreprises. Il est utile de ne pas se limiter à une «communication-papier», aussi élaborée soit-elle. L'organisation de *forums métiers* par exemple au sein même de l'entreprise, permet de provoquer des rencontres entre salariés occupant des emplois très différents, qui souvent s'ignorent réciproquement. Ces rencontres donnent lieu à un dialogue qui permet aux salariés d'appréhender la réalité vivante d'emplois qui sur le papier «ne disent rien» : conditions de travail, intérêt, nature et importance des contraintes, relations avec les emplois voisins, place dans l'organisation générale, difficultés particulières, évolutions envisageables, etc. Il s'agit en fait de rendre intelligibles pour tout salarié les résultats des analyses souvent riches mais complexes qui sont menées en termes de métiers, d'évolution probable de certains emplois types, de possibilités de mobilité professionnelle, etc. Avant même d'aborder les questions engendrées par l'angoisse d'un changement mal appréhendé (mon emploi va-t-il disparaître ? est-ce-que je vais être licencié ? quand ? etc.), il paraît indispensable de donner aux salariés une information susceptible de leur permettre :
- de comprendre le contexte dans lequel ils travaillent (environnement socio-économique, marché du travail, situation de leur emploi) ;
- de connaître avec précision les caractéristiques de leur emploi pour le positionner par rapport aux autres ;

© Dunod – La photocopie non autorisée est un délit.

1. D'après Courpasson D., Livian Y.F., «Le développement de la notion de compétence, glissement sémantique ou idéologique», *Revue de Gestion des Ressources Humaines*, n° 1, octobre 1991.

– d'identifier les exigences actuelles et futures de leur emploi, afin de se préparer à d'éventuelles évolutions.

À travers la nécessité de permettre aux salariés d'anticiper des évolutions d'emplois, c'est la question de la gestion préventive qui se pose.

3. De la gestion prévisionnelle à la gestion préventive

Les difficultés liées à la prévision s'étant accrues jusqu'à devenir quasiment insurmontables, certaines entreprises ont été amenées à se tourner vers l'idée de prévention. Plutôt que de bâtir des décisions sur des prévisions de moins en moins fiables, ou à l'inverse de renoncer à toute maîtrise de la situation, la prévention peut constituer une voie intermédiaire dans laquelle l'entreprise se met en situation de réagir à l'imprévu. Prévenir signifie en effet «agir avant», et la gestion préventive consiste pour l'entreprise à se préparer en permanence à intégrer des réalités nouvelles largement imprévues et imprévisibles.

Présente dans de nombreux discours de dirigeants ou de spécialistes des ressources humaines, la notion de gestion préventive recouvre des conceptions assez différentes. Pour certains, l'accent est surtout mis sur l'individu qui doit se préparer personnellement à l'avenir, à travers une initiative et une implication personnelles. L'entreprise quant à elle doit faire en sorte de mettre en place et développer des «organisations qualifiantes», définies comme devant permettre à chacun d'augmenter sa palette et son niveau de qualification[1]. Pour d'autres, la gestion préventive accompagne systématiquement la gestion prévisionnelle. La GPPEC, gestion prévisionnelle et préventive de l'emploi et des compétences, est présentée comme une démarche globale dont le salarié occupe la place d'acteur central : «Le salarié peut devenir acteur de la gestion de son projet professionnel à la fois sur le contenu actuel et futur des métiers, par l'identification de ses motivations personnelles et par l'analyse de ses propres compétences». Il s'agit donc que «les salariés se positionnent dans des processus d'adaptation permanente»[2].

En fait, on peut considérer la gestion préventive comme l'articulation entre des démarches initiées par l'entreprise, reposant essentiellement sur un effort d'analyse et de communication de ses orientations stratégiques et de leurs conséquences en termes d'emplois, et des démarches personnelles conduites par les individus dans le but de se maintenir en état permanent de pouvoir changer de métier. Cela renvoie à des pratiques telles que l'orientation professionnelle ou le bilan de compétences, thèmes qui seront traités dans le chapitre 8.

Cela étant, on constate que la gestion préventive n'a pas donné lieu à de véritables conceptualisations, ni à une modélisation systématique. Soit elle relève de

---

1. Voir en particulier Térence (collectif), *Encyclopédie des ressources humaines, projets individuels et collectifs*, tome 4, Paris, Les Éditions d'Organisation, 1995.
2. Thierry D., *op. cit.*, p. 112.

discours assez généraux, sur lesquels peuvent s'articuler quelques pratiques ponctuelles ; soit elle est inclue dans l'approche générale de la gestion prévisionnelle.

Aujourd'hui, on ne parle plus guère de gestion de l'emploi sans mentionner simultanément la notion de compétence. Le recours à cette notion peut être vu comme une tentative pour concevoir un modèle plus satisfaisant et plus adapté aux contraintes de l'action.

Section 4 LA NOTION DE COMPÉTENCE ET SA CONTRIBUTION À LA GESTION DE L'EMPLOI

De nombreux ouvrages ont déjà été publiés sur le concept de compétence qui tend à devenir omniprésent en GRH. Nous ne reviendrons pas sur l'émergence de cette notion venue remplacer la notion de poste de travail, fortement remise en cause (voir chapitre 1). Nous nous attacherons plutôt ici à éclairer la façon dont elle a permis de faire évoluer les réflexions portant sur l'anticipation, et par conséquent les modèles de gestion anticipée.

La notion de compétence a largement investi le domaine de la GRH, en particulier parce qu'elle favorisait l'usage d'un langage commun entre les caractéristiques des emplois (compétences requises) et celles des personnes (compétences disponibles).

Le schéma de base lui-même de la gestion prévisionnelle tel que nous l'avons présenté conduit assez naturellement à la notion de compétence puisqu'il confronte emplois futurs et ressources futures. En outre, des raisons liées à la difficulté de la prévision favorisent également le recours à la compétence : puisqu'il devient de plus en plus difficile, voire impossible, de prévoir les évolutions des emplois, le recours à la compétence, en mettant le projecteur sur l'individu, permet de raisonner de façon transverse à la notion d'emploi. L'important n'est plus tant de connaître les emplois futurs que d'identifier les compétences que les individus doivent maîtriser pour s'adapter et assumer l'exercice de métiers encore inconnus.

On peut par exemple imaginer que les évolutions technologiques dans le domaine de la communication continueront à affecter de manière sensible la plupart des emplois de demain. La diffusion rapide de procédés aussi divers que perfectionnés (bureautique, télécopieurs, téléphones sans fil, CD-Rom, etc.) produit parfois des changements radicaux, aussi bien sur les contenus des emplois (automatisation dans l'industrie) que dans la façon même de travailler (télétravail, travail à domicile, temps partagé, etc.). S'il n'est guère possible d'appréhender précisément la réalité de ces changements, on peut plus efficacement s'efforcer d'identifier les compétences requises par l'utilisation de l'ensemble de ces outils pour les développer chez les salariés.

La question essentielle est donc celle de l'identification des compétences jugées indispensables pour assurer l'avenir.

© Dunod – La photocopie non autorisée est un délit.

1. L'identification des compétences

Qu'est-ce que la compétence ? Comment l'analyser ? Comment la mesurer ? À ces questions simples correspond en réalité un programme ambitieux.

1.1. Une conceptualisation inachevée

Plusieurs champs théoriques ont contribué au développement de la notion de compétence, essentiellement la sociologie, la psychologie, l'ergonomie et les sciences de l'éducation. C'est également parce que la GRH se nourrit en partie des apports de ces disciplines que la notion de compétence connaît une telle faveur. Pourtant, au-delà des avantages qu'elle présente par rapport à la notion de poste – en particulier en raison de sa capacité à caractériser le rôle de l'individu dans le procès de travail – , elle pose problème dans la mesure où elle est loin d'être stabilisée.

Elle donne lieu en effet à quantité de définitions et surtout d'usages qui témoignent de la diversité des objectifs qu'elle est supposée servir. Cherche-t-on une nouvelle logique de gestion ? Souhaite-t-on modifier les modes d'évaluation des personnes ? Doit-on choisir la base d'une nouvelle organisation du travail ? etc. Autant de questions très variées qui peuvent se poser à toute entreprise et auxquelles la compétence peut répondre.

Pour notre part, nous considérons que les querelles relatives à la définition de la notion de compétence ne sont pas essentielles, et qu'il est possible de régler cette question assez simplement, dans la mesure où pratiquement toutes les approches, sous des formes différentes, s'entendent sur les éléments essentiels de la compétence : elle n'a de sens que par rapport à l'action, elle renvoie à une situation de travail précise, «elle combine de façon dynamique les différents éléments qui la constituent (savoirs, savoir-faire pratiques, raisonnements) pour répondre à ces exigences d'adaptation»[2].

Il nous semble qu'au lieu de se demander de quoi on parle à propos de compétence, il serait plus efficace, dans une perspective de GRH, de s'interroger sur le concept dont on a besoin, c'est-à-dire de prendre cette notion sous l'angle de son utilité. C'est pourquoi on peut la considérer comme un «*construit opératoire*» qui «définit les capacités des personnes, a un caractère prédictif, intègre des modalités variées, identifiables et utilisables dans différents contextes de gestion».[1]

Une telle approche permet de se forger en quelque sorte le concept nécessaire au problème à résoudre. Par exemple, s'il s'agit de faire évoluer l'organisation du travail, la notion de compétence sera envisagée de façon plus large que dans le cas d'une politique de formation.

---

1. Aubret J., Gilbert P., Pigeyre F., *op. cit.*
2. *Ibid.*

Plus fondamentale pour nous que la question de la définition reste celle de l'analyse de la compétence : comment l'appréhender concrètement ?

1.2. Analyse du travail et compétence : une liaison problématique

Si les approches de la compétence s'efforcent d'opérer une distinction entre travail et travailleurs, elles butent en réalité sur un même problème qui consiste à saisir objectivement la compétence. Celle-ci n'est ni transparente ni indépendante du langage qui la décrit, car elle ne s'observe pas directement, mais est inférée à partir de la situation de travail.

À cela, rien d'extraordinaire ni de compliqué à première vue. S'il s'agit de décrire en effet les compétences requises par une activité donnée, il est relativement aisé de la décomposer en micro-activités secondaires, qui toutes concourent au résultat final. Ainsi, pour savoir faire du vélo, il faut savoir tenir en équilibre, freiner, se diriger et garder une direction. Lorsqu'il s'agit d'une activité plus complexe, il devient vite difficile de rendre compte des compétences véritablement mises en œuvre, parce que le langage n'est pas disponible pour décrire des processus mentaux largement inconnus ou insaisissables, au sens premier du terme. Par ailleurs, si l'on tient compte des grandes difficultés rencontrées par les concepteurs de systèmes experts pour formaliser les processus mentaux à l'œuvre dans les activités les plus banales de la vie quotidienne, il est permis de douter des possibilités de rendre compte des processus mentaux, et donc des compétences, requis par des activités professionnelles plus complexes. Enfin le plus souvent, il s'avère que l'expert lui même ignore comment il procède, tant il a automatisé ses propres façons de raisonner.

Par ailleurs, si l'on s'en tient à la simple description des compétences requises par les emplois, on risque de se heurter à un problème de transférabilité. On peut imaginer en effet des proximités entre emplois sur la base de compétences transversales. C'est l'approche retenue par les experts qui ont mis au point le nouveau ROME (répertoire opérationnel des métiers et des emplois) pour l'ANPE. L'idée de base a consisté à repérer les compétences requises par les métiers afin d'identifier les «aires de mobilité» possibles, c'est-à-dire les métiers qui, d'apparence très différents, font appel à des compétences identiques ou proches, ou encore que l'on peut acquérir dans des délais raisonnables. On trouve ainsi des configurations telles que : chargé de communication, rédacteur de presse, maître d'hôtel, ou encore chauffeur-livreur, professionnel de la décoration et des accessoires, assistant de travaux publics …

Malgré leur intérêt théorique et les perspectives de réflexion qu'elles peuvent ouvrir, ces analyses menées en termes de compétences cognitives (voir *infra*) ne tiennent pas compte des réalités sociales, culturelles et organisationnelles dans lesquelles s'exerce tout métier. Elles oublient qu'un emploi s'exerce dans un environnement donné et que celui-ci joue aussi un rôle dans la façon dont sont mises en œuvre les compétences. Si la saisie de la compétence repose donc essentiellement

© Dunod – La photocopie non autorisée est un délit.

sur l'analyse de la situation de travail, il est risqué de faire correspondre trop étroitement les exigences de l'activité et les compétences réellement mobilisées.

Malgré ces difficultés, le recours à la notion de compétence a permis de mieux prendre en compte le rôle de l'individu dans la situation de travail, surtout lorsque celle-ci est constituée d'activités recomposées en permanence sous l'effet des évolutions des processus de production, dans des contextes organisationnels en perpétuelle évolution. Le rapport à la matière s'est totalement distendu dans de nombreuses industries, de sorte que les travailleurs sont souvent définis aujourd'hui comme des opérateurs qui conduisent des machines automatiques à commande numérique. Là où auparavant ils travaillaient directement la matière, ils contrôlent aujourd'hui des écrans qui les renseignent sur les activités des robots et autres processus automatiques qui, en quelque sorte, travaillent la matière à leur place. La compétence est un concept pertinent pour rendre compte des processus mentaux mis en œuvre par ces opérateurs dans ces situations nouvelles.

Les problèmes de définition et d'identification que nous venons d'évoquer n'ont pas pour objet d'invalider la notion de compétence. Il s'agit plutôt d'inciter à la prudence, en particulier dans le domaine de l'action. Ainsi, il n'existe pas une et une seule méthode pour analyser et évaluer la compétence. La pluralité des méthodes existantes tient surtout au fait que chacune s'appuie sur une définition singulière de la compétence et, de ce fait, s'applique à un domaine précis de la GRH. Ces méthodes sont élaborées par des organismes publics de recherche ou des cabinets de conseil. Nous ne reprendrons ici que les plus communes, celles qui ont été mises en œuvre en entreprise et qui sont reconnues par les professionnels de la GRH.

2. Les méthodes de repérage et de codification des compétences

2.1. L'approche par les connaissances professionnelles

Elle consiste à élaborer un référentiel exprimé en termes de contenus de savoir. Essentiellement promue par l'Education nationale, cette conception prévaut surtout dans le domaine de la formation continue. Il s'agit en effet de mettre en perspective le niveau de connaissances requis par un emploi et le niveau de connaissances possédé, ce qui permet d'élaborer des programmes de formation individualisés. Cette démarche s'inscrit dans une perspective de pédagogie par objectifs qui s'est concrétisée par la délivrance de diplômes par unités capitalisables.

Les GRETA (groupements professionnels pour la formation professionnelle des adultes), rattachés à l'Education nationale, ont recours à ce type d'approche. L'évaluation des compétences s'appuie alors sur trois principes :

- la définition d'un profil de compétences caractéristique de la maîtrise d'un métier, parmi lesquelles figurent celles qui correspondent aux exigences d'un diplôme professionnel ;

– la prise en compte des acquisitions antérieures ;
– le recours à des modes d'évaluation autorisant des mesures et des corrections permanentes, favorisant la connaissance, à tout moment, des profils de compétences des individus.

2.2. L'approche par le potentiel estimé

Diffusée par des cabinets de conseils américains (Hay-Mc Ber) cette approche reste minoritaire en France. La compétence y est définie comme «une caractéristique sous-jacente d'un individu présentant une relation de cause à effet avec la performance moyenne ou supérieure dans une fonction»[1]. Cherchant à identifier les caractéristiques pouvant prédire le niveau de performance d'un individu, cette approche englobe des éléments aussi disparates que les comportements, les aptitudes, les savoirs ou les traits de personnalité. Elle est surtout utilisée sous l'angle de la sélection, soit pour le recrutement, soit pour la gestion des carrières.

2.3. L'approche par les savoir-faire opérationnels

Plutôt que de connaître les connaissances ou les traits de personnalité des individus, cette approche s'attache à repérer, par l'observation, ce que les individus sont capables effectivement de mobiliser dans un contexte de travail déterminé. Très pragmatique, cette approche présente l'inconvénient de déterminer des savoir-faire qui dépendent à la fois de l'individu et de la situation de travail, si bien qu'il n'est pas toujours possible de faire la part de l'un et de l'autre dans la manifestation du savoir-faire, ni par conséquent d'élaborer un pronostic de performance dans des contextes différents.

2.4. L'approche par les démarches intellectuelles

Cette approche, encore appelée approche cognitive, s'intéresse aux modes de résolution des problèmes dans un contexte organisationnel donné. Il s'agit de repérer les stratégies de raisonnement qui pourraient être utilisées dans d'autres situations professionnelles que celle de l'observation. La compétence est ainsi définie comme une démarche de résolution de problèmes comportant quatre éléments :

– les démarches intellectuelles,
– les «savoirs références» (modes de raisonnement),
– la relation au temps et à l'espace,
– le type d'interaction relationnelle.

Cette approche est surtout utilisée dans les domaines de la formation et de l'orientation. Son application dans l'entreprise reste plus délicate dans la mesure où l'identification des stratégies de résolution de problèmes mises en œuvre dans un emploi reste un exercice difficile.

---

1. D'après Aubret J., Gilbert P., Pigeyre F., *op. cit.*

© Dunod – La photocopie non autorisée est un délit.

3. Gestion anticipée des compétences et stratégie

En quoi la GAEC (gestion anticipée des emplois et des compétences)[1], telle que nous l'avons nommée dans le tableau 3.1, constitue-t-elle une évolution des modèles antérieurs de gestion prévisionnelle ?

Les modèles de gestion qui reposent sur la notion de compétence procèdent du renouvellement de la pensée stratégique. En effet, le modèle classique de la GPE propose une vision étroite des ressources humaines comme devant s'adapter à une stratégie définie en amont. La question se pose alors de savoir si les ressources humaines ne sont qu'une variable d'ajustement ou si elles peuvent réellement constituer un élément stratégique dans les décisions de l'entreprise.

Aujourd'hui, les conceptions de la stratégie ont notablement évolué. La stratégie s'élabore de plus en plus en termes de compétences. L'une des approches les plus actuelles de la stratégie repose en effet sur la définition d'une «intention stratégique»[2]. A partir d'une vision de l'avenir fixé entre 5 et 10 ans, l'entreprise marque sa volonté d'agir pour transformer en sa faveur les règles du jeu concurrentiel. Elle adopte ainsi une démarche pro-active qui «s'appuie sur une logique de recherche et de valorisation des ressources considérées comme pertinentes pour la réalisation de cette intention».[3] Les compétences et les capacités dont elle dispose font partie intégrante de ces ressources. Bien que celles-ci constituent le «support du développement stratégique de l'entreprise», ce modèle de la stratégie met davantage l'accent sur les processus capables de les transformer et de les régénérer en permanence, car ce sont eux qui favorisent «des comportements et créent un environnement qui permet aux individus de prendre des initiatives, de coopérer et d'apprendre».[4] La vision ou l'intention stratégique a pour rôle de susciter les comportements attendus.

Cette présentation très schématique de la conception de la stratégie montre une proximité forte avec les réflexions actuelles sur la gestion anticipée : il s'agit de mettre les compétences au cœur des démarches visant à préparer et assurer l'avenir de l'entreprise.

Une même logique est à l'œuvre dans les deux types de modèles (stratégique et de gestion) : il s'agit de repérer les compétences clés puis de faciliter leur développement, en particulier par la mise en place d'organisations du travail reconfigurées (voir chapitre 9). Comme l'expriment certains auteurs, «le paradigme des ressources place le savoir et les processus d'apprentissages organisationnels au coeur

---

1. Il ne s'agit en rien d'un «modèle déposé» mais d'une formulation commode pour rendre compte des évolutions actuelles.
2. D'après Hamel G., Prahalad C.K., Strategic Intent, *Harvard Business Review*, mai-juin 1989.
3. Castro J.L., Guérin F., Lauriol J., «Coopération, confiance et compétence en management stratégique et des ressources humaines», *Actes du 6e Congrès de l'AGRH*, Poitiers, nov. 1995, pp. 310-321.
4. *Ibid.*

de la problématique du développement stratégique de l'entreprise».[1] En d'autres termes, il y aurait un revirement par rapport à des pratiques plus anciennes qui s'efforçaient d'adapter les ressources, en particulier des individus, à une stratégie définie *a priori*. La volonté d'anticipation, exprimée par la GAEC et présente dans la définition de l'intention stratégique, repose désormais sur l'ensemble des ressources effectivement disponibles dans l'entreprise.

Il serait toutefois illusoire de voir dans ces développements une garantie quant à la place donnée aux ressources humaines. De la modélisation de la pensée stratégique à la décision, et de la décision à l'action et aux conséquences sur l'emploi, les voies possibles sont en effet multiples et tortueuses.

De nombreuses pratiques actuelles semblent tout ignorer des préoccupations en termes de stratégie, mettant ainsi en lumière les cloisonnements qui existent souvent entre ceux qui réfléchissent à la stratégie et ceux qui sont en charge de la gestion de l'emploi. Alors que les réflexions stratégiques devraient engager les entreprises à préserver la main-d'œuvre qui constitue leur «pôle de compétences» et concourt à leur procurer un réel avantage stratégique, ces dernières considèrent encore souvent les ressources humaines comme une variable d'ajustement particulièrement intéressante parce que simple à mettre en œuvre.

*

* *

La question de l'anticipation en GRH renvoie à celle, lancinante, de la contribution de la GRH à la définition de la stratégie. La GRH, du moins dans les modèles proposés par les chercheurs, semble aujourd'hui sortir d'une position adaptative par rapport à la stratégie. On lui accorde progressivement la possibilité de prendre une part active à la définition de la stratégie. La notion de compétence a certainement contribué à cette réhabilitation.

Cependant, ce qui pourrait sembler évident sur le papier l'est sans doute beaucoup moins sur le terrain, et la question de la place effective de la GRH dans l'entreprise reste entière. Les nombreuses pratiques qui visent à développer la flexibilité (voir chapitre suivant) contribuent à reposer la question de la position relative de la GRH dans l'entreprise.

© Dunod – La photocopie non autorisée est un délit.

1. *Ibid.*

L'essentiel

Modèles de gestion de l'emploi et modèles stratégiques

- La gestion de l'emploi pose une question centrale pour la GRH : celle de l'anticipation. Depuis plusieurs décennies, des modèles ont été élaborés, en lien étroit avec les modèles stratégiques :
  - gestion prévisionnelle du personnel (**GPP**) et planification stratégique ;
  - gestion prévisionnelle de l'emploi (**GPE**) et stratégie de couples produit/marché ;
  - gestion anticipée des emplois et compétences (**GAEC**) et stratégie de pôles de compétences.

  Ces modèles, malgré leurs caractéristiques spécifiques, reposent tous sur le même schéma de base.

Le schéma de base de la GPE : intérêt et limites

- De conception instrumentale, il recherche l'**adéquation** entre les **besoins** de l'entreprise en emplois et les **ressources** disponibles.

  Il suppose que soient conduites des analyses précises des emplois existants, puis futurs à un horizon donné, et que l'évolution des caractéristiques de la population soit connue sur la même période. Les écarts constatés sont ensuite réduits par diverses mesures d'ajustement.

  Le modèle est utile au moins pour trois raisons :
  - il permet une **utilisation plus rationnelle** et plus efficace des données sociales disponibles ;
  - il assure aux DRH une plus grande **légitimité** en leur fournissant les arguments nécessaires à un discours stratégique ;
  - il favorise la **cohérence** entre toutes les politiques de GRH.
- Pourtant, ce modèle fait l'objet de critiques qui portent autant sur les principes qui sous-tendent le modèle que sur sa mise en œuvre.

  Il repose sur des conceptions datées de la **stratégie**, supposée rationnellement décidée et capable de donner lieu à une connaissance précise des besoins futurs en emplois. En outre, il ne tient pas compte des **logiques sociales** à l'œuvre dans l'entreprise, et tend à ne considérer les hommes que comme des ressources, ignorant leur capacité d'acteurs.

La contribution de la notion de compétence à la gestion de l'emploi

- Aujourd'hui, en raison des difficultés de la prévision, il s'avère plus utile de raisonner sur la base des **compétences** détenues par les salariés que sur les emplois. Cette démarche correspond aussi à celle retenue en matière de stratégie : il s'agit de pouvoir repérer les compétences clés de l'entreprise susceptibles de garantir son avenir.
- Néanmoins, l'usage de la notion de compétence invite à la prudence :
  - elle fait l'objet de multiples définitions ;
  - elle ne peut s'observer directement mais est inférée à partir de la situation de travail. Il est donc parfois difficile de l'identifier.

  Il existe toutefois différentes méthodes susceptibles d'analyser et d'évaluer la compétence. Elles sont à choisir en fonction du domaine dans lequel on souhaite agir :
  - l'approche par les **connaissances professionnelles** concerne surtout le champ de la formation ;
  - l'approche par le **potentiel estimé** aide à prédire le niveau de performance;
  - l'approche par les **savoir faire opérationnels** favorise la réflexion sur l'organisation du travail;
  - l'approche **cognitive**, repérant les stratégies de résolution de problème, se révèle pertinente dans le champ de la mobilité et de l'orientation.
- Les modèles actuels tendent à faire de la compétence la notion de base de la GRH, reposant ainsi la lancinante question de la capacité de la GRH à être stratégique.

4 LA FLEXIBILITÉ DES RESSOURCES HUMAINES

Peu habituel dans les manuels de GRH, un chapitre sur la flexibilité nous paraît pourtant indispensable. En fait, la gestion de la flexibilité semble devoir être mise aujourd'hui sur un même pied que la gestion prévisionnelle (à laquelle elle fait en quelque sorte figure d'alternative possible[1]), et ce pour deux raisons principales.

La première est que, on l'a vu, la prévision, l'anticipation (et surtout la planification) deviennent de plus en plus difficiles dans les années quatre-vingt-dix. Les entreprises sont donc sommées de s'adapter dans un laps de temps toujours plus court à des évolutions (technologiques, commerciales, sociales, etc.) toujours plus rapides. Contraintes de renoncer à la prévision, elles doivent développer au maximum leur «flexibilité», c'est-à-dire leur «aptitude (...) à s'adapter aux changements, qu'ils soient liés aux fluctuations de la demande ou aux conditions de la production ou de la concurrence»[2].

En d'autres termes, là où la gestion prévisionnelle cherche avant tout à prévoir pour limiter au maximum les ajustements en situation d'urgence, la gestion de la

© Dunod – La photocopie non autorisée est un délit.

1. F. Bournois parle de «tension» entre flexibilité et planification. Voir Louart P. et le GRHEP, «Les champs de tension en gestion des ressources humaines», *in* Brabet J. (coord.), *Repenser la gestion des ressources humaines ?*, Paris, Economica, coll. «Gestion», 1993, pp. 165-212.
2. Bué J., «Les différentes formes de flexibilité», *Travail et Emploi*, n° 3/89, p. 29.

flexibilité a pour vocation de faciliter au maximum des ajustements rapides et permanents à des situations non prévisibles. Les entreprises, ayant pris conscience du fait que ce qui était accidentel, voire dysfonctionnel (l'aléa, l'imprévu), est devenu la norme, multiplient les tentatives de développement de la flexibilité.

La seconde raison est que, comme la gestion prévisionnelle, la gestion de la flexibilité concerne toutes les pratiques de GRH. Formation, recrutement, gestion des carrières et de la mobilité, rémunération peuvent être affectées (et même rendues caduques) ou utilisées par la recherche de flexibilité, tout comme elles peuvent être convoquées par une gestion prévisionnelle. La flexibilité nous semble donc constituer un autre «paradigme» de mise en cohérence des pratiques de GRH d'une entreprise.

Section 1 ■ Visite guidée dans l'univers de la flexibilité
Section 2 ■ Les différents usages de la flexibilité

Bien qu'il soit indispensable d'évoquer la flexibilité – logique aujourd'hui fortement structurante pour la GRH comme pour l'ensemble des disciplines de gestion[1] –, il apparaît vite comme une gageure de prétendre en faire le tour en quelques pages.

En effet, il n'existe pas une pratique unifiée, clairement circonscrite et qui serait pratiquée par des spécialistes bien identifiés. De fait, comme nous l'avons déjà dit, la recherche de flexibilité est avant tout une finalité, un mode de raisonnement, un cadre de référence pouvant guider la mise en œuvre de chacune des pratiques de GRH évoquées dans cet ouvrage. C'est pourquoi on la retrouvera abondamment en filigrane des différents chapitres qui vont suivre. Nous nous bornerons donc ici à la définir et à en préciser les grands enjeux actuels ; ses prolongements techniques propres à chaque pratique seront alors aisément repérables dans les autres chapitres.

En outre, la flexibilité – idée générale s'il en est – n'est ni vraiment nouvelle, ni comprise de façon homogène par toutes les entreprises ou partenaires sociaux. Une firme souhaitant rendre sa main-d'œuvre «flexible» pourra pour ce faire aller plus ou moins loin dans cette voie et employer bien d'autres moyens que ceux dont dispose la GRH traditionnelle : les innovations dans ce domaine sont légion et il n'est guère possible de les recenser toutes. Véritable cadre de gestion de l'emploi (et d'ailleurs souvent considérée comme telle), la flexibilité est à ce titre liée au droit, dont son développement dépend étroitement. Elle est aussi arrimée à la négocia-

---

1. Voir à ce propos un ouvrage montrant comment l'impératif de flexibilité affecte l'ensemble de ces disciplines : Everaere C., *Le management de la flexibilité*, Paris, Economica, coll. «Gestion», 1997. Nous ne traiterons bien évidemment dans ce chapitre que des formes de flexibilité touchant les ressources humaines et nous négligerons, par exemple, la flexibilité technologique.

tion collective dont elle est un des thèmes possibles (notamment en France, sur des points tels que l'aménagement du temps de travail).

Enfin, la flexibilité, dès qu'elle est évoquée, appelle de multiples questions. Entre autres celle de l'importance du changement dont elle est considérée tantôt comme un symptôme, tantôt comme une conséquence ou même une cause. En effet, si les entreprises sont aujourd'hui obligées de devenir flexibles, c'est surtout parce que leurs contraintes et leur environnement changent profondément. Peut-on penser que les ajustements auxquels elles doivent consentir laissent leur organisation indemne ? Doit-on au contraire conclure à l'émergence d'un nouveau modèle organisationnel dont la flexibilité des ressources humaines ne serait qu'un élément parmi d'autres ? En fait, on s'aperçoit vite que parler de la flexibilité comme d'un phénomène isolé n'a guère de sens. Comprendre sa (ses) *signification(s)* oblige à examiner les mutations organisationnelles qu'elle accompagne, les débats qu'elle suscite, les contextes qui la favorisent ou au contraire la freinent. Nous ne saurions ici nous livrer à un travail si ambitieux et nous ne pourrons que faire nôtres quelques-unes des questions se posant aux analystes.

Section 1 VISITE GUIDÉE DANS L'UNIVERS DE LA FLEXIBILITÉ

Il nous semble certes indispensable de définir autant que faire se peut cette notion. Mais les auteurs qui en traitent sont généralement d'accord sur une seule chose : son étendue et ses utilisations trop souvent floues.

REPÈRES : Quelques citations pour poser le problème

«La flexibilité fait partie de ces notions qui immédiatement évoquent à tout un chacun un contenu : «souplesse», «réactivité» (voire «hyper-réactivité»), «pilotage en temps réel», «adaptabilité», etc. Cette diversité ne contribue pas à clarifier les débats.»[1]

«Le terme de flexibilité, objet de nombreux débats, utilisé dans des contextes et dans des sens différents se prête mal à une définition unique.»[2]

«Le thème de la flexibilité est au premier plan dans le débat social en ce début d'année. La plus grande confusion règne sur cette question qui fut longtemps l'objet d'un tabou.»[3]

1. Pépin M., *Flexibilité de l'entreprise et aménagement du temps de travail* (rapport introductif), Colloque international «Compétitivité, organisation du travail et place des salariés – Les grandes tendances en Europe» (2 et 3 avril 1992), document ronéoté, p. 1.
2. Bué J., *art. cit.*, p. 29.
3. Arvisenet (d') P., «La flexibilité : de quoi parle-t-on ?», *Chroniques de la SEDEIS*, 15 février 1985, p. 53.

© Dunod – La photocopie non autorisée est un délit.

«Mais les idées sont très confuses à propos de sa nouveauté, et du fait de savoir dans quelle mesure la flexibilité concerne la production, la technologie, l'organisation du travail, le temps de travail, la structure des emplois, le contrat de travail, le marché du travail – ou tous ces éléments.»[1]

«Le thème de la flexibilité a envahi le débat social des années récentes, en France comme à l'échelle de l'Europe. Très généralement, ce vocable évoque la souplesse des ajustements de marché, du roseau qui plie sous la bourrasque mais ne rompt pas, par opposition à la relative inertie des formes d'organisation que révèle le durcissement de la concurrence et des contraintes véhiculées par la rupture de la croissance vertueuse. La notion est donc particulièrement large, protéiforme même.»[2]

Étant comme eux dans l'incapacité de donner une définition unique de ce terme, nous allons donc procéder en adoptant un parti pris purement pédagogique : nous allons forcer délibérément le trait et chercher à identifier tout ce qui peut être «flexibilisé» chez un salarié et dans l'emploi qu'il occupe. Une telle démarche nous donnera une première approche du thème et nous permettra en même temps de dresser un rapide panorama des pratiques pouvant entrer en ligne de compte dans une politique de gestion de la flexibilité.

En réalité, la flexibilité ne saurait se définir comme étant un absolu. En effet, la flexibilité s'oppose avant tout à la rigidité, celle-ci étant considérée par de nombreux auteurs comme la caractéristique principale des modèles du passé, créés à une époque où les marchés, la technologie n'imposaient pas des changements aussi rapides qu'aujourd'hui. Pour faire vite, l'antithèse de la flexibilité telle qu'elle est pensée aujourd'hui n'est, pour beaucoup, pas autre chose que le modèle taylorien voué aux gémonies car considéré comme un frein à la compétitivité et relégué aux oubliettes de l'histoire. La flexibilité que les organisations cherchent aujourd'hui à conquérir est donc surtout un gain par rapport à une situation existante, par rapport à un référentiel établi regardé comme porteur de rigidités multiples.

Plus généralement, ce référentiel est avant tout celui que la croissance tant économique que sociale avait instauré progressivement depuis la fin de la Deuxième Guerre mondiale. On pourrait le résumer comme étant *l'emploi affecté à un individu salarié, fortement réglementé, exercé à temps plein et à durée indéterminée sur le site de l'entreprise et rémunéré selon des modalités issues de la négociation collective ou de la législation en vigueur*. Est ici en jeu la mise en cause d'une «société salariale» que l'on a trop eu tendance à considérer comme définitivement établie malgré son caractère somme toute très récent[3].

Il s'agit donc davantage d'une «flexibilisation» – c'est-à-dire d'un mouvement – à travers laquelle on cherchera à remettre en cause tout ou partie des composantes

---

1. Pollert A., «L'entreprise flexible : réalité ou obsession ?», *Sociologie du Travail*, n° 1-89, p. 75.
2. Boyer R., «Informatisation de la production et polyvalence... ou comment une flexibilité peut en cacher une autre», *Travail et Emploi*, n° 14, 1986, p. 6.
3. Voir Castel R., *Les métamorphoses de la question sociale – Une chronique du salariat*, Paris, Fayard, coll. «L'espace du politique», 1995.

de ce référentiel. Cela se fera souvent au prix d'importantes modifications du droit du travail, abondamment porteur de ce cadre de référence et élaboré sur sa base.

1. L'emploi «salarié» et ses avatars

Il existe en effet une multiplicité de situations dans lesquelles l'individu ne figure pas nécessairement dans l'effectif salarié de l'entreprise pour laquelle il travaille : il possède bien un contrat de travail, mais celui-ci ne le lie pas à l'entreprise à laquelle son travail est vraiment destiné. C'est par exemple le cas dans le cadre de l'*intérim* : l'individu est mis pour une durée précise à la disposition d'une société cliente par son employeur (la société de travail temporaire qui l'a recruté pour la mission). C'est aussi le cas lorsque l'on a affaire à la *sous-traitance* : l'entreprise contracte avec une société qui va effectuer pour elle un certain nombre d'activités qu'elle réalisait auparavant elle-même.

REPÈRES : La sous-traitance

Pratique fort ancienne, la sous-traitance se développe actuellement, tout comme l'intérim, surtout sous la forme d'une *externalisation de la main-d'œuvre* : des fonctions ou activités auparavant réalisées par des salariés de l'entreprise sont confiées, par l'intermédiaire d'un contrat commercial, à une autre entreprise.

Celle-ci est généralement spécialisée sur le type de prestation qu'elle offre (d'où une qualité et une productivité que l'on peut espérer élevées) et absorbe en grande partie les risques liés à une fluctuation d'activité : si l'entreprise cliente vient à être en difficulté ou à avoir des besoins moindres, elle peut alors rediscuter ou interrompre le contrat en question. La firme sous-traitante, elle, devra rechercher d'autres clients sous peine d'avoir à licencier son personnel excédentaire.

La sous-traitance s'est beaucoup développée dans les années quatre-vingt pour des activites telles que l'entretien et le nettoyage de locaux, la maintenance du matériel informatique, etc. Vues comme des activités à faible valeur ajoutée ou sans lien avec le cœur du métier de l'entreprise, ces activités étaient aisément transférables vers l'extérieur.

Dans les années quatre-vingt-dix, la sous-traitance en vient à concerner des activités de plus en plus diverses (telles que la comptabilité de l'entreprise) et de plus en plus liées au métier même de l'entreprise. Ainsi estime-t-on aujourd'hui que les constructeurs automobiles ne réalisent plus aujourd'hui eux-mêmes que 10 % d'une automobile, le reste étant confié à des sous-traitants.

La sous-traitance peut également se faire dans des pays à coût salarial plus faible ou à législation sociale moins contraignante pour les entreprises (tels que la Chine, les Philippines, Taiwan ou la Malaisie, mais aussi, en Europe, la Grande-Bretagne). On parle alors de «délocalisation» de la production ou de l'activité.

Il n'est pas rare enfin que le personnel des sociétés sous-traitantes travaille dans l'entreprise cliente et côtoie ainsi davantage les salariés de celle-ci que ceux de sa propre firme : ainsi, sept des douze salariés du service consommateurs de Sony à Paris sont en réalité

© Dunod – La photocopie non autorisée est un délit.

des «externes intégrés» détachés par le prestataire de services qui a installé le système informatique de suivi des clients.[1]

De même de nombreuses sociétés cherchent-elles à conclure, notamment avec leurs cadres, de nouveaux types de relations contractuelles leur permettant de diminuer leurs coûts salariaux : *contrats de franchise ou de concession* (pour la commercialisation et la distribution de produits), *parrainage* (proche de l'*essaimage* : l'entreprise aide son salarié à développer ou créer une nouvelle activité à l'intérieur ou à l'extérieur de la société originelle), contrats de rétrocession d'honoraires, etc[2].

De façon plus générale, la banalisation de la pratique des *stages* en entreprise pour la plupart des cycles de formation initiale (CAP, BEP, BTS, IUT, IUP, Grandes Ecoles, Baccalauréat professionnel, etc.) contribue à généraliser la présence régulière dans certaines entreprises de personnes qui n'ont pas le statut de salarié (elles restent étudiantes pendant leur durée de stage). Simples et rapides à mettre en œuvre, permettant une meilleure professionnalisation des jeunes formés, ces pratiques de stages (dont la tendance est à l'allongement en vue d'améliorer la significativité et l'opérationalité de l'expérience) sont parfois dénoncées comme étant abusives. Certaines entreprises se serviraient en effet des stagiaires (sans aucun souci de contribuer à leur formation) pour remplacer purement et simplement des salariés absents ou comme alternative moins coûteuse que l'embauche de salariés.

2. L'émiettement de l'emploi à temps plein

2.1. Quelques rappels historiques

L'horaire légal de travail est en France de 39 heures par semaine. Mais cet horaire ne correspond pas toujours aux contraintes de l'entreprise, car il l'oblige à avoir recours à des méthodes coûteuses pour adapter sa ressource humaine aux fluctuations de son activité. Ainsi, nombre d'entreprises, emprisonnées dans ce carcan, utilisent alternativement dans une même année les heures supplémentaires, l'intérim, etc. (lorsque l'activité augmente) et, au contraire, le chômage partiel lorsqu'elle diminue. Il est dès lors tentant de faire exploser ce cadre hebdomadaire trop rigide. Cette explosion peut d'ailleurs se faire de multiples façons[3].

1. Deschamps P.M., André C., «Travail : demain nous serons tous précaires», *L'Expansion*, n° 497, 20 mars au 2 avril 1995, p. 107.
2. Voir à ce propos APEC, «Cadres et entreprises : nouvelles formes contractuelles de travail», *Personnel* n° 353, août-septembre 1994, pp. 41-43.
3. Pour un aperçu des voies possibles, on consultera Aznar G. (dir.), *Répertoire 1994 des «innovations temps de travail»*, Paris, Le Catral, 1994, 152 p. ou Dumoulin E., Lombard D., *Le guide de l'aménagement du temps de travail*, Paris, Les Éditions d'Organisation, 1995, 80 p. On pourra aussi consulter sur Minitel la base de données 3617 IRS recensant toutes les initiatives en matière d'aménagement du temps de travail et d'organisation.

Il est à noter que l'État lui-même, dans une perspective de réduction du chômage, tente d'inciter les partenaires sociaux à emprunter cette voie. Le gouvernement a en effet souhaité accélérer la signature dans les branches professionnelles des accords sur le thème de la réduction et de l'aménagement du temps de travail (en menaçant de légiférer si des résultats satisfaisants en termes d'accords signés n'étaient pas intervenus au 31 juillet 1996). Ceux-ci étaient prévus par l'accord interprofessionnel signé le 31 octobre 1995 entre le CNPF et quatre grandes confédérations de salariés[1], accord liant annualisation des horaires et réduction du temps de travail.

De même, la loi quinquennale sur l'emploi, le travail et la formation cherchait en 1993 à faire de la réduction du temps de travail une contrepartie à l'annualisation du temps de travail souhaitée par les entreprises, l'amplitude de la réduction et la modulation des horaires étant laissées à la négociation entre employeur et syndicats, à condition de respecter la loi (pas plus de 48 heures pour une semaine donnée et de 46 heures de moyenne sur 12 semaines consécutives). Pour rendre ce type d'accord attractif, la loi prévoyait un dispositif d'aide financière (compensation partielle des cotisations sociales patronales) aux entreprises réduisant leur horaire collectif de 15 % (de 39 à 33 heures par semaine) et embauchant à hauteur de 10 % au moins de leur effectif initial. Elle cherchait aussi à inciter les entreprises à privilégier les repos compensateurs plutôt que le paiement des heures supplémentaires. Mais ce système a déçu dans la mesure où seulement 13 conventions de ce type ont été signées, dont 9 dans une seule et même entreprise.

Bien avant encore, l'ordonnance de janvier 1982 avait contingenté à 130 au maximum le nombre d'heures supplémentaires annuelles pour un salarié. Et surtout, elle avait institué la cinquième semaine de congés payés, la semaine de 39 heures (toujours payées 40, comme auparavant) et le principe d'une modulation des horaires permettant à un employeur, dans le cadre d'accords de branche étendus, d'absorber ses fluctuations d'activité en appliquant des horaires différents en fonction de son activité : par exemple, 36 heures par semaine en période creuse et 42 heures pendant les périodes de haut étiage.

En 1987, la loi Séguin permet aux entreprises (et plus seulement aux branches) de signer des accords sur la réduction et l'aménagement du temps de travail. En 1994, ce sont plus de 3 000 accords sur ces thèmes qui ont été signés, soit 45 % des 7 450 accords d'entreprise, concernant 2,9 millions de salariés[2].

Dès 1981, le candidat Mitterrand promettait les 35 heures pour 1985 (diminution graduelle d'une heure de temps de travail hebdomadaire chaque année de 1982 à 1985) : cette volonté ne s'est jamais concrétisée, pas plus que les grandes négociations de 1984 entre CNPF et confédérations de salariés sur l'adaptation des conditions d'emploi[3].

---

1. Voir *Le Monde Initiatives*, «L'année du temps de travail», 16 avril 1996, 34 p.
2. Alis D., Vidaillet B., «Aménagement du temps de travail – Au service de l'emploi et de la compétitivité», *Personnel* n° 366, janvier 1996, p. 47.
3. Voir à ce propos Boulin J.Y., «Les politiques du temps de travail en France : la perte de sens», *in* Boulin J.Y., Cette G. et Taddéi D. (dir.), *Le temps de travail,* Paris, Syros, coll. «Futuribles», 1993, pp. 41-62 ; Puel H., «La flexibilité : ses raisons et ses formes», *Analyse financière*, 3e trimestre 1990, pp. 36-38 ; ou Amadieu J.F., Mercier N., «Le débat sur la flexibilité», *Sociologie du Travail*, n° 2-86, pp. 193-201.

© Dunod – La photocopie non autorisée est un délit.

Jalonnée d'échecs cinglants comme de réussites tant en matière de négociation que de législation, l'histoire du thème du temps de travail depuis le début des années quatre-vingt a été particulièrement mouvementée et, il faut bien l'avouer, a le plus souvent été confondue avec celle de la flexibilité. Pour le dire autrement, le débat sur la flexibilité s'est longtemps réduit en France à la seule question de l'aménagement et de la réduction du temps de travail et ce n'est que depuis le début des années 1990 qu'il s'est véritablement élargi.

2.2. La réduction du temps de travail

La réduction du temps de travail semble aller dans le sens de l'histoire puisqu'elle n'a cessé de progresser depuis le milieu du XIXe siècle : d'une durée de travail annuelle égale à 3 041 heures par salarié en 1831, on est passé à 1649 heures en 1989[1].

Mais, au-delà de ce mouvement séculaire, la *réduction le temps de travail* telle qu'elle est envisagée actuellement passe surtout par la promotion du temps partiel. Cette formule se répand puisqu'elle concernait seulement 7,7 % des salariés en 1982[2] contre 14,7 % (4,5 % des hommes et 27,8 % des femmes) en 1993. On peut, cela étant, noter que le travail à temps partiel reste aujourd'hui encore un phénomène très majoritairement féminin puisque, «au sein de l'Europe des Douze, les taux de féminisation du temps partiel s'étagent entre 76 % et 90 %»[3].

Longtemps positionné comme un enjeu à tonalité purement sociale (porté par la revendication des salariés et de leurs représentants[4]), le temps partiel est depuis les années quatre-vingt considéré de plus en plus comme un enjeu économique, c'est-à-dire une forme de flexibilisation permettant de mieux répondre aux besoins des entreprises. C'est notamment le cas dans le secteur du commerce et de la distribution où près de 15 % des salariés étaient à temps partiel en 1993[5] (l'exemple le plus flagrant étant celui des caissières de supermarché).

L'extension des horaires d'ouverture des magasins, l'utilisation maximale (saturation de l'outil) d'un matériel de production onéreux passent souvent par des mesures de ce type déclinées sous diverses formes :
- travail du week-end seulement ;
- suivi du calendrier scolaire pour les salariés (très pratiqué dans les banques ou les sociétés d'assurances : AXA, UAP, GAN, Crédit Lyonnais) ;

---

1. Marchand O., Thélot C., *Deux siècles de travail en France*, Paris, INSEE, coll. «Etudes», 1991, p. 190.
2. Berdaguer M., Van Eeckhout L., «Aménager le temps pour travailler mieux», *Liaisons Sociales Mensuel*, janvier 1996, p. 46.
3. Maruani M., Reynaud E., *Sociologie de l'emploi*, Paris, La Découverte, coll. «Repères», 1993, p. 58.
4. Fridenson P., «Le temps de travail, enjeu de luttes sociales», *in* Boulin J.Y., Cette G. et Taddéi D. (dir.), *op. cit.*, pp. 19-28.
5. Voir Dumoulin E., Lombard D., *op. cit.*, p. 152.

– semaine de quatre jours (près de 250 modèles de mise en place de cette seule formule ont été recensés, le plus connu – bien qu'étant étranger et ne pouvant dès lors s'appliquer tel quel en France – est celui de Volkswagen) ;
– partage d'un même poste par deux salariés ;
– salariés partageant leur temps entre plusieurs employeurs (on parle alors de «temps partagé» et même de «pluriactivité» si les tâches remplies sont différentes d'une entité à l'autre) ;
– travail saisonnier ou intermittent[1]...

L'État lui-même est là encore intervenu en créant le TRILD (Temps réduit indemnisé de longue durée) : un salarié dont l'horaire de travail est réduit du fait d'une baisse d'activité prolongée de son entreprise peut se voir indemnisé sur une période de douze à dix-huit mois pour au maximum 1 200 heures. Chaque heure non travaillée au titre du TRILD est indemnisée par l'État à hauteur de 50 % de sa rémunération brute.

Exemple : La semaine de 4 jours, 2 exemples significatifs

Le «modèle Volkswagen»[2]

Fin 1993, suite à la récession et à des erreurs de management, Volkswagen semble n'avoir d'autre issue que de licencier près de 30 % de ses 111 000 salariés.

Pour éviter d'en arriver là et maintenir l'emploi à tout prix, un accord est signé avec les instances syndicales :
– réduction drastique de la semaine de travail à 4 x 7,2 heures, soient 28,8 heures ; application à l'ensemble des salariés ;
– introduction d'un congé supplémentaire de 3 mois associé à des mesures de qualification pour les jeunes salariés célibataires ;
– intégration progressive des jeunes apprentis formés dans l'entreprise par départ échelonné des salariés plus âgés.

L'accord de la Fonderie Bouhyer[3] :

Signé le 13 avril 1994, l'accord prévoit, dans cette entreprise de 230 salariés :
– production de l'usine assurée six jours sur sept ;
personnel réparti en 3 équipes (certains ateliers étant à la journée – 1 x 9 – et d'autres travaillant en factions du matin et du soir – 2 x 9) qui travaillent chacune 4 jours par semaine (soit 36 heures au lieu de 38,5 heures) ;
– compensation salariale intégrale de 38,5 à 37 heures et majorations de salaire pour «incommodité de travail» (20 % pour le samedi matin, 40 % pour le samedi après-midi) ;
– création de 50 à 75 emplois durables en contrats à durée indéterminée.

© Dunod – La photocopie non autorisée est un délit.

1. Voir l'exemple d'IBM décrit dans Debacker P., «Travail intermittent et travail à temps partiel», *Personnel*, n° 348, février 1994, pp. 48-50.
2. Voir Thoemmes J., Labit A., «La "semaine de 4 jours chez Volkswagen" : un scénario original de sortie de crise ?», *Travail et Emploi*, n° 64, 1995, pp. 5-22 et Meihardt V., Stille F. et Zwiener R., «La portée du modèle Volkswagen», *Problèmes Economiques*, n° 2404, 28 décembre 1994, pp. 16-21.
3. Voir *Liaisons Sociales*, «Fonderies Bouhyer – Aménagement et durée du temps de travail» Supplément, n° 7038, 27 mai 1994, 6 p.

Ces deux accords (le premier allemand, le second français) attirent notre attention à la fois sur le fait que la réduction du temps de travail est souvent liée actuellement à des perspectives de préservation, voire de création d'emplois (ce qui explique son retour en force actuel dans une période où le chômage fait rage) et sur le fait qu'elle est rarement mise en œuvre seule : elle est quasi inévitablement associée à des réorganisations, à des refontes des rémunérations et surtout à des aménagements du temps de travail dont elle est souvent la contrepartie.

L'un des débats principaux porte d'ailleurs sur l'efficacité en termes de création d'emplois de ces mesures et, plus spécifiquement, sur la question de la compensation salariale de la baisse du temps de travail : doit-il y avoir maintien total du salaire initial (ex. : 32 heures effectives rémunérées 39), maintien partiel (ex. : 32 heures payées 35) ou répercussion complète sur le salaire de la baisse horaire (ex. : 32 heures payées 32) ? A quelle durée le travail doit-il être porté pour qu'il y ait vraiment création d'emploi : 35 heures ? 32 heures ? Moins encore ? Y a-t-il un rapport mécanique entre le nombre d'heures ainsi «stockées» à l'échelle de la société et le nombre d'emplois créés dans les entreprises ? Pour le dire autrement, peut-on créer un emploi cohérent à partir d'heures «économisées» sur plusieurs autres emplois ? Est-ce qualitativement et techniquement réaliste ? La réduction du temps de travail a-t-elle des effets positifs ou négatifs sur la loyauté, l'intégration et l'implication des salariés vis-à-vis de leur entreprise ?

2.3. L'aménagement du temps de travail

Là encore, les modalités selon lesquelles elle peut s'effectuer sont multiples. On a déjà pu en entrevoir certaines associées à la semaine de 4 jours ou au temps partiel «scolaire». Mais il en existe bien d'autres, telles que le temps de travail annualisé (à temps partiel ou non : voir § 1.1.) ou les horaires flexibles. Pour cette dernière pratique, la forme la plus courante est la suivante : il est prévu des plages horaires de présence communes à tous dans la journée (ex. : de 9 h 30 à 12 h et de 14 h à 16 h), mais les salariés peuvent échelonner leurs arrivées et leurs départs, du moment qu'ils effectuent bien l'horaire prévu (par exemple, un salarié arrivé à 7 h 30 du matin et ne prenant qu'une heure de pause le midi pourra partir dès 16 h 18 s'il travaille 39 h sur la base de cinq jours).

La créativité des entreprises dans le domaine de l'aménagement du temps de travail est particulièrement importante comme en témoigne l'exemple de la cristallerie Baccarat qui a mis en place un système de «stockage d'heures» négocié avec les partenaires sociaux. Quand les commandes baissent, au-delà des mesures habituelles (préretraites, encouragement du temps partiel, congés sans solde, etc.), l'entreprise met en place un calendrier de travail collectif le plus allégé possible pendant la période creuse : cinquième semaine de congés avancée, suppression de quatre vendredis de travail et d'une semaine (soit 61 heures au total qui seront «stockées» et rendues à l'entreprise quand les commandes auront repris[1]).

1. Vasseur D., Picot C., «Le stockage d'heures à Baccarat – Une philosophie et son application», *Personnel*, n° 348, février 1994, pp. 62-64.

De même la loi a-t-elle mis en place des instruments tels que la préretraite progressive ou le compte-épargne temps.

REPÈRES : Pré-retraite progressive et compte-épargne temps

La pré-retraite progressive (élargie par la loi quinquennale du 20 décembre 1993) permet à des salariés de plus de 55 ans (appartenant à des entreprises où de tels accords ont été négociés[1]) de quitter progressivement leur emploi (au maximum en 5 ans) : sur toute la durée de la convention signée entre l'employeur et l'État, l'horaire total effectué ne doit pas excéder 50 % de ce qu'il aurait été si le salarié avait travaillé à temps plein. De même, la modulation de ce départ reste sous la responsabilité de l'employeur qui ne doit cependant pas faire travailler le salarié, sur une année, moins de 20 % et plus de 80 % de ce qu'il aurait effectué s'il avait travaillé à temps plein. Enfin, l'employeur verse un salaire calculé sur la base d'un mi-temps, complété partiellement par l'État. Là encore, le législateur impose des contreparties à l'entreprise : soit d'ordre financier, soit sous la forme d'embauches (selon le principe d'une embauche pour deux pré-retraites progressives). On est donc toujours bien dans une logique de préservation de l'emploi.

Le compte-épargne temps, institué par la loi du 25 juillet 1994 sur la participation des salariés dans l'entreprise (voir chapitre 5), leur donne la possibilité (si un accord d'entreprise a été signé dans ce sens) de toucher non pas une quote-part de la réserve spéciale de participation, mais de bénéficier de temps libre indemnisé (en vue de leur permettre de prendre un congé de longue durée).

Cela étant, ce n'est pas parce que le temps est «aménagé» qu'il est «choisi», et toute la difficulté est de trouver des formules qui correspondent à la fois au souhait des salariés (qui n'ont pas tous les mêmes intérêts) et au besoin de l'entreprise : la multiplication des expériences témoigne bien de la difficulté à réaliser un tel équilibre et de la singularité des situations. Ainsi, DEC France (une des entreprises faisant aujourd'hui figure de modèle en matière d'aménagement du temps de travail) a dû batailler ferme pour convaincre ses salariés d'adhérer à des formules successives destinées à préserver l'emploi[2].

3. La raréfaction de l'emploi à durée indéterminée

Les chiffres se multiplient pour faire état de la montée de formes d'emploi que l'on qualifiera de précaires parce qu'elles «rompent avec un modèle connu et qu'elles n'offrent surtout pas les garanties du passé»[3].

1. Voir par exemple Vauvilliers A., «Préretraite progressive – Les accords chez Total», *Personnel*, n° 363, août-septembre 1995, pp. 19-20 ou Burdillat M., Charpentier P., «La pré-retraite progressive : une banalisation de la cessation d'activité», *Gérer et Comprendre – Annales des Mines*, mars 1995, pp. 69-79.
2. *Les Echos*, «Digital : du temps partiel imposé au temps choisi», lundi 29 janvier 1996, p. 50.
3. Lebaube A., «Les mutations de l'emploi», *Le Monde – Dossiers & Documents*, n° 246, septembre 1996, p. 1.

© Dunod – La photocopie non autorisée est un délit.

REPÈRES : Quelques chiffres sur la montée de la précarité

Deux millions d'emplois ont été proposés par l'ANPE en 1995 :

35,1 % étaient des emplois durables,
19,1 % des contrats à durée déterminée (CDD) de plus de 7 mois,
12 % des emplois occasionnels (intérim et CDD de moins d'un mois),
33,8 % des emplois temporaires (intérim et CDD de 1 à 6 mois)[1].

L'INSEE a estimé que la population active se décomposait ainsi (en %) :

	1970	1994
Salariés stables	76	55
Non-salariés	21,5	12
Chômeurs	2,5	12
Précaires	-	21

De même : 70 % des jeunes embauchés en 1994 l'ont été à titre précaire. 1 million de CDI ont disparu entre 1982 et 1990[2].

Ainsi, le contrat à durée indéterminée ne devrait pas rester encore très longtemps la forme d'emploi majoritaire puisque les flux actuels de création d'emplois lui sont très défavorables : l'embauche directe en CDI ne représente plus aujourd'hui qu'une entrée sur six dans l'industrie, une sur cinq dans le tertiaire et une sur trois dans la construction.

En dehors des classiques CDD et intérim, la flexibilisation par précarisation peut aussi passer par des formes de travail s'inscrivant dans la volonté de l'État d'inciter les entreprises à intégrer des populations particulièrement touchées par le chômage. Ceux qui en bénéficient sont certes le plus souvent liés à l'entreprise par un contrat de travail (et bénéficient donc du statut de salarié), mais seulement pour la durée du contrat, souvent limitée dans le temps.

On pensera notamment à ce qu'on appelle les «contrats de travail particuliers» ou «emplois aidés» (tableau 4.1) ouvrant droit pour les employeurs à un certain nombre d'avantages (exonérations de charges et de taxes, rémunérations inférieures au SMIC, aides de l'État, etc.) et prévoyant une *insertion des jeunes en alternance* (contrats de qualification, d'orientation et d'adaptation) ou destinés aux *demandeurs d'emploi* (contrats initiative-emploi ou emploi-solidarité).

1. *Ibid.*
2. Toutes ces données sont tirées de Deschamps P.M., André C., *art. cit.*, p. 105.

© Dunod – La photocopie non autorisée est un délit.

Tableau 4.1 : *Les principaux contrats de travail particuliers* en 1996*

Mesures	Objectif	Employeurs possibles	Population concernée	Formation obligatoire	Contrat
Contrat d'orientation	Permettre une meilleure orientation grâce à une première expérience.	Tous employeurs sauf État, collectivités territoriales, etc.	16 à 22 ans (ayant au plus achevé un second cycle de l'enseignement secondaire).	Au moins : 52 h les 3 premiers mois, 104 h les 3 derniers.	6 mois, non renouvelable.
Contrat de qualification	Acquérir une qualification professionnelle sanctionnée par un diplôme de l'enseignement professionnel ou technologique/reconnue dans les classifications d'une convention collective de branche.	*Idem.*	16 à 25 ans n'ayant pas acquis de qualification dans leur scolarité (ou en possédant une n'ayant pas permis de trouver un emploi).	Au moins 25 % de la durée du contrat.	6 à 24 mois, renouvelable une fois si objectif non atteint.
Contrat d'adaptation	Favoriser l'adaptation à l'emploi ou à un type d'emploi par un complément de formation.	*Idem.*	Jeunes demandeurs d'emploi de 16 à 25 ans.	CDD : 200 h. CDI : 200 h sur 12 mois maximum.	CDD de 6 à 12 mois, renouvelable une fois si objectif non atteint. CDI.
Contrat initiative-emploi	Favoriser l'insertion durable de certaines catégories de personnes.	À l'exception des particuliers employeurs, toutes les entreprises assujetties à l'UNEDIC (sauf celles ayant procédé à des licenciements économiques moins de 6 mois avant l'embauche).	Demandeurs d'emploi de longue durée ou de + de 50 ans. Bénéficaires RMI, allocation de solidarité spécifique, etc. Femmes isolées ayant (eu) des charges de famille. 18-25 ans ayant achevé un CES ou un CO dans les 3 derniers mois, etc.	Facultative ; 200 à 400 h.	CDI ou CDD de 12 à 24 mois à temps partiel (plus de 16 h par semaine) ou complet.
Contrat emploi-solidarité	Permettre à des personnes sans emploi remplissant certaines conditions ou rencontrant des difficultés particulières d'accès à l'emploi de participer au développement d'activités répondant à des besoins collectifs non satisfaits.	Coll. territoriales, personnes morales de droit public/chargées de la gestion d'un service public, org. privés à but non lucratif.	Demandeurs d'emploi de longue durée ou de + de 50 ans, bénéficiaires du RMI, 18-25 ans en situation d'insertion difficile (détenant au plus un diplôme de niveau V), etc.	Facultative : moins de 400 h.	CDD à mi-temps de 3 à 12 mois (voire 24 ou 36 mois dans certaines conditions.
Contrat d'apprentissage	Acquérir une qualification professionnelle sanctionnée par un diplôme de l'enseignement professionnel ou techno. (second degré ou supérieur), un titre d'ingénieur ou un titre homologué.	Tous employeurs et (expérimental jusqu'au 31.12.96) ceux du secteur public non industriel et commercial.	Jeunes de 16 à 25 ans.	$\geq$ 400 h par an en centre d'apprentissage ou section d'apprentissage d'un établissement de formation et de recherche	Contrat de travail de type particulier de 1 à 3 ans.

* Version simplifiée du tableau présenté dans : Centre INFFO, «Les aides à l'embauche et à la formation de jeunes âgés de 16 à 25 ans», *INFFO Flash*, numéro spécial juillet 1996, 6 p.

Relativement complexes, ces formes de contrat soulèvent aujourd'hui de nombreux débats quant à l'atteinte de leurs objectifs et quant aux effets pervers qu'elles engendreraient : ces contrats débouchent-ils vraiment au bout du compte sur des emplois durables ? Les employeurs ne pourraient-ils pas être tentés de les utiliser pour avoir de la main-d'œuvre à bon marché plus que pour insérer ? En d'autres termes, ne risque-t-on pas d'assister à de purs «effets d'aubaine» ? Le coût de ces mesures est-il justifié par leurs résultats ? L'empilage successif de ces mesures qui ne cessent de se transformer et de se périmer pour être remplacées par d'autres ne risque-t-il pas de former un ensemble illisible et incohérent ? Ces dispositifs assortis d'aides financières n'ont-ils pas pour résultat de rendre certaines populations plus «attractives» pour les employeurs et, ainsi, de hâter l'exclusion d'autres populations ? Quels sont leurs effets sur l'attitude des jeunes vis-à-vis du travail et de l'entreprise ?

4. La fin de l'unité de lieu

Si, on l'a vu, des salariés de diverses entreprises peuvent se retrouver sur un même lieu de travail à la faveur de pratiques telles que la sous-traitance intégrée, nombreuses sont également les situations dans lesquelles les salariés d'une seule et même entreprise se trouvent éclatés dans plusieurs lieux, voire travaillent dans des lieux totalement extérieurs à leur firme. On parle dans ce dernier cas de «télétravail»[1] (ou travail à distance). Il peut s'agir de travailleurs à domicile (le cas le plus fréquent) ou de travailleurs rattachés à un «bureau de voisinage» (l'entreprise supprime un long temps de trajet à ses salariés en leur fournissant un bureau proche de leur domicile, même s'il est éloigné des locaux de l'entreprise), de travailleurs nomades (comme par exemple les commerciaux qui, munis de portables et de téléphones fax, n'ont plus besoin de passer au bureau qu'une fois par semaine) ou même de «bureaux satellites» ouverts dans des zones à moindre loyer ou à moindre coût du travail.

Bien plus implantée en Scandinavie (notamment en raison des rigueurs climatiques rendant difficiles les trajets professionnels) ou aux États-Unis (où elle caractériserait aujourd'hui 15 % des emplois) qu'en France, cette pratique reste très controversée, notamment en raison de l'importance des remises en cause qu'elle représente tant pour les individus que pour les entreprises (tableau 4.2) : sans aller jusqu'à parler d'avènement de l'entreprise «virtuelle», force est de constater que ces pratiques brouillent de façon parfois spectaculaire les frontières entre organisation et environnement.

---

1. Voir à ce propos Gauthier C., Dorin P., *Le guide pratique du télétravail*, Paris, Les Éditions d'Organisation, 1996.

Tableau 4.2 : *Les débats autour du télétravail*

	Avantages	**Inconvénients**
Salarié	Économie de temps et coût de transport. Conditions de travail et qualité de vie (stress amoindri). Autonomie accrue (dans le choix du lieu de domicile, l'organisation personnelle). Possibilité d'enracinement dans de nouveaux réseaux sociaux locaux. Equilibre vie professionnelle/vie personnelle. Gratification : utilisation des technologies de pointe.	Suppose une bonne utilisation des technologies de communication (accessibles seulement à certains). Risque d'isolement par rapport à l'entreprise (désocialisation et perte d'appartenance). Risque de rester cantonné à un créneau pointu et obsolète. Non-évolution dans la structure. Conditions de forte autonomie et de capacité d'adaptation. Risque de surtravail : empiètement permanent du professionnel sur le privé.
Entreprise	Meilleure productivité (Étude DEC : 89 % de temps de travail effectif pour un employé à domicile contre 50 % pour un employé de bureau*). Économie de frais généraux et de coûts de main-d'œuvre. Absentéisme moindre. Élargissement des zones de recrutement possibles. Fidélisation du personnel. Meilleure réactivité. Délocalisation plus facile.	Coût de l'investissement technique et dépendance par rapport aux infrastructures (ex. : réseau optique interurbain). Nécessité de développer de nouvelles formes d'évaluation et de suivi des salariés. Risque de perte d'identité collective. Moindre apprentissage organisationnel (moins de contacts entre individus). Perte de mobilité des ressources humaines (fortement implantées dans leur environnement local).

* Cité par Gauthier C., Dorin P., *op. cit.*, p. 30.

5. Un processus d'individualisation/collectivisation

Bien entendu, la flexibilisation de l'entreprise peut également être obtenue en remettant en cause les rigidités nées des frontières traditionnelles entre ce qui relève de l'individuel et ce qui relève du collectif. On assiste de ce fait à un complexe mouvement à travers lequel s'individualisent un certain nombre de pratiques de GRH alors que d'autres, dans le même temps, deviennent davantage collectives. Plus précisément, on peut parler d'une *organisation du travail* qui devient davantage *collective*, alors que la *gestion des salariés* se fait, elle, de plus en plus *individualisante*.

Par exemple, l'affectation stable et continue d'un individu à un poste bien défini (le fameux «*The right man in the right place*» hérité de F.W. Taylor) s'avère

© Dunod – La photocopie non autorisée est un délit.

aujourd'hui très contraignante dans certains secteurs (tels que la construction automobile, évoquée dans le chapitre 1) : routinisation excessive des comportements, désorganisation engendrée par les absences, absence de capacité collective de réaction aux aléas de production, perte d'initiative individuelle, etc.

On voit donc se développer de nouveaux modes d'organisation du travail qui ont tous pour conséquence de mettre à mal la notion de *poste de travail individuel* et de promouvoir au contraire l'idée de *collectif de travail*. Ainsi se développent la polyvalence et la multivalence (capacité à effectuer plusieurs tâches ou à tenir plusieurs postes de travail) qui autorisent une plus grande plasticité dans les affectations des personnels, mais aussi la rotation de postes entre individus, les structures projets, démarches de résolution de problèmes et d'amélioration de la qualité, etc.

Supposant une remise en cause des pratiques d'affectation du personnel, de connaissance du travail, d'évaluation des individus et de formation, cette forme de flexibilisation sera donc fréquemment évoquée dans la suite de l'ouvrage, et plus particulièrement à chaque fois que sera abordée la notion de *compétence* dont elle a favorisé l'émergence (voir chapitre 1). Là encore, le secteur automobile fournit un des meilleurs exemples qui soient avec les unités élémentaires de travail mises en place par Renault.

Exemple : Les unités élémentaires de travail (UET)[1] chez Renault

Mises en place à partir de 1990 dans le cadre des Accords à Vivre de 1989 qui mettaient l'accent sur la démarche de qualité totale et sur ses conséquences organisationnelles, les UET sont des collectifs de travail de 20 personnes au maximum (et plutôt 8 à 12 pour les services).

Elles sont *homogènes* au sens où chacune a vocation à produire un seul produit ou service, ce qui n'exclut pas que s'y trouvent regroupées des activités très différentes : l'important reste que toutes concourent à une seule et même production.

Chaque UET, en fonction des caractéristiques propres à sa production, des compétences dont elle dispose, de la technologie qu'elle utilise, se dote de ses propres critères d'évaluation et indicateurs de progrès.

Elle est qualifiante grâce aux *responsabilités collectives* qui lui incombent : elle doit maîtriser non seulement les tâches de production et ses coûts, mais aussi l'ensemble de ses facteurs d'exploitation : réduction de temps d'arrêt machine, qualité des fournitures extérieures, etc., ce qui suppose un plan de progrès, une résolution collective des problèmes rencontrés (dans l'UET, mais aussi en relation avec ses fournisseurs et clients) et une bonne appropriation des différents outils de gestion de la qualité.

Elle est aussi qualifiante car elle est un lieu d'acquisition de nouvelles *compétences individuelles*, et ce par diverses voies : animation (entretien annuel d'appréciation et identification des besoins de formation) et formation par le responsable d'UET, rotation de postes, mise en place de tableaux de polyvalence, réunions d'échanges, etc.

---

1. Tiré de Tijou R., «Les unités élémentaires de travail – Recomposer le travail chez Renault», *Personnel*, n° 348, février 1994, pp. 55-58.

Dans le même temps, on assiste à un mouvement d'individualisation partielle de la gestion des individus, et en particulier des rémunérations. Alors qu'auparavant une très large proportion des composantes de la rémunération étaient collectives (c'est-à-dire fixées jusque dans leur montant par la négociation collective ou la législation en vigueur), chaque individu voit une part croissante de sa rémunération s'individualiser, voire se personnaliser : indexation totale ou partielle sur la performance individuelle ou collective, rémunérations «à la carte», classifications «à bandes larges» (ou *broadbanding*[1]), etc.

En fait, ce qui est en jeu dans ces pratiques que nous reverrons de façon plus détaillée dans le chapitre sur la rémunération, c'est bien plus qu'une individualisation. Il est certes intéressant (au sens d'une flexibilisation de ce qui était auparavant rigide) de pouvoir différencier les individus (notamment en fonction de leur performance), mais il est tout aussi important de rendre *réversible* et *sélectif* ce qui était auparavant *définitif* et *garanti à tous*.

C'est le cas pour la plupart des formes de rémunération liées à un résultat (même collectives, comme la participation des salariés), mais aussi pour les augmentations individuelles et les primes substituées aux augmentations générales, pour les dénonciations de conventions collectives (remise en cause des primes d'ancienneté ou des avancements automatiques), pour les recours à référendum en vue de proposer des baisses de salaire (pratique visant soit à pallier l'absence de représentants du personnel, soit à contourner leur opposition).

6. Une poussée vers la déréglementation

On comprend dès lors mieux pourquoi la flexibilisation des ressources humaines se heurte fréquemment au droit du travail français. En effet, celui-ci, par son action de réglementation, a tendance à réduire ou empêcher le recours à des flexibilités portant sur l'un ou l'autre des aspects évoqués précédemment. Ainsi, nombreuses sont les demandes émanant du patronat pour que soient assouplies ou tout simplement abrogées un certain nombre de dispositions légales.

Ce fut le cas dans le passé pour la suppression de l'autorisation administrative de licenciement (obtenue en 1986) : on peut d'ailleurs noter à ce titre que la diminution des entraves au licenciement (notamment au licenciement économique) tend à faire de la réduction d'effectifs un outil de flexibilité : une description détaillée des instruments à disposition pour mener une politique de réduction d'effectifs étant ici impossible, nous invitons le lecteur à se reporter aux ouvrages traitant de ce sujet[2].

---

1. À propos du *broadbanding*, voir Le Guhénec P., «Mettez de la flexibilité dans vos grilles de salaires !», *L'Expansion Management Review*, été 1994, pp. 76-81.
2. On pourra en avoir un bon aperçu (général et actualisé) avec Amadieu J.F., Rojot J., *Gestion des ressources humaines et relations professionnelles*, Paris, Litec, coll. «Les essentiels de la gestion», 1996, pp. 73-85.

© Dunod – La photocopie non autorisée est un délit.

La pression à la déréglementation ne se dément pas sur de nombreux thèmes tels que la remise en cause du SMIC, notamment pour favoriser l'embauche des jeunes : le modèle est ici celui de la Grande-Bretagne qui a supprimé de sa législation le salaire minimum et connaît un chômage notablement inférieur à celui de la France. Ce modèle est à son tour contesté par les tenants du maintien du SMIC qui dénoncent l'apparition de populations ayant un emploi, mais vivant néanmoins en dessous du seuil de pauvreté (*working poors*) et l'aggravation de la fracture sociale.

On pourra aussi mentionner des demandes allant dans le sens de l'extension des conditions de recours au contrat à durée déterminée, de la baisse ou de l'exonération de charges sociales des entreprises ou encore de l'élargissement des horaires d'ouverture pour les magasins (on se rappelle du bras de fer qui a opposé en 1995 la direction du magasin Virgin Mégastore des Champs-Elysées à l'inspection du travail à propos de l'ouverture dominicale).

7. Quelques typologies classiques de la flexibilité

Il est bien évident que le salarié ou l'emploi «totalement flexible», c'est-à-dire dont la situation combinerait toutes les formules que nous avons évoquées précédemment) n'existe pas : il s'agit d'une fiction et une entreprise, on le verra par la suite, devra choisir des éléments de flexibilité en fonction de sa situation et de ses contraintes propres. Néanmoins, si l'on devait récapituler les pages qui précèdent, on pourrait en conclure qu'une entreprise peut potentiellement jouer sur les éléments de flexibilisation suivants[1] :

– *L'emploi* : ses formes classiques sont l'embauche et le licenciement ; les plus modernes renvoient aux multiples formes de contrat évoquées (intérim, CDD, contrats de travail particuliers, pré-retraites progressives, stages).

– *Le temps de travail* : on a vu qu'il pouvait être réduit et/ou aménagé.

– *Les hommes* : la flexibilité professionnelle renvoie classiquement aux pratiques de mobilité (géographique, fonctionnelle) et va de plus en plus dans le sens d'une acquisition permanente de nouvelles compétences dans des dispositifs de polyvalence.

– *L'organisation* : inséparable de la flexibilité des hommes, elle renvoie à une organisation qui devient déformable en fonction des situations, que ce soit au niveau des microstructures (ex. : UET), de l'organisation générale (entreprise en réseau, structures projets, etc.) ou des lieux de travail (télétravail).

D'autres auteurs ont préféré synthétiser la flexibilité et ses possibles en dressant – tout aussi artificiellement que nous l'avons fait pour le «salarié flexible» – le portrait de «l'entreprise flexible». C'est notamment le cas de J. Atkinson dont le modèle a eu une énorme influence, notamment en Grande-Bretagne, et ce malgré

1. Cette typologie est empruntée à Donnadieu G., «Les flexibilités – Bilan et perspectives», *Personnel*, n° 353, août-septembre 1994, pp. 25-29.

ses limites[1]. Recensant les différentes formes de flexibilité dont disposent les entreprises pour assurer leur adaptabilité par la gestion de leur main-d'œuvre, ce modèle met en lumière les différentes populations dont serait composée une entreprise qui utiliserait toutes les formes de flexibilité (figure 4.1)

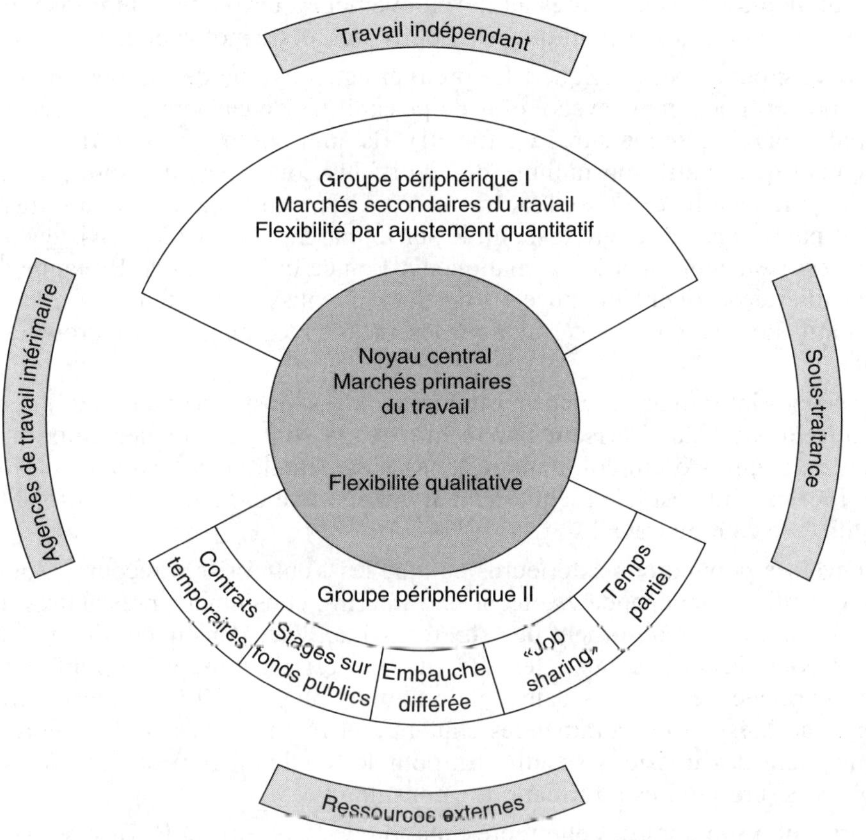

* Atkinson J., «Manpower Strategies for Flexible Organisations», *Personal Management*, 16(8), août 1984, p. 29.

Figure 4.1 : *L'«entreprise flexible» d'après J. Atkinson**

© Dunod – La photocopie non autorisée est un délit.

1. Voir à ce propos Pollert A., *art. cit.*, ou Léonard E., «De la gestion du personnel à la gestion des ressources humaines : de nouvelles orientations ?», *in* Ingham M. (ed.), *Management stratégique et compétitivité*, Bruxelles, De Boeck Université, coll. «Management», pp. 359-378.

1. Le noyau central *(core group)* regroupe des salariés permanents et à plein temps aux compétences spécifiques et déterminantes pour l'activité majeure de l'entreprise. Il leur est surtout demandé une flexibilité «qualitative» ou «fonctionnelle» (mobilité géographique et professionnelle, politique de formation et de gestion des carrières, formes nouvelles d'organisation du travail, rotations, groupes semi-autonomes...). Nécessaires au développement à terme de l'entreprise, ils font le plus souvent l'objet de politiques de fidélisation et de motivation.

2. Deux groupes périphériques. Le premier est constitué de salariés en contrat à durée indéterminée, mais avec moins de possibilités de carrière et sans sécurité de l'emploi (marchés secondaires du travail). Ils sont soumis à une «flexibilité par ajustement quantitatif» du nombre des individus concernés, qui sont recrutés ou rejetés sur le marché externe : leur travail est à contenu banal et peut aisément être couvert par la main-d'œuvre disponible sur le marché du travail. L'existence de ce groupe est beaucoup plus problématique en France qu'en Grande-Bretagne du fait que la liberté de licenciement est loin d'y être aussi importante : l'ajustement quantitatif aux besoins y reste, malgré les incessantes demandes patronales, plus malaisé.

Le second (intérimaires, temps partiels, stagiaires, postes partagés, etc.) regroupe des individus se caractérisant par le fait qu'ils sont embauchés sous diverses formes de contrats d'emploi, mais restent fondamentalement «externes» à l'entreprise. La flexibilité est ici essentiellement quantitative car elle porte surtout sur les effectifs et le coût du travail.

3. Diverses populations extérieures auxquelles l'entreprise a recours : sous-traitants, travailleurs indépendants, agences d'intérim, consultants, prestataires de services spécialisés. Ils absorbent des surcroîts d'activité, constituent des volants de sécurité pour ajuster à la baisse les effectifs (il n'est pas rare, par exemple, de trouver en permanence dans les usines automobiles plus de 10 % d'intérimaires qui seront «sacrifiés» si les commandes chutent... et réembauchés si elles reprennent) ou effectuent des missions spécifiques pour lesquelles il n'existe pas de besoins permanents (prestataires informatiques, consultants).

Reprenant à son compte cette représentation de l'entreprise, B. Brunhes parle de trois «couronnes» de main-d'œuvre appelées à travailler de façon plus ou moins étroite pour une entreprise. Plus qu'une dualisation du marché du travail (les intégrés stables d'un côté, les exclus de l'autre), ce modèle met en évidence un continuum de groupes sociaux allant du plus intégré au plus précaire et variables dans leur composition. Par exemple, on trouve de plus en plus de cadres dans les groupes périphériques alors qu'il y a quelques années, leur stabilité était quasi assurée. Jamais les ressources humaines n'ont autant mérité leur pluriel : les populations fréquentant l'entreprise, à mesure que les entreprises multiplient les recours à ces différentes formes de flexibilité, se diversifient, se segmentent et supposent des modes de gestion clairement différenciés.

Plus généralement, à l'instar de J. Atkinson, les auteurs reconnaissent tous la distinction entre flexibilité interne et flexibilité externe. Ainsi, B. Brunhes a-t-il mis au point sa propre typologie des différentes formes de flexibilité : on peut constater qu'elle n'est pas sans points communs avec celles qui précèdent.

REPÈRES : Les différentes formes de flexibilité selon B. Brunhes[1]

Ce modèle retient cinq grandes voies de flexibilité :

1. *la flexibilité quantitative externe* : utilise, pour faire varier rapidement la quantité de main-d'œuvre en fonction des besoins, les contrats de courte durée et le licenciement si besoin est.

2. *l'externalisation* : déplacement sur une autre entreprise du lien contractuel avec le travailleur (sous-traitance, externalisation de parties de l'activité, intérim).

3. *la flexibilité quantitative interne* : renvoie essentiellement à l'aménagement et à la réduction du temps de travail (horaires flexibles, temps partiel, modulation saisonnière du temps de travail sur un contrat annuel, travail intermittent, utilisation du temps excédentaire par de la formation, maintenance, entretien, démarche qualité).

4. *la flexibilité fonctionnelle* : travailleurs affectés à des fonctions variables selon les besoins et leurs fluctuations (polyvalence ou multivalence...), ce qui nécessite un effort de formation et un assouplissement de l'organisation du travail.

5. *la flexibilité des rémunérations* : répercussion sur les salaires, selon plusieurs modalités possibles, des évolutions de CA et de coûts de revient.

Ainsi, au-delà de la diversité et des limites de ces modèles, on peut constater qu'il n'existe pas une, mais *des* flexibilités : l'unité du terme n'est que façade, comme nous allons maintenant nous employer à le montrer.

Section 2 LES DIFFÉRENTS USAGES DE LA FLEXIBILITÉ

Il est en effet une illusion couramment répandue – et c'est une des limites du modèle de «l'entreprise flexible» que de l'induire encore davantage – selon laquelle une entreprise peut indifféremment choisir n'importe quelle forme de flexibilité et les a toutes à sa disposition. Nous souhaitons au contraire insister sur le fait qu'un certain nombre de facteurs vont venir orienter ou limiter le recours à certaines de ces formes par une entreprise donnée. L'important n'est donc pas de connaître toutes les techniques possibles et imaginables de flexibilisation de la main-d'œuvre, mais bien de savoir si elles sont adaptées ou non à la situation et aux enjeux fondamentaux de l'entreprise dans laquelle on se trouve. C'est sur cette dimension fortement contingente de la flexibilité que nous souhaitons maintenant revenir dans cette seconde partie.

1. Voir Brunhes B., «La flexibilité du travail – Réflexions sur les modèles européens», *Droit du Travail*, n ° 3, mars 1989, pp. 251-256.

© Dunod – La photocopie non autorisée est un délit.

1. Les facteurs restrictifs d'une politique de flexibilité

1.1. Des incompatibilités

Tout d'abord, certains mettent en évidence le risque qu'il y a à faire coexister différentes populations dans une même entreprise : concentrer la flexibilité sur certaines populations (internes ou externes : équipes de week-end, équipes fixes de nuit, saisonniers, intérimaires) peut à court terme résoudre un certain nombre de problèmes de production, mais risque à plus long terme de créer de nombreux clivages. La population concernée tend à être de plus en plus isolée par rapport au reste de l'organisation, elle a souvent peu de soutiens fonctionnels pour l'aider dans sa mission (c'est notamment vrai pour les équipes de nuit et de week-end : les cadres sont rarement présents en nombre). La cohésion de l'organisation peut ainsi souffrir de telles situations[1].

On peut également noter que la mise en place d'une flexibilité de type externe peut aller à l'encontre d'un certain nombre d'autres objectifs de l'entreprise. Par exemple, la sécurité au travail : qui a oublié ces travailleurs d'une entreprise de sous-traitance irradiés parce qu'ils travaillaient, sans en avoir été avertis par leur employeur, sur un site radioactif ?

De même, on peut insister sur l'incompatibilité qui existe entre flexibilité interne (faisant appel à des moyens internes à l'entreprise et fondée sur la souplesse organisationnelle et de nouvelles technologies de production) et flexibilité externe (caractérisée par le recours à des moyens extérieurs à l'entreprise – sous-traitance, intérim et autres emplois précaires – ou par la réduction des effectifs, c'est-à-dire le rejet vers le marché du travail des ressources excédentaires).

En effet, la première suppose autonomie, implication dans le travail et fort temps d'apprentissage alors que la deuxième, fondée sur la précarité, annihile tout espoir de réalisation de ces trois conditions[2]. De même, une étude du cabinet Mercer Management Consulting met en évidence le fait que 45 % seulement des entreprises ayant procédé à des restructurations font état d'une amélioration de leurs performances à plus long terme : la démotivation au travail des salariés rescapés tire la productivité de l'entreprise vers le bas et annule les éventuels effets positifs de la réduction d'effectifs[3].

Pour le dire autrement, il importe de savoir dans quelle perspective de la flexibilité on se situe. Considérer que la flexibilité est «passive» ou «conjoncturelle», c'est-à-dire avant tout utile à court terme à l'entreprise (afin de lui permettre de s'adapter à des variations d'activité temporaires et d'en absorber les conséquences), conduit à des pratiques qui ont pour conséquence des fréquentes modifications dans «la composition des équipes, soit par recours à du personnel tempo-

1. Pépin M., *art.cit.*, p. 13.
2. Voir Bué J., *art. cit.*, p. 34.
3. Betbéder M.B., «La réduction systématique des effectifs n'est pas une solution à long terme», *Le Monde*, 30 janvier 1996, p. IV.

raire extérieur, soit par une mobilité interne excessive[1]». Au contraire, être dans une perspective «offensive» ou «dynamique» de la flexibilité, c'est-à-dire chercher à en faire un élément de création d'avantages concurrentiels de long terme, exige de faire évoluer l'organisation dans son ensemble, ce qui suppose :

« – une stabilité dans la composition des équipes de production, de façon à acquérir et capitaliser des représentations communes et des modes de fonctionnement collectif,

– une stabilité temporelle suffisante dans une même situation de production, de façon à acquérir la connaissance de la variabilité de cette situation et à être véritablement en situation d'apprentissage»[2].

En d'autres termes, les solutions envisageables dans le cadre d'une flexibilité conjoncturelle sont littéralement contradictoires avec la mise en place d'une flexibilité de long terme. Cela n'a rien d'étonnant dans la mesure où ces deux types de flexibilité ne servent pas les mêmes finalités : leur articulation devra donc être particulièrement travaillée. Cela nous ramène à la fois au débat sur l'ampleur du changement que représente une politique de flexibilisation de la main-d'œuvre (émergence d'un nouveau modèle ou simple aménagement transitoire du modèle taylorien-fordien) et à la question des différents cas de figure dans lesquels les entreprises recourent à la flexibilité.

1.2. Différentes situations envisageables

C'est G. Donnadieu qui nous semble offrir la synthèse la plus claire à ce propos car il a essayé de relier dans un tableau, qui se veut d'ailleurs plus indicatif que normatif, les grandes situations dans lesquelles une entreprise en viendra à se poser la question de la flexibilité et les solutions les plus adaptées à chacun de ces cas de figure (tableau 4.3).

Tableau 4.3 : *Choisir ses flexibilités en fonction de la situation*[3]

	Formes de flexibilité				
Enjeu	Emploi	Temps de travail	Professionnelle	Rémunération	Organisation
Ajustement conjoncturel		+		++	
Adaptation structurelle					
au marché	++	+	+		+
aux technologies	+	+	++		++
aux mentalités		++	+		+

© Dunod – La photocopie non autorisée est un délit.

1. Pépin M., *art. cit*, p. 7.
2. *Ibid.*, p. 6.
3. D'après Donnadieu G., *art. cit.*, p. 28.

Commentaires :

Lorsque l'entreprise est obligée de procéder à des ajustements conjoncturels (baisse/hausse des commandes comme par exemple après la guerre du Golfe, pertes de marché, produit souffrant de désaffection – ex. : la viande de bœuf après l'affaire de la «vache folle» – ou de surdemande), elle aura recours à des moyens réversibles laissant intactes à terme ses ressources, en prévision d'autres ajustements éventuels.

Face à une évolution irréversible de la demande sur son marché (ex. : la viande en général à la fin du XXe siècle), que ce soit à la baisse ou à la hausse, l'entreprise doit au contraire prendre des dispositions de long terme (le plus souvent en matière d'emploi, aménagées à la marge par le recours à d'autres types de flexibilité).

Si le moyen pour rester compétitif sur le marché (encore porteur) passe par l'adoption d'outils (de production, de gestion de l'information) plus modernes, la réponse portera préférentiellement sur les méthodes d'organisation. Ainsi C. Everaere[1] montre-t-il bien que des systèmes de production aussi différents que la production à l'unité ou en petite quantité à la commande (ex. : l'aéronautique), la production manufacturière en grande série sur des produits standards et à bon marché (ex. : l'agroalimentaire), la production de masse flexible (ex. : l'automobile) ou la production en continu (ex. : la pétrochimie, l'industrie cimentière)[2] imposent des modes d'organisation et des types de flexibilité différents. Certains de ces systèmes, caractérisés par un faible niveau de complexité technologique ou la simplicité des activités, restent d'ailleurs parfaitement accueillants pour le modèle taylorien-fordien qui y affronte correctement les contraintes de qualité, de variété et de coût tant qu'elles ne sont pas assorties d'exigences d'innovation[3] : de tels secteurs (l'industrie agroalimentaire, le textile, l'hôtellerie, etc.) ont moins de raisons de s'orienter vers les modes d'organisation flexible qui se développent dans des secteurs comme l'automobile. De même, chacun de ces systèmes, en fonction de son niveau de complexité, a recours à des mains-d'œuvre disposant de plus ou moins d'«actifs spécifiques», donc plus ou moins aisément substituables par le recours au marché du travail ou aux intermédiaires prestataires de services.

Enfin, les salariés eux-mêmes considèrent comme plus ou moins socialement acceptables diverses formes de flexibilité, et les dirigeants – sauf à être dans un rapport de forces qui leur serait particulièrement favorable – ne peuvent pas ne pas en tenir compte. Evidemment, la flexibilité de l'emploi reste, en période de chômage fort, la plus mal acceptée.

Ce tableau, certes simplificateur, a l'immense mérite d'inciter à la réflexion : alors que la flexibilité est aujourd'hui vue de façon un peu monolithique comme une «solution à la crise» et un «vecteur indispensable de la compétitivité», il montre qu'il est nécessaire de dépasser ce raisonnement simpliste et unificateur faisant fi de la diversité des situations.

2. Les conditions de mises en œuvre des flexibilités

C'est d'ailleurs contre cette tendance à la simplification abusive que de nombreux auteurs tentent de se battre aujourd'hui. C'est notamment le cas de tous ceux qui ont travaillé sur les conditions nécessaires pour avoir recours à la flexibilité

1. Everaere C., *op. cit.*, pp. 91-98.
2. Cette typologie des systèmes de production est un affinement de celle proposée par J. Woodward dans les années 1960.
3. Voir à ce propos les différents travaux de P. Zarifian.

quantitative (jouant sur la quantité de travail mobilisée) ou, au contraire, à la flexibilité qualitative (jouant sur la nature et l'organisation de ce travail). Nous proposons donc de reprendre un certain nombre de leurs conclusions afin d'aller un peu plus loin que nous ne l'avons déjà fait dans la mise en évidence du caractère contingent de la flexibilité.

2.1. Les conditions de la flexibilité quantitative (interne ou externe)

◆ *La législation et l'état du marché du travail*

L'accès rapide à des renforts doit bien sûr être pris en considération. Il faut donc tenir compte, si l'on souhaite avoir recours à la flexibilité externe, des ressources (quantité et qualité) offertes par le marché du travail, de leur horizon de disponibilité et de leur coût par rapport aux ressources déjà présentes dans l'entreprise (sont-elles vraiment plus avantageuses ?). Ainsi un fort chômage permet-il aux entreprises un accès facile aux contrats précaires et affaiblit-il le pouvoir de négociation des syndicats de salariés (même si en même temps il accroît chez certains dirigeants un sentiment de responsabilité sociale).

Mais surtout, c'est le cadre légal en vigueur qui va encourager ou au contraire rendre plus difficile l'accès à certaines pratiques : pour en rendre compte, les analyses comparatives entre les différents pays d'Europe menées par B. Brunhes à la demande de l'OCDE sont particulièrement édifiantes. Elles mettent en évidence dans les années quatre-vingt des «modèles nationaux de flexibilité» dans lesquels «le type de flexibilité le plus recherché dépend assurément du dosage traditionnel des lois et des conventions qui régissent le marché du travail et les relations professionnelles qu'offre un pays».[1] Ces modèles nationaux sont d'ailleurs en évolution relativement rapide, comme en témoigne le dernier ouvrage du cabinet Bernard Brunhes Consultants[2].

Ainsi, la France, qui se caractérisait plutôt par le recours à une flexibilité quantitative externe centrée sur le court terme (comme par exemple la Grande-Bretagne et contrairement à des pays comme la Suède très marqués par la flexibilité qualitative de type fonctionnel), tend à évoluer vers davantage de flexibilité interne à long terme (tant quantitative que qualitative), cherchant notamment à aller vers davantage de flexibilité dans l'organisation, les conditions de l'emploi (salaires, durée et aménagement du travail, éléments annexes de rémunération). L'idée est ici de préserver l'emploi plutôt que les conditions d'emploi. L'insistance sur le rôle du droit dans le choix du type de flexibilité privilégié dans un pays est salutaire : on a généralement trop tendance à surestimer la marge de manœuvre des entreprises dans ce domaine traditionnellement encadré (dans de nombreux pays) par la loi ou la négociation sociale.

---

1. *Liaisons Sociales*, «La flexibilité du marché du travail – Nouvelles tendances dans l'entreprise», Série «Documents», n° 139/89, 20 décembre 1989, p. 1.
2. Bernard Brunhes Consultants, *L'Europe de l'emploi ou comment font les autres*, Paris, Les Éditions d'Organisation, 1994.

© Dunod – La photocopie non autorisée est un délit.

◆ ***La présence ou non de syndicats ou de tout autre contre-pouvoir dans l'entreprise***

La flexibilité, dans nombre de ses modalités (et notamment quantitatives), est lue comme une menace pour les intérêts des travailleurs et, à ce titre, rencontre fréquemment l'hostilité des représentants du personnel. Plus largement, au niveau national comme au niveau de l'entreprise, les partenaires sociaux demandent fréquemment des contreparties dans les négociations sur la flexibilité. Par exemple, l'aménagement du temps de travail est traditionnellement assorti en France de demandes de réduction du temps de travail et de préservation des salaires à leur niveau initial.

De même, on a pu voir dans le chapitre 2 que nombre de domaines du rapport salarial entrent dans le champ de la négociation collective : c'est le cas de la plupart des pratiques de flexibilité dont la mise en œuvre est suspendue à la conclusion d'accords de branche ou d'entreprise. L'absence de partenaires sociaux n'est donc pas nécessairement, comme on le croit trop souvent (sur la seule base des problèmes de réduction d'effectifs), uniquement un facteur facilitant pour la mise en œuvre de politiques de flexibilité : elle peut aussi constituer un handicap.

Cela étant dit, l'opinion publique peut, elle aussi, constituer un facteur interdisant le recours à certaines formes de flexibilité quantitative (telles que la réduction d'effectifs) ou imposant à tout le moins des procédures correctes et respectueuses des individus. On se souvient par exemple du tollé soulevé par la médiatisation des agissements de l'entreprise qui avait tout simplement affrété des taxis pour reconduire chez eux des salariés que l'on venait de prévenir de leur licenciement, ou de ceux d'une autre société qui avait donné la liste des licenciés par les haut-parleurs de l'usine.

◆ ***Le type d'activités réalisées et de technologie (ou matériel) utilisée***

Nous les avons déjà évoquées précédemment et nous nous contenterons de rajouter que c'est d'elles que dépendent fondamentalement les capacités de l'entreprise à trouver ou à retrouver rapidement à l'extérieur de la main-d'œuvre correspondant à ses besoins : ce sera d'autant plus facile qu'elles n'exigent pas de main-d'œuvre spécifique. De même, elles sont plus ou moins compatibles avec la variation d'effectifs, de temps de travail, de populations employées (plus ou moins précaires). On comprend ainsi intuitivement qu'une main-d'œuvre composée d'ingénieurs et de techniciens dans le domaine aérospatial est moins aisément remplaçable ou passible de temps partiel qu'une équipe de caissières de supermarché.

2.2. Les conditions de la flexibilité qualitative

Elle est particulièrement complexe à mettre en œuvre dans la mesure où – quasi nécessairement interne – elle impose une forte cohérence d'ensemble à l'entreprise tout entière, cohérence dont la GRH devra être porteuse et qui nous paraît ne pas toujours être au rendez-vous dans les pratiques. C'est ainsi que C. Everaere n'identifie pas moins de dix conditions à sa mise en place réussie et pertinente. Sans aller jusque-là, nous relèverons néanmoins un certain nombre de conditions semblant faire l'objet d'un large accord chez les analystes autant que chez les praticiens.

Vouloir des salariés capables de réagir aux aléas survenus (pannes, changements de production, défauts à traiter, commandes urgentes ou particulières), de faire preuve d'initiative et de réactivité, d'être impliqués dans tous les instants de leur travail afin d'éviter la détérioration d'un matériel coûteux et fragile, l'apparition de défauts ou d'erreurs préjudiciables à l'image de l'entreprise auprès de clients attendant la qualité demandée dans les délais impartis et au prix fixé, suppose deux conditions. Cela implique pour le salarié non seulement de *vouloir*, mais aussi de *pouvoir* mobiliser ce type d'attitudes. En effet, la seule contrainte externe pourra difficilement permettre d'atteindre le niveau d'implication escompté.

Le vouloir passe bien évidemment par l'existence de contreparties, d'enjeux positifs pour les individus alors que le pouvoir suppose que le salarié dispose de moyens tant organisationnels qu'individuels pour mener à bien sa mission. Ces deux dimensions seront inextricablement liées dans des éléments (tous sont autant des modes de valorisation que des impératifs productifs) tels que :

La compétence et l'apprentissage. Il faut que le salarié dispose d'un très bon bagage professionnel : il est plus difficile et délicat de réagir à un imprévu de façon pertinente que de suivre aveuglément un mode opératoire détaillé – ici totalement dénué de sens car incapable de tout anticiper – tel que le modèle taylorien en produit. Dans ce cadre, agir, c'est en même temps penser, et non pas faire ce que d'autres ont pensé à la place d'un pur exécutant. Cela suppose également les moyens de l'actualiser en permanence au plus près du terrain et de la réalité quotidiennement rencontrée (condition *sine qua non* pour faire face à des situations elles-mêmes évolutives), que cela se fasse grâce à des formations appropriées, à la confrontation à des situations renouvelées ou élargies, à des échanges avec ceux qui rencontrent les mêmes problèmes.

La responsabilité. Elle est le corollaire indispensable de l'autonomie en ce sens que, dans un contexte marqué par l'incertitude, il est indispensable de savoir *a minima* – sous peine de tomber dans l'anomie et la désorganisation – qui est responsable de quoi. En effet, face à des situations imprévisibles ou des incidents supposant une réaction rapide, il est impossible de prescrire de façon précise qui devra faire quoi. À défaut, il importe que chacun ne se demande pas sans cesse si c'est à lui de traiter le problème et qu'interviennent uniquement les gens compétents pour le résoudre. Cela suppose donc de délimiter les zones d'intervention de tous. De plus, afin d'en garantir le respect, on pourra par exemple contractualiser cet engagement de responsabilité sous forme de document signé. Une telle responsabilisation exige bien évidemment une hiérarchie capable d'abandonner un certain nombre de ses prérogatives traditionnelles et une partie de son autorité pour permettre aux salariés de conquérir autonomie et responsabilité indispensables. Elle doit donc accepter d'être avant tout une aide (méthodologie, animation) à la résolution de problèmes par les individus eux-mêmes, une instance de formation et de transmission de l'information, plutôt qu'une source de savoir et de contrôle.

© Dunod – La photocopie non autorisée est un délit.

La stabilité. «Invoquer la stabilité comme condition nécessaire à la flexibilité peut surprendre. En effet, on pourrait penser, emporté par une quête d'adaptabilité et de souplesse, que le système qui ne stabiliserait rien serait le mieux à même de réagir et de s'adapter à un environnement incertain et imprévisible. Ce n'est pas le cas. Un système qui se veut adaptatif doit déterminer et promouvoir des repères stables.»[1] Ainsi C. Everaere note-t-il que cette stabilité doit être de trois ordres. Tout d'abord, *stabilité de l'emploi* : elle est la condition pour que les individus soient capables d'engagement durable et important sans être en permanence préoccupés par les menaces pesant sur eux. Ensuite, *stabilité dans la situation de travail,* tant il est vrai qu'un véritable apprentissage – qui s'inscrit dans la durée – est incompatible avec une trop grande dispersion de problèmes et de situations dont l'individu n'a pas le temps de trouver les clés. Ainsi, la rotation de postes, si elle existe, doit se faire entre des postes techniquement et cognitivement proches : dans le cas contraire, elle risquerait en réalité de s'avérer contre-productive pour l'organisation et déstabilisante pour l'individu concerné. Enfin, *stabilité des prérogatives* et des responsabilités : nous en avons déjà évoquée ci-dessus l'importance.

La rétribution. Là encore, si l'entreprise veut être cohérente, elle doit être capable de rétribuer (d'une façon ou d'une autre) ce qu'elle exige : de l'implication, de la compétence appliquée aux situations, de l'initiative, de l'apprentissage. Dans le cas contraire, elle ne saurait exiger durablement l'augmentation de la charge (au moins mentale) de travail que suppose le plus souvent ce type de flexibilité.

*

* *

Il n'est absolument pas dans notre propos d'adopter une perspective normative concernant les flexibilités : elles peuvent être interprétées autant comme un recul (au sens de la raréfaction des perspectives d'anticipation qui sous-tendaient les modèles planificateurs des années quatre-vingt et au sens de la perte de technicité de la GRH qu'elles induisent dans de nombreux domaines) que comme un progrès (au sens d'un retour vers une perspective très opérationnelle de la GRH). *In fine*, nous ne pouvons que constater que le management stratégique des organisations a changé et que la GRH s'adapte à ce changement : la faillite relative de la planification stratégique et de la GPP laisse en partie la place à des modèles plus incrémentalistes et centrés sur l'adaptation[2]. Si la GRH doit être stratégique (ce qui reste à prouver), elle ne peut l'être qu'au sens des nouvelles formes de la stratégie.

En revanche, il est un point qui nous paraît critiquable dans le discours actuel sur la flexibilité : l'affirmation selon laquelle il s'agirait d'une pratique résolument nouvelle. Certes, le contexte est bel et bien nouveau. Mais la période des Trente Glorieuses (durant laquelle c'était à l'individu de faire preuve de flexibilité – au sens de docilité – et de s'adapter totalement à des conditions d'emploi non négo-

---

1. Everaere C., *op. cit.,* p. 106. Son argumentation est proche de celle – citée plus haut – de M. Pépin lorsque celui-ci évoque les nécessités de la flexibilité de long terme.
2. Voir à ce propos Mintzberg H., *Grandeur et décadence de la planification stratégique*, Paris, Dunod, 1994.

ciables) nous paraît davantage avoir été un îlot de stabilité, une exception, plutôt que la norme, ainsi qu'en témoignent les travaux des historiens tels que C. Omnès[1] ou G. Noiriel[2].

Il y a donc une erreur de perspective à considérer que la flexibilité constitue une nécessité ou un phénomène nouveau : c'est le regard porté sur elle qui a profondément changé. Depuis longtemps imposée à l'individu, elle est aujourd'hui lue comme un facteur stratégique engageant le succès ou la survie de l'entreprise. Il y a donc un postulat qui, lui, est nouveau, selon lequel plus que la ressource humaine en tant que telle, c'est la flexibilité de cette ressource qui est stratégique et déterminante : plutôt que d'affirmer «il n'est de richesse que d'hommes», il nous paraît plus juste de constater que, dans les discours des années quatre-vingt-dix, «il n'est de richesse humaine que flexible».

© Dunod – La photocopie non autorisée est un délit.

1. Voir *Les Echos*, «Flexibilité du travail : dans les années 20, déjà...», 18 avril 1995, p. 17.
2. Noiriel G., *Les ouvriers dans la société française – XIXe-XXe siècles*, Le Seuil, coll. «Points Histoire», 1986.

L'essentiel

Le retour en force ces dernières années de la flexibilité, thème et pratique déjà anciens, est dû à :

- l'**incapacité croissante** à établir des prévisions : s'adapter rapidement devient plus opérant qu'anticiper loin ; la flexibilité constitue une alternative à une GPP devenue impossible ;
- des **systèmes productifs** qui supposent des reconfigurations permanentes des outils et des ressources humaines ;
- l'espoir qu'elle puisse constituer une solution partielle au problème macrosocial du **chômage**.

• Cela étant, cette flexibilité peut être assurée par des voies très diverses :

- elle peut être **interne ou externe**, c'est-à-dire faire appel aux ressources existantes dans l'entreprise et s'attacher à les préserver (polyvalence, rotations de postes, mobilité, aménagement ou réduction du temps de travail, télétravail) ou, au contraire, avoir recours à des mains-d'œuvre extérieures (CDD, intérim, stagiaires, sous-traitance, emplois aidés, travailleurs indépendants, etc.) et remettre sur le marché de l'emploi la ressource excédentaire (plans sociaux, essaimage, préretraites progressives ou non, etc.) ;
- elle peut être **quantitative ou qualitative** selon qu'elle s'attache à augmenter ou diminuer la quantité de main-d'œuvre à disposition (réduction du temps de travail, heures supplémentaires, chômage partiel et toutes modalités de flexibilité externe) ou qu'elle cherche à modifier la nature de la main-d'œuvre à disposition (formation, actions de réorganisation du travail, autres formes de flexibilité interne, etc.) ;
- elle peut être **de court terme ou de long terme** selon le caractère conjoncturel ou au contraire durable des événements auxquels elle cherche à répondre et à adapter l'entreprise.

La possibilité pour une entreprise d'avoir recours à l'une ou l'autre de ces formes de flexibilité dépend principalement de :

- la **législation** en vigueur et ses évolutions ;
- la **technologie** et les **activités** mises en œuvre (leur complexité rend plus ou moins facile la substituabilité de la main-d'œuvre) ;
- l'existence d'un **contre-pouvoir** pouvant s'opposer aux formes les plus précarisantes de flexibilité ;
- la **cohérence générale** du système de gestion des ressources humaines, plus ou moins capable de rétribuer, de permettre et de rendre légitimes les modalités de flexibilité choisies.

DEUXIÈME PARTIE

LE SOCLE DE LA RELATION D'EMPLOI

5 CLASSIFICATION ET RÉMUNÉRATIONS

La question de la rémunération se trouve au cœur de la relation qui lie un employeur et ses salariés. Elle constitue la partie explicite du contrat de travail : le salarié perçoit un salaire en contrepartie de l'exécution d'un travail. Toute entreprise est donc amenée à gérer des salaires et en particulier à résoudre la question de leur hiérarchisation : comment l'élaborer ? Sur quels critères ? Comment tenir compte de la nature du travail effectué ? De la compétence des personnes ? Autant de questions qui soulèvent des enjeux majeurs quant au choix des fondements de la rémunération.

À l'intérieur d'un cadre précis, la classification d'une part et l'ensemble des lois et règlements d'autre part, d'autres questions se posent quant à la politique salariale que l'entreprise veut développer et aux outils dont elle dispose. Quels sont les éléments à prendre en compte pour élaborer une politique de rémunération ? Comment se différencient les pratiques des entreprises ? Quels sont les effets produits par les outils existants ? La seconde partie du chapitre apportera des éléments de réponse à toutes ces questions.

Section 1 ■ Les fondements de la rémunération
Section 2 ■ Les questions classiques en matière de gestion des rémunérations
Section 3 ■ Rémunération et stratégie d'entreprise

© Dunod – La photocopie non autorisée est un délit.

Section 1

LES FONDEMENTS DE LA RÉMUNÉRATION

Avant d'aborder notre sujet, il convient de faire le point sur le vocabulaire utilisé dans ce chapitre. La plupart des termes courants dans ce domaine donnent lieu à des définitions et des représentations souvent fort différentes et rarement explicitées. C'est pourquoi, dans un but de clarification, il nous paraît indispensable de préciser le sens que nous attribuons à un certain nombre de notions.

1. Précisions de vocabulaire

➤ *Salaire et rémunération*

Alors que l'on parle plus couramment de «salaire ouvrier» et de «rémunération cadre», nous utiliserons alternativement les deux termes dans la mesure où ils sont synonymes. Tout au plus pourrait-on penser que rémunération offre une définition plus large que salaire, mais cette distinction ne nous semble pas probante au point de l'ériger en règle.

➤ *Classification et qualification*

Ces deux termes sont couramment utilisés dans des sens voisins, voire synonymes. Cela tient en partie aux réalités qu'ils recouvrent et à la relative confusion entretenue, en particulier dans les entreprises.

Pour nous, la classification désigne le processus qui permet de reconnaître, d'évaluer et de classer les emplois afin de hiérarchiser les rémunérations. Qu'elle soit adoptée par toute une branche professionnelle ou au contraire par une entreprise importe peu. Les méthodes à la disposition des entreprises pour élaborer cette hiérarchisation sont toujours des méthodes de classification[1].

Nous conviendrons que la notion de qualification est utilisée essentiellement par les sociologues du travail pour rendre compte des processus de négociation collective qui concourent à la reconnaissance des individus à travers les salaires. La qualification peut être définie comme un attribut de l'individu lié à un ensemble de capacités, savoirs et savoir-faire pouvant être socialement reconnus. C'est pourquoi nous parlerons plutôt de classification dans ce chapitre.

---

1. À cet égard, nous ne souscrivons pas au choix de ceux qui réservent exclusivement le terme de classification pour désigner la hiérarchie des emplois et des salaires élaborée à l'extérieur de l'entreprise, au niveau de la branche.

➤ *Emploi, fonction, poste*

L'emploi est le terme générique désignant un ensemble d'activités faisant appel à un noyau de compétences. On parlera ainsi d'emploi de secrétariat par exemple, sans préciser davantage la nature du travail (secrétariat commercial, comptable ou de direction).

Ces activités peuvent ensuite être l'objet de découpages différents selon les organisations dans lesquelles elles sont effectuées. La fonction désigne ainsi un ensemble d'activités prescrites relevant davantage de domaines de responsabilités que de tâches précises. C'est pourquoi on parle généralement de fonction pour les cadres.

La notion de poste est beaucoup plus restrictive. Elle désigne un ensemble précis de tâches prescrites et situées par rapport à d'autres dans une organisation du travail taylorisée[1].

➤ *Définition et description*

Nous ne différencions pas ces termes. Une définition de fonction ou une description de fonction (ou de poste ou d'emploi) désignent la même démarche consistant à recueillir les informations pertinentes relatives au travail exercé.

Le caractère fluctuant de ces termes nous conduit à encourager le lecteur à repérer, dans toute entreprise dans laquelle il se trouvera, quel sens particulier celle-ci leur donne. Cela facilitera de façon significative sa compréhension des situations.

2. La base du système de rémunération

2.1. Une alternative simple : la personne ou l'emploi

Une question essentielle qui se pose de façon récurrente à tout responsable d'entreprise concerne la base du système de rémunération : faut-il payer l'emploi tenu, c'est-à-dire les exigences déterminées par l'organisation du travail, ou la contribution que chaque personne apporte au fonctionnement de l'entreprise ? Autrement dit, faut-il payer l'emploi – ou, dans une vision plus restrictive, le poste –, ou la personne qui tient le poste ? La question est loin d'être anodine et les réponses souvent délicates à trouver.

Dans la pratique, l'alternative existe : bien que la plupart des systèmes en vigueur reposent sur une hiérarchisation des emplois, certaines organisations ont choisi de payer la personne. C'est le cas en particulier dans la fonction publique.

© Dunod – La photocopie non autorisée est un délit.

---

1. Certains considèrent le poste au sens d'espace physique de travail et sont donc amenés à différencier le poste de travail de la secrétaire comptable A de celui de la secrétaire comptable B.

REPÈRES : Le système de la fonction publique

Le statut de la fonction publique a été élaboré en 1946. Il repose sur un fondement éthique : les liens qui unissent le fonctionnaire à l'État ne sont pas assimilables à ceux qui unissent le salarié privé à son employeur. L'intérêt général justifie l'action du fonctionnaire qui assume une véritable «condition sociale».

En conséquence, le fonctionnaire doit répondre à certaines obligations (intérêt et continuité du service, obéissance hiérarchique et neutralité) ; en contrepartie il bénéficie de certaines garanties :

- la carrière, assurée depuis la titularisation jusqu'à la retraite,
- des moyens d'expression collective tels que le droit syndical, le droit de grève et l'existence d'instances de gestion paritaires,
- la stabilité de l'emploi.

La grille indiciaire constitue ainsi un système spécifique de rémunération qui traduit la philosophie du statut. Cette grille respecte les principes d'égalité et d'équité : tout fonctionnaire est affecté à un grade, correspondant au niveau du concours réussi et à un emploi équivalent. Le fait de posséder les compétences et qualités requises pour évoluer dans un autre emploi ne suffit pas pour y accéder. Il est indispensable de réussir un concours, qui garantit l'égalité d'accès de tous.

À chaque emploi sont associés un indice minimum et un indice maximum. La carrière se déroule au sein d'un emploi : elle consiste à gravir les échelons prévus dans les délais impartis, c'est-à-dire à l'ancienneté, ou au choix par le biais de la notation, qui peut ainsi permettre de raccourcir ces délais. Les indices servent à la fixation du traitement[1] à partir d'une rémunération de base correspondant à l'indice 100. En théorie, un fonctionnaire classé à l'indice 550 doit percevoir 5,5 fois le traitement de l'indice 100.

Le changement d'emploi suppose la réussite au concours correspondant.

Dans la plupart des entreprises la hiérarchisation des salaires procède d'une hiérarchisation des postes. Comme nous l'avons développé dans le chapitre 1, la notion de poste est historiquement liée à l'organisation scientifique du travail imaginée par F.W. Taylor. Considéré comme l'unité de base du système organisationnel, le poste correspond à un besoin précis dans une organisation du travail conçue à partir de la définition des tâches les plus élémentaires.

Dans ce cas, les postes sont évalués les uns par rapport aux autres et, globalement, les personnes exerçant un emploi similaire perçoivent la même rémunération. Néanmoins, les systèmes en vigueur permettent une certaine souplesse : à chaque poste est en général attribuée une fourchette de rémunération qui indique les niveaux extrêmes et qui permet donc, au sein d'un même poste, de différencier les salaires des individus, en particulier en fonction de leur performance[2]. Mais la

1. À noter ici que la fonction publique parle de «traitement» et non de salaire ou de rémunération.
2. Nous reviendrons ultérieurement sur les enjeux liés à la définition des fourchettes de rémunération.

logique fondamentale reste celle du poste qui est défini en termes d'exigences requises. Ce sont elles qui sont en fait rémunérées chez les individus.

Un rapide détour par l'histoire permet de voir comment ont évolué les pratiques dans le domaine de la classification, en particulier comment se déplace le balancier entre la personne et le poste.

2.2. Évolution historique des classifications

La question de savoir comment payer le «juste prix», c'est-à-dire de rémunérer le travail de façon équitable, n'est pas neuve. Elle fait l'objet de débats et de prises de positions politiques et morales depuis le XVIIIe siècle avec l'avènement de la pensée économique classique et le concept de marché.

De nombreux accords d'entreprises portant sur la fixation des salaires ont existé dès le dernier tiers du XIXe siècle, mais les premières conventions collectives apparaissent seulement en 1919, au niveau des branches [1]. L'État, qui avait pris la responsabilité de fixer les salaires pendant la Première Guerre mondiale, redonne alors aux partenaires sociaux la liberté de négocier. Ces négociations conduisent davantage à réprimer les abus et à légitimer les acteurs qu'à remettre en cause les ordres salariaux antérieurs.

Pour l'État, en période de guerre, il s'agissait d'obtenir le meilleur prix pour le travail qu'il faisait exécuter, tout en évitant que cette pression ne se répercute de façon trop forte sur les ouvriers et ne menace la paix sociale. La branche professionnelle, parce qu'elle regroupe la plupart des entreprises d'une même activité, constituait donc pour lui le niveau le plus pertinent de la négociation salariale. Syndicats et patrons partageaient ce point de vue. Les premiers, parce qu'ils ne voulaient pas engager le niveau confédéral ; les seconds, parce qu'ils y voyaient la sauvegarde d'une certaine autonomie des firmes tout en bénéficiant d'une régulation de la concurrence.

Entre 1919 et les années soixante-dix, qui verront l'apparition des classifications en critères classants, les avenants classification évolueront très lentement. Les négociations de 1936, 1945 ou 1950 n'aboutissent pas à des refontes d'ensemble ; celles-ci n'interviendront qu'après 1968. La préoccupation principale, tant des employeurs que des syndicats, porte alors sur les niveaux de salaires et beaucoup moins sur des tentatives d'explicitation des situations réelles de travail.

Les différents types d'avenants classification illustrent cette réalité et son évolution.

Historiquement, on distingue quatre grands types d'avenants classifications :

– *Les classifications de type Parodi* sont apparues dans la plupart des branches industrielles classiques après 1945. Elles consistent en l'établissement d'une simple liste de dénominations de postes, sans description précise. Une grille de

1. D'après Saglio J., «Hiérarchies salariales et négociations de classifications. France 1900-1950», *Travail et Emploi,* n° 27, 1986, pp. 7-19.

© Dunod – La photocopie non autorisée est un délit.

coefficients salariaux accompagne cette liste. Des salaires horaires minima peuvent également être fixés. Ils servent très souvent de base à la négociation des salaires effectifs.

– *Les classifications de type «Parodi amélioré»* se caractérisent par des descriptions de postes plutôt fouillées. Les branches qui les ont adoptées, telles que le notariat par exemple, se distinguent par une négociation continue et ancienne[1], et un marché du travail très réglementé. Les postes de travail ainsi que le partage des responsabilités y sont définis de manière précise. La référence retenue est celle du métier, considéré dans une double acception : relativement aux compétences spécifiques mobilisées dans le travail, d'une part et par rapport à la communauté d'appartenance des individus, d'autre part.

– *Les classifications de type «fonction publique aménagée»* stipulent que «l'accès aux postes est explicitement soumis à des conditions de diplôme et que l'ancienneté est reconnue comme un critère de promotion systématique»[2]. Elles concernent surtout les secteurs du travail social et de la santé.

– *Les classifications en critères classants* sont les plus récentes. C'est la métallurgie qui la première a introduit les critères classants en 1975. Les classifications sont fondées sur l'énonciation et l'évaluation des critères et les accords portent sur des procédures d'évaluation des postes et non sur le classement des postes qui en découle. C'est pourquoi elles sont peu sensibles aux changements technologiques et à ceux de l'organisation du travail.

Ces quatre types de classifications répondent bien à des logiques différentes.

Le modèle «Parodi amélioré» adopte une logique de métier, dans des branches où sont établies des règles de fermeture du marché. Les accords fonction publique reposent sur une logique bureaucratique qui vise à réduire l'arbitraire patronal en instaurant, en particulier, le modèle du concours. Dans la plupart des branches industrielles qui ont adopté les sytèmes de type Parodi puis en critères classants, la logique est différente. La préoccupation de la sauvegarde de l'ordre public est constante et manifeste, si bien que l'État et le patronat doivent contrebalancer une menace beaucoup plus politique qu'économique. Selon J. Saglio, en effet, la fixation des salaires minima a pour objectif de réduire «le risque d'éclatement dû à la faible intégration de la classe ouvrière dans la société française»[3]. Les classifications reposent alors sur une logique à la fois industrielle et de solidarité ouvrière.

Au cours des années soixante-dix, la classique menace sur l'ordre social s'estompe, si bien qu'il devient possible de négocier sur l'énonciation des principes des hiérarchies salariales, ce qui se traduit par l'introduction des critères classants. On reconnaît également que les salaires doivent être gérés au niveau de l'entreprise et non plus de la branche.

1. Dans ces branches, la tradition de négociation est généralement plus ancienne que dans le cas des classifications Parodi, ce qui fait dire à J. Saglio que les termes employés pour les nommer sont porteurs de contresens historiques.
2. Saglio J., *ibid.*
3. *Ibid.*

Ainsi, alors que les avenants classification ont, pendant plus de cinquante ans, reconduit globalement les mêmes hiérarchies salariales, on constate qu'à partir des années soixante-dix, «les avenants classification énoncent des principes et des procédures d'évaluation des postes de travail concrets»[1]. Cela suggère qu'interviennent dans les négociations de classification des facteurs structurants plus forts que les techniques de production, telles que les représentations du travail et les organisations spécifiques à chaque branche professionnelle.

Ce bref éclairage historique permet de relativiser la portée des évolutions de l'organisation et du contenu du travail dans les négociations de classification. On observe néanmoins aujourd'hui un regain d'intérêt pour cette question.

2.3. La résurgence du débat

La période actuelle est marquée par une volonté de tenir compte davantage de l'individu et de ses compétences. Les conditions organisationnelles ayant évolué, certaines entreprises ont commencé à remettre en question la notion de poste jugée trop restrictive et ne correspondant plus à la réalité du travail effectué[2]. Cette prise de conscience les a conduites à rechercher quelle base pourrait rendre compte des exigences nouvelles des situations de travail auxquelles les salariés doivent faire face. La notion de compétence est ainsi apparue comme répondant à ces besoins. Au sein de l'industrie sidérurgique, l'Accord A Cap 2000 marque la volonté de revoir l'ensemble du système de gestion désormais fondé sur la compétence.

Exemple : L'accord A Cap 2000

L'accord-cadre signé en 1990 dans la sidérurgie porte sur la conduite de l'activité professionnelle. Il apparaît comme l'une des conséquences des importantes restructurations qu'a connues la sidérurgie à partir de la fin des années soixante-dix. Une des mesures importantes qui avait été prise pour réduire massivement les effectifs reposait sur la signature d'une convention entre les entreprises du secteur et l'État : la convention CGPS (Convention générale de la protection sociale), permettant aux salariés âgés d'au moins 50 ans de partir à la retraite. Cette mesure a permis le départ régulier d'un nombre important de salariés et produit ce que l'on a appelé un «effet cheminée» : le départ de ces salariés occupant souvent des postes relativement élevés dans la hiérarchie créait pour les plus jeunes des niveaux inférieurs des possibilités d'évolution de carrière renouvelées tous les deux ou trois ans. Lorsque la convention CGPS a été dénoncée par l'État, les promotions successives et fréquentes ont été brusquement stoppées. Comment continuer à motiver des salariés habitués ainsi à des évolutions de carrière aussi intéressantes ? Telle est l'une des grandes questions à laquelle l'accord s'efforce de répondre.

D'autres problèmes se posaient. La multiplication des départs en retraite a conduit à une véritable «saignée de savoir-faire» nécessitant de former ceux qui, insuffisamment

1. Saglio J., «Les logiques de l'ordre salarial : avenants classification et salaires dans le système français de relations professionnelles», *Travail et Emploi*, n° 35, juillet-septembre 1991, pp. 35-47.
2. Se reporter au chapitre 1.

© Dunod – La photocopie non autorisée est un délit.

préparés, prenaient la relève. Il fallait donc identifier les savoir-faire requis pour construire des référentiels de formation adaptés, mais aussi transformer l'organisation de la production pour qu'elle s'adapte à une demande croissante en qualité et variété des produits.

Or, le poste de travail, jusqu'alors clé de voûte du système, s'est avéré inadapté. Les analyses de poste ne traduisaient plus la réalité du travail des opérateurs ; les possibilités d'évolution étaient insuffisantes. Enfin, les nouvelles données économiques nécessitaient des formes organisationnelles souples et évolutives, habitées par des acteurs polyvalents.

Une première expérience avait déjà été mise au point en 1986 pour tenter d'échapper à la logique de poste : le système d'évolution des compétences (SEC) fondé sur la «cellule d'activités». Celle-ci désigne un ensemble d'activités concourant à la réalisation d'une mission commune, au sein de laquelle chaque opérateur est libre de constituer son parcours professionnel. Il cumule des activités nouvelles qu'il maîtrise grâce à des programmes de formation. Il développe ainsi ses compétences au sein d'emplois types préalablement définis.

Cette expérience s'est accompagnée d'une modification de la grille de classification visant à permettre la hiérarchisation des emplois types nouvellement définis. Une procédure d'évaluation des compétences acquises par les salariés – qui intègre l'entretien individuel, la définition des étapes pour acquérir les savoir-faire manquants, la mise en situation et le contrôle par la maîtrise –, vient clore le dispositif.

Sur la base de cette première expérience l'accord A Cap 2000 a obtenu l'aval des syndicats. Cet accord stipule que «l'entreprise met en place les moyens techniques et financiers pour aider et valider le développement des compétences individuelles». En échange, les salariés «acceptent de mettre en œuvre les compétences acquises».

Désormais, l'évolution de carrière d'un opérateur est liée à sa compétence et ne dépend plus de l'existence de postes plus élevés, puisque ces opportunités ont disparu. L'accord garantit un «parcours de carrière de référence, et un parcours minimal de carrière». Il s'agit d'encourager les salariés à acquérir de nouvelles compétences utiles à l'entreprise.

Les compétences, définies comme «savoir-faire opérationnels validés», sont celles requises par l'organisation productive en référence à des filières d'emplois pré-définies.

L'originalité de cet accord repose en partie sur la dissociation entre classification individuelle et emploi tenu : la classification dépend désormais de la personne et de ses attributs, et non plus des qualifications requises par la fonction exercée. Puisque l'individu est rémunéré en fonction d'une compétence, il revient à l'entreprise d'utiliser cette compétence en lui confiant les responsabilités correspondantes. Cela suppose que l'organisation des emplois, et pas seulement l'organisation du travail, soit adaptée, en particulier que les passages d'un emploi à l'autre permettent vraiment au salarié d'acquérir de nouvelles compétences.

Ce débat récurrent autour de la question de savoir s'il convient de rémunérer la personne plutôt que le poste soulève un certain nombre de questions de fond.

En premier lieu, et c'est une remarque, on observe un parallèle entre deux discours : d'un côté, l'entreprise, en général privée, semble vouloir développer des classifications qui seraient capables de tenir compte des individus, et non plus des emplois qu'ils occupent puisque ceux-ci sont en évolution permanente. De l'autre, des critiques sérieuses s'expriment quant aux faibles performances des services publics, attribuées à un système qui serait inefficace car rémunérant les personnes en fonction du grade où elles se trouvent, indépendamment de la nature du travail effectué. Autrement dit, on assiste à un chassé-croisé entre ceux qui, rémunérant le poste, voudraient rémunérer la personne, et ceux qui, rémunérant la personne, voudraient pouvoir tenir compte de la situation de travail réelle.

Par ailleurs, élaborer des systèmes de rémunération suppose que l'on se donne des critères d'évaluation, et que l'on détermine, parmi différentes possibilités, l'élément sur lequel celle-ci va porter (tableau 5.1).

Tableau 5.1 : *Les différents objets d'évaluation possibles*

Objets faisant référence à la personne	**Objets faisant référence au poste**
– Capacités (ex. : fonction publique) – Potentiel (diplôme) – Compétence	– Poste (ou fonction ou emploi) – Travail exécuté (rémunération à la pièce) – Tâche (ex. : expert indépendant)

De nombreuses entreprises et certaines branches professionnelles ont élaboré aujourd'hui des systèmes composites : ils tentent de tenir compte simultanément des exigences de l'organisation, c'est-à-dire des emplois (ou des postes ou des fonctions), et de la façon dont les personnes tiennent ces emplois. C'est le cas par exemple dans l'entreprise pharmaceutique Boiron.

Exemple : La classification chez Boiron

Pour des raisons liées à son activité homéopathique d'une part, et pour tenir compte de caractéristiques spécifiques d'autre part (forte capacité d'innovation, potentiel de développement des structures et des comportements), Boiron a élaboré sa propre grille, tout en respectant celle de la branche des industries pharmaceutiques.

L'entreprise a donc mis au point sa propre méthode. Celle-ci permet de classer les emplois en deux temps :

– classement du *travail* en fonction de ses exigences (contraintes économiques, techniques, sociales, etc.) et de la marge d'autonomie possible ;

– qualification de *l'individu, dans l'emploi donné*, en tenant compte de ses compétences (formation initiale ou continue, expérience professionnelle réussie) et de son apport personnel (comportements conduisant à des résultats supérieurs à ceux normalement attendus).

6 critères (décisions, réalisations, gestion-coûts, communications, connaissances, commandement) sont utilisés pour évaluer le travail, avec 5 niveaux possibles. 5 critères (efficacité, adaptabilité, mode de relations, méthode, amélioration) sont utilisés pour qualifier l'individu, sur 5 niveaux également.

Au total, des points sont attribués en fonction des scores (par niveau) obtenus sur chaque critère et le positionnement définitif de l'emploi, c'est-à-dire son coefficient dans la grille, dépend du total de points obtenu sur les deux listes de critères.

© Dunod – La photocopie non autorisée est un délit.

On relève aujourd'hui une certaine tendance des entreprises à fonder leur grille de classification sur la notion de compétence, ce qui met en évidence l'une des grandes difficultés de la classification, à savoir son obligation de rendre compte à la fois d'une certaine réalité organisationnelle, et de la reconnaissance de cette réalité par les partenaires sociaux.

2.4. La classification entre objectivation et négociation

Fonder une grille de classification sur la compétence revient à poser la question des rapports entre qualification et compétence. Pour la sociologie du travail, qui s'est toujours intéressée à la notion de qualification, la frontière entre ces deux termes est loin d'être claire. Certains sociologues ont tenté de justifier l'usage de la notion de compétence pour mieux rendre compte de l'évolution des situations de travail. M. Stroobants[1] a ainsi identifié au moins deux types de raisonnement, qu'elle juge peu convaincants.

En premier lieu, l'importance des savoirs et compétences révèlerait un changement dans les faits : les conditions de travail ne seraient plus dégradantes, l'atelier serait valorisé, la qualité du travail serait meilleure. Ces approches remettent ainsi en question l'actualité de la thèse de la déqualification, essentielle en sociologie du travail, selon laquelle le taylorisme conduirait à une dégradation du travail (mauvaise qualité) significative d'une perte de qualification.

Le raisonnement par les compétences pèche par un présupposé identique : la qualité du travail serait supposée rendre compte du niveau de qualification des travailleurs. Or, depuis les controverses entre les fondateurs de la sociologie du travail française, G. Friedmann et P. Naville, on sait que la qualification n'est pas déterminée automatiquement par le contenu du travail. Elle résulte d'un processus de négociation collective, si bien que la référence aux compétences ne règle aucunement la question de leur reconnaissance ni celle de la qualification des travailleurs.

Le second raisonnement reposant sur la notion de compétence vise à prendre en compte les processus cognitifs mis en œuvre par les travailleurs pour répondre aux nouvelles exigences du travail, liées à l'automatisation des processus de production. Dans la réalité, les choses seraient ainsi plus compliquées qu'on le pensait.

Pour M. Stroobants, les arguments des défenseurs de la nécessité heuristique de la notion de compétence ne tiennent pas. Les ficelles de métier, les tours de main et autres «petits arrangements» avec les règles – pratiques cachées, savoirs informels ou «trucs» mobilisés dans l'acte de travail – ont existé de tout temps, même dans les organisations de travail tayloriennes aux processus extrêmement standardisés. Simplement, ils n'avaient pas été explorés jusque-là.

La question n'est donc pas tant de révéler l'existence de ces pratiques que de les

---

1. Stroobants M., «La visibilité des compétences», *in* Ropé F. et Tanguy L. (dir), *Savoirs et compétences, de l'usage de ces notions dans l'école et l'entreprise*, Paris, L'Harmattan, 1994.

reconnaître. Or, de ce point de vue, une fois encore, la notion de compétence ne résout rien. Au contraire, on pourrait presque dire qu'elle contribue à brouiller les cartes dans la mesure où elle pourrait faire croire qu'il suffit de prouver sa compétence pour être reconnu, c'est-à-dire qualifié, et rémunéré en conséquence. De fait, tout processus de qualification possède une part d'arbitraire et procède en réalité d'une négociation collective, largement conduite sur la base d'éléments tangibles et évaluables, c'est-à-dire également fiables et indiscutables, que sont généralement les diplômes. La prise en compte de ces savoirs tacites dans la reconnaissance de la qualification fait également l'objet de négociation.

En matière de négociation, on observe aujourd'hui un transfert à la fois d'objet et de lieu de négociation. En effet, la compétence est utilisée comme nouvelle base de négociation dans le contrat de travail, là où s'exprimaient naguère les accords de branche sur la base de référentiels de métiers. Ceux-ci sont considérés comme dépassés et laissent place à des «référentiels plus contingents et plus proches des situations de travail»[1]. Cette situation est essentiellement permise par le déclin du syndicalisme et de la conflictualité.

Il serait illusoire de penser que la situation de travail permet de déterminer la qualification du travailleur de manière automatique. Si la réalité du travail d'un conducteur de bus de la RATP, par exemple, s'impose comme plus difficile et plus complexe que celle du conducteur de métro, cela n'empêche pas que le second soit plus qualifié et mieux rémunéré que le premier. Ce constat s'explique par le caractère social de la qualification qui est bien le résultat d'une négociation collective. En l'occurrence, cette particularité s'explique historiquement : les conducteurs de métro relevaient à l'origine d'une classification proche de celle en vigueur dans les mines (travail souterrain). C'est parce que les représentants syndicaux ont réussi à faire valoir cet élément au cours de la négociation que les conducteurs de métro bénéficient encore aujourd'hui d'une qualification et d'une rémunération supérieures.

La question du choix entre l'un des deux systèmes pourra être en partie éclairée par référence aux enjeux et aux significations d'un processus de classification.

3. Les enjeux individuels et organisationnels de la classification

Dès le début de ce chapitre, nous avons défini la classification comme le processus par lequel une entreprise, ou une branche, élabore une grille formelle des emplois. La négociation collective intervient à la fois pour valider la grille et pour déterminer les salaires correspondants.

Syndicats et employeurs ont souvent partagé le même intérêt : celui de différen-

© Dunod – La photocopie non autorisée est un délit.

1. D'après Freiche J., «L'usage du concept de compétence», *Personnel,* n°331, mars-avril 1992.

cier au maximum les emplois, et donc les salaires. Le souci des premiers consistait à faire reconnaître pour chacun la réalité de son travail et des conditions dans lesquelles il l'effectuait pour en obtenir la meilleure contrepartie. Pour les seconds, il s'agissait de s'assurer que les rémunérations versées correspondaient bien à la réalité de l'organisation du travail, autrement dit que la rétribution donnée à chacun était bien en rapport avec sa contribution au procès de travail. Aujourd'hui, l'éclatement de la notion de poste tend à produire des configurations d'emplois plus larges et aux contours moins précis qui risquent de rendre moins claires les raisons de la différenciation salariale, et donc plus difficiles les étapes de la négociation.

Par ailleurs, les salariés ont intérêt à voir leurs qualifications reconnues au sein d'une branche professionnelle plutôt qu'au sein de leur entreprise, par le biais de leurs compétences en l'occurrence. Une position dans une grille de classification est définitivement acquise. Elle atteste de la qualification reconnue au salarié et constitue un élément substantiel de son contrat de travail. Les compétences, en revanche, ne sont jamais définitivement acquises, puisque liées à chaque situation de travail. Elles font l'objet d'une négociation constante pour leur reconnaissance, car chaque salarié est en permanence évalué et sa compétence, par définition, risque à tout moment d'être remise en cause.

Au-delà des réalités organisationnelles, la classification exprime en partie le niveau d'acceptabilité sociale retenu par la négociation entre les partenaires sociaux. L'exemple des conducteurs de métro de la RATP l'illustre parfaitement : il a été jugé acceptable par tous de tenir compte d'un héritage social spécifique. Une grille de classification reconnaît formellement une représentation des situations réelles de travail, matérialisées dans des descriptions d'emplois, ainsi que leur hiérarchie, c'est-à-dire la valeur accordée à tel emploi par rapport à tel autre.

La pluralité des conséquences de toute classification, sur le plan de la rémunération, de la mobilité ou de la construction des compétences, permet de comprendre pourquoi elle constitue un enjeu essentiel de la négociation collective.

La classification peut avoir des conséquences non négligeables en termes de mobilité, par exemple, lorsqu'il sera question de faire évoluer un salarié vers un emploi assez différent du sien. Il est probable qu'il devra se former de façon conséquente, ce qui risque d'induire un coût élevé pour l'entreprise. L'ancienne rémunération, que le salarié conserve, pourra donc être élevée par rapport à sa qualification plus faible dans ce nouveau poste.

Lorsque des représentants d'employeurs dénoncent des conventions collectives, comme cela s'est produit récemment dans les secteurs des assurances et de l'industrie pharmaceutique entre autres, une nouvelle négociation s'engage pour élaborer une grille qui prenne en compte les configurations réelles des emplois telles qu'elles se dessinent sous l'effet des évolutions techniques et technologiques.

Pourtant une grille de classification ne constitue que l'architecture générale des emplois d'un secteur, à l'intérieur duquel chaque entreprise a loisir d'organiser sa propre structuration. On pourrait assimiler la classification à la structure de la façade d'un immeuble, l'aménagement intérieur de chaque appartement correspondant au système propre à chaque entreprise. Il est donc possible à une entreprise de réaménager sa propre grille tout en respectant la classification de sa branche. En revanche, une nouvelle classification au niveau d'une branche professionnelle oblige chaque entreprise à revoir sa propre grille interne.

Qu'il s'agisse de la branche professionnelle ou de l'entreprise, l'enjeu est le même : il faut disposer d'une représentation qui soit adaptée aux situations de travail réelles et à leur organisation, et surtout qui puisse faire l'objet d'un consensus avec les organisations syndicales par le biais de la négociation. Pour l'entreprise, l'enjeu est cependant plus important que pour la branche, ce qui explique pourquoi les entreprises sont amenées plus fréquemment que les branches professionnelles à revoir leur grille de classification.

4. Les méthodes d'évaluation des emplois

Comment élaborer une grille de classification ? De nombreux manuels exposent l'ensemble des méthodes disponibles, détaillant leur fonctionnement et leurs avantages et inconvénients[1]. Nous nous limiterons à indiquer au lecteur les deux grandes catégories de méthodes utilisées par les entreprises : les unes, dites globales, procèdent directement de la dénomination de l'emploi à son évaluation ; les autres, dites analytiques ou critérielles, introduisent une phase intermédiaire d'analyse à partir de critères définis au préalable.

4.1. Les méthodes globales

Évaluant les emplois directement à partir de leur intitulé, ces méthodes sont souvent déroutantes car elles semblent arbitraires. Cependant, il serait faux de dire qu'elles n'ont pas de fondement scientifique. Simplement, celui-ci n'est pas explicité. Il est implicitement partagé par ceux qui procèdent à l'évaluation, de sorte que ces méthodes mettent à jour la hiérarchie des emplois partagée par un groupe social.

La représentation des emplois ainsi produite traduit le consensus obtenu au sein du groupe des évaluateurs sur la hiérarchie qu'il est socialement acceptable d'officialiser au sein de l'entreprise. Ces méthodes mettent en évidence le caractère social de la classification. Si certaines valeurs sont reconnues dans la très grande majorité des entreprises, telles que la supériorité des emplois d'ingénieurs sur ceux de manœuvres par exemple, toutes ne partagent pas la même représentation des hiérarchisations plus fines entre emplois plus proches.

© Dunod – La photocopie non autorisée est un délit.

1. On pourra par exemple se reporter à Donnadieu G., Denimal P., *Classification-qualification. De l'évaluation des emplois à la gestion des compétences*, Paris, Les Éditions d'Organisation, 1993, ou Thomas J., *Qualification professionnelle, évaluation et évolution*, Paris, Les Éditions d'Organisation, 1991.

Parmi ces méthodes, la *comparaison par paires* est la plus connue. Elle consiste à positionner un emploi A relativement à une succession d'emplois B, puis C, D, etc. Il s'agit d'élaborer un classement en termes de «est supérieur à». On procède ensuite de même avec B qui sera positionné relativement à C, D, etc.

Exemple d'utilisation de la méthode de comparaison par paires.

	Secrétaire du directeur	Réceptio-tionniste	Pupitreur	Vendeur	Responsable paye	Responsable sécurité	Total
Secrétaire du directeur		x	x				2
Réceptionniste			x				1
Pupitreur							0
Vendeur	x	x	x				3
Responsable paye	x	x	x	x			4
Responsable sécurité	x		x	x	x		5

Dans cet exemple, le poste de la secrétaire du directeur est jugé supérieur à celui de la réceptionniste et du pupitreur. Une croix est donc portée dans chacune des deux cases concernées. On procède de même pour chacun des emplois suivants. Le score final de chacun est obtenu par la somme des croix. On peut ainsi en déduire l'ordre croissant des emplois : pupitreur, réceptionniste, secrétaire du directeur, vendeur, responsable paye, responsable sécurité.

Les méthodes globales sont souvent critiquées en raison des implicites de leur référentiel. En fait, elles permettent d'illustrer le consensus qui existe dans l'entreprise autour de quelques valeurs et qui se traduit par une hiérarchie des emplois. Le problème est précisément que leur référentiel n'est pas contrôlable et qu'il peut exister des différences notables entre les divers évaluateurs. De plus, ces méthodes ne permettent pas de comprendre les fondements du classement qui est opéré entre les emplois. Elles ont également tendance à confondre l'emploi et celui qui le tient.

4.2. Les méthodes analytiques (ou critérielles)

Introduisant une phase d'analyse après la description de l'emploi, ces méthodes utilisent, en nombre variable, des critères de comparaison. Parmi les nombreuses méthodes existantes, on peut citer la *méthode Hay*, sans doute la plus connue, et la *méthode du degré d'autonomie* (E. Jaques).

La *méthode Hay* a été mise au point aux États-Unis. Elle s'adapte principalement aux emplois de cadres qui sont décrits selon un schéma type puis analysés à l'aide de trois critères :

– la finalité : à quoi sert le poste dans l'organisation ?

– l'initiative créatrice : quel est le degré de difficulté des problèmes à résoudre ?
– la compétence : que faut-il savoir et maîtriser pour tenir le poste ?

Des tables préétablies indiquent des valeurs de point correspondant aux niveaux sur lesquels chaque critère est mesuré. Au total, un nombre global de points est attribué à chaque emploi, par l'addition des points obtenus sur chacun des critères.

La méthode de E. Jaques basée sur la mesure du *degré d'autonomie* repose sur la réponse à une question du type : quel est le délai maximum pour que le supérieur hiérarchique s'aperçoive que le travail n'est pas fait ? Ce temps s'allonge avec le niveau de difficulté de l'emploi : un ouvrier dispose d'un degré d'autonomie d'une journée, un employé de quelques jours, un cadre de plusieurs mois et un dirigeant de dix-huit mois ou plus. Cette méthode se révèle difficile à mettre en œuvre, car il s'agit d'appréhender une réalité, l'autonomie, qui est par nature subjective et non homogène. La méthode renseigne en fait davantage sur la réalité des pratiques de décentralisation de l'autorité que sur la valeur des emplois.

4.3. Quelques problèmes liés au choix d'une méthode

Comment choisir parmi toutes ces méthodes ? On peut vouloir faire appel à des méthodes très répandues, telles que la méthode Hay, qui sont vendues accompagnées d'un ensemble de services annexes utiles à l'élaboration des politiques de rémunération. On peut préférer choisir une méthode en tenant compte de critères pertinents, en particulier pour son objectivité.

En effet, la question de l'objectivité surgit dès qu'il s'agit d'évaluation. Les méthodes globales, évoquées ci-dessus, sont souvent utilisées de façon combinée avec des méthodes analytiques et critérielles[1].

Le caractère social de tout acte de classification des emplois permet d'enrichir la question de la légitimité d'une méthode : elle ne saurait se limiter à ses qualités intrinsèques. Elle dépend fortement du comité d'évaluation qui utilisera la méthode et procédera à tous les lissages et arbitrages nécessaires.

La classification est parfois présentée comme une simple opération de clarification de la réalité du travail n'impliquant pas de réel changement. Cependant, elle intervient aussi pour faire évoluer des systèmes devenus insatisfaisants. Il importe alors de bien mesurer le degré de changement acceptable par le corps social. On retiendra donc qu'il est indispensable d'élaborer avant tout un consensus social, pour assurer la pérennité du système. Le comité d'évaluation devra tenir compte des différentes sensibilités présentes dans l'entreprise, afin d'être le plus représentatif possible des salariés. Ainsi, le choix d'une méthode repose à la fois sur sa validité scientifique et sur sa validité sociale.

© Dunod – La photocopie non autorisée est un délit.

1. La méthode de comparaison par paires est en effet souvent utilisée au début d'un processus pour identifier le système de valeurs qui rassemble le plus fort consensus. Cela permet, lors d'une évaluation plus précise, de procéder à la pondération des critères choisis.

Section 2 LES QUESTIONS CLASSIQUES EN MATIÈRE DE RÉMUNÉRATION

Lorsque la question des fondements du système de rémunération a été résolue, l'entreprise n'est pas parvenue pour autant au bout de ses difficultés. Avant d'aborder la question des choix possibles, en particulier pour élaborer une politique de rémunération, il nous semble important d'attirer l'attention sur l'aspect financier de la question de la rémunération, à travers la notion de masse salariale[1].

1. La masse salariale : définition, contraintes, maîtrise

La masse salariale désigne les sommes financières que l'entreprise consacre à la rémunération de ses salariés, c'est-à-dire les salaires bruts versés (salaires nets et charges sociales «ouvrières») et les charges sociales patronales qu'elle supporte. Maîtriser l'évolution de la masse salariale est une nécessité pour l'entreprise, à la fois en raison des sommes financières couramment en jeu, et des mécanismes spécifiques qui tendent à différer les effets attendus de toute décision.

Plusieurs éléments peuvent en effet faire varier la masse salariale :

- des éléments liés à sa composition : le niveau des salaires individuels, le niveau des effectifs, la structure des qualifications ;
- des décisions ponctuelles prises antérieurement qui produisent des effets d'inertie dont il faut tenir compte.

S'il est aisé d'imaginer les effets des variations de la composition de la masse salariale sur son niveau, les effets d'inertie méritent d'être explicités.

Par définition, la masse salariale est appréciée sur l'année civile, correspondant à la période de référence pour élaborer le bilan. Toute décision prise en cours d'année aura une incidence sur la masse salariale mesurée en fin d'année.

L'encadré suivant permet de repérer les différentes incidences possibles.

REPÈRES : Masse salariale, définitions et effets d'évolution

1. Augmentation en niveau – augmentation en masse

Soit A l'année de référence. Au 1er avril de l'année A, l'entreprise décide d'augmenter les salaires de 1,5 % : c'est une augmentation en niveau.

Au 31 décembre de l'année A, l'entreprise calculera sa masse salariale. On parlera alors d'augmentation en masse pour mesurer l'évolution de la masse salariale sur l'année entière.

---

1. Nous ne traiterons pas ici des contraintes légales qui pèsent sur les entreprises (SMIC, rémunération des heures supplémentaires, durée du travail, etc.). Nous renvoyons le lecteur à des ouvrages de droit social.

2. Effet report

Il mesure l'incidence sur l'année A+1 d'augmentations en niveau réalisées en cours d'année A.

Soit 100, le salaire mensuel donné. Trois augmentations de 1 % ont lieu pendant l'année A, l'une au 1er mars, la seconde le 1er juillet et la troisième le 1er novembre. Si M désigne la masse salariale de l'année A, elle s'obtient par le calcul suivant :

$$2 \times (100) + (4 \times 101) + (4 \times 102{,}01) + (2 \times 103{,}03) = 1218{,}1$$

(101 correspond à 1 % d'augmentation sur 100, 102,01 à 1 % sur 101 et 103,03 à 1 % sur 102,01). En année A+1, il n'y a pas d'augmentation. La masse salariale M' sera de :

103,03x12 = 1236,36 (12 fois le salaire du mois de janvier).

On constate que la masse salariale M' est supérieure à M. Le rapport M'/M, soit 1,5 %, est appelé effet report de A sur A+1.

De la même façon, si l'entreprise n'attribue aucune augmentation en niveau en A+1, elle connaîtra néanmoins une augmentation en masse.

3. Effet de noria

Il mesure l'effet du remplacement, aux mêmes postes, de salariés âgés par des salariés plus jeunes. Ces derniers, en général moins bien payés, permettent à l'entreprise de dépenser moins : on parle d'effet de noria positif. Un effet de noria négatif se produit si l'on intègre des salariés plus âgés ou plus qualifiés.

Ces mécanismes ont été fréquemment utilisés pendant les années quatre-vingt dans les entreprises industrielles en restructuration, encouragées par l'État et le FNE (Fonds national pour l'emploi). L'effet de noria positif ainsi obtenu ne doit pas faire oublier certaines conséquences liées à la perte des compétences que ces pratiques entraînent.

4. Effet d'effectif

Il est directement lié au nombre de salariés de l'entreprise. S'il augmente, la masse salariale augmente et inversement. Cela explique pourquoi le recours à des suppressions d'emplois est aisément pratiqué dans le but de voir la masse salariale baisser.

5. Effet de structure

Il se manifeste lorsque des changements interviennent dans la structure des qualifications de l'entreprise. Par exemple, si l'acquisition d'un nouvel équipement entraîne le remplacement d'un salarié peu qualifié par un salarié très qualifié, la masse salariale s'accroîtra sous un effet de structure.

6. GVT : Glissement, vieillissement, technicité

Le GVT permet de distinguer les conséquences des différentes augmentations individuelles. Il est surtout utilisé dans la fonction publique. Il mesure les évolutions de masse salariale liées à trois catégories d'augmentations :
- glissement : il mesure les augmentations accordées sans qu'il y ait transformation, ni de la qualification ni de la nature du travail ;
- vieillissement : il mesure les effets d'évolution des taux des primes d'ancienneté ou l'application de mesures d'augmentations automatiques ;
- technicité : elle correspond aux changements de qualification d'un agent.

Pour une bonne compréhension de ces phénomènes, on pourra utilement se reporter à l'encadré (repères) relatif à la grille de la fonction publique.

© Dunod – La photocopie non autorisée est un délit.

Cet éclairage sur l'inertie de la masse salariale permet d'entrevoir l'une des difficultés importantes des négociations portant sur les salaires. Selon la logique que l'on adopte, une même réalité en termes d'augmentation de salaires peut être jugée simultanément comme avantageuse – c'est le cas si l'on regarde les sommes effectivement consacrées par l'entreprise aux rémunérations –, ou au contraire comme inacceptable. Une absence d'augmentation de salaires en niveau, qui fait sens pour le salarié, peut pourtant occasionner une dépense supplémentaire pour l'entreprise, pour peu que des augmentations aient eu lieu l'année précédente.

Comment concilier les impératifs économiques avec le souci d'une certaine considération sociale ? C'est la question centrale à laquelle doit s'efforcer de répondre la politique de rémunération.

2. L'élaboration des politiques de rémunération

2.1. Réponse à des enjeux économiques et sociaux

Outre l'importance de la productivité, qui constitue un élément essentiel dans la politique de rémunération, l'entreprise est également confrontée à des enjeux économiques externes liés à sa compétitivité par rapport au marché. Elle doit en effet tenir compte des salaires versés par les entreprises de son marché et/ou de son bassin d'emploi afin de choisir son positionnement relatif, selon qu'elle veut attirer et fidéliser des salariés qualifiés ou plutôt limiter ses coûts.

Bien entendu, aucune entreprise ne saurait ignorer les enjeux sociaux liés à la rémunération. L'équité du système est essentielle : il doit donner à chacun le sentiment d'être traité à sa juste valeur. Par ailleurs, à la rémunération sont souvent associés d'autres enjeux tels que le pouvoir, la considération ou les signes extérieurs. De fait verser un salaire ne se résume pas à honorer un contrat de travail explicite. Verser un salaire, c'est aussi récompenser une personne, valoriser certains comportements, voire prodiguer des encouragements.

L'élaboration d'une politique salariale suppose donc de procéder à certains arbitrages entre impératifs économiques et besoins sociaux. Il existe différents systèmes permettant de rendre ces arbitrages.

2.2. Les différents systèmes de rémunération

Nous retiendrons la catégorisation proposée par M. de Coster et F. Pichault car, elle facilite la compréhension d'une réalité souvent complexe du fait des multiples combinatoires qui la traversent[1].

---

1. Coster M. (de), Pichault F., «Les systèmes et politiques de rémunération», *Traité de sociologie du travail,* Bruxelles, De Boeck Université, 1994.

◆ *Le salaire fixe*

Par définition, il consiste à verser une somme fixe en échange du travail effectué. Le plus souvent, il s'agit d'un salaire au temps, présenté d'ailleurs par les syndicats comme l'un des acquis fondamentaux des luttes sociales selon le principe bien connu : «à travail égal, salaire égal».

Cependant, même sans introduire à proprement parler de variation dans la rémunération, la plupart des entreprises disposent de systèmes qui prévoient la possibilité de rémunérer différemment un même emploi dans une fourchette jugée raisonnable, afin de différencier les salariés. La méthode Hay par exemple prétend qu'une fourchette de 40 %, c'est-à-dire 20 % de part et d'autre d'une valeur médiane, est souhaitable. Quelle que soit la norme que l'entreprise se donne, l'enjeu consiste à pouvoir faire varier la rémunération d'une personne même si elle ne change pas d'emploi, en tenant compte de la maîtrise supposée plus grande qu'elle acquiert au fil du temps. Autrement dit, l'entreprise doit pouvoir différencier le salaire du débutant de celui qui est plus expérimenté.

Les systèmes à l'ancienneté permettent également de tenir compte de cette différence. Toutefois, l'ancienneté n'est pas fondée sur l'expérience acquise mais sur la présence du salarié dans l'entreprise. La relation entre temps passé et expérience développée est supposée mais non prouvée. Pour certaines catégories de salariés, souvent très peu qualifiés, il arrive même que la durée n'ait favorisé en rien l'acquisition d'une expérience réelle. Tout dépend des apprentissages effectivement réalisés pendant le temps concerné. Par ailleurs, il faut aussi pouvoir tenir compte du niveau «confirmé» de celui qui viendrait d'une autre entreprise et ne bénéficierait donc pas des primes d'ancienneté.

Avec l'évolution des formes organisationnelles, les salariés sont amenés à exercer diverses activités qui sortent largement du cadre étroit du poste de travail. Il est donc nécessaire de disposer d'ensembles plus larges, avec des frontières moins rigides, afin de fixer plus librement les rémunérations. La détermination de «fourchettes de rémunération» consiste à préciser un salaire minimum et un salaire maximum jugés acceptables pour un même emploi. La zone ainsi définie est alors positionnée relativement aux emplois voisins de façon à rendre les recouvrements possibles. Le passage à des fourchettes élargies permet une plus grande souplesse dans la gestion des salaires. C'est l'approche dite du «broadbanding»[1] qui est illustrée par la figure 5.1.

1. Le Gunéhec P., «Mettez de la flexibilité dans vos grilles de salaires», *L'Expansion Management Review*, été 1994, pp. 76-81.

© Dunod – La photocopie non autorisée est un délit.

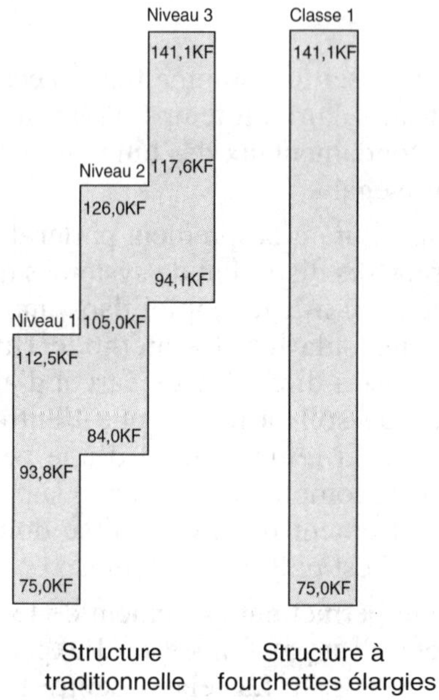

Figure 5.1 : *Fourchettes de rémunération traditionnelles et élargies*

◆ *Le salaire individualisé*

Malgré les modalités très diverses que recouvrent les pratiques d'individualisation des salaires, il s'agit toujours de faire dépendre une partie plus ou moins importante de la rémunération des apports productifs du salarié à l'organisation.

Certaines pratiques d'individualisation sont apparues dès la fin du XIXe siècle, comme le *salaire à la pièce ou à la tâche*. Il correspond alors au prix convenu entre le patron et l'ouvrier pour des travaux à réaliser, quel que soit le temps passé. Le travail à domicile, encore courant aujourd'hui dans l'industrie textile par exemple, consiste à rémunérer en fonction du nombre de pièces produites. On peut d'ailleurs imaginer qu'à la faveur d'expériences telles que le télétravail, le salaire à la pièce, ou plutôt à la tâche, risque fort d'être remis au goût du jour.

Le *salaire au rendement*, imaginé par F.W. Taylor dans un système d'organisation rationnelle, n'est que la forme la plus élémentaire du salaire individualisé. Il s'apprécie exclusivement à l'aune du lien entre apport productif et temps passé. Il supprime l'autonomie du travailleur dans la mesure où les normes de temps et de production auxquelles il doit se plier sont définies par des spécialistes concepteurs de l'organisation du travail.

Le *salaire à la productivité* constitue encore une autre forme d'individualisation liée à l'organisation du travail. Il procède d'une individualisation collective et sera traité avec l'intéressement.

La pratique la plus courante aujourd'hui est celle du *salaire au mérite*, quel que soit le sens exact que recouvre ce terme (nous y reviendrons ultérieurement). Il est essentiellement appliqué à la catégorie des ETAM[1] et à celle des cadres. Son développement peut être considéré comme lié à des aspects conjoncturels.

Jusqu'en 1984[2], la lutte contre l'inflation a été un objectif prioritaire de la politique économique, mais celle-ci est restée forte. Parallèlement, le premier choc pétrolier a eu pour conséquence de freiner la croissance, et les résultats des entreprises se sont souvent dégradés de façon significative. Les entreprises, qui avaient eu jusqu'alors l'habitude de procéder à des augmentations générales systématiques et conséquentes, ont été doublement contraintes de revoir leurs pratiques :

- d'une part, elles n'avaient plus les moyens financiers de conduire des politiques systématiques de maintien de pouvoir d'achat pour tous et d'incitations significatives pour certains ;
- d'autre part, elles devaient trouver les moyens de motiver des salariés qui, habitués à des augmentations générales, avaient du mal à se satisfaire de quelques pourcentages de hausse de rémunération individuelle.

Les pratiques de variabilisation et d'individualisation se sont donc beaucoup développées durant cette période.

À partir de 1985, l'inflation est maîtrisée et la croissance reste faible, si bien que de nouvelles pratiques doivent être mises au point. Elles reposent sur deux principes :

- le développement de l'individualisation réversible, sous forme de primes ou de bonus, remis en question chaque année ;
- le développement de multiples avantages matériels qui ne constituent pas un salaire à proprement parler mais représentent des gains réels de pouvoir d'achat.

L'évolution des conditions de production à partir des années quatre-vingt a également influencé l'évolution des systèmes de rémunération. De moins en moins d'entreprises sont persuadées que la productivité globale résulte des niveaux de rendement de chaque poste, et encore moins des efforts individuels des salariés, ne serait-ce, comme nous l'avons évoqué à plusieurs reprises, qu'en raison de la moindre pertinence de la notion de poste. Ceci a également joué en faveur du développement des primes et bonus collectifs.

◆ *Le salaire lié aux résultats de l'entreprise (intéressement)*

Par définition, l'intéressement est conditionnel et aléatoire. Dans sa philosophie, il suppose que l'entreprise fasse des bénéfices et qu'il existe un accord sur la part distribuée aux travailleurs. Malgré des divergences sur son apparition exacte, il semble que l'intéressement ait donné lieu à quelques expérimentations dès l'entre-deux-guerres, voire au XIXe siècle[3]. Laissé à l'initiative de l'employeur, l'intéressement est aujourd'hui régi par la loi.

---

1. Employés, techniciens, agents de maîtrise.
2. Cette chronologie est empruntée à Donnadieu G., *Du salaire à la rétribution. Pour une nouvelle approche des rémunérations*, Paris, Éditions Liaisons, 2e éd., 1993.
3. Coster M. (de), Pichault F., *op. cit.*, p. 323.

© Dunod – La photocopie non autorisée est un délit.

REPÈRES : L'intéressement

Institué par une ordonnance de 1959 revue en 1986, l'intéressement n'a guère connu de succès qu'à partir du milieu des années quatre-vingt. La loi de juillet 1994 fixe un certain nombre de dispositions.

L'intéressement est collectif. Il est interdit de proposer des formules distinctes selon les catégories de salariés. Ainsi, la base de calcul de l'intéressement doit être identique pour tous. Il peut s'agir des résultats d'exploitation, des bénéfices... Quel que soit l'élément sur lequel il repose, l'intéressement doit conserver son caractère aléatoire. Il est facultatif mais fait toujours l'objet d'une négociation avec les représentants du personnel conclue par un accord d'entreprise. Les accords signés sont valables pour 3 ans. Les sommes concernées peuvent être versées sur un plan d'épargne d'entreprise (PEE, voir *infra*) ou être affectées à un compte épargne-temps, et ainsi servir à financer des congés de longue durée.

L'intéressement est plafonné à 20 % du total des salaires bruts versés à l'ensemble des salariés. Un plafond est également fixé pour les salariés et correspond à la moitié du plafond annuel de Sécurité sociale. Les sommes versées par l'entreprise ne supportent de charges ni sociales ni fiscales. Pour les salariés, les sommes perçues sont imposables (sauf celles versées dans un PEE) et soumises à la CSG.

Soucieux de proposer une autre alternative que celle entre rémunération du travail et rémunération du capital, les pouvoirs publics ont élaboré en 1967 une formule permettant à tous les salariés de recevoir une part des bénéfices de l'entreprise.

REPÈRES : La participation

Instaurée par la loi de 1967, la participation des salariés aux fruits de l'expansion leur donne le droit de bénéficier, de façon différée, des bénéfices de l'entreprise qu'ils ont contribué à produire.

Toutes les entreprises bénéficiaires de plus de 50 salariés sont tenues de constituer une réserve spéciale de participation. La RSP figure au passif du bilan, comme une dette contractée par l'entreprise auprès de ses salariés. La formule de calcul est la suivante :

$$RSP= 1/2(B - 5C/100) \times S/VA$$

dans laquelle B représente le bénéfice, C les capitaux propres, S les salaires et VA la valeur ajoutée.

La participation est bloquée pendant 5 ans mais peut être débloquée par anticipation dans différentes situations de changement personnel[1]. Les sommes versées par l'entreprise au titre de la participation bénéficient d'exonérations fiscales et sociales. Les salariés sont également exonérés d'impôts sur les sommes perçues. Le montant de la participation est soumis à la CSG avant la répartition aux salariés.

1. Il s'agit de mariage, naissance, adoption, création d'entreprise, acquisition ou agrandissement de résidence principale, etc.

3. La notion de rémunération globale

Comme nous l'avons dit plus haut, élaborer une politique de rémunération consiste à faire des choix : veut-on attirer et fidéliser du personnel qualifié ? Veut-on développer la motivation des salariés ? Veut-on développer la flexibilité ? Etc. Autant de choix qui correspondent à des objectifs en fonction desquels seront rendus les arbitrages nécessaires. De façon générale, il s'agit de mettre en place des pratiques qui garantissent la flexibilité économique tout en assurant une implication suffisante des salariés. Cette double exigence peut être résolue par le recours à la notion de rémunération globale. Celle-ci englobe tous les périphériques qui peuvent être utilisés par les entreprises. La pyramide des rémunérations (figure 5.2) représente les différentes composantes de la rémunération globale.

Les quatre rubriques de cette pyramide contiennent des outils dont certains méritent d'être détaillés.

3.1. La rémunération directe : entre part fixe et part variable

Elle se décompose en trois : le salaire fixe, dit aussi de qualification, le salaire de performance[1] qui est réversible, ainsi que diverses primes (ancienneté, de poste, de panier, etc.). La question se pose des composantes relatives de la rémunération directe.

La tendance actuelle est de renforcer la part variable de la rémunération totale. Les justifications de ces pratiques les plus fréquemment avancées portent sur les incertitudes économiques qui se traduisent par des résultats fluctuants. Lier l'évolution des salaires à l'évolution des résultats de l'entreprise est en effet une façon simple de limiter les coûts. Elle permet de répondre aux besoins de réversibilité des rémunérations : puisque le résultat de l'entreprise n'est jamais garanti, il paraît logique de ne pas garantir un niveau de rémunération.

La garantie minimale, qui s'exprime dans la contrepartie de la subordination du salarié à l'entreprise, est jugée assurée par l'intermédiaire du salaire de qualification. Dans certains cas, principalement pour des emplois commerciaux, il arrive même que certains salaires de qualification soient extrêmement faibles, l'essentiel de la rémunération étant calculée en fonction des performances réalisées par le salarié.

Les principes qui fondent ces pratiques se voient pourtant parfois détournés ; il n'est pas rare d'observer des pratiques «déviantes» : rémunérer la performance individuelle pose en effet le problème du respect de l'équité. Un salarié qui assume correctement ses responsabilités sans pour autant obtenir de performances exceptionnelles ne saurait être indéfiniment tenu à l'écart de toute augmentation indivi-

1. Le salaire de performance permet de tenir compte de la façon dont la personne exerce son emploi. La performance peut être mesurée en termes d'atteinte d'objectifs fixés au préalable, en termes de contribution au résultat d'une équipe ou de toute l'entreprise, etc. Sa caractéristique est de porter sur un élément qui peut varier d'une année sur l'autre.

© Dunod – La photocopie non autorisée est un délit.

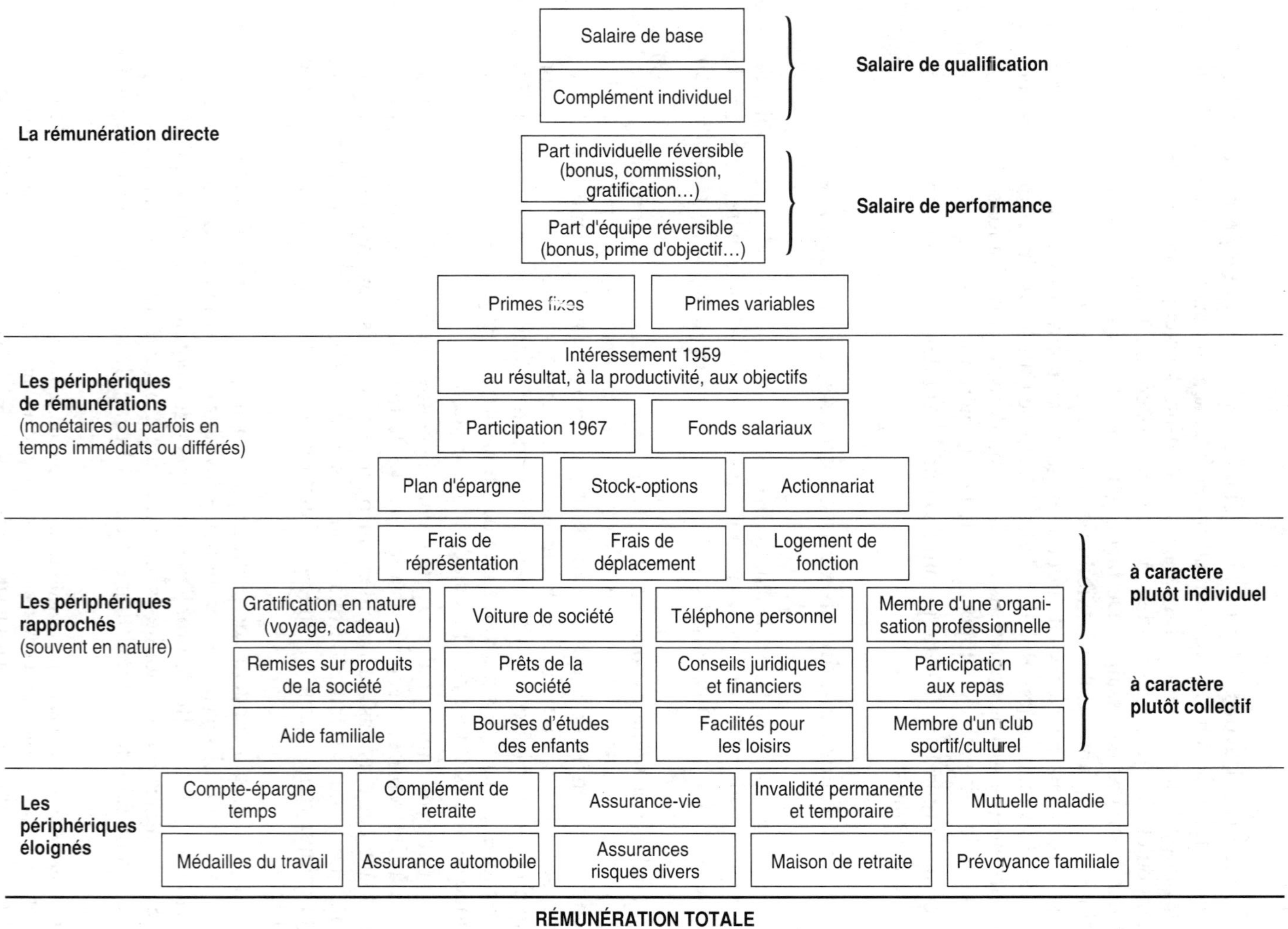

Source : Donnadieu G., *Du salaire à la rétribution*, Paris, Éditions Liaisons, 1993.

Figure 5.2 : *La pyramide des rémunérations*

duelle. Le dilemme qui consiste pour un supérieur hiérarchique à distribuer une faible somme d'argent aux membres de son équipe, en cherchant à motiver les meilleurs sans démotiver les moins performants, se résout souvent par une alternative simple :

– soit donner peu à chacun : c'est du «saupoudrage» ;
– soit donner davantage à quelques-uns et faire de même l'année suivante en changeant les bénéficiaires, de façon à ce qu'en deux ou trois ans, toute l'équipe en ait profité : c'est la «distribution tournante».

Avant de développer une politique d'individualisation des rémunérations, il est indispensable de s'assurer du type de performance que l'on souhaite rémunérer : est-elle individuelle ou collective ? Par ailleurs, il faut également s'entendre sur le terme «performance» : désigne t-il un résultat ? Dans ce cas comment le mesure-t-on ? Ou bien désigne-t-il un comportement ? Lequel, et sur quel critère est-il évalué ? S'il s'agit de rémunération *au mérite*, il faut également préciser ce terme : désigne-t-il l'atteinte effective d'un objectif fixé au préalable ? Renvoie-t-il aux efforts déployés pour y parvenir ? Accepte-t-on alors de reconnaître lesdits efforts, même si le résultat n'est pas atteint ?

Autant d'interrogations qui pourraient sembler excessives mais qui traduisent la nécessité de clarifier des notions qui ne sont pas toujours explicitées et qui risquent de rendre trop opaques les règles du jeu.

3.2. Les différents types de périphériques

Les *périphériques légaux*, outre l'intéressement et la participation déjà présentés, concernent également le plan d'épargne d'entreprise et les options d'achat d'actions.

REPÈRES : Le Plan d'épargne d'entreprise (PEE)

Institué par l'ordonnance de 1967, il constitue un système d'épargne collectif et tous les salariés peuvent donc y participer. Un PEE peut posséder différentes sources d'alimentation : l'intéressement des salariés, la participation, des versements volontaires des salariés, les versements complémentaires de l'entreprise (ou abondement).

Pour l'entreprise, les versements complémentaires sont exonérés d'impôts et de cotisations sociales. Pour les salariés, seuls leurs versements volontaires restent soumis à impôt. Le montant de l'abondement est soumis à la CSG.

Les plans d'options sur actions (stock options)

Les lois de 1970 et 1983 régissent leur fonctionnement. Ils consistent en la possibilité offerte par une entreprise à tout ou partie de son personnel d'acquérir ses propres actions à un prix déterminé sur une période donnée. Les salariés acquièrent les actions en levant les options qui leur sont consenties, quand la valeur de l'action est supérieure au prix de l'offre.

Toutes les sociétés par action sont concernées ; elles peuvent choisir librement les bénéficiaires. Les plus-values de cession sont taxées selon la législation en vigueur.

© Dunod – La photocopie non autorisée est un délit.

Ces périphériques sont distribués en termes monétaires, parfois de façon différée (participation), et sont le plus généralement de nature collective. Ils ne constituent pas un salaire et bénéficient d'un régime fiscal particulier.

Les *périphériques sélectifs* (3e rubrique de la pyramide) s'apparentent aux avantages en nature. Ils présentent un caractère plus réversible que les précédents. Mais il est souvent difficile de les chiffrer avec précision et leur équivalence fiscale fait souvent problème, si bien que leur utilisation est rarement systématique.

Dans la 4e rubrique entrent les *périphériques statutaires* qui correspondent en fait aux avantages acquis : prévoyance, complément de retraite, assurance-vie, etc. Ils sont collectifs et ne permettent guère de souplesse. Pour les salariés, ils ne revêtent aucun caractère exceptionnel et sont considérés comme «normaux».

L'usage relatif des uns ou des autres repose sur différents critères : les avantages fiscaux et sociaux (limitation des coûts), la souplesse (réversibilité), le caractère incitatif et l'acceptabilité sociale pour le salarié.

3.3. Le mix du système de rémunération

Sur la base de la rémunération globale, élaborer un mix consiste à combiner les outils disponibles en fonction de choix bipolaires : part fixe/part variable, versement différé/versement immédiat, rétribution monétaire/rétribution non monétaire.

On peut aussi donner le choix aux salariés. Il n'est pas sûr en effet que les choix de l'entreprise conviennent à tous. Certains salariés peuvent être attachés à un bon système de prévoyance par exemple ; d'autres préfèreront ne recevoir que de l'argent, et immédiatement.

Donner à choisir parmi différentes formules pré-établies est couramment nommé «effet cafétéria». Aux États-Unis, où cette pratique est assez fréquente, les dispositions légales sont beaucoup plus lâches qu'en France et permettent un véritable salaire à la carte. En France, il n'est pas possible de différencier certaines catégories en matière d'intéressement par exemple. De même, les systèmes de prévoyance collective s'appliquent de la même façon à tous, quels que soient les besoins individuels. L'enjeu pour l'entreprise consiste à élaborer un «menu», voire plusieurs, qui puisse satisfaire les individus sans pour autant alourdir ses coûts.

Lorsque l'on parle de rémunération, c'est donc bien la notion de rémunération globale qui est à prendre en compte. Bien que l'entreprise cherche à réduire le coût direct du travail, les sommes engagées dans ces périphériques ne sont pas négligeables et doivent être prises en compte. De même, dans une perspective d'évaluation comparative des rémunérations entre entreprises, il est indispensable de tenir compte de la rémunération globale perçue par chaque salarié. Elle varie en effet de façon sensible entre catégories professionnelles, les cadres étant les grands bénéficiaires de ces pratiques.

Pour conclure nos développements sur la notion de rémunération globale, on peut la présenter comme articulant deux variables complémentaires en termes d'objectifs, – recherche de flexibilité et recherche d'implication des salariés – afin d'en tirer les formules les mieux adaptées (figure 5.3)[1].

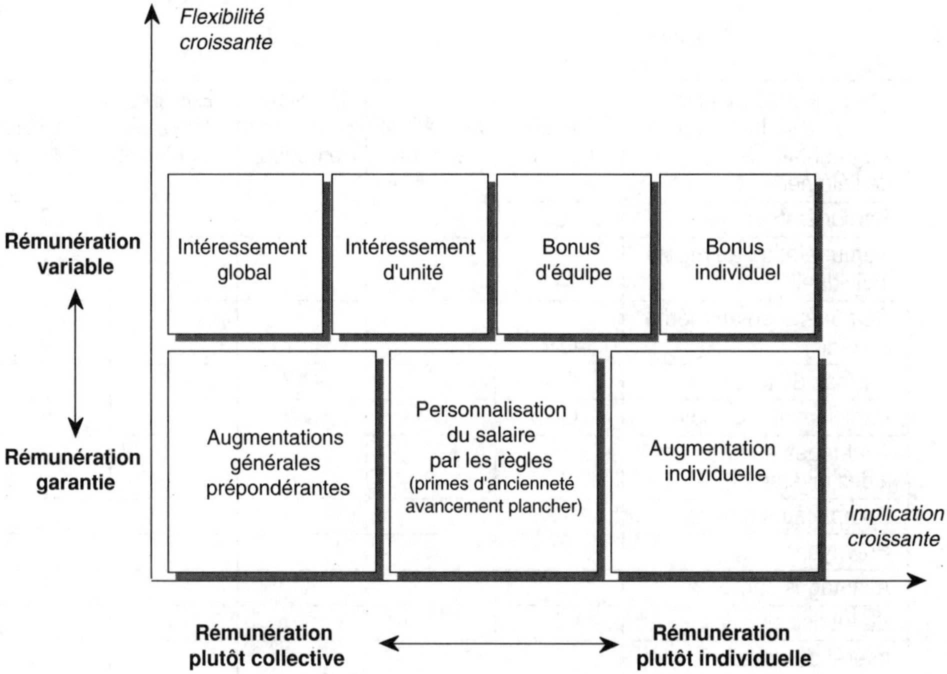

Figure 5.3 : *Entre flexibilité et implication : les modalités pratiques de la rémunération globale*

Section 3

RÉMUNÉRATION ET STRATÉGIES D'ENTREPRISE

1. Contraintes et objectifs stratégiques de la rémunération globale

Comme le précise B. Sire, parler de gestion stratégique des rémunérations, c'est prendre en compte trois éléments essentiels : l'impact économique du système de rémunération, le comportement des salariés et l'équilibre de l'organisation.[2] Ces éléments constituent un ensemble de contraintes qui limites la marge de manœuvre de l'entreprise. Les différents éléments de la rémunération globale peuvent présen-

1. D'après Donnadieu G., *op.cit.*
2. Sire B., *Gestion stratégique des rémunérations,* Paris, Éditions Liaisons, 1993.

© Dunod – La photocopie non autorisée est un délit.

ter des pistes intéressantes quant à la façon de répondre à ces contraintes. Le tableau 5.2 indique les impacts que peuvent avoir certains éléments de la rémunération globale sur les diverses contraintes.

Tableau 5.2 : *Grille d'analyse des contraintes*

	Conséquence sur la contrainte / Augmentation de l'élément	Équité interne	Compétitivité externe	Équilibre contribution /rétribution	Équilibre flexibilité/ turbulence	Équilibre culturel
	Rémunération fixe	O	N ?	N ?	?	?
	Rémunération au mérite individuel	N ?	O	O	?	?
	Rémunération au mérite collectif	O ?	O	O ?	?	?
	Partage du profit	O ?	O	O ?	?	?
	Participation au capital	O ?	O ?	O ?		?
	Avantages en nature et aides diverses	?	?			
	Complément retraite	O			?	
	Prévoyance	O			?	
Rétribution intrinsèque	Avantages carrières			O		?
Rétribution intrinsèque	Statut social	?				?
Rétribution intrinsèque	Intérêt du travail	?				O ?

Pour optimiser son choix, l'entreprise a tout intérêt à définir en premier lieu l'impact recherché par la politique de rémunération : veut-on préserver absolument l'équité interne ? Doit-on plutôt tenter de redresser une situation financière difficile ? A-t-on besoin de redynamiser et remotiver le personnel après un événement difficile ? Autant de questions auxquelles il conviendra d'apporter des réponses aussi précises que possible qui faciliteront les choix. Le tableau 5.3 propose une mise en relation des éléments de la rémunération globale susceptible de répondre à certains objectifs stratégiques.

Une approche stratégique des rémunérations facilite une certaine optimisation de la politique de rémunération en fonction des objectifs à atteindre. Elle permet également d'apporter des réponses à la difficile question de la motivation. En effet, la plupart des politiques de rémunération doivent résoudre la question de savoir comment mettre en place un système qui respecte les impératifs économiques et qui soit suffisamment motivant pour que les salariés aient envie de donner le maximum.

De nombreux travaux ont été conduits pour tenter d'éclairer les mécanismes de la motivation : théorie des attentes, modèle de la motivation de E. Lawler et

Tableau 5.3 : *Grille d'analyse des objectifs stratégiques*

	Augmentation de l'élément \ Conséquence sur l'objectif	Attraction fidélisation	Motivation	Flexibilité	Efficacité fiscale
	Rémunération fixe	+	– ?	–	
	Rémunération au mérite individuel	?	+	+	
	Rémunération au mérite collectif	+	+	+	
	Partage du profit	+	+	+ ?	+
	Participation au capital	+	+ ?		+
	Avantages en nature et aides diverses	+	?	– ?	+
	Complément retraite	+		–	+
	Prévoyance	+		–	+
Rétribution intrinsèque	Avantages carrières	+	+	?	
Rétribution intrinsèque	Statut social	+		?	
Rétribution intrinsèque	Intérêt du travail	+	+ ?		

D. Nadler, etc[1]. Les spécialistes de gestion stratégique les utilisent pour proposer des modalités d'action. Ainsi, la rémunération n'apparaît que comme l'un des éléments de la rétribution de l'individu. Celui-ci peut être également motivé par d'autres éléments tels que les perspectives de carrière ou l'intérêt du travail. Sur le strict plan financier, il peut être intéressant d'introduire un facteur de risque dans les éléments différés de la rémunération (intéressement, stock-options, etc.) correspondant à la probabilité que le salarié perçoit de les recevoir.

Cependant, pour être tout à fait pertinentes, les solutions tirées des approches de la motivation devront être cohérentes avec les possibilités réelles de l'entreprise de mesurer les performances, et de préciser à la fois ses exigences en matière de rémunération et la façon dont elle entend les rétribuer. Autrement dit, une gestion stratégique des rémunérations suppose que des choix clairs soient effectués et qu'ils soient bien connus des salariés.

2. Nouvelles configurations organisationnelles et rémunérations

L'équilibre de l'organisation constitue un élément clé de la gestion des rémunérations. On peut donc s'interroger sur les conséquences des transformations actuelles des organisations sur les systèmes de rémunération.

1. Pour davantage de précisions sur ces théories, on pourra se reporter à Sire B., *op. cit.*, p. 78 et suivantes.

© Dunod – La photocopie non autorisée est un délit.

L'une des difficultés à résoudre repose dans la mise en cohérence du système de rémunération avec l'organisation. Pourtant, la question des salaires est rarement évoquée comme élément essentiel par ceux qui s'intéressent au développement de nouvelles organisations de travail[1]. Or on peut se demander s'il est possible de mettre en place des organisations qualifiantes, de raccourcir les lignes hiérarchiques, de procéder à des regroupements d'emplois permettant de nouvelles formes de coopération, ou de prétendre «gérer des compétences» sans modifier les systèmes de rémunération. On observe même des pratiques de rémunération contradictoires avec des objectifs de transformation de l'organisation du travail.

Ainsi la reconfiguration des structures qui vise à développer des organisations coopératives, dans lesquelles les individus sont encouragés à produire des savoirs collectifs, entre en contradiction avec le développement simultané des pratiques d'individualisation des rémunérations. N'est-il pas paradoxal en effet de tenter, d'un côté de constituer des collectifs de travail supposés être plus réactifs et donc plus performants, et, de l'autre, de les déstabiliser en introduisant des éléments générateurs de comportements individualistes, voire de compétition interindividuelle relativement stérile ?

L'arbitrage entre incitations individuelles et incitations collectives a tout intérêt à tenir compte des enjeux organisationnels. Les incitations collectives sont souvent jugées, peut-être hâtivement, comme peu efficaces sur le plan de la motivation, car elles n'opèrent pas de distinction entre ceux qui déploient de réels efforts et ceux qui se contentent de faire le minimum. Il y a pourtant une contradiction évidente à vouloir motiver les individus à travailler en équipes, à dépasser les consignes strictement prescrites dans leur emploi, et, en même temps, choisir de récompenser la contribution individuelle.

Ne serait-il pas plus pertinent de parler de performance collective et de la rémunérer en tant que telle ? Ne pourrait-on pas plutôt mettre en place des systèmes de rémunération fondés sur la compétence ? Sur ce dernier point, le débat peut être enrichi par l'examen des pratiques auxquelles donne lieu l'usage de la compétence comme base d'un système de rémunération. Les expériences étant encore peu développées en France, l'examen de celles conduites aux États-Unis se révèle assez instructif.

Exemple : Les pratiques américaines de rémunération des compétences.

Une étude a été conduite par des universitaires américains qui ont analysé près d'une centaine de systèmes distincts. Leur base commune est celle «d'unités de compétences», définies comme «des ensembles de tâches, devoirs et responsabilités présentant une cohérence»[2]. Il est admis que les salariés restent compétents dès lors qu'ils possèdent 5 ou 6 unités de compétences (parmi un échantillon pouvant aller de quelques unités à plusieurs centaines au sein de la même entreprise).

---

1. Voir Amadieu J.F., Cadin L., *Compétence et organisation qualifiante*, Paris, Economica, 1996.
2. Marbach V., «Rémunération par la compétence, expériences américaines», *Personnel*, ANDCP, n°357, février 1995.

Le principe consiste en une progression continue des salariés dans l'entreprise en termes d'accumulation de compétences. Ils peuvent aussi bien élargir qu'approfondir leurs compétences dans l'ordre qui leur convient. Ces systèmes visent à développer la flexibilité entre emplois, si bien qu'il n'existe pas de filières de progression qui sanctionneraient le plus haut niveau acquis. Les salariés doivent donc entretenir leurs compétences par le biais de stages ou «d'examens de réactivation».

Par ailleurs, la plupart des systèmes analysés aménagent des «périodes de restitution» de compétences, afin de s'assurer un retour sur investissement par le biais de la mise en œuvre par les salariés des compétences acquises. En moyenne les parcours d'acquisition d'unités de compétences s'étalent sur 3 ans, entrecoupés de périodes d'environ 6 mois, pendant lesquelles le salarié met en œuvre ses acquis. La validation des unités se fait aussi bien par la hiérarchie, les collègues ou le salarié lui-même. Le prix des unités de compétences est déterminé à partir d'une étude des marchés du travail et des produits.

Les résultats pour l'entreprise se traduisent essentiellement en termes d'évolutions organisationnelles : flexibilité de la main-d'œuvre et dans l'attribution des emplois, réduction de l'absentéisme et du turnover, augmentation de la productivité. Si les salaires moyens par individu sont plus élevés que dans les systèmes traditionnels, cela est permis par une réduction du coût salarial global. Celui-ci est obtenu par une réduction de la main d'œuvre conjointement à une augmentation de la flexibilité et de la productivité.

Parmi les facteurs de réussite identifiés dans cette étude, il faut mentionner l'accent mis sur les possibilités d'évolution offertes au personnel, l'engagement de la hiérarchie locale, la philosophie générale de l'entreprise en matière de management et les possibilités de mobilité du personnel entre différents emplois. Enfin, il faut préciser qu'en général les organisations syndicales soutiennent ces démarches.

3. Stades de développement de l'entreprise et système de rémunération

Adapter la politique de rémunération de l'entreprise à ses particularités et aux objectifs recherchés permet de comprendre pourquoi deux entreprises équivalentes, évoluant sur les mêmes marchés et employant le même type de personnel dans des structures de qualification identiques, peuvent adopter des politiques de rémunération radicalement différentes.

De même, en fonction des objectifs que l'entreprise se donne aux différentes étapes de son développement, la politique de rémunération sera reconsidérée. Le cas de la société Micro-Sell illustre cette situation.

Exemple : Société Micro-Sell

Spécialisée dans la commercialisation de produits informatiques grand public, la société Micro-Sell emploie essentiellement des vendeurs. Aux différents stades de son développement, elle a été amenée à s'interroger sur la meilleure façon de rémunérer cette force de vente, élément essentiel de sa réussite.

Au moment de sa création, ses objectifs, essentiellement de court terme, sont simples :

© Dunod – La photocopie non autorisée est un délit.

elle doit développer son chiffre d'affaires et conquérir des parts de marché tout en conservant un niveau de marge suffisant pour investir et assurer sa croissance. La rémunération des vendeurs est constituée de deux éléments :
- une part fixe, assez faible, de manière à limiter les coûts fixes ;
- une part variable, consistant en commission, c'est-à-dire en pourcentage du chiffre d'affaires réalisé. Pour sensibiliser les vendeurs à la nécessité de maintenir un taux de marge minimum, ce pourcentage est modulé selon le taux de marge réalisé par chacun.

Après deux années, la société a acquis une position reconnue sur le marché. Ses objectifs se sont orientés à plus long terme, en particulier vers la consolidation de ses positions et la fidélisation de sa clientèle. Celle-ci est recherchée à travers la qualité du service offert, en particulier le service après vente.

Les modes de rémunération des vendeurs sont appelés à évoluer :
- la part fixe, plus élevée qu'auparavant, est revalorisée pour chacun sur la base de l'évaluation de certains comportements. Il s'agit en effet de récompenser le sens relationnel et l'écoute du client ;
- la part variable est calculée sur l'atteinte d'objectifs plus qualitatifs, portant sur la qualité du service rendu au client, l'équilibre du portefeuille de clientèle et le taux de fidélisation obtenu. Selon le niveau d'atteinte des objectifs fixés au départ, la prime versée peut varier de 50 % à 150 % d'une valeur donnée.

La période actuelle est marquée par la recherche d'une position de leader du marché. Il s'agit désormais de consolider des positions chèrement acquises face à une concurrence assez sévère, et donc d'attirer les bons collaborateurs et de retenir les meilleurs. Les rémunérations doivent donc figurer dans la moyenne supérieure de ce qui est pratiqué sur le marché.

Par ailleurs, la politique de rémunération devient plus intégrée à une politique globale de GRH. Si le principe de répartition entre part fixe et part variable demeure, les modes de révision de la part fixe s'appuient davantage sur le potentiel d'évolution et sur la capacité à encadrer des équipes. Les modalités de versement de la part variable restent sensiblement identiques, mais s'accompagnent pour quelques-uns parmi les meilleurs de possibilités d'actionnariat (attribution d'options, voire possibilité de devenir associés).

Toutefois, consciente que près de 70 % de la rémunération globale est fixe, la société Micro-Sell a décidé d'engager une réflexion plus approfondie sur l'architecture complète de son système de rémunération.

*

* *

La question de la rémunération revêt une dimension stratégique pour les entreprises en raison de son impact, aussi bien économique que social. Il y a tout intérêt à soigner l'élaboration et la mise en œuvre d'une politique de rémunération, pour au moins deux raisons :
- le salaire constitue un élément important de la motivation des salariés. De la fixation des niveaux de salaires et de la pertinence du choix des éléments périphériques peut dépendre le développement des comportements souhaités ;
- les conséquences économiques et sociales d'une politique de rémunération peu adaptée aux exigences de compétitivité et d'équité peuvent également contribuer à mettre en défaut les orientations stratégiques de l'entreprise.

L'essentiel

La question de la rémunération se décompose en deux parties :
– le choix d'un élément de base : paye-t-on **l'emploi ou la personne** ?
– l'optimisation de **contraintes** économiques et sociales.

La classification

- Les grilles de **classification** ont pour objet de produire une hiérarchisation des emplois servant de base à celle des salaires.

  Elles doivent répondre à deux types d'enjeux :
  – des **enjeux individuels**, pris en compte par les syndicats, qui tentent ainsi d'obtenir la reconnaissance des qualifications des salariés et de la pérenniser ;
  – des **enjeux organisationnels**, portés par les employeurs, qui ont intérêt à disposer de grilles capables de rendre compte de la réalité et de l'évolution des contenus d'emplois.
- La **négociation collective** permet d'élaborer ces grilles qui reposent autant sur une **objectivation** de la réalité organisationnelle de l'entreprise (à travers l'utilisation de méthodes d'évaluation des emplois) que sur son **acceptabilité sociale** (à travers un comité d'évaluation).
- La volonté actuelle de tenir compte de la compétence des personnes qui tiennent les emplois se traduit concrètement par l'élaboration de **grilles mixtes** (critères d'évaluation des compétences combinés avec ceux utilisés pour les emplois).

Les contraintes des politiques salariales

Elles sont de deux sortes :
– économiques, car il s'agit de limiter les taux d'évolution de la masse salariale pour assurer la **compétitivité externe** ,
– sociales, à travers la notion d'**équité interne**.

- Par ailleurs, la politique salariale procède de **choix stratégiques** : veut-on attirer les meilleurs collaborateurs et donc offrir des salaires attrayants ? Cherche-t-on au contraire à maintenir absolument les coûts, ce qui se traduit par le versement de salaires relativement bas par rapport à ceux pratiqués sur le marché ?
- Les **arbitrages** qu'impose toute politique salariale peuvent s'exprimer à travers une combinaison de différentes formules :
  – le **salaire fixe,** sur le principe «à travail égal, salaire égal» ;
  – le **salaire individualisé** : à la pièce, à la tâche, au rendement, à la productivité, au mérite (performance, résultats, etc.) ;
  – l'**intéressement aux résultats** de l'entreprise.

La notion de rémunération globale

- La notion de **rémunération globale** favorise le choix de pratiques qui garantissent la **flexibilité économique** tout en assurant une **implication** suffisante des salariés. Elle contribue également à différencier l'impact des divers éléments de rémunération sur les contraintes internes ou externes. elle permet enfin de disposer de leviers d'action pertinents.
- En raison de son impact financier évident et de sa signification sociale essentielle, la politique salariale mérite de faire l'objet d'une attention toute particulière.

© Dunod – La photocopie non autorisée est un délit.

6 LE RECRUTEMENT

Le recrutement est certainement, au sein de la gestion des ressources humaines, la pratique la plus sujette à débats et ce, pour plusieurs raisons.

Elle est lourde d'implications pour les individus : c'est par son intermédiaire qu'ils sont évalués, jugés, puis sélectionnés, c'est-à-dire intégrés ou au contraire repoussés par une entreprise voire, actuellement, jetés dans la marginalité lorsque leur vie a épousé une trajectoire d'exclusion[1].

Elle est aussi socialement visible : son rôle étant de mettre en relation des individus avec une organisation qui les recherche sur le marché du travail, elle ouvre l'entreprise sur l'extérieur (communication des offres d'emploi, appel à des prestataires externes, démarches de sélection… en sont autant de signes observables par tous).

Elle est aussi un symptôme de la situation économique et sociale d'un pays : sa raréfaction ou sa reprise, sa conclusion sous des formes d'emploi plus ou moins précaires, les populations qu'elle concerne en priorité ou exclut sont des indicateurs de la santé d'une société tout entière et de ses tendances.

Le recrutement est donc bien plus qu'une simple pratique de gestion. Passage obligé dans la relation entre individu et entreprise, processus concret par lequel se jouent les grands (dés)équilibres entre offre et demande d'emploi, il est porteur d'enjeux très lourds.

Nous ne pourrons donc faire l'économie d'un détour par ces controverses et débats, ne serait-ce que pour mieux les comprendre, les relativiser et enfin tenter de les dépasser en examinant d'autres dimensions du recrutement, moins visibles, mais tout aussi importantes pour une bonne appréhension de cette pratique.

---

1. Voir Rosanvallon P., *La nouvelle question sociale – Repenser l'État-Providence*, Paris, Éditions du Seuil, 1995.

Section 1 ■ L'efficacité des outils de sélection : une fausse bonne question ?
Section 2 ■ Le recrutement dans toutes ses étapes.
Section 3 ■ Les autres fonctions du recrutement.

Section 1 L'EFFICACITÉ DES OUTILS DE SÉLECTION : UNE FAUSSE BONNE QUESTION ?

La plupart des controverses et des polémiques concernant le recrutement – tout au moins parmi le grand public[1] – portent sur son aspect le plus spectaculaire et le plus immédiat, à savoir les outils qu'il mobilise. En effet, avant d'être une pratique de sélection, le recrutement est (comme on le verra au chapitre suivant) une pratique d'évaluation des hommes[2] : c'est sur la base d'une évaluation qu'on se donne le droit de sélectionner. Ou, plutôt, c'est pour justifier et rendre la plus objective possible la (non) sélection d'un individu que l'on va le juger. Pour mener à bien une telle tâche, des instruments seront nécessaires : «(...) l'évaluation des hommes s'appuie de plus en plus sur des outils. Sans prétendre se substituer au jugement humain, ils l'aident à s'établir. Ils tentent d'apporter des éléments rationnels, de réduire la subjectivité à la portion incompressible, de limiter au maximum les risques d'erreurs»[3].

Au vu des enjeux reposant sur ces outils (le jugement et, *in fine*, l'intégration ou non d'un individu), il est logique que ce soit avant tout sur eux que se portent un certain nombre de questions : présentent-ils vraiment des garanties de scientificité et d'objectivité ? Lesquels sont, dans cette optique, les plus fiables ? D'autres relèvent-ils au contraire du pur charlatanisme ou de la croyance obscurantiste[4] ? Quels sont les plus utilisés et par quelles entreprises ? Y a-t-il des recours possibles si l'on ne souhaite pas se voir appliquer telle ou telle méthode ?

Toutes ces questions, pour légitimes qu'elles soient du point de vue du droit[5],

1. De bons exemples en sont fournis par : Rioux O., Vielcanet F. (dossier préparé par), «L'entreprise irrationnelle», *Liaisons Sociales*, n° 14, décembre 1986, pp. 45-53 ; Frézal V., «Les folies du recrutement», *Science et Vie Économie*, n° 900, septembre 1992, pp. 102-163 ; Mennessier M., «La graphologie en procès», *Science et Vie Économie*, n° 906, mars 1993, pp. 66-82.
2. Voir, sur l'ensemble des pratiques d'évaluation des hommes existant en GRH, Fourgous J.M., Lambert H.P., *Évaluer les hommes – recrutement, performance, motivation et climat social*, Paris, Éditions Liaisons, 1991.
3. *Ibid.*, p. XIII.
4. Voir sur ce thème Amado G., Deumie C., «Pratiques magiques et régressives dans le management», *Revue de Gestion des Ressources Humaines*, n° 1, octobre 1991, pp. 16-27.
5. Voir sur ce sujet Lyon-Caen G., *Les libertés publiques et l'emploi*, Rapport au ministre du Travail, Paris, Ministère du Travail et de l'Emploi, mars 1992.

© Dunod – La photocopie non autorisée est un délit.

mais aussi et surtout des individus inquiets de mieux connaître ces techniques au nom desquelles sont prises des décisions lourdes de conséquences pour eux, auront bien du mal à trouver des réponses simples et univoques : le problème posé par les outils de sélection et leur efficacité est plus complexe qu'il n'y paraît au premier abord. Pour s'en convaincre, examinons d'abord un exemple de situation classique de recrutement.

1. L'entreprise Infomax[1]

1.1. Une opération de recrutement apparemment très soignée

L'entreprise Infomax, basée à Rouen, cherche à recruter un ingénieur commercial qui sera chargé de vendre à sa clientèle d'entreprises, sur la zone ouest de son réseau (Bretagne, Normandie et Picardie), des périphériques informatiques. Cette opération est très urgente : le nouveau recruté remplacera un salarié démissionnaire qui a d'ores et déjà quitté la société. L'annonce de recrutement a d'ailleurs été publiée dans la presse régionale et dans le *Courrier Cadres* de l'APEC.

Pour mener à bien cette mission, Infomax fait appel au cabinet Conseil Plus qui connaît bien l'entreprise, a déjà recruté pour elle par le passé et a fait preuve en ces occasions du plus grand sérieux, notamment dans la sélection des candidats. En outre, ce cabinet est local et a de ce fait l'avantage de bien connaître la région et ses différentes filières de recrutement et de formation. Enfin, ses prix sont raisonnables : il facture forfaitairement 25 % du salaire annuel brut du futur embauché pour l'ensemble de l'opération, soit 40 000 F hors taxes. C'est d'ailleurs son prix (ajouté à sa compétence en graphologie, méthode particulièrement appréciée par le DRH d'Infomax) qui a permis au cabinet d'emporter le marché face à un concurrent qui, lui, proposait une opération de 45 000 F hors taxes : l'entreprise ne voulait en aucun cas dépasser 40 000 F hors taxes pour cette opération.

Une fois encore, Monsieur Antoine Lejeune, consultant en recrutement du cabinet Conseil Plus, met au point un processus de sélection correspondant en tous points à la demande de son client. Le tri initial des deux cent quarante candidatures reçues se fera grâce à la lecture des curriculum vitae et à une graphologie sommaire effectuée par Monsieur Lejeune lui-même (psychologue praticien, il est également diplômé de la Société française de graphologie). Le but de cette phase est de repérer les candidats possédant les qualités absolument indispensables mentionnées par le profil de poste : capacité d'écoute, forte activité, bonne connaissance des types de produits à commercialiser (l'urgence ne permet pas de former la personne après l'avoir recrutée : elle doit être immédiatement opérationnelle), autonomie et goût du contact.

1. Ce cas est librement adapté du cas X-INFO créé et déposé par A. Lancestre et C. Labbé : nous les remercions ici de nous avoir autorisé à publier cette adaptation – malheureusement très appauvrie – de leur cas.

Ce tri aboutira à la présélection d'une douzaine de candidats qui seront convoqués pour une demi-journée de sélection (3 groupes de 4 candidats). Cette phase comprendra les étapes suivantes :

1. Présentation de l'entreprise Infomax et du poste faite par Mademoiselle Leprêtre, assistante de Monsieur Lejeune sur les opérations de recrutement, à partir des informations qu'elle a recueillies auparavant auprès de la DRH d'Infomax.

2. *Passation de deux tests d'investigation* : il s'agit en l'occurrence de l'EAE et du célèbre Guilford-Zimmermann. Monsieur Lejeune les connaît particulièrement bien puisqu'il a été formé à leur utilisation au cours de sa formation en psychologie et qu'il les a déjà maintes fois utilisés.

REPÈRES : Les outils utilisés par Conseil Plus

- *L'EAE-T :*

Créé en 1976 et diffusé par l'Établissement d'applications psychotechniques, il permet, à partir d'une liste de 90 paires d'adjectifs entre lesquels le candidat doit choisir, d'évaluer ce que l'individu valorise ou au contraire rejette comme variables de personnalité (énergie, ténacité, optimisme, confiance en soi, etc.). Son principe est donc celui des questionnaires à choix forcés dans lesquels le candidat doit choisir – entre deux propositions – celle qui lui convient le mieux ou, bien souvent, celle qui lui «disconvient» le moins.

Il ne révèle pas la personnalité du sujet proprement dite, mais indique plutôt son image de soi et son système de préférences.

- *Le Guilford-Zimmerman :*

Créé en 1957 et commercialisé par le Centre de psychologie avancée, cet «inventaire de tempérament» a été ici utilisé dans sa version révisée de 1975.

Il vise quant à lui à établir un profil général de la personnalité du sujet à partir de ses réponses à une liste de 300 questions[1] portant sur ses goûts ou comportements ou sur ceux qu'il constate chez les autres.

Chacun des 10 traits de personnalité évalués (activité générale, objectivité, réflexion, contrôle de l'impulsivité, ascendant, sociabilité, etc) est exploré à travers 30 propositions auxquelles le candidat peut adhérer (réponse «oui»), qu'il peut rejeter (réponse «non») ou qu'il peut neutraliser en répondant par un point d'interrogation.

- *La graphologie :*

Fondée en 1871 par le prêtre français Jean-Hyppolite Michon (qui écrivit le premier véritable traité : *Système de graphologie*) et perfectionnée par Jules Crépieux-Jamin (auteur de *L'écriture et le caractère* en 1888 et de *L'ABC de la graphologie* en 1930), cette pratique repose sur le principe que tout être humain se projette dans son écriture. Il existe en réalité plusieurs approches graphologiques plus ou moins analytiques (comme l'école française qui s'attache à décrire les différents éléments constitutifs d'une écriture et leurs combinaisons)

1. Pour plus de détails, voir Aboville A. (d'), Bernié M.M., *Les tests de sélection en question*, Paris, Les Éditions d'Organisation, 1980, pp. 86-87.

© Dunod – La photocopie non autorisée est un délit.

ou au contraire gestaltistes (comme l'approche allemande qui étudie plutôt le geste graphique global)[1].

3. Synthèse des résultats des deux tests effectuée par l'assistante de Monsieur Lejeune afin d'aboutir à un «style de personnalité», de repérer d'éventuels décalages entre ce que le candidat valorise (EAE) et ses traits de personnalité (G-Z), et enfin de caractériser les aspects les plus accusés de son profil (que ce soit en sur- ou en sous-activation).

4. Entretien approfondi (une heure et demie environ par candidat) réalisé par Monsieur Lejeune et son assistante à partir des pistes d'investigation fournies tant par le CV et la lettre de motivation que par la graphologie sommaire et les résultats obtenus aux tests.

5. Rédaction d'un dossier de diagnostic complet sur le candidat rassemblant l'ensemble des informations recueillies précédemment, un compte rendu de l'entretien, les résultats d'une graphologie approfondie réalisée par Monsieur Lejeune. Le tout est suivi d'une synthèse des points forts et points faibles du candidat au regard des exigences du poste, ainsi que de recommandations données au client sur les points à approfondir ou à vérifier lors des entretiens ultérieurs.

À l'issue de cette phase, le cabinet Conseil Plus retient finalement quatre candidats : ceux qui lui paraissent les plus à même de correspondre au poste et aux caractéristiques de l'entreprise. Et il envoie aux autres une réponse négative tout en se tenant à leur disposition pour leur commenter téléphoniquement les résultats fournis par les divers instruments de sélection utilisés.

La sélection se poursuit donc dans l'entreprise Infomax : les quatre impétrants sont convoqués à nouveau (environ quinze jours plus tard) pour une demi-journée de sélection, au cours de laquelle ils rencontreront successivement le chef des ventes de la société, le directeur des ressources humaines et le directeur général de la société. La décision finale sera prise par ces trois protagonistes, rejoints à titre de conseillers par Monsieur Lejeune et son assistante. Environ quarante-cinq jours se sont écoulés depuis la passation de l'annonce de recrutement, ce qui semble satisfaire l'ensemble des parties concernées.

1.2. Des choix cependant très discutables

Si l'on y regarde d'un peu plus près, on peut se rendre compte cependant que, en dépit des précautions prises par les recruteurs, un certain nombre de points ont été négligés ou même littéralement occultés au cours de cette démarche.

Tout d'abord, on peut constater que les outils de sélection n'ont pas été choisis en raison de leur capacité à évaluer la présence chez un individu des caractéris-

1. Voir à ce propos Bruchon-Schweitzer M., «L'évaluation de la personnalité dans la sélection du personnel», *in* Lévy-Leboyer C., Spérandio J.C. (dir.), *Traité de psychologie sociale*, Paris, Presses Universitaires de France, 1987, pp. 535-555.

tiques souhaitées pour le futur titulaire du poste ; c'est avant tout parce que Monsieur Lejeune les connaissait déjà auparavant qu'ils ont été utilisés. Leur choix a donc été peu lié au profil d'emploi : on s'est contenté de reprendre sans autre forme de procès les outils déjà maîtrisés et possédés par l'opérateur central de l'opération. Ainsi le cabinet a-t-il pu faire face à une situation d'urgence : les consultants n'avaient pas à se former sur de nouveaux outils, ce qui aurait pris beaucoup de temps.

De même, utiliser d'autres outils de sélection aurait certainement impliqué d'en acquérir les droits d'utilisation (licence, formation à l'utilisation, achat des grilles de passation) auprès des organismes les diffusant : reprendre des outils déjà utilisés auparavant par le cabinet permet à celui-ci de réaliser des économies sur ses coûts tout en facturant la même somme forfaitaire à son client. En outre, on peut constater que le cabinet Conseil Plus a utilisé ces outils sans en posséder l'étalonnage pour une population de commerciaux.

REPÈRES : L'étalonnage d'une méthode d'évaluation

Savoir qu'un candidat a obtenu un score élevé, moyen ou faible sur un item donné d'un test ou d'une observation de comportement n'a aucune signification en soi. En effet, si un candidat à un poste de commercial obtient un score élevé ou médiocre à l'item «ascendant» du Guilford-Zimmerman, on ne peut rien en conclure : il faut avant tout pouvoir comparer son score à ceux obtenus par un groupe de référence pertinent. En effet, même élevée, sa note peut être en deçà des normes de notes obtenues par des commerciaux. De même, même faible, son score peut être au-dessus de ceux qu'obtiennent en moyenne des individus du groupe social auquel il appartient. *A contrario*, il ne sert à rien de comparer les notes obtenues par le candidat commercial à celles qu'ont obtenues des secrétaires ou des ingénieurs d'application.

En d'autres termes, «notes, scores, évaluations doivent être comparés à des normes établies pour un groupe de référence adéquat. Ce sont ces normes de référence qui prouvent que l'instrument ou la méthode utilisée est discriminante pour le groupe concerné, et, surtout, qui vont, pour chaque application individuelle de la même méthode, permettre de situer chaque personne à évaluer par rapport à son groupe de référence»[1].

Ce sont ces normes que l'on appelle étalonnages. Pour être valables, elles doivent être constituées à partir d'un groupe *représentatif*, c'est-à-dire un groupe suffisamment important pour avoir une validité statistique. C'est pourquoi seuls les organismes commercialisant les instruments disposent en général d'un nombre suffisant d'observations pour constituer et alimenter de tels étalonnages... pour les vendre ensuite aux entreprises utilisatrices.

En effet, les scores obtenus par les différents candidats sont interprétés sans aucun retraitement des notes brutes. C'est là encore un souci d'économie, un manque de moyens financiers qui a poussé le cabinet à ne pas acheter les étalon-

1. Lévy-Leboyer C., *Evaluation du personnel – Quelles méthodes choisir ?*, Paris, Les Éditions d'Organisation, 1990, p. 59.

© Dunod – La photocopie non autorisée est un délit.

nages aux deux organismes diffusant les tests concernés. Ces étalonnages sont bien évidemment payants et de nombreux intervenants préfèrent, comme Conseil Plus, évaluer des candidats à partir de leurs notes brutes – ce qui n'a guère de sens – plutôt que de devoir à chaque nouvelle opération de recrutement débourser la somme correspondant à l'achat d'un étalonnage adapté à l'évaluation de leur population de référence.

Qui plus est, un test comme le Guilford-Zimmerman n'a pas été révisé depuis 1975 : quelle que soit la valeur qu'il pouvait avoir à cette époque, il est clair que cette relative ancienneté ne permet pas de tenir compte de l'évolution des comportements depuis vingt ans[1]. Son grand avantage réside dans le fait que le consultant en maîtrise parfaitement l'utilisation et l'interprétation : cet outil a été en partie choisi en raison des limites dans la compétence de l'intervenant.

De plus, on ne peut qu'être frappé par la disproportion entre le temps passé par le cabinet à cette opération et ce qu'il facture à son client. En effet, un décompte rapide du temps total minimal à consacrer à ce recrutement donne le résultat suivant :

- recueil et mise en forme d'informations sur Infomax (Mlle Leprêtre) : 3 heures ;
- tri initial des candidatures (classement, graphologie sommaire, lecture CV et lettre (M. Lejeune/Mlle Leprêtre) : 240 x 3 minutes et travail approfondi sur les 12 dossiers présélectionnés (12 x 15 minutes), soit 15 heures ;
- présentation de la société Infomax et passation/dépouillement des tests (Mlle Leprêtre) : 3 heures x 3 groupes, soit 9 heures ;
- entretiens approfondis : 12 candidats x 1 h 30 x 2 consultants (M. Lejeune/Mlle Leprêtre), soit 36 heures ;
- montage des dossiers de diagnostic sur les 12 candidats, y compris la graphologie approfondie (M. Lejeune) : 12 x 2 h 30, soit 30 heures ;
- participation à la décision finale : 3 heures x 2 consultants, soit 6 heures.

On arrive donc à un temps-homme de travail égal au minimum à 99 heures, ce qui correspond à une heure de consultant facturée à environ 405 F hors taxes. Un tel total est très faible compte tenu des normes de la profession.

En outre, ne sont comptés ici ni les temps de traitement administratif (établissement du contrat, réponse aux candidats, convocations aux sélections, accueil, dactylographie et relecture des dossiers de diagnostic), ni les éventuels entretiens téléphoniques avec des candidats souhaitant connaître les résultats de leurs tests, ni même tous les frais annexes découlant de ce genre de mission (affranchissements, reprographie, téléphone, achat des supports de passation des tests).

En d'autres termes, si le cabinet Conseil Plus réalise vraiment cette mission comme prévu dans le contrat, il risque de travailler à perte. C'est pourtant en grande partie sa tarification qui lui a permis d'obtenir ce marché. Il aura donc intérêt à rogner au maximum sur tous les coûts ne correspondant pas à des opérations visibles par le client : entretiens raccourcis ou effectués à un plutôt qu'à deux, tâches assumées par l'assistante et non par le consultant, absence de réponse aux

1. Voir Lavoëgie M., «Les tests en fiches», *Entreprises et Carrières*, n° 207, 6 au 19 juillet 1993, p. 8.

candidats évincés, etc. On comprend mieux pourquoi Conseil Plus ne pouvait guère se permettre d'acheter les étalonnages adaptés à la population évaluée ou de se doter d'instruments de sélection plus actuels et plus pertinents en vue du recrutement d'un ingénieur commercial. Le choix des instruments de sélection semble ici davantage dépendre des contraintes financières pesant sur le cabinet que de leur pertinence pour cette opération.

Un dernier facteur a sans doute influencé le choix des techniques de sélection, et en particulier de la graphologie : la demande expresse du client qui, en l'occurrence, apprécie tout particulièrement cette technique et a même élu le cabinet chargé du recrutement entre autres parce qu'il pratiquait cette technique.

1.3. Apports de l'exemple Infomax

Cette courte situation met en évidence, à propos des outils de sélection et de leur efficacité, un certain nombre d'éléments fondamentaux.

Tout d'abord, le choix d'instruments de sélection est avant tout le fruit d'une décision s'effectuant sous de multiples contraintes. On peut en quelque sorte dire qu'un outil n'est pas efficace dans l'absolu, du fait de ses caractéristiques intrinsèques, mais seulement dans la mesure où il constitue un compromis acceptable entre un certain nombre de contingences significatives pesant sur une situation donnée de recrutement et sur l'organisation concernée.

REPÈRES : Les contingences pesant sur le choix des outils de recrutement

- *L'urgence du recrutement*

Un recrutement urgent (poste à pourvoir immédiatement, départ imprévu) appelle des outils rapides à utiliser, peu nombreux ou déjà disponibles, c'est-à-dire prêts à servir. Cela est tout particulièrement vrai lorsque les candidats à un poste sont très nombreux et que chaque dossier doit être examiné rapidement : des outils permettant de faire des tris très sélectifs et quasi immédiats seront alors prisés.

- *Les moyens financiers disponibles*

Ces outils ont tous un coût d'achat et d'utilisation et les limites budgétaires posées pour chaque opération orientent vers des outils plus ou moins onéreux, voire conduisent à une utilisation partielle ou incorrecte d'instruments (ex. : utiliser des tests sans étalonnage ou sans formation préalable). Ces moyens sont d'ailleurs souvent fonction du caractère plus ou moins stratégique du poste pour lequel on recrute.

- *Les compétences de l'opérateur choisi*

Chaque recruteur dispose de sa boîte à outils – plus ou moins garnie – dans laquelle il est prédisposé à puiser pour mener ses actions, sans toujours être capable de remettre en cause la pertinence pour un poste donné des outils qu'il a pris l'habitude d'utiliser et qui constituent en quelque sorte son fonds de commerce dans l'exercice de son métier. Vouloir changer d'outil impose fréquemment de devoir changer d'opérateur, avec les coûts et la part

© Dunod – La photocopie non autorisée est un délit.

d'inconnu que suppose cette recherche. *A contrario*, une méthode éprouvée quant à sa qualité peut fort bien être complètement désamorcée quand son utilisateur ne la maîtrise pas ou l'administre de façon impropre.

- *La demande sociale*

Le demandeur peut avoir ses préférences personnelles quant aux outils qu'il souhaite voir utiliser parce qu'il a confiance en eux : cette confiance peut être fondée sur la science, sur la technique ou être de nature purement sociale. Elle peut également reposer sur celui qui utilise les instruments et qui finit, dès lors qu'il est connu, par compter dans le choix davantage que les instruments eux-mêmes[1].

- *Les caractéristiques à tester*

Les outils sont capables de saisir chez les candidats des caractéristiques bien déterminées et il est souhaitable de les choisir en fonction des qualités dont on cherche à évaluer la présence chez les candidats, c'est-à-dire des qualités nécessaires à une bonne tenue du poste. Par exemple, disposer d'un outil servant à évaluer l'autonomie ne servira à rien si le poste ne requiert absolument aucune initiative. C'est en partie cette idée d'adaptation de l'outil aux caractéristiques à tester que l'on met intuitivement derrière le terme d'»efficacité».

- *La population évaluée*

Des méthodes supposant un recours à l'écrit ne sauraient par exemple être utilisées de façon pertinente vis-à-vis d'une population n'ayant pas l'habitude d'écrire. Plus généralement, se pose le problème de l'«acceptabilité sociale» auprès de la population à évaluer des techniques utilisées, c'est-à-dire «le fait qu'elles soient faciles ou difficiles à faire accepter par les candidats»[2]

En d'autres termes, un outil n'est pas seulement choisi en fonction de ce qu'il est, mais aussi en fonction de sa capacité à répondre aux enjeux spécifiques d'une conjoncture particulière.

On peut également noter que, bien évidemment, ces enjeux varieront d'une entreprise à l'autre ou même d'une action à l'autre : le rêve d'un outil dont la portée serait universelle, c'est-à-dire qui serait efficace quelle que soit la situation, a peu de chances de se réaliser. Plutôt que de vouloir déterminer *a priori* l'(les) outil(s) que l'on souhaite utiliser, il est plus réaliste d'analyser et de comprendre d'abord la situation à laquelle on est confronté, pour ensuite choisir les instruments qui peuvent lui convenir. Les outils utilisés par le cabinet Conseil Plus étaient efficaces pour le problème que se posait l'entreprise Infomax, quand bien même ils n'étaient pas les plus irréprochables sur le plan scientifique.

Enfin, ce petit cas simplifié met en évidence le caractère nécessairement imparfait des compromis auxquels on parvient : ici, les spécificités du poste comptent assez peu dans le choix des outils de sélection, au contraire de contraintes telles

---

1. Voir à propos de cette approche de la confiance dans le recrutement Livian Y.F., «Confiance technique, confiance sociale, confiance scientifique», *in* Bidault F., Gomez P.Y., Marion G., *Confiance, entreprise et société – Mélanges en l'honneur de Roger Delay Termoz,* Paris, Eska, coll. «Essais», 1995, pp. 87-93.
2. Lévy-Leboyer C., *op. cit.*, p. 194.

que l'urgence ou le coût du recrutement. D'autres outils auraient certainement réalisé un autre type de compromis – tout aussi précaire – entre les facteurs de contingence évoqués ci-dessus.

2. Validité et utilité des outils de sélection

2.1. La notion de validité

On ne saurait donc réduire le choix des outils de sélection mis en œuvre au cours d'une opération de recrutement à leur seule efficacité intrinsèque, et cela ne peut que nous inciter à relativiser l'importance d'un débat qui porterait autour de cette seule question. De même, la scientificité de ces outils – si souvent controversée elle aussi – ne saurait constituer à elle seule une garantie d'efficacité en situation et sera un critère de choix difficile à mobiliser par les praticiens.

En effet, si l'on cherche à comprendre un peu plus avant ce qu'est la scientificité d'un outil de sélection, on s'aperçoit vite qu'il s'agit en réalité d'une notion beaucoup plus complexe qu'il n'y paraît *a priori* : trancher quant à la scientificité d'un outil de sélection n'est pas aisé et suppose que l'on soit capable d'aller bien au-delà des jugements intuitifs et des croyances sans fondement qui se transmettent à propos de tel ou tel outil dans le champ de la gestion des ressources humaines.

Pour élaborer ce qu'est la scientificité lorsque l'on parle d'outils de sélection, il est indispensable d'avoir recours aux apports de la psychologie différentielle, discipline qui s'est le plus intéressée «aux différences d'aptitudes au sein d'une population et aux méthodes permettant de les mesurer, les psychotechniques.»[1] Aux termes de cette approche, un outil ne sera considéré comme scientifique, c'est-à-dire comme ayant une valeur en vue d'évaluer des individus et de prédire quelles seront leurs performances dans leur future situation professionnelle, que s'il remplit correctement trois conditions fondamentales[2].

Il devra tout d'abord être fidèle. Cela signifie que l'outil doit donner, dans des conditions d'observation analogues (sur un même groupe de sujets évalués à intervalle relativement rapproché) et en étant correctement utilisé, des résultats identiques. Par exemple, si les résultats obtenus pour une même population dépendent fortement de l'utilisateur ou si, d'une semaine sur l'autre, la personnalité, les aptitudes ou les comportements évalués varient dans des proportions importantes, on ne peut qu'en déduire que l'outil n'est pas fidèle. Que penserait-on en effet d'un mètre qui donnerait des mesures différentes selon le moment d'utilisation ou selon la personne qui effectue les mesures ?

Il devra ensuite être discriminant, c'est-à-dire apporter des informations qui permettent de distinguer significativement les candidats entre eux : un outil pour

1. Eymard-Duvernay F., Marchal E., *Les régimes d'action dans les recrutements*, Paris, Centre d'études de l'emploi (document ronéoté), janvier 1996, p. 15.
2. Nous empruntons ici abondamment à Lévy-Leboyer C., *op. cit.*, pp. 53-77.

© Dunod – La photocopie non autorisée est un délit.

lequel tous les postulants obtiendraient les mêmes notes serait absolument inutile puisqu'il ne serait porteur d'aucun critère de décision. De même, si l'on gradue un outil de 1 à 10 et que tous les candidats obtiennent des notes entre 4 et 6, cela signifie que l'outil ne permet guère de distinguer significativement entre les candidats. C'est d'ailleurs le but d'une démarche d'étalonnage (déjà évoquée) que de fournir des normes permettant de distinguer de façon représentative différentes populations entre elles.

Il devra encore être valide. Cela signifie qu'il devra apporter des informations utiles en vue de la décision à prendre. Cela recouvre en fait trois types de validité (voir repères ci-dessous). Chacun renvoie à un caractère de la validité, relatif à une situation donnée, (et non universel) puisque travailler sur la validité d'un outil, et chercher à l'apprécier, suppose que l'on ait en amont clairement identifié le travail pour lequel on recrute et, plus précisément, les qualités, traits, comportements, aptitudes qu'il suppose pour être correctement tenu. On pourra d'ailleurs aussi parler de la *pertinence* d'un outil de sélection, c'est-à-dire de sa capacité à fournir un maximum d'informations de nature à garantir le succès professionnel du futur recruté. La pertinence de l'outil n'est donc évaluable qu'à condition que le «succès professionnel» soit lui-même mesurable : une bonne analyse du travail doit en fournir les critères exacts , les indicateurs clés (que l'on doit pouvoir suivre après l'entrée en poste). L'outil ne sera pertinent que si l'information qu'il donne sur le candidat est vraiment en relation avec ces indicateurs de succès.

REPÈRES : Les différents types de validité

- *La validité prédicteur/critère*

Y a-t-il une relation étroite entre les prédicteurs et les critères de succès professionnel définis pour le poste ? En d'autres termes, et pour simplifier, existe-t-il une corrélation significative entre les résultats obtenus à travers l'application de l'outil et un succès professionnel ultérieur ?

- *La validité de contenu*

La technique utilisée échantillonne-t-elle vraiment le domaine des comportements pour lesquels on veut faire un pronostic ? Pour le dire plus clairement, il faut que la méthode soit capable de remplir les objectifs qui lui ont été fixés : si l'on cherche, par exemple, à évaluer les capacités de communication de candidats au poste de chef d'agence, il faut que l'on soit certain d'avoir clairement identifié ce que l'on entend par «capacité de communication» pour ce poste donné et que les outils mobilisés cernent bien ce type de caractéristiques individuelles.

- *La validité de construction*

La plus complexe à apprécier. Elle pose problème lorsque l'on cherche à mesurer une qualité, une caractéristique qu'on ne peut définir opérationnellement, comme par exemple l'intelligence, la sociabilité, l'ascendant ou l'aisance relationnelle. Tous ces objets sont abstraits : vouloir mesurer l'intelligence, c'est construire un concept de l'intelligence et c'est aussi forger par là même une théorie psychologique de la personnalité dans laquelle ce concept pourra s'intégrer de façon harmonieuse. Un outil cherchant à mesurer une telle variable sera donc valide non seulement s'il est fidèle, discriminant... mais aussi et surtout si le concept d'intelligence et la théorie psychologique qui lui servent de soubassements tiennent la route.

Travailler sur la scientificité d'un outil ou d'une méthode d'évaluation suppose donc un niveau d'approfondissement tel que peu d'acteurs du recrutement auront le temps ou les moyens de le mettre en œuvre. En d'autres termes, ces acteurs n'auront guère d'autre choix que de faire confiance à l'information dont ils disposent et ne pourront guère vérifier eux-mêmes la validité ou le caractère discriminant des méthodes utilisées. Ou cette vérification se fera, mais à partir de données très empiriques et sans commune mesure en termes d'importance et de rigueur avec les dispositifs mobilisés par les psychologues. Ainsi entendra-t-on souvent des réflexions du type : «La graphologie, c'est scientifique : la meilleure preuve, c'est que je n'ai jamais rencontré d'échec dans mes recrutements avec cette méthode-là» ; «Si tout le monde utilise les entretiens, c'est bien parce que ça marche ! Il n'est pas possible que tout le monde se trompe à ce point-là» ; «Moi j'ai fait faire ma graphologie et c'était exactement ça ! Avant j'étais vraiment sceptique, mais j'avoue que ça m'a convaincu».

Que valent exactement ces professions de foi ou ces appels au plus grand nombre (ce que Y.F. Livian appelle la «confiance sociale») ou à l'expérience individuelle pour justifier de l'adoption d'une méthode de sélection ?

2.2. L'usage des méthodes de sélection

Il existe – tout au moins en France – peu de documents synthétiques et incontestés établissant des comparaisons entre les validités respectives des méthodes de recrutement. D'ailleurs, ce thème (ainsi que toutes les études auxquelles il a pu donner lieu) est tout particulièrement controversé et chaque enquête rencontre souvent autant d'opposants que de partisans. Toutefois, un travail mené actuellement figure de référence : celui de M. Bruchon-Schweitzer. Celle-ci publie dans un texte de 1991[1] deux tableaux particulièrement édifiants.

Le premier tableau (6.1) a été réalisé à partir d'une enquête menée en 1988 et 1989 auprès d'un échantillon d'entreprises (privées et nationalisées) et de cabinets de recrutement français. Il recense les techniques d'évaluation utilisées habituellement ou occasionnellement par ces différents types d'organisations et (en bas de tableau) les techniques utilisées pour la décision finale, c'est-à-dire lorsqu'il reste encore plusieurs candidats en lice après examen approfondi.

© Dunod – La photocopie non autorisée est un délit.

1. Bruchon-Schweitzer M., Lievens S., «Le recrutement en Europe – Recherches et pratiques», *Psychologie et psychométrie*, volume 12, n° 2 (numéro spécial), 1991, p. 54.

Tableau 6.1 : *Techniques de sélection utilisées dans le recrutement*

Techniques utilisées	**Service de recrutement**			
	Cabinets (%)	Entreprises privées (%)	Entreprises nationales (%)	Total échantillon
Entretien(s)	98	100	100	99
Examen graphologique approfondi	97	96,5	69	93
Tests d'aptitude ou d'intelligence	55	69	84,5	63
Tests de personnalité	61,5	55	69	61
Mini-situation de travail (tests *in basket*, jeux de rôle)	28	41	46	34
Techniques projectives	21,5	17	23	20,5
Autres techniques (morpho-psychologie : 12 % ; astrologie : 8 % ; neurobiologie : 1,5 % ; analyse transactionnelle : 1,5 %)	25	0	0	15
Techniques complémentaires (choix définitifs si nécessaire)				
Contact avec supérieur hiérarchique	10	55	54	28
Autres méthodes	23,5	3,5	7,5	15,5

Le second tableau[1] (6.2) exploite en fait un travail effectué par des chercheurs britanniques[2] qui ont recensé l'ensemble des études critiques portant sur la validité des techniques de sélection utilisées dans le domaine du recrutement.

Tableau 6.2 : *Validité des différentes techniques de sélection*

Techniques de recrutement	Coefficient moyen de validité	Échantillons totaux
Score composite d'aptitudes	0,38 à 0,54	30 000
Echantillons de travail	0,53	3 000
Centres d'évaluation (*assessment centers*)	0,41 à 0,43	15 000
Evaluations antérieures (pairs, supérieurs)	0,43	8 000
Aptitude mentale générale	0,25 à 0,45	30 000
Données biographiques	0,24 à 0,38	5 000
Références	0,17 à 0,26	5 000
Entretien(s)	0,14 à 0,23	2 500
Tests de personnalité (questionnaires et tests projectifs)	0,15	20 000
Tests d'intérêts	0,10	1 500
Auto-évaluation	0,15	500
Écriture	0	< 500

1. Cette version du tableau n'est pas tirée du texte de 1991, mais de Bruchon-Schweitzer M., «Pratiques et savoirs en matière d'évaluation du personnel», Communication présentée au Congrès de la Société française de psychologie «Pratiques sociales et élaborations du savoir», Université de Caen, 18-20 mai 1989, p. 8 bis.
2. Robertson I.T., Smith M. (dir.), *Advances in Selection and Assessment*, Chichester, John Wiley and Sons 1989.

Cette enquête attire notre attention sur un certain nombre de points.

Tout d'abord, on peut noter qu'en France, quel que soit le recruteur auquel on a affaire, les deux techniques les plus utilisées sont de très loin la graphologie et les entretiens (généralement plusieurs pour un même recrutement). Les autres techniques font l'objet d'une utilisation beaucoup plus dispersée.

Ensuite, on peut constater que ces deux techniques ne sont pas – loin s'en faut – les plus valides : l'entretien jouit au mieux d'une validité faible[1] alors que la graphologie (qui n'a certes pas fait l'objet d'études de validité sur la base d'échantillons importants) semble n'en avoir absolument aucune ! En d'autres termes, ce n'est pas parce qu'une technique est très utilisée qu'elle est valide. De même, les techniques les plus valides ne sont pas les plus usitées. Si l'on se contente de ce type de données, on ne peut qu'en venir à condamner les comportements de recrutement des entreprises françaises et à leur préférer leurs homologues étrangères (par exemple les entreprises allemandes qui font la part bien plus belle aux «centres d'évaluation»[2], méthode plus valide).

Si l'on cherche à dépasser ce stade du jugement négatif, on peut cependant se donner un certain nombre de pistes d'explication. Par exemple, on peut se reporter au tableau des facteurs de contingence dressé auparavant : les techniques de sélection ne sont pas adoptées uniquement (et peut-être pas principalement, si l'on en croit les résultats qui précèdent) pour leur validité, mais à partir d'autres critères n'ayant guère à voir avec leur scientificité réelle. C. Lévy-Leboyer, elle, va plus loin en mettant en évidence le fait qu'entretien et graphologie, s'ils ne sont que très médiocrement valides, jouissent d'une acceptabilité sociale plutôt bonne (et même très bonne dans le cas de l'entretien). À ce titre au moins, ce sont de «bonnes» méthodes.

De même, leur coût est moyen pour l'entretien, et même faible pour la graphologie : des entreprises aux moyens limités ou désireuses de réduire les coûts de recrutement seront tentées d'utiliser de telles méthodes, et ce d'autant plus que la validité ou la non-validité d'une méthode n'est pas, on l'a vu, facile à apprécier pour qui n'est pas spécialiste de la psychologie différentielle. Ces méthodes peuvent donc être utiles au nom de ces critères sans être valides.

C'est pourquoi la méthode la plus valide (par exemple les échantillons de travail) n'est pas nécessairement la plus utile puisque l'entreprise, on l'a vu, doit prendre en compte de multiples contraintes que la psychologie différentielle n'intègre pas dans son raisonnement tout entier tourné vers le seul critère de la scientificité. Ainsi une entreprise n'a-t-elle peut-être pas intérêt à utiliser une méthode qui lui apportera certes plus d'information fiable en vue de la décision à prendre que celles qu'elle utilisait auparavant, mais (le plus souvent) pour un coût et un temps

1. Voir un autre tableau comparatif dressé par Lévy-Leboyer C., *op. cit.*, p.194.
2. Pour plus de détails à propos de cette méthode consistant en réalité en l'utilisation simultanée de divers instruments (notamment les mises en situation, les tests *in basket*, etc.), voir Tapernoux F., *Les centres d'évaluation – Assessment Centers : une autre méthode de sélection et d'évaluation des cadres ?*, Lausanne, Payot, 1984.

© Dunod – La photocopie non autorisée est un délit.

d'investigation nettement plus importants. Le coût marginal induit risque d'être beaucoup plus élevé que les apports de la méthode. Le comportement d'entreprises françaises utilisant massivement des méthodes peu valides n'est donc pas si absurde : les contraintes les plus fortes pesant sur elles sont peut-être ailleurs.

En outre, le débat portant sur la scientificité des outils de sélection nous paraît présenter un enjeu autre que celui de l'efficacité du recrutement à proprement parler : il s'agit de la légitimation des décisions prises à l'aide de ces outils. En effet, l'utilisation d'outils scientifiques ou, le plus souvent, réputés comme tels par le sens commun (comme par exemple les entretiens) présente un intérêt majeur. La scientificité, ou au moins son apparence, permet de justifier les choix faits parmi les candidats et, surtout, rend acceptables – au nom d'une rationalité incontestable dont ces outils sont censés être les porteurs – les refus essuyés par les candidats malheureux.

Des entreprises utilisant pour légitimer la plupart de leurs décisions de gestion (choix d'investissement, décisions financières, choix stratégiques, modes d'implantation logistique) un mode de légitimation que l'on pourrait qualifier de «rationnel-légal»[1] peuvent difficilement admettre de fonctionner sur un autre régime dans le seul champ du recrutement. D'où l'essor des psychotechniques correspondant à ce type de légitimité... mais pas nécessairement aux moyens et contraintes actuels des entreprises, ni à l'ensemble des dimensions d'un recrutement (voir section 3). En d'autres termes, tout nous paraît se passer comme si, en matière de recrutement, les entreprises n'avaient d'autre choix que de devoir paraître (vis-à-vis de l'extérieur comme auprès de leurs propres salariés) objectives, rationnelles, sans pour autant en avoir vraiment ni les moyens ni même l'intention.

Enfin, force est d'admettre que l'approche développée par la psychologie différentielle a elle-même ses limites[2] : elle méconnaît les problèmes de coordination au sein des organisations, les aptitudes ne sont peut-être pas aussi stables et identifiables *a priori* qu'elle le suppose, etc. Les chercheurs du Centre d'études de l'emploi insistent notamment sur le fait que le recrutement a beaucoup évolué ces dernières années. Plus rarement orienté vers la recherche, sur un marché totalement ouvert, d'*aptitudes* totalement prédéterminées et supposées ancrées de façon stable dans les individus, il se tourne au contraire vers la recherche de *compétences* à travers des réseaux (interpersonnels, professionnels, familiaux, sociaux, etc.). Ceux-ci, en période de forte incertitude, génèrent plus de confiance que le seul marché (on recrute des gens avec lesquels on a déjà été en relation, que l'on connaît) et les compétences s'y «négocient», c'est-à-dire s'apprécient sans cesse à

---

1. Selon le terme employé par M. Weber qui, dans *Economie et Société*, développe ce mode de légitimation comme étant fondé sur l'impersonnalité des règles, l'appel à la science et à la technique, l'explicitation des procédures de fonctionnement, etc.
2. Voir à ce propos Eymard-Duvernay F., «Des aptitudes aux qualifications – Critique des psychotechniques», *in* Bessy C. et *alii*, *Jugements à distance et relations de proximité dans les recrutements*, Paris, Centre d'études de l'emploi (document ronéoté), juillet 1995, pp. 340-361.

travers des relations interpersonnelles de proximité se substituant aux classiques jugements à distance fondés sur des instruments de mesure psychotechniques[1].

2.3. Le cas particulier de l'entretien

En plus des limites tenant à la validité de l'outil proprement dit, chaque instrument suppose d'être bien maîtrisé : on a pu le voir dans le cas Infomax. C'est tout particulièrement vrai pour l'entretien. Très employé en France, il pose, plus que toute autre technique, le problème de la compétence de celui qui le mène : la valeur d'un entretien est pour ainsi dire inséparable des comportements et attitudes de l'interviewer. Si celui-ci n'y prend pas garde, son entrevue sera affectée de toutes sortes de biais (que l'on retrouvera tant lors des entrevues de recrutement que pendant les entretiens d'appréciation). Ceux qui affectent plus spécifiquement la situation de recrutement sont les suivants :

➤ *L'effet dit «de halo»*

Il s'agit en fait d'une forme de «contamination de l'évaluation par des données présentes dans le même contexte»[2]. Par exemple, on pourra juger comme étant plus soucieux de la hiérarchie un candidat poli et respectueux ; on pourra considérer comme stupide un individu s'exprimant avec difficulté ; on pourra considérer comme excellent un candidat passant juste après un individu médiocre. Le contexte (les caractéristiques autres d'un candidat, ce qui s'est déroulé auparavant, etc.) contamine le jugement porté sur une qualité donnée du candidat, que ce soit par effet de *contraste*, de *similitude* ou par effet d'*ancrage* (avoir remarqué que le candidat s'est assis sans qu'on le lui propose attire ensuite l'attention sur tout ce qui pourrait donner à penser qu'il est impoli).

➤ *L'«erreur fondamentale»*

Elle consiste à attribuer au candidat lui-même et à sa personnalité des comportements, des attitudes, des réactions en réalité plutôt imputables à l'environnement, à la pression de la situation. Par exemple, un individu peut paraître particulièrement anxieux à un recruteur ignorant qu'il a dû garer sa voiture en double file parce qu'il est arrivé en retard pour l'entretien. De même, un individu peut sembler très peu dynamique, alors qu'il est en réalité usé par deux années de chômage. Tout le problème est ici de faire la part entre la personnalité de l'individu et les contraintes qu'il vit. C'est notamment la limite de tous les entretiens où l'on teste le candidat, où on le met sous pression en l'agressant, en le provoquant : qu'y apprend-on vraiment du candidat ? Sont-ils représentatifs de la personnalité ou des comportements habituels du candidat ?

---

1. Eymard-Duvernay, F., Marchal, E., *art. cit.*, pp. 9-10.
2. Aubret J., Gilbert P., Pigeyre F., *Savoir et pouvoir – Les compétences en questions*, Paris, Presses Universitaires de France, coll. «Gestion», 1993, p. 80.

© Dunod – La photocopie non autorisée est un délit.

➤ *L'«effet de cobaye»*

L'entretien lui-même est une situation où le candidat est observé et jugé... et le sait. Il y a de fortes chances qu'il modifie son comportement en fonction de ce qu'il pense qu'on attend de lui au cours de cet entretien (effet de *désirabilité sociale*), ou tout simplement parce qu'il se sait observé. Toute la difficulté consiste alors à savoir si ce qu'on observe correspond au «vrai» candidat ou seulement à sa façon de réagir à la situation d'observation, surtout s'il est capable de dissimulation ou possède des qualités d'acteur.

➤ *Le biais de «projection»*

Il consiste pour un recruteur à rechercher chez le candidat «le même que soi». D'où la tentation de valoriser un candidat issu de la même région, pratiquant les mêmes activités extra-professionnelles ou exprimant des opinions semblables aux siennes. D'où également la tentation inverse de juger négativement un individu qui conçoit différemment son niveau d'engagement professionnel ou qui manifeste des goûts vestimentaires ou artistiques très éloignés des siens.

➤ *L'effet de primauté*

Il se rencontre lorsqu'il est accordé – souvent sous l'emprise du préjugé – une importance démesurée à une caractéristique de l'individu, jusqu'à en faire le ressort explicatif de l'ensemble de ses comportements, la clé de sa personnalité. Par exemple, on pourra aisément (si l'on ne prend pas garde à ses propres interprétations) trouver dans la petite taille d'un candidat l'origine de son agressivité, de son ambition professionnelle et de son attachement aux signes de respect. Plus généralement, chacun d'entre nous est sujet à l'effet d'*inférence* consistant à interpréter librement à partir des observations que nous avons pu faire. Ainsi, un candidat qui a changé de poste tous les trois ans peut facilement être considéré comme étant instable.

Comme on le constate, répondre simplement à la question «Qu'est-ce qu'une technique de sélection efficace ?» est loin d'être aussi évident qu'il y paraît *a priori*. Il nous semble également que ce n'est pas aussi important qu'on le croit généralement : c'est ce que nous allons nous attacher à montrer dans la partie suivante.

Section 2

LE RECRUTEMENT DANS TOUTES SES ÉTAPES

1. La sélection, moment d'un processus plus vaste

En effet, la plupart des ouvrages consacrés à la gestion des ressources humaines ou, plus spécifiquement, au recrutement insistent sur le fait que le moment de la sélection n'est qu'une étape qui prend place au sein d'une démarche complète commençant bien avant elle et s'achevant après qu'elle fut terminée. Même si ces approches classiques méritent, comme on le verra plus loin, d'être fortement relativisées, arrêtons-nous un moment sur leur exposition afin de montrer que la sélection, quelles que soient les techniques mobilisées pour la mener à bien, ne pèse pas lourd dans la réussite d'un recrutement si les phases situées en amont et en aval ne sont pas correctement maîtrisées.

1.1. Une représentation classique du processus de recrutement

Pour illustrer ce point, reprenons une méthodologie figurant parmi les plus diffusées en France à propos du recrutement : celle que présente le «classique» de la gestion des ressources humaines écrit voici plus d'une dizaine d'années déjà par B. Martory et D. Crozet[1] (figure 6.1).

Figure 6.1 : *Les différentes phases d'un recrutement*

© Dunod – La photocopie non autorisée est un délit.

1. Martory B., Crozet D., *Gestion des ressources humaines*, Paris, Fernand Nathan, coll. «Comprendre la gestion», 1984, p. 37.

Nous aurions pu substituer à ce schéma bien d'autres formalisations, par exemple celle de J.F. Amadieu et J. Rojot présentant, elle, six étapes d'ordre, de nombre et d'intensité variables : expression et analyse du besoin en personnel, recherche de candidats en interne, recherche à l'extérieur de l'entreprise, techniques de sélection (questionnaires, entretiens, tests), traitement des informations et décision, intégration dans l'entreprise[1].

On le constate, la sélection ne figure ici que comme sixième étape d'un ensemble de huit phases :

➤ ***Étape 1 : la définition du poste.***

En général, il s'agit ici de définir le besoin de l'entreprise, ses exigences quant au contenu de l'emploi pour lequel elle recrute. Si une définition de poste existe déjà (emploi classique dans l'entreprise, autre recrutement récemment mené pour le même emploi...), il convient de vérifier si ladite définition est encore valable (problème de vieillissement, d'évolution rapide des emplois) ou qu'elle s'applique bien au poste pour lequel on recrute (situation classique d'un même intitulé d'emploi recouvrant des réalités très disparates au sein d'une même entreprise). Souvent, le besoin doit être précisé avec le demandeur qui est généralement le supérieur hiérarchique du futur recruté. Mais encore faut-il que le poste soit ouvert (allocation budgétaire, aval de la hiérarchie supérieure) et que la réalité du besoin ait été admise.

Cette phase peut également être élargie. En effet, si l'on considère habituellement que le candidat doit avant tout être adapté à son poste (ce qui relève d'une logique bien connue depuis F. W. Taylor), on peut aussi se demander si le candidat a de véritables chances de réussite s'il n'est pas adapté au contexte (au sens large) du poste, contexte que l'on peut résumer par la figure 6.2.

En effet, le succès du recrutement peut très bien dépendre non pas des seules compétences techniques du futur titulaire, mais aussi de sa capacité à s'intégrer dans une culture organisationnelle (surtout si celle-ci est très marquée), à comprendre le langage et les priorités de son équipe, à respecter les autres départements, à avoir une relation positive à son supérieur ou à ses collaborateurs, etc. De ce fait, on se trouve souvent dans l'obligation d'élargir «physiquement» ce qu'on entend par adéquation homme-poste dans le champ du recrutement.

De même, l'individu peut fort bien être recruté selon des perspectives d'avenir et son évolution possible au sein de l'entreprise (c'est par exemple le cas dans des grands groupes tels que Danone ou L'Oréal) : les recruteurs seront alors vigilants non seulement quant à la capacité du futur recruté à réussir dans ses premières fonctions, mais aussi quant à son potentiel d'évolution au sein de la firme. On retrouve ici la distinction entre un recrutement servant uniquement à *sélectionner* (on recherche un titulaire pour occuper de façon optimale un poste vacant) et un

---

1. Amadieu J.F., Rojot J., *Gestion des ressources humaines et relations professionnelles*, Paris, Litec, coll. «Les essentiels de la gestion», 1996, pp. 20-27.

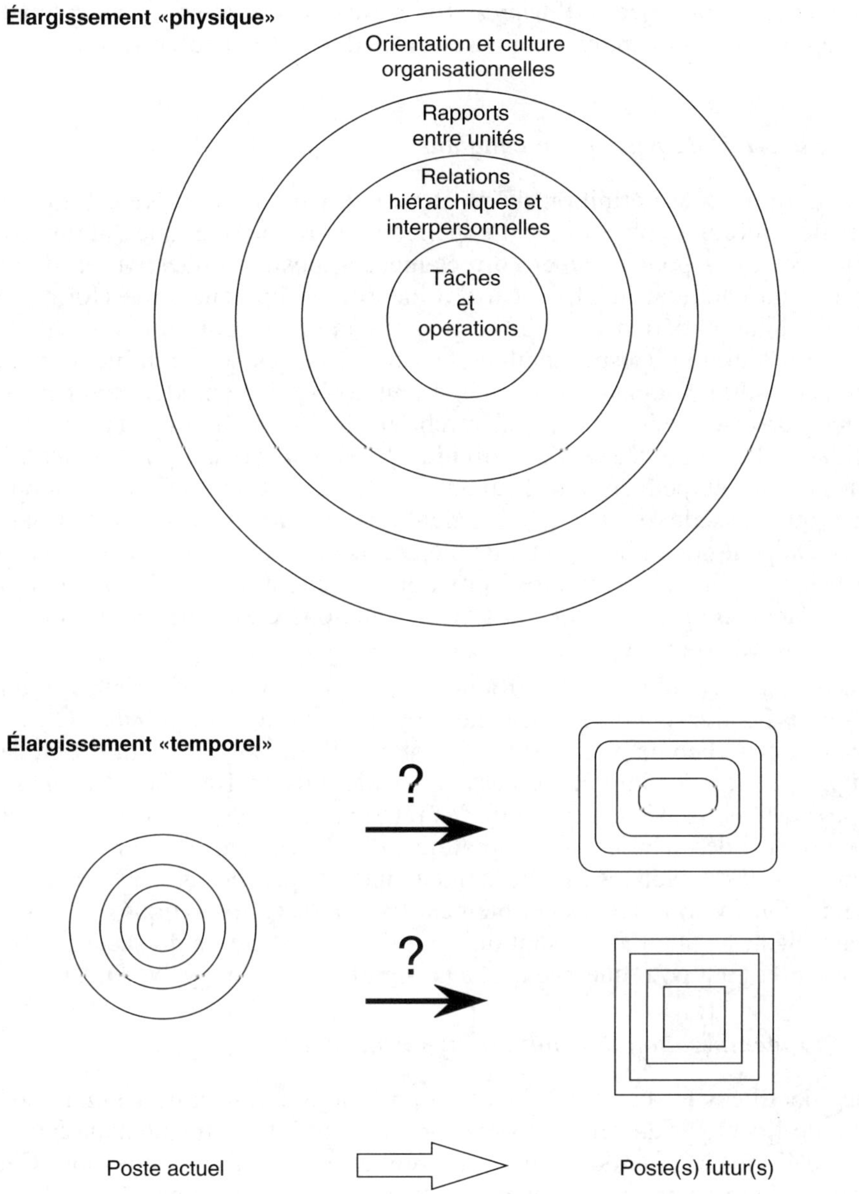

Figure 6.2 : *L'élargissement «physique» et «temporel» de la notion de poste*

© Dunod – La photocopie non autorisée est un délit.

recrutement ayant pour objectif d'*orienter* (on recherche des affectations optimales dans l'entreprise pour des individus intéressant ladite entreprise en raison de leur valeur)[1].

➤ *Étape 2 : le profil du poste et du candidat.*

Il s'agit de tirer de la définition du poste, d'une part, l'ensemble des qualités (intellectuelles, morales, physiques, d'expérience, comportementales, de motivation, etc.) nécessaires pour occuper correctement le poste en question et, d'autre part, le profil du candidat idéal, sa carte d'identité en quelque sorte (formation, âge, zone d'habitat, expérience, mobilité géographique, etc.). Il faut donc «traduire» un contenu d'emploi (responsabilités, missions, tâches, position hiérarchique, etc.) en caractéristiques sociales. Pour cela il faut non seulement identifier ces qualités de façon précise, mais aussi les hiérarchiser afin de faciliter par la suite le tri des candidats. On recherchera des individus possédant celles qui sont les plus importantes ou qui ne peuvent être facilement acquises, et non pas des moutons à cinq pattes qui possèderaient toutes les qualités spontanément évoquées par le demandeur. On peut notamment tenter de hiérarchiser ces qualités en identifiant les *comportements de succès* du titulaire (ceux qui permettent de réussir dans la fonction) ou les *incidents critiques* du poste (les situations particulières ou délicates auxquelles le poste exposera le titulaire)[2].

Cette tâche est particulièrement difficile à effectuer car ces différentes traductions ne sont pas faciles à mener sans défaut logique ou effets d'*inférence*. C'est un des problèmes que cherche à résoudre l'inventaire d'intérêts de Strong : l'étude a repéré empiriquement les intérêts professionnels de plus de 100 000 personnes de diverses professions. L'idée est d'établir des relations entre des métiers et les intérêts professionnels des salariés qui les pratiquent, pour ensuite recruter ou orienter vers ces métiers des personnes manifestant des intérêts proches de ceux du groupe de référence. On évite ainsi les problèmes de «traduction» évoqués ci-dessus. Malheureusement, les intérêts ne sont que de piètres prédicteurs du succès professionnel : avoir du goût pour quelque chose ne signifie pas qu'on y excelle[3].

➤ *Étape 3 : l'identification des sources du recrutement*

Une fois identifiées les caractéristiques du poste à pourvoir et du candidat idéal susceptible de l'occuper au mieux, la question à se poser est maintenant celle du «marché» où l'on a le plus de chances de trouver le candidat en question. Cette phase, *in fine*, s'apparente énormément aux démarches de segmentation de clientèle pratiquées dans le champ du marketing.

---

1. Cette distinction est due à Galambaud B., *Des hommes à gérer – Direction du personnel et gestion des ressources humaines*, Paris, ESF, 2e éd., 1991, pp. 85-86.
2. On trouvera notamment des grilles de travail complètes de ce type *in* Agard J., Vaz P., *Le recrutement de A à Z*, Paris, InterÉditions, 1988, pp. 32-42.
3. Voir Lévy-Leboyer C., *op. cit.*, p. 170.

Concernant les «marchés» potentiels, il peut s'agir du *marché interne* (on a déjà dans l'entreprise des individus correspondant au profil de l'emploi et c'est vers eux que l'on va alors se tourner dès lors que les pratiques de gestion des carrières de l'entreprise le permettent) ou du *marché externe*. Dans le second cas, on définira plus précisément la (ou les) source(s) à utiliser en vue de la meilleure performance possible (critères de qualité, de coût et/ou de délai). S'agit-il de l'ANPE, de l'APEC, des forums ou associations de diplômés des grandes écoles, des petites annonces presse, minitel ou radio ? Ou bien des portefeuilles de candidats déjà constitués (voire achetés tels quels à des cabinets dont le métier est de constituer des fichiers de candidatures), des candidatures spontanées, des réseaux relationnels des salariés de l'entreprise ?

➤ *Étape 4 : l'identification des moyens de recrutement*

Là encore dans un souci de cohérence par rapport à ce qui précède, il s'agit en fait de choisir l'opérateur central de l'acte de recrutement. Ce choix peut d'ailleurs aussi se faire au tout début de la démarche. Il peut s'agir du service recrutement interne, de la hiérarchie, d'un cabinet de recrutement classique ou encore d'un chasseur de têtes. Ces derniers approchent directement des individus intéressants et leur proposent le poste, même s'ils occupent déjà un emploi (cette dernière pratique est souvent assimilée à un débauchage plus ou moins déloyal).

La décision se prend surtout en fonction du poste pour lequel on recrute (dirigeant, cadre ou autre), du secteur d'activité (il existe des opérateurs spécialisés sur certains secteurs) et, une fois de plus, des moyens dont on dispose pour mener le recrutement. Cela étant, d'autres facteurs peuvent entrer en ligne de compte : souhait d'un intervenant prestigieux (c'est surtout le cas pour le recours aux grands cabinets à forte notoriété ou à des chasseurs de têtes), taille de l'entreprise (pas de recruteur interne), recherche d'un opérateur le plus indépendant possible (du fait du caractère stratégique du poste concerné), etc.

➤ *Étape 5 : la campagne de recrutement*

Il faut maintenant communiquer vis-à-vis de la cible choisie pour lui faire savoir que l'entreprise recrute. Selon les choix faits préalablement, cette campagne va être très variable quant à son importance et à sa forme. Très structurée et coûteuse dans le cas, par exemple, d'un recours aux petites annonces (rédaction du message, choix du ou des supports, achat d'espace, planification de la campagne), elle sera au contraire quasi inexistante si l'on fait appel au marché interne (ex. : affichage, passage sur messagerie interne), voire nulle si l'on se contente d'exploiter la source fournie par les candidatures spontanées ou si l'on a recours aux chasseurs de têtes.

➤ *Étape 6 : la sélection*

C'est évidemment la phase la plus visible et la plus connue puisqu'elle concerne chaque individu cherchant un emploi (voir section 1). Elle est fondée sur une série

© Dunod – La photocopie non autorisée est un délit.

de filtrages successifs utilisant des techniques diverses : d'abord présélection sur CV et lettre de motivation, puis tests divers et surtout entretiens individuels ou collectifs, graphologie, mises en situation, etc.

On obtient généralement à l'issue de cette phase – comme dans le cas Infomax – trois à quatre candidats au maximum, entre lesquels la décision finale sera prise. De façon évidente, cette phase comporte également une grosse partie administrative : non seulement réception et tri des candidatures, convocation aux diverses étapes de sélection et archivage des résultats, mais aussi – dans l'idéal – réponse aux candidats non retenus (dans l'idéal seulement car, devant le temps et les coûts induits par cette tâche, nombre d'entreprises préfèrent y renoncer, leur image dût-elle en pâtir).

➤ ***Étape 7 : la décision***

Généralement confiée majoritairement à la hiérarchie du futur recruté, cette phase a pour but de trancher définitivement entre les trois ou quatre candidats retenus à l'issue de la sélection. Dans l'ensemble du processus, c'est certainement la phase la moins instrumentée, la moins technicisée, donc la plus... subjective.

➤ ***Étape 8 : l'intégration***

Il reste encore à faciliter l'insertion du recruté dans l'entreprise ou dans ses nouvelles fonctions : ce n'est pas parce qu'un individu possède toutes les qualités requises pour réussir qu'il s'adaptera miraculeusement. Pour l'aider, l'entreprise aura à sa disposition tout un arsenal de moyens plus ou moins onéreux et plus ou moins sophistiqués : livret ou vidéo d'accueil, stage d'intégration, tutorat, suivi par la DRH, aménagement du poste pour un rythme permettant la familiarisation ou retrait momentané des tâches supposant une grande maîtrise du poste, rotation dans divers services pour découvrir l'ensemble de l'entreprise, mise en doublon avec une personne expérimentée (éventuellement l'ancien titulaire avant son départ), etc.

1.2. Conséquences sur l'importance de la sélection

En fait, ce petit exposé méthodologique sur les différentes phases du recrutement telles qu'elles sont envisagées classiquement nous apprend qu'il y a bien d'autres sources d'échec pour un recrutement que l'adoption de techniques de sélection inadaptées ou peu valides. On pourrait même dire que l'adoption des meilleures méthodes de sélection qui soient sera impuissante à enrayer certains des défauts pouvant survenir lors des autres phases de ce processus.

Par exemple, un besoin mal identifié risque de pousser l'entreprise à sélectionner pour un poste ne correspondant pas à l'impératif productif du demandeur. De même, un profil de candidat inadapté ou caduc aura des effets difficiles à corriger. Un mauvais choix dans les sources de recrutement ou une mauvaise campagne (période mal choisie, supports mal ciblés) contraindra l'entreprise à sélectionner à partir de candidats inadaptés au poste, pléthoriques ou au contraire trop rares. À l'identique, un recruté bien choisi sera démotivé, voire poussé au départ, par une intégration mal menée ou bâclée au nom de la recherche de rentabilité immédiate.

En d'autres termes, la sélection se comporte exactement comme toute étape intégrée au sein d'un processus plus vaste : y entrer données fausses, présupposés inexacts, informations caduques ou candidatures mal ciblées expose inévitablement à un recrutement peu efficace sans que soient le moins du monde en cause les techniques de sélection.

On ne peut dès lors que relativiser encore un peu plus l'importance du choix des méthodes servant à la sélection : leur efficacité est nécessairement contingentée par la rigueur avec laquelle l'entreprise mène les étapes situées en amont et en aval. Or, celles-ci, souvent invisibles pour le grand public et très techniques, font l'objet de débats autrement moins nombreux et passionnés que ceux relatifs à la seule sélection.

2. L'influence du contexte économique

Une autre raison de relativiser l'importance des techniques de sélection évoquées précédemment nous est fournie par les évolutions actuelles du recrutement. En effet, les processus de recrutement «classiques», c'est-à-dire ceux qui font appel à ces techniques comme aide principale sinon unique à la décision de recrutement, se font de plus en plus rares. Pour le dire autrement, nombre de formes de recrutement en voie d'émergence ou de généralisation n'utilisent pas (ou peu) ces techniques de sélection. Sans vouloir être exhaustif, on peut repérer les tendances suivantes :

2.1. L'effritement du statut privilégié des cadres

Jusqu'au début des années quatre-vingt-dix, les cadres restaient relativement épargnés par des phénomènes qui les touchent aujourd'hui de plus en plus : chômage[1], précarisation, voire exclusion pour certains d'entre eux. L'alliance qui les unissait à l'entreprise se fragilise, se lézarde et laisse la place à l'incertitude : «(...) des cadres verront le lien social les unissant à l'entreprise s'affaiblir, se fragiliser, se distendre. Des cadres se verront marginalisés dans une zone d'emplois secondaires. Certains même seront exclus de l'entreprise après des années de bons services, des années de fidélité. Aujourd'hui, nombreux sont les cadres qui, peu ou prou, vivent avec amertume la fin de l'alliance et doivent réinventer une nouvelle représentation du monde de l'entreprise»[2].

---

1. Voir Aoulou Y., «Chômage et cadres – Impact sur le statut et la carrière», *Personnel*, n° 353, août-septembre 1994, pp. 39-40.
2. Galambaud B., *Une nouvelle configuration sociale de l'entreprise – Le social désemparé*, Paris, ESF, 1994, p. 129.

© Dunod – La photocopie non autorisée est un délit.

Le symptôme, tout autant que la cause de cet affaiblissement du lien social, est un lien contractuel de plus en plus ténu, voire la disparition du contrat de travail au profit de divers contrats de prestation de services[1]. Ces bouleversements ont affecté les pratiques de recrutement des cadres de façon relativement importante. En effet, c'est cette population qui auparavant était concernée au premier chef par les pratiques de sélection que nous avons évoquées jusqu'alors. Mais, sa situation se dégradant, elle a dû accepter des pratiques de recrutement et de gestion de l'emploi qu'elle n'aurait pas admises auparavant.

On assiste en fait à une confusion croissante entre recrutement et formes d'emploi précaire. En d'autres termes, plutôt que de sélectionner des individus qu'elles ne connaissent pas (ce qui exige effectivement le recours aux techniques de sélection classiques), les entreprises sont désormais à même de tester les individus lors de stages, de contrats à durée déterminée, de missions d'intérim (à un degré moindre cependant pour les cadres : l'intérim reste chez eux marginal). Il s'agit en quelque sorte d'essai professionnel en grandeur nature.

Cet essai n'exclut pas totalement les pratiques de sélection classiques puisque celles-ci interviennent souvent en amont des essais en question, afin de sélectionner les individus qui pourront tenter leur chance dans l'entreprise. Mais leur enjeu est bien moins déterminant qu'auparavant puisque l'embauche est alors par nature de courte durée et totalement réversible : le risque en cas d'erreur est moins important et l'évaluation peut être ensuite affinée dans le travail lui-même. Finalement, ces pratiques jouent le rôle de réducteur d'incertitude pour des entreprises cherchant à mieux identifier les compétences réelles des individus[2].

Ainsi, on parle de plus en plus, pour les jeunes diplômés notamment, d'une «généralisation du pré-recrutement» : «Il n'est plus rare en effet que les entreprises fassent d'abord entrer les futures recrues dans leurs équipes, sous couvert de contrats atypiques. Le temps de les apprécier en situation sur une durée plus ou moins longue, avant de les intégrer. Formule la plus répandue : le stage école. [...] Ainsi, les trois quarts des nouvelles recrues de Deloitte et Touche sont d'anciens stagiaires. De même, l'année dernière, Kraft Jacobs Suchard a pioché 50 % de ses recrues parmi ses anciens stagiaires.»[3]

En réalité, il s'agit là des conséquences (spécifiques au recrutement) des tendances vers la flexibilisation de la main-d'œuvre. La flexibilité est bien le but principal de ces pratiques dont la finalité première n'est pas de recruter : c'est notamment le cas des contrats à durée déterminée dont la plupart ne seront jamais transformés en contrat à durée indéterminée. Cette main-d'œuvre flexible constitue

1. APEC, «Cadres et entreprises – Nouvelles formes contractuelles de travail», *Personnel*, n° 353, août-septembre 1994, pp. 41-43.
2. Voir à ce propos Podevin G., Lochet J.-F., *Recruter pour intégrer : un processus complexe d'identification et de production des qualités*, Paris, CEREQ (document ronéoté), 1996. Voir aussi Podevin G. (éd.), «Le recrutement – Journée d'étude du CEREQ et de ses centres associés» (Rennes – avril 1994), CEREQ, *Document* n° 108, septembre 1995.
3. Aoulou Y., «Recrutement : les leçons de la crise», *Courrier Cadres*, n° 1125, 15 septembre 1995, p. 8.

accessoirement un vivier dans lequel on pourra puiser en cas d'ouverture de poste stable, mais sa vocation est surtout de produire.

Du fait de ces évolutions, les pratiques de sélection classiques sont moins déterminantes dans les recrutements actuels qu'auparavant : concernant un nombre moins important de personnes, elles ne représentent plus la seule, ni même la principale voie d'évaluation des personnes.

2.2. L'essor des relations de proximité dans le recrutement

Depuis longtemps déjà, le rôle des réseaux sociaux dans le recrutement est étudié[1] : une enquête réalisée en 1973 aux États-Unis dans la ville de Newton (Massachusetts) a mis en évidence que 56 % des personnes interrogées avaient obtenu leur emploi par contact personnel (contre 19 % par candidatures spontanées et 19 % par des moyens formels tels que petites annonces, associations et agences, services officiels de placement, etc.). Parmi ces contacts personnels ayant permis de trouver un emploi, 31 % étaient des liens familiaux ou amicaux (liens dits «forts») et 69 % des liens professionnels, de voisinage, d'association, d'écoles (liens dits «faibles»). Enfin, les meilleurs emplois (ceux où les gens réussissaient le mieux et dont ils ils paraissaient le plus satisfaits) étaient obtenus plutôt grâce aux liens faibles[2] qui, en revanche, apportaient moins de contacts que les liens forts. En outre, la plupart du temps, les gens déclaraient avoir trouvé leur emploi par hasard, à la suite de circonstances imprévisibles.

Or ces travaux suscitent aujourd'hui un fort regain d'intérêt[3] car ils renvoient à des évolutions récentes constatées quant à la façon dont les gens obtiennent leur emploi en France. Le tableau 6.3 résume très grossièrement les résultats de la dernière enquête sur l'emploi de l'INSEE (sont notamment écrasées ici toutes les distinctions tenant à l'âge ou au niveau de diplôme des individus).

© Dunod – La photocopie non autorisée est un délit.

---

1. Voir notamment Granovetter M. S., *Getting a Job : a Study of Contacts and Careers*, Cambridge, Harvard University Press, 1974 ou, plus récemment, Granovetter M. S., «Economic Action and Social Structure : the Problem of Embeddedness», *American Journal of Sociology*, XCI, 1985, pp. 481-510. En France, ces travaux sont résumés *in* Degenne A., Forsé M., *Les réseaux sociaux*, Paris, Armand Colin, coll. «U», 1994, pp. 125-133.
2. Voir Saussois J.M., «La force des liens faibles», *Sciences Humaines*, hors-série n° 5, mai-juin 1994, pp. 38-39.
3. Nous avons déjà évoqué les travaux du CEE inscrits dans cette perspective, Bessy C. et *alii*, *op. cit.*

Tableau 6.3 : *Synthèse de l'enquête INSEE de mars 1994 (en %).*

Recrutement à distance	**48, 2**
Candidatures spontanées	24,2
Prise de contact par l'employeur	3,4
ANPE ou autre organisme de placement	7,4
Annonces	6,4
Ecole ou organisme de formation	2,9
Agence d'intérim	1,8
Concours	2,1
Recrutement de proximité	**47,5**
Activation de relations professionnelles antérieures	20,1 (*)
Relations personnelles	18
Relations familiales	5
Mise à son compte	4,4
Non-réponse	**4,3**

* dont 30,1 % de salariés ayant préalablement un contrat à durée limitée (CDD, intérimaires, stagiaires, apprentis) ou partis au service militaire.

Source : Lagarenne C., Marchal E., «Recrutements et recherche d'emploi», *La Lettre du Centre d'études de l'emploi*, n° 38, juin 1995.

En effet, pour schématiser, on peut estimer que la période actuelle est de plus en plus favorable aux *réseaux* au détriment du *marché*, et ce pour plusieurs raisons[1].

Tout d'abord, le réseau a aujourd'hui tendance à réduire les coûts de recrutement. En effet, le recours au marché par l'intermédiaire de petites annonces ou de candidatures spontanées entraîne un afflux pléthorique (les personnes déclarant rechercher un emploi ou vouloir en changer[2] étaient 4 657 000 en mars 1994, soit 26 % de plus qu'en 1990) de candidatures qu'il va falloir classer, trier, traiter au moyen de critères, et auxquelles il faudra répondre, etc. En ne s'adressant pas à l'ensemble du marché, les entreprises peuvent ainsi présélectionner, sans être inondées de candidatures, et augmenter par conséquent l'*efficience* de leurs démarches de recrutement.

Ainsi les petites annonces ont-elles littéralement implosé en quelques années puisqu'elles représentaient encore 34 % des embauches en 1990[3]. De même estime-t-on aujourd'hui que le marché de l'emploi «visible» (c'est-à-dire celui qui fait l'objet de publication externe sous une forme ou une autre) représente aujourd'hui

1. Pour plus de détails, voir Eymard-Duvernay F., Marchal E., *Les régimes d'action dans les recrutements*, art. cit. pp. 11-12.
2. Centre d'études de l'Emploi, «Les recrutements sur le marché du travail de 1990 à 1994», *CEE – 4 pages*, n° 9, mai 1995, p. 1.
3. Vielcanet F., «Le recrutement : toujours une affaire de réseaux», *Liaisons Sociales*, n° 72, octobre 1992, pp. 27-28.

pour les cadres environ 28 % du total alors qu'il était encore de l'ordre de 38 % en 1992[1].

Un autre facteur de réduction de coût est le fait que cette forme de recrutement peut très bien se passer d'intermédiaires rémunérés. En effet, les relations de proximité ne supposent pas le recours à des cabinets ou à des prestataires de services pour que le contact puisse s'établir : le lien est assuré par d'autres types d'intermédiaires tels que des cadres de l'entreprise, des membres d'associations, des relations familiales. Ainsi l'entreprise peut-elle assumer elle-même et à un moindre coût des fonctions de présélection confiées auparavant au marché. De plus, le réseau génère (nous avons déjà évoqué ce point) de la confiance puisque des individus en relation durable produisent une quantité et une qualité d'information plus importante que celle qui s'échange au cours d'une relation strictement limitée au contexte de la recherche d'emploi. Le réseau constitue, en situation de déséquilibre croissant entre offre et demande de travail, une alternative possible et rentable au marché proprement dit.

Ainsi les procédures classiques de sélection n'interviennent-elles plus au mieux[2] – dans le cas d'un recours au réseau – que comme second filtre d'une sélection déjà fortement orientée en amont par les réseaux activés dans et autour de l'entreprise.

2.3. Les marchés internes de recrutement

L'activation des marchés internes, c'est-à-dire la recherche de candidats au sein même de l'entreprise, est elle aussi une forme de recrutement dont les avantages pour les recruteurs sont multiples dans une situation où la crise de l'emploi perdure.

Plus flexible, elle permet d'une part de réduire les déséquilibres internes à l'entreprise (sureffectifs régionaux, fonctionnels… coexistant avec des besoins situés ailleurs), notamment par la formation des individus en vue de leur faire acquérir une plus grande polyvalence. Elle permet d'autre part aux entreprises de fluidifier leur fonctionnement en offrant des opportunités d'évolution à des individus qui resteraient sinon bloqués à un même poste sans aucune perspective de changement. Mais surtout, dans la période actuelle, elle est rassurante pour les individus dès lors qu'elle manifeste une volonté de préservation à tout prix de l'emploi. Elle permet enfin aux entreprises de limiter les risques pris en allant chercher sur le marché des salariés dont elles ne pourraient pas ensuite assurer la pérennité dans l'organisation si la croissance ayant permis l'embauche se trouvait remise en cause.

---

1. APEC, «Recherche d'emploi : les moyens les plus efficaces», *Courrier Cadres*, n° 1003, 19 février 1993, p. 130.
2. C'est-à-dire dans le cas où il n'y a pas purement et simplement cooptation du nouvel embauché par les membres de l'organisation.

© Dunod – La photocopie non autorisée est un délit.

Or, quand il y a recrutement interne, l'entreprise dispose d'importants moyens pour connaître l'individu qui va faire l'objet de la procédure. Elle possède notamment l'historique de ses performances et la synthèse de ses entretiens annuels d'appréciation. À défaut, elle peut consulter directement la hiérarchie de sa structure actuelle. Bref, elle a les moyens de le voir fonctionner en situation sur une durée significative, ce qui rend caduque – ou tout au moins en grande partie superflue – l'utilisation de méthodes classiques de sélection.

Cela étant, cette tendance demande à être confirmée car, après avoir véritablement «flambé» au début des années quatre-vingt-dix (plus d'un tiers des postes de cadres ont été pourvus par ce biais en 1991[1]), le recours à la mobilité interne ne représentait plus que 22,4 % des emplois de cadres pourvus en 1995[2] (30 430 contre 105 200 en recrutement externe). Il semble que les risques de la mobilité continuent de l'emporter sur ses avantages, notamment du point de vue des individus (voir chapitre 8 sur la mobilité et la gestion des carrières).

3. L'apport des modèles administratif et politique de la décision

3. 1. Un processus de décision apparemment rationnel

L'ensemble des phases du processus de recrutement précédant la sélection visent finalement une seule chose : accumuler la meilleure information possible sur des candidats que l'on espère avoir ciblés de façon optimale, et ce en vue de prendre la meilleure décision (qui embaucher ?). La sélection elle-même est avant tout une phase de recueil et d'analyse de l'information aboutissant à un diagnostic motivé à propos des candidats restant en lice.

La phase suivant immédiatement cette analyse-diagnostic est la décision proprement dite. Ensuite, cette décision sera mise en œuvre à travers les actions d'embauche administrative et d'intégration du nouveau salarié au sein de l'entreprise. Enfin, son bien-fondé sera contrôlé à l'occasion d'actes tels que l'observation au travail ou l'appréciation annuelle dont l'individu sera ensuite l'objet. En fait, dès lors que l'on admet que les choses se passent réellement comme le prévoit le processus «idéal», on est naturellement conduit à une conclusion inévitable : le recrutement est bien conforme à ce que l'on appelle aujourd'hui le «modèle rationnel de décision»[3], également nommé «modèle de l'acteur unique»[4].

---

1. APEC, «Crise : avantage à la promotion interne ?», *Courrier Cadres*, n° 996, 18 décembre 1991, pp. 4-8.
2. APEC, «Perspectives emploi cadres 96», *Courrier Cadres*, n° 1152, 29 mars 1996, pp. I-XXXII.
3. Voir à ce propos Sfez L., *Critique de la décision*, Paris, Presses de la Fondation Nationale des Sciences Politiques, 4e éd. revue et augmentée, 1992.
4. STRATEGOR, *Stratégie, structure, décision, identité – Politique générale d'entreprise*, Paris, InterÉditions, 2e éd., 1993, pp. 407-497.

En effet, on vient de voir qu'il en présente tout d'abord les quatre étapes immuables : il commence par une phase d'analyse-diagnostic (de l'identification du besoin à la sélection), se poursuit par la décision proprement dite, par sa mise en œuvre pour s'achever bien plus tard par un contrôle. La décision y apparaît bien comme un moment clairement identifié dans ce processus. Ensuite, il s'en rapproche par sa recherche d'objectivité et de neutralité (d'où le débat sur les qualités scientifiques des outils de sélection) : la rationalité de la décision est censée être le fruit d'un raisonnement rationnel en ce sens qu'il a pour but de maximiser, d'optimiser la réalisation de ses fins et objectifs (supposés clairement déterminés) grâce aux moyens mis en œuvre. C'est bien ce que l'on retrouve dans l'approche du recrutement telle que nous l'avons décrite jusque-là : le recruteur détermine ses finalités (la définition du poste et des profils associés) et se donne les moyens (sources choisies, opérateur désigné, campagne de recrutement, méthodes de sélection) lui permettant de trouver le candidat le plus proche possible de cette finalité de départ.

Enfin, le recrutement tel qu'il a été mis en scène dans tout ce qui précède relève bien du modèle de l'acteur unique, non pas au sens où il n'y aurait qu'une seule personne impliquée dans le processus, mais bien au sens où l'on n'y parle jamais de logiques divergentes, de conflits de méthodes ou de finalités entre les différentes parties prenantes.

Or, ce modèle rationnel de la décision a été remis en cause par les auteurs ayant étudié la décision en général : séduisant, il n'est qu'une fiction incapable de rendre compte de ce qui se passe en réalité dans les organisations. Nous allons maintenant nous appliquer à le mettre en évidence pour ce qui concerne le recrutement en particulier.

3.2. Le modèle administratif

Ce modèle trouve son origine dans les travaux du prix Nobel d'économie H. A. Simon[1]. Nous n'allons pas les resituer intégralement, mais uniquement reprendre ce qui nous paraît utile à la compréhension des processus de décision actifs au cœur du recrutement.

Tout d'abord, la décision n'est pas un moment isolé, mais une suite de microdécisions, un processus continu au cours duquel la décision s'élabore petit à petit. Ainsi, construire la définition de poste d'une certaine façon et avec tel interlocuteur, choisir d'associer à la décision finale tel membre de la hiérarchie et non tel autre, décider des outils de sélection, passer par un prestataire travaillant déjà depuis longtemps avec l'entreprise ou au contraire par un nouveau partenaire, choisir de ne pas réactualiser le profil de poste par manque de temps, retenir un critère de sélection et non un autre, choisir les médias pour communiquer… sont autant de façons d'orienter peu à peu la décision finale. L'univers des possibles se

1. Voir Simon H. A., *Administration et processus de décision*, Paris, Economica, coll. «Gestion», 1983 (1945 pour l'édition originale américaine).

© Dunod – La photocopie non autorisée est un délit.

réduit peu à peu. Les phases précédant le moment officiel de la décision modèlent et structurent la réalité, parfois au point que le moment officiellement dédié au choix ne pèse que fort peu au regard de tous les choix faits auparavant et qu'il ne fait alors qu'entériner.

Plus encore, le bel ordre menant de l'analyse-diagnostic vers la décision n'est pas toujours, loin s'en faut, respecté, comme en témoigne l'exemple de Christophe B.

Exemple : Le recrutement de Christophe B.

Tout frais diplômé, le jeune Christophe B. a commencé à chercher du travail dès sa sortie de scolarité. Pour ce faire, il a contacté un certain nombre d'entreprises parmi celles qu'il avait eu l'occasion de visiter au cours de son cursus de spécialisation en management industriel. C'est ainsi qu'il rencontre le directeur de la logistique d'une usine appartenant à un grand groupe allemand.

Sa bonne maîtrise de l'allemand, son immédiate disponibilité, sa bonne connaissance de l'environnement industriel, les liens que l'usine entretient avec son école, le fait qu'il soit un homme, sa franchise et sa maturité sont autant de facteurs qui font qu'il plaît immédiatement à son interlocuteur. Celui-ci, précisément, recherchait un assistant en logistique destiné à superviser les nouvelles lignes de production dont l'implantation sur le site de l'usine venait d'être décidée par la maison-mère.

Après une longue discussion, Christophe B. est très étonné de s'entendre dire : «Mon opinion est faite et je n'irai pas par quatre chemins : vous m'intéressez et vous pouvez, si le poste vous intéresse, vous considérer comme étant embauché pour un CDD de six mois qui a de fortes chances de se transformer en CDI en début d'année prochaine. C'est à cette période que la maison mère allemande crée les postes et ouvre les budgets. Je ne chercherai pas d'autre candidat et je serais très heureux que vous puissiez commencer début juillet, c'est-à-dire dans trois semaines.»

Christophe B. est donc encore plus étonné quand, la semaine d'après, il reçoit une convocation de la DRH pour une journée de sélection qui se déroulera le jeudi suivant en raison des plages de disponibilités des autres candidats. Il se rend à cette journée et passe en compagnie de plusieurs candidats postulant pour le même poste que lui une batterie complète de tests (tests de logique, de connaissance allemande, un test de personnalité – le 16 PF – et un test d'aptitude au management), ainsi que deux entretiens avec des membres de la DRH.

Finalement retenu pour le poste, il revoit le jour de son arrivée le directeur de la logistique qui lui dit : «Je crois que je vous dois une explication qui est en fait très simple. J'ai l'habitude de gérer moi-même mes recrutements, mais depuis six mois, nous avons un nouveau directeur du recrutement qui s'imagine que je cherche à le court-circuiter. Alors il m'oblige à organiser des processus de sélection pour satisfaire son ego et justifier son poste. Mais de toute façon, pour moi, ça ne change rien : leurs tests, c'est du pipeau et je n'y crois pas. En plus, c'est toujours moi qui prends la décision finale. Mais bon, nous sommes obligés d'en passer par là car les Allemands n'aiment pas trop qu'on fasse joujou dans la structure sans respecter les règles.»

Dans cet exemple, la décision était déjà prise et a précédé un processus de sélection complet qui n'était qu'une pure fiction, une mascarade n'ayant servi à rien d'autre qu'à justifier *a posteriori* un choix déjà fait en amont. Sans être toujours à ce point caricaturales, nombre de situations de recrutement reproduisent des schémas de ce type : les candidats convoqués servent alors surtout d'alibis pour cacher des effets de réseaux ne pouvant pas fonctionner de façon trop visible (sous peine d'encourir l'accusation de «copinage» ou de «maffia»), pour rassurer un décideur qui ne voulait pas prendre un candidat qui lui plaisait sans en avoir rencontré davantage auparavant ou encore pour associer à un processus toutes les parties censées y participer. Il n'est dès lors guère étonnant de rencontrer des cas flagrants de déconnexion entre analyse-diagnostic et décision finale : le meilleur candidat au regard de la phase de sélection ne sera pas nécessairement pris.

De même, le système de préférences des décideurs n'est pas figé une bonne fois pour toutes comme pourrait le faire croire la formulation *a priori* de profils très précis. Et ce pour deux raisons.

Premièrement, contrairement à ce que suggère l'approche en huit phases que nous avons développée précédemment, l'entreprise ne cesse d'évoluer au cours du processus de recrutement. Des budgets peuvent être remis en cause ; l'organisation, donc les postes qui s'y trouvent, peut être réformée ; le demandeur lui-même peut être muté et remplacé par un autre individu qui n'aura pas du tout la même vision du besoin ; l'entreprise peut connaître une période de perturbation ; des investissements peuvent être faits qui modifient considérablement le contenu du poste, voire en remettent l'utilité en cause ; un gel des embauches peut intervenir par suite de difficultés économiques ; l'entreprise peut être rachetée par une autre qui n'aura pas les mêmes modes ou critères de recrutement ; le prestataire qui s'occupait de l'opération peut faire faillite ; etc. En d'autres termes, il n'est guère étonnant que certaines opérations de recrutement présentées au départ comme urgentes puissent durer jusqu'à huit mois, voire plus (le manque de temps à consacrer à l'opération par les gens de l'entreprise en est aussi une des raisons) : les organisations vivent des incertitudes croissantes qui bouleversent, arrêtent, accélèrent ou modifient autant les démarches de recrutement que les autres processus de l'entreprise. Elles ne sont pas stables parce que les entreprises elles-mêmes ne le sont pas. Pour toutes ces raisons également, il n'est pas rare que les éléments d'analyse-diagnostic élaborés à un moment donné du processus (profils requis, caractéristiques de l'emploi, dossier des candidats, etc.) ne soient déjà plus valables à l'étape suivante.

Deuxièmement, les décideurs eux-mêmes sont incapables d'anticiper et d'expliciter parfaitement tous les critères à partir desquels ils vont faire leur choix. Même si une définition de poste et des profils très précis ont été formulés, les décideurs ne vont affiner leurs critères de décision qu'en étant confrontés à des situations concrètes qui les révèlent. Par exemple, lorsque sont proposés des candidats qui heurtent les préjugés des décideurs (préjugés religieux, raciaux, sexuels) : c'est souvent seulement en étant confrontés à des candidats qui les «actualisent» que les décideurs mobilisent ces préjugés dans leurs décisions. En outre, tous ces critères ne sont pas nécessairement facilement avouables ou exprimables dans le cadre de l'entreprise : faire ouvertement preuve de comportements racistes ou sexistes suppose que l'on soit certain des sentiments de ses interlocuteurs.

En outre, la rationalité qui s'exprime au cours de la décision est nécessairement

© Dunod – La photocopie non autorisée est un délit.

limitée : les décideurs, en fonction de leur formation, de leur parcours, ne sont pas toujours à même d'interpréter complètement ou correctement l'information qui leur est fournie par des instruments de sélection sophistiqués. La connaissance des candidats est toujours incomplète, quel que soit le temps qui y ait été consacré. L'urgence empêche souvent que soient menées toutes les investigations souhaitées ou que les dossiers des candidats soient correctement étudiés. Certains entretiens sont même bâclés parce que le décideur est à ce moment-là préoccupé par d'autres impératifs.

Enfin, la décision qui sera finalement prise ne sera jamais optimale : il n'existe que très rarement un candidat correspondant exactement à toutes les exigences d'une entreprise et c'est souvent le «plus acceptable» qui sera choisi, plutôt que celui qu'auraient souhaité les demandeurs.

3.3. Le modèle politique

Dans le modèle de l'acteur unique, il n'est guère question non plus de conflits entre les décideurs, tous supposés tendus vers le même optimum, vers les mêmes finalités. Les travaux de M. Crozier et E. Friedberg[1] ont depuis longtemps insisté sur les phénomènes de pouvoir existant au sein des organisations entre des acteurs capables d'autonomie et soucieux de préserver leur liberté à travers des stratégies individuelles et de groupes.

Là encore, on se rend compte que ces phénomènes affectent énormément les processus de recrutement. Un petit aperçu peut en être donné à travers l'exemple ci-dessus. Le recrutement de Christophe B. concernait en réalité deux acteurs : l'un (le responsable du recrutement de la DRH) était avant tout soucieux du respect de règles lui garantissant un rôle à l'intérieur de ce processus, alors que l'autre (le directeur de la logistique) était avant tout soucieux de préserver son autonomie décisionnelle au sein de son service. Il y a eu affrontement entre ces deux logiques et, finalement, le rapport de forces a tourné à l'avantage du second nommé qui possédait notamment comme ressource la maîtrise de la décision finale.

En d'autres termes, il serait illusoire et naïf de croire que le candidat sélectionné sera toujours le meilleur, si tant est que cette notion puisse avoir un sens dans l'absolu. Bien souvent, le candidat *in fine* sélectionné sera avant tout celui qui sert le mieux la stratégie de l'acteur qui se trouve en position dominante au sein de l'organisation. Le ou les décideurs (ils sont souvent plusieurs) ne sont pas des juges impartiaux : ils sont aussi et surtout des acteurs engagés dans des jeux stratégiques complexes au sein desquels le recrutement a un rôle à jouer.

De même, les candidats sont également, qu'ils le veuillent ou non, des acteurs de ces stratégies, au-delà du fait qu'ils constituent un enjeu entre décideurs. En effet, ils sont par nature des acteurs futurs du système d'action concret de l'entreprise et

1. Voir Crozier M., Friedberg E., *L'acteur et le système*, Paris, Le Seuil, coll. «Points», 1977 ou, pour une approche vulgarisée, Friedberg E., «L'analyse sociologique des organisations», *Pour*, n° 28, 1988 (3e éd.).

les décideurs ont tout intérêt à chercher à anticiper le rôle qu'ils vont pouvoir y jouer dans l'avenir. Par exemple, il est tentant de recruter quelqu'un dont on anticipe qu'il puisse devenir un allié dans le futur : ce pourra être une personne du même âge ou, le plus souvent, quelqu'un qui sera issu de la même filière de formation (un lien de solidarité peut alors s'établir, plus ou moins lâche selon les filières de formation : les grandes écoles vont dans ce domaine jusqu'à constituer de véritables «maffias» internes à certaines organisations[1]).

Il est tout aussi important de ne pas recruter quelqu'un qui puisse devenir un ennemi potentiel : certains hésiteront ainsi à recruter un collaborateur plus diplômé, plus expérimenté ou plus âgé qu'eux-mêmes, qui risque de briguer leur propre poste, de prendre leur place.

Section 3 LES AUTRES FONCTIONS DU RECRUTEMENT

À force d'insister sur les rôles de sélection et d'évaluation du recrutement, on en vient à oublier qu'il comporte bien d'autres fonctions sociales qui peuvent en venir à prendre le pas sur les premiers. Réduire le recrutement à ses seules fonctions explicites, c'est courir le risque de ne pas comprendre un certain nombre des phénomènes qui s'y font jour et qui l'affectent en profondeur. On trouvera là encore matière à relativiser la question de l'efficacité des techniques de sélection et le poids de leur rôle dans l'ensemble du processus.

1. L'ethnologie et la sociologie interactionniste

La première de ces fonctions est avant tout d'ordre symbolique : le recrutement a un sens, une signification au sein de la société qui dépasse largement celle dont les acteurs eux-mêmes sont conscients. Deux approches vont nous permettre de rendre compte de cette fonction.

1.1. L'ethnologie

L'ethnologie tend aujourd'hui à se rapprocher de la sociologie en ce sens qu'au lieu de se consacrer uniquement aux sociétés exotiques, elle développe depuis peu une approche socio-anthropologique des sociétés industrielles, notamment dans les univers du travail qui constituent l'une des marques fondamentales de telles sociétés. Centrée sur l'étude «des rapports symboliques, des rituels professionnels, des

1. Un petit livre, déjà ancien, avait tout particulièrement approfondi ce thème sur le mode humoristique : Wickham A., Patterson M., *Les carriéristes – Du bon usage de la cravate à rayures*, Paris, Marabout, 1983.

© Dunod – La photocopie non autorisée est un délit.

sociabilités a-productives»[1], elle cherche à étudier avec la distanciation propre à la discipline anthropologique un champ longtemps ignoré, celui des «quotidiennetés», c'est-à-dire l'ensemble des phénomènes se déroulant concrètement sur les lieux de production, mais aussi dans l'ensemble des lieux sociaux propres au monde moderne (par exemple les villes et leurs banlieues)[2].

Dans cette optique de recherche, le recrutement apparaît sous un tout autre jour que celui sous lequel nous l'avons considéré jusqu'alors.

En effet, s'intéressant en particulier aux rites, la socio-anthropologie va plutôt considérer cette pratique comme relevant des *rites de passage*. Ceux-ci sont ainsi définis par le célèbre anthropologue et folkloriste A. Van Gennep (1873-1957) : «Les rites ou cérémonies de passage sont ceux qui accompagnent tout changement de place, de situation sociale et d'âge»[3]. Ils impliquent de façon immuable trois moments successifs : la séparation du statut antérieur, l'attente ou la marge (phase «liminale» où l'on se trouve en quelque sorte «sur le seuil»), et enfin l'agrégation dans la nouvelle situation sociale. Omniprésents et le plus souvent marqués par le sacré et la religiosité dans les sociétés dites primitives et dans notre propre passé, ils n'ont pas disparu, comme pourraient le laisser croire les apparences et la revendication permanente de modernité et de fluidité sociale de notre propre civilisation. Ils ont seulement changé de forme : désacralisés[4], moins présents et visibles, ils sont toujours là au cœur même de l'entreprise, qui est pourtant le lieu où l'on s'attendrait le moins à les trouver.

Ainsi, même si l'on ne parle pas ici de moments aussi importants que la naissance, la sortie de l'enfance ou la mort, «(...) l'engagement dans le monde du travail ne se fait pas sans épreuves. Y sont convoqués d'une part les connaissances indiscutables des "passeurs", des sommités professionnelles, des grands prêtres des disciplines concernées, "chamans" ayant l'autorité de sanctionner les candidatures et d'autres part l'impétrant, le novice, le non-initié butant contre les tests et contre les mises à l'essai. Ce dernier doit montrer ses capacités à franchir le seuil, le passage, l'enceinte du travail, ce cercle qui le tenait à distance des initiés, des "professionnels"[5]».

Un autre auteur, lui, insiste plus particulièrement sur la phase initiale de ce rituel : «la lettre et le curriculum vitae par lesquels on répond sont eux-mêmes fortement ritualisés (tout en devant contenir des éléments originaux) ; ils doivent exprimer un désir d'appartenance ; ils sont par avance signe d'allégeance. Le CV est un docu-

---

1. Bouvier P., *Le travail au quotidien – Une démarche socio-anthropologique*, Paris, Presses Universitaires de France, coll. «Sociologie d'aujourd'hui», 1989, p. 9.
2. Un des chercheurs les plus en pointe de cette «ethnologie de la modernité» et parmi les plus conscients des problèmes épistémologiques qu'elle pose nous semble être G. Althabe. Voir Althabe G., Marcadet C., Pradelle M. (de la), Sélim M., *Urbanisation et enjeux quotidiens*, Paris, Anthropos, 1985.
3. Van Gennep A., *Manuel du folklore contemporain*, Paris, E. Picard, 1972, t. 1, p. 111.
4. Voir Rivière C., *Les rites profanes*, Paris, Presses Universitaires de France, coll. «Sociologie d'aujourd'hui», 1995.
5. Bouvier P., *op. cit.*, pp. 55-56.

ment rituel : qu'on pense à l'émotion (peur et espoir) qui s'y attache ; d'où les erreurs, lapsus, balourdises qu'on y commet fréquemment, aussi sérieuses de conséquences que celles qui s'attachaient autrefois au rituel liturgique. C'est toute une séquence qui va s'étendre sur plusieurs mois, forme moderne d'initiation, de rituel de passage ; temps spécial, souvent fébrile ; entretiens sollicités, attendus, retardés ; appels téléphoniques émotionnels (la voix au téléphone, la manière d'accéder aux dieux de l'entreprise) ; la façon de se présenter. Tout cela manifeste un rituel d'initiation. Cérémonial que l'on apprend, que l'on répète : c'est bien un rituel.»[1]

D'autres encore mettent plus particulièrement en avant l'importance de la phase «liminale», celle de l'entre-deux : «(...) dans la période probatoire, l'apprentissage plus ou moins bref du poste de travail va comprendre un certain nombre d'épreuves initiatiques accompagnées d'une mise en situation qui infériorise l'impétrant. Passer de l'école à l'entreprise est une transition dont les séquences, plus ou moins ritualisées, visent à rendre le nouveau venu conforme par l'habitude aux exigences d'une organisation et d'une production spécifique. Le moment de l'entrée est particulièrement sensible et difficile car l'entreprise attire et fait peur.»[2]

Que conclure de toutes ces mises en évidence de la dimension rituelle du recrutement ?

Tout d'abord, elles permettent de relativiser le caractère parfois impressionnant des procédures de recrutement : le candidat doit prendre conscience du fait que le décorum, les cérémonials, la difficulté ou la dureté des questions posées, les différents barrages, les phases d'attente, les vexations subies et les mises en infériorité doivent être relativisés à tout prix. Ils ne sont pas dirigés personnellement contre lui. Ils font partie d'un rituel dont la raison d'être est de marquer un passage : celui-ci, pour être considéré comme significatif, se doit en quelque sorte d'être long et douloureux. Il marque l'entrée dans une nouvelle vie qui doit se mériter. Comme le dit P. Bourdieu, le rite de passage (qu'il préfère appeler «rite d'institution») a pour effets essentiels «de séparer ceux qui l'ont subi non de ceux qui ne l'ont pas encore subi, mais de ceux qui ne le subiront en aucune façon et d'*instituer* ainsi une différence durable entre ceux que ce rite concerne et ceux qu'il ne concerne pas.»[3] Une telle fonction sociale de séparation entre deux univers ne saurait être remplie par un acte qui passerait inaperçu tant de ceux qui le subissent que de l'extérieur.

Ensuite, les rituels qui se déroulent à l'occasion des processus de recrutement peuvent avoir, comme tout rite de *socialisation*, soit une dimension de séduction, soit une dimension brimante. Ainsi Y. Emery[4] montre-t-il que le recrutement com-

1. Eslin J.C., «Dénégation et réemploi du rite dans l'entreprise», *Psychanalystes*, n° 41, 1992, p. 139.
2. Rivière C., *op. cit.*, p. 222.
3. Bourdieu P., «Les rites comme actes d'institution», *Actes de la Recherche en Sciences Sociales*, n° 43, juin 1982, p. 58.
4. Emery Y., «Recrutement et intégration de nouveaux collaborateurs : les rites d'initiation», *Humanisme & Entreprise*, n° 305, (1990), pp. 9-22.

© Dunod – La photocopie non autorisée est un délit.

porte une dimension de *socialisation anticipée* lors de laquelle l'entreprise cherche souvent à séduire l'individu en lui donnant une image extrêmement positive de l'entreprise, du cadre professionnel du futur recruté ou de l'ambiance (avec le risque que l'individu soit déçu par la suite). Puis suit une phase de *socialisation active* qui peut avoir pour but de mettre l'individu à l'épreuve (on lui confie des travaux inintéressants ou dégradants, on le surcharge, on le met en situation d'échec) : on cherche à ébranler ses repères acquis précédemment, à lui faire abandonner les rôles tenus jusqu'alors pour l'obliger à se construire une nouvelle identité dans l'entreprise grâce à cette «thérapie de choc». Au contraire, cette phase peut s'effectuer sur le mode positif : comportements d'aide, fortes valorisations, accueil de bienvenue. On cherche alors à rassurer le «nouveau», à le sécuriser pour que son intégration se passe le mieux possible.

Dans les deux cas, cela signifie tout simplement que le recrutement n'est pas véritablement terminé, même quand l'individu a intégré l'entreprise : ce ne sera le cas que lorsqu'il aura été définitivement admis, reconnu comme appartenant à l'entreprise. En d'autres termes, le processus de socialisation excède largement dans sa durée le processus de sélection et le nouvel entrant doit savoir qu'il continue d'être évalué alors même qu'il croit en avoir terminé avec l'obligation de faire ses preuves. L'important est là encore d'en rester conscient et de ne pas prendre nécessairement au pied de la lettre les attitudes positives ou négatives à travers lesquelles on est, dans les premiers temps, traité différemment des autres. Toutes proportions gardées, ces rituels d'intégration s'apparentent aux bizutages dont sont coutumières les grandes écoles et les facultés de médecine : ceux-ci peuvent être traumatisants pour qui les considère comme étant dirigés contre sa personne et non pas comme un processus d'admission sociale.

Enfin, qui dit rite dit aussi en partie conformité sociale, qu'elle soit liée aux comportements, aux vêtements, à la rédaction de la candidature, aux discours à tenir ou à l'image de soi. Souvent considérée comme excessive, voire rejetée par certains candidats, cette conformité ne prend sens qu'à partir du moment où que l'on considère qu'elle participe d'une sorte de liturgie plus ou moins solennelle comparable à celles qui accompagnent tout passage important.

1.2. Les principes de la sociologie interactionniste

Une autre façon d'explorer la dimension «ritualisée» (mais dans un tout autre sens que dans ce qui précède) du recrutement est, à la manière d'E. Goffman[1], de le considérer comme une situation de représentation, au sens théâtral du terme. On pourra d'ailleurs également la retrouver lorsque l'on parlera de l'entretien d'appréciation (voir chapitre 7).

Cette approche, qu'il ne saurait être question de résumer ici tant elle est riche,

1. Voir, pour mieux connaître cette approche faisant partie du courant américain de l'interactionnisme, Goffman E., *La mise en scène de la vie quotidienne*, Tome 1 : «*La présentation de soi*» et Tome 2 : «*Les relations en public*», Paris, Les Éditions de Minuit, 1973.

insiste sur l'idée selon laquelle le monde est un théâtre (d'où le nom qui lui est parfois donné d'«approche dramaturgique»[1]) où chaque individu, dans les interactions de face-à-face qu'il partage avec les autres, «se met en scène» à l'instar d'un véritable acteur en vue de contrôler l'image qu'il produit vis-à-vis de son «public» (le public étant généralement tout simplement l'interlocuteur, le partenaire de la représentation). La métaphore théâtrale est filée de façon complète par E. Goffman (son vocabulaire conceptuel est tout entier emprunté à celui du théâtre : représentation, rôle, décor, coulisses, etc.), non pas pour insister sur la duplicité des interactions sociales, mais pour mettre en évidence le caractère inévitablement construit des interactions au sein des organisations.

En effet, l'entreprise, en fonction de la place et du statut qu'un individu doit y occuper, en fonction des comportements qu'elle valorise, en fonction des tâches et responsabilités qu'elle veut lui confier, attend, à travers ses différents membres ou ceux qu'elle a mandatés (les recruteurs), que cet individu agisse «de façon à donner, intentionnellement ou non, une expression de lui-même, et les autres à leur tour doivent en retirer une certaine impression»[2]. Chaque institution (une entreprise, un asile d'aliénés, une armée, une congrégation religieuse) va ainsi autoriser ou prohiber, prescrire de façon lâche ou au contraire rigide un certain nombre de rôles à ses membres ou à ceux qui veulent le devenir. En d'autres termes, au cours des «représentations» qu'il va donner, l'individu va adopter des «rôles» différents en fonction de ses divers interlocuteurs et des «décors» où se déroule la représentation afin de leur donner une «impression» (justifiée ou non, cynique ou autre) de lui-même et de la situation.

Ces rôles nécessitent à la fois une façade, c'est-à-dire un «décor», des attitudes, des vêtements, des accessoires adaptés au rôle, et une «réalisation dramatique» proprement dite, c'est-à-dire un «jeu» pendant l'interaction. De même, chaque représentation comporte certes une «région antérieure», à savoir le lieu, le décor où se joue la représentation, dans laquelle valent des règles précises de bienséance (les normes instrumentales et morales d'une tour de bureaux ne sont pas les mêmes que dans une fonderie et, dans chaque bureau, les règles changent). Mais elle comprend aussi nécessairement une «région postérieure» ou des «coulisses» où sont visibles les secrets essentiels d'un spectacle et auxquelles le public n'a pas accès : c'est le lieu où chacun peut abandonner son rôle (façade et réalisation dramatique), le répéter, préparer sa mise en scène, où on lui fournit ses accessoires, où il apprend à tenir son rôle ou à s'en reposer (c'est par exemple la cuisine dans un restaurant de grand luxe, le hors-champ sur un plateau de télévision, un bureau privatif dans un service...).

Parmi ces rôles sont particulièrement intéressants ceux qu'E. Goffman nomme *routines* ou *social roles* : il s'agit de modèles d'action préétablis développés au

---

1. E. Goffman lui-même emploie ce terme en montrant que, pour l'analyse des organisations, cette approche complète les perspectives technique, politique, structurale et culturelle : voir Goffman E., *La mise en scène de la vie quotidienne*, t. 1, *op.cit.*, p. 227.
2. *Ibid.*, p. 12.

© Dunod – La photocopie non autorisée est un délit.

cours d'une représentation et qui, répétés pour un même public en différentes occasions, instaurent un rapport social tout autant que des modes de socialisation. Le *social role*, est défini comme «l'actualisation de droits et de devoirs attachés à un statut donné»[1] et il «recouvre un ou plusieurs rôles (parts) et (...) l'acteur peut présenter chacun de ces rôles, dans toute une série d'occasions, à des publics du même type ou bien à un seul public constitué par les mêmes personnes»[2]. Il peut en venir à s'institutionnaliser et à créer chez le public des attentes stéréotypées et des réactions adaptées à une «représentation collective», c'est-à-dire à l'actualisation de part et d'autre de rôles parfaitement adaptés, cohérents les uns par rapport aux autres (ce qu'on appelle alors une «équipe de représentation») : ainsi le juge et l'accusé, le médecin et le malade, le supérieur et le subordonné, le recruteur et le candidat peuvent-il fort bien constituer des équipes de représentation parfaitement stabilisées et institutionnalisées, dont les membres coopèrent à la mise en scène d'une routine particulière.

1.3. Application au recrutement

Le recrutement, et plus particulièrement l'entretien, peut, comme toute situation d'interaction de face-à-face, être analysé comme une mise en scène de soi et être interprété à la lumière de la conception d'E. Goffman. Un tel éclairage permet d'illustrer un nombre d'éléments fréquemment rencontrés dans les situations de recrutement.

Car la notion de représentation s'applique parfaitement. En effet, il y a nécessairement construction à cette occasion de rôles sociaux. Le candidat, lui, vient avant tout pour se vendre et, pour ce faire, il agit avant tout en fonction de ce qu'il pense que l'on attend (en général ou dans cette entreprise donnée) d'un «bon» candidat au type de poste pour lequel il postule. En fait, il se conforme à ce que l'on appelle une «attente de rôle». Il adopte les comportements qu'il pense, parfois à tort, être ceux que son interlocuteur valorise, se fiant ainsi à ses lectures, à la réputation de l'entreprise, à ce que l'on connaît des entreprises de sa taille (par exemple, les PME et la nécessaire autonomie ou recherche de responsabilités dont il faudrait y faire preuve) ou de son secteur (par exemple, le BTP et sa culture «virile», la grande distribution et sa demande de totale disponibilité horaire). Il peut également adapter ses comportements à la position hiérarchique de son interlocuteur, se faisant plus volontiers technicien dans son langage vis-à-vis du futur supérieur hiérarchique et plus introspectif à l'égard du représentant de la DRH.

En d'autres termes, désireux d'être embauché, le candidat est très souvent amené à se mettre en scène d'une façon plus ou moins éloignée de ce qu'il est, adoptant parfois des rôles de composition n'ayant rien à voir avec ses tendances personnelles réelles.

Parfaitement compréhensible, une telle façon d'agir est aussi très dangereuse.

1. *Ibid.*, p. 24.
2. *Ibid.*

Car un même individu n'est pas apte à jouer tous les rôles : si le dynamisme du commercial ne fait pas partie de ses attributs, il aura particulièrement du mal à être crédible dans un tel rôle et sera très mal à l'aise pour le jouer. En outre, certains candidats en viennent, enfermés dans le rôle qu'ils pensent devoir jouer pour se mettre en valeur, à ne plus mettre en avant leurs qualités réelles, ne jouant plus que sur certaines facettes de leur personnalité (réelles ou fictives) qui n'intéressent pas le recruteur.

De plus, à long terme, une telle attitude peut se révéler désastreuse en cas de succès : l'individu recruté sur la base de qualités qu'il a réussi à vendre au cours des diverses représentations qu'il a jouées face aux recruteurs aura du mal, si elles ne sont pas réellement siennes, à les mettre en pratique une fois en poste. D'où un risque de rejet par une entreprise ou un supérieur hiérarchique déçu de la réalité qu'il découvre derrière une façade trop brillante.

Enfin, passer sans arrêt d'un rôle à l'autre, c'est-à-dire se conformer sans cesse à des attentes de rôles parfois créées de toutes pièces, peut être dangereux pour le candidat lui-même qui, tel un acteur surmené, risque de ne plus trop bien savoir quelles sont les qualités sur lesquelles il peut réellement s'appuyer. Le risque est alors une perte de confiance en soi-même ou une sorte d'aliénation où l'on n'existe plus qu'à travers le regard et le jugement d'autrui (le recrutement est déjà suffisamment agressif et déstructurant pour la personnalité sans qu'il soit besoin de compliquer encore la situation).

C'est pour toutes ces raisons que les conseillers en recrutement ne cessent d'insister auprès des candidats en leur disant : «Soyez vous-mêmes», «Soyez authentiques». Apparemment oiseux et facile à tenir pour qui ne se trouve pas à la place du candidat, ce conseil est peut-être le seul qui vaille dans le domaine du recrutement : facteur de déception future, d'illusion, de perte de soi ou tout simplement d'erreur d'appréciation sur la chance que l'on a de pouvoir réussir dans un emploi, les rôles sociaux par trop différents de la réalité ne sont positifs qu'à très court terme.

Les recruteurs eux aussi jouent des rôles plus ou moins marqués en fonction de l'image qu'ils se font de la «bonne» attitude à avoir et de la «bonne» façon de mener un entretien. C'est notamment le cas des membres de hiérarchie dont le recrutement n'est pas le métier. Certains s'imaginent qu'il faut absolument agresser le candidat pour l'amener à se révéler, d'autres jouent des rôles de psychologues, de conseillers, de professionnels pointus, etc. De même, l'entretien de recrutement peut être l'occasion de chercher à séduire le candidat que l'on souhaiterait embaucher, afin de lui donner envie de venir dans l'entreprise. Là encore, il ne s'agit pas d'être plus soucieux de jouer correctement un rôle que de vraiment chercher à apprendre quelque chose de la personnalité qui se trouve en face. En outre, les effets à long terme des rôles de séduction peuvent se révéler tout aussi désastreux que dans le cas du candidat : un salarié déçu par ce qu'il découvre après son embauche sera au mieux démotivé, au pire en recherche d'un autre emploi.

Ensuite, l'entretien de recrutement est bien une scène sur laquelle on a tendance à accorder (que ce soit du côté des candidats ou dans les entreprises) une énorme

© Dunod – La photocopie non autorisée est un délit.

importance au décor, aux accessoires (vestimentaires et autres), aux éléments de mise en scène (accueil, déroulement des différentes étapes) en vue de créer un climat et de rendre crédibles les rôles joués. Là encore, ces éléments sont à la fois nécessaires et dangereux. Nécessaires parce qu'on sait qu'ils sont autant de facteurs à travers lesquels l'autre va «juger». Une entreprise qui reçoit les candidats dans des locaux sales, sans aucun égard et de façon expéditive sera nécessairement moins attractive. De même, un candidat mal habillé, qui porte ses affaires dans une vieille chemise cartonnée et qui ne manifeste aucun intérêt pour l'entreprise sera spontanément moins crédible qu'un autre. Dangereux car eux aussi sont créateurs d'illusion, d'images pas nécessairement assumables sur le long terme.

Enfin, la situation d'entretien de recrutement, comme toute représentation, génère du trac de la part des acteurs. Le fait de se retrancher derrière un rôle (qu'il s'agisse d'une routine instituée par une longue habitude des entretiens de sélection ou d'un rôle créé pour la circonstance) peut également avoir pour but d'aider l'acteur à dépasser ce trac, ce qui reste en tout état de cause très difficile à évaluer. Cela peut d'ailleurs aider l'autre à mieux gérer son propre rôle. Par exemple, un recruteur qui se comporterait de façon vraiment trop conviviale serait plus déstabilisant qu'autre chose pour les candidats qui sont en face de lui : le rôle social permet donc aussi de créer une situation suffisamment conforme à ce que le candidat attend pour ne pas qu'il soit déstabilisé.

2. Reproduction sociale et formation des élites

Avec les approches insistant sur la dimension ritualisée du recrutement, nous avons notamment pu voir que le recrutement était plus long qu'on ne le croit habituellement, en ce sens qu'il s'achève souvent bien après que ses phases «techniques» sont terminées. D'autres approches, plus sociologiques celles-là, insistent sur le fait que le processus de sélection ne commence pas, loin s'en faut, lorsque l'entreprise se met à la recherche d'un futur salarié : il commence en réalité bien avant et beaucoup de choses sont déjà jouées avant même que la sélection officielle n'ait débuté.

2.1. La reproduction sociale selon P. Bourdieu

P. Bourdieu, dans le cadre d'une pensée des structures de la société bien plus large, s'attache en particulier à montrer combien les structures sociales (ou plus exactement l'espace social, à savoir le système organisé de positions sociales qui se définissent les unes par rapport aux autres) ont tendance à la *reproduction sociale*.

En effet, étudiant en particulier les grandes écoles en France[1], il constate une forte homologie structurale entre l'espace social et l'espace des institutions

1. Bourdieu P., *La noblesse d'État – Grandes écoles et esprit de corps*, Paris, Les Éditions de Minuit, coll. «Le sens pratique», 1989.

d'enseignement supérieur. En d'autres termes, les tensions qui animent ces deux espaces sont identiques et, surtout, on retrouve les mêmes classes ou fractions de classe en position dominante dans le champ du pouvoir et dans les meilleures écoles. Ce qui signifie «une correspondance (...) à peu près parfaite (...) entre les positions occupées par les différentes catégories socio-professionnelles dans l'espace social (...) et les positions originaires des élèves des écoles du pouvoir»[1].

Ces écoles font donc partie intégrante des *stratégies de reproduction* par lesquelles les «dominants» tendent à «persévérer dans leur être»[2], c'est-à-dire à essayer de conserver ou d'améliorer leur position dans l'espace social. Ils y investissent d'autant plus qu'ils ont des profits importants à attendre de ce «placement» qu'ils font. Or, dans les grandes entreprises, «l'école – sous la forme de la grande école – et le *corps*, groupe social que l'école produit en apparence *ex nihilo* et, en fait, à partir de propriétés elles aussi liées à la famille, prennent la place de la famille et de la parenté, la cooptation des condisciples sur la base des solidarités d'école et de corps jouant le rôle qui revient au népotisme dans les entreprises qui ont le privilège de la transmissibilité des privilèges»[3].

Cela signifie que l'accession aux positions dominantes dans ces entreprises passe majoritairement par le fait d'avoir fait ou non une scolarité dans les plus prestigieuses des grandes écoles (donc par ce que P. Bourdieu appelle un mode de reproduction «à composante scolaire») : les compétences effectives ou les qualités que l'on peut saisir à travers les méthodes de sélection classiques n'ont pas grand-chose à voir avec ce processus de défense de position de domination par certaines fractions de la société. Les jeux sont en quelque sorte faits d'avance dans la mesure où n'entrent dans ces écoles qui sont des voies d'accès privilégiées au pouvoir que les rejetons de familles elles-mêmes proches des sphères du pouvoir[4].

En fait, l'institution scolaire est plus généralement pour cet auteur bien plus qu'une «entreprise rationnelle de formation sanctionnant par des brevets de qualification technique l'acquisition de compétences multiples et spécialisées». Elle est aussi «une instance de consécration qui, à travers la reproduction des compétences techniques exigées par la division technique du travail, contribue, pour une part sans cesse croissante, à la reproduction des compétences sociales, c'est-à-dire des capacités légalement reconnues d'exercer des pouvoirs (...)»[5]. Elle est donc avant tout un instrument servant à officialiser, à instituer une distribution des pouvoirs qui, sans elle, apparaîtrait comme arbitraire et non fondée.

Car l'école (et en particulier la grande école en France) est aussi un pourvoyeur de *capitaux*[6], c'est-à-dire de ressources à travers lesquelles les individus seront à même de mener à bien leurs stratégies. Il peut s'agir de *capital social* puisque ces

1. *Ibid.*, p. 378.
2. *Ibid.*, p. 386.
3. *Ibid.*, p. 406.
4. Voir la façon dont ces écoles «reconnaissent les leurs» *in* Bourdieu P., Passeron J.C., *La reproduction*, Paris, Les Éditions de Minuit, coll. «Le sens pratique», 1970, pp. 198-200.
5. Bourdieu P., *La noblesse d'État – Grandes écoles et esprit de corps*, *op. cit.*, p. 163.
6. Pour une explicitation simple de ces notions, voir Accardo A., *Initiation à la sociologie de l'illusionnisme social*, Paris, Le Mascaret, 1983, pp. 59-60.

© Dunod – La photocopie non autorisée est un délit.

écoles donnent accès au monde des décideurs, constituent elles-mêmes des réseaux de solidarités (voir les «liens faibles» de M. Granovetter évoqués précédemment) qui facilitent les entrées dans les entreprises et les processus de cooptation, et permettent d'accéder à l'information sur les postes qui se créent dans les entreprises. De même, elles permettent d'acquérir un *capital culturel* en phase avec celui des décideurs des entreprises. Issus des mêmes milieux, ayant fréquenté les mêmes endroits, parlant le même langage, pratiquant les mêmes activités, formés aux mêmes réflexes intellectuels, les sortants de ces écoles ont tout en commun avec ceux qui sont amenés à pouvoir décider de leur entrée ou de leur ascension dans une organisation. Bien entendu, le premier de ces capitaux culturels – fortement valorisé aujourd'hui – est le diplôme lui-même, que P. Bourdieu regarde également comme une forme d'achèvement apporté au rite d'institution qu'est le parcours menant de la prépa à la sortie de l'école.

Dans une perspective telle que celle-là, on ne peut qu'être amené à relativiser l'importance des techniques de sélection dans le recrutement : elles ne semblent pas concerner directement ces élites ou, tout au moins, ne servent qu'à départager entre eux des candidats pour leur grande majorité sélectionnés à l'intérieur de ces viviers très restreints.

2.2. Les modèles nationaux de constitution des élites

Une optique relativement similaire est adoptée par des chercheurs tels que M. Bauer et B. Bertin-Mourot[1]. Comparant l'accès aux fonctions de direction générale dans les deux cents plus grandes entreprises françaises et allemandes, ils ont établi le tableau comparatif restitué de façon simplifié ci-dessous (6.4).

Ce petit tableau montre à la fois la forte présence des diplômes et de l'État dans le système français de production des élites, présence qui tend même à se renforcer puisqu'en 1993, 47 % des dirigeants français disposaient avant tout d'atout-État contre seulement 41 % en 1985[2]. Mais surtout, il met en évidence les limites de la gestion des ressources humaines et de ses techniques face à un problème tel que celui de la constitution des élites dans notre pays : «(...) Revenons sur la responsabilité des DRH dans la pérennité du système. Pendant longtemps, ils ont mis en place des dispositifs de gestion des carrières des cadres et des cadres supérieurs sans se donner comme objectif véritable d'aller jusqu'au sommet. En n'allant pas jusqu'au sommet, ils décrédibilisent leur système. Cela ne sert à rien de faire de l'évaluation des performances si on commence par le bas. Ce type de dispositif ne fonctionne que si on commence par le haut. Si on s'arrête au sommet, ces dispositifs se transforment en gadgets et n'apparaissent pas comme les véritables instru-

1. Voir en particulier Bauer M., Bertin-Mourot B., *Les «200» en France et en Allemagne. Deux modèles contrastés de détection-sélection-formation de dirigeants des grandes entreprises*, Paris, CNRS-Heidrick and Struggles, 1992 ; Bauer M., Bertin-Mourot B., «Quelle alternative à la tyrannie du diplôme initial ?», *Education Permanente*, n° 114, 1993, pp. 43-49.
2. Bauer M., Bertin-Mourot B., «L'accès au sommet des grandes entreprises françaises 1985-1994», *MCS*, n° 460, 22 mai 1995, p. 32.

Tableau 6.4 : Comparatif France/Allemagne dans l'accession aux postes de direction des plus grandes entreprises

France	Allemagne
73 % de dirigeants diplômés d'une grande école et 56 % issus de trois écoles (ENA, X, HEC). 17 % d'autodidactes. 4 % venant d'universités françaises et 6 % d'universités étrangères.	Origine très diversifiée. Forte proportion de diplômés, mais... environ 25 % ayant débuté par l'apprentissage.
Production des élites sous-traitée au capital et à l'État (grands corps).	Autoproduction de leurs élites par les entreprises.
30 % de «montagnards» (ayant commencé leur carrière à un niveau ingénieur ou inférieur) dont 7 % dans l'entreprise dirigée.	70 % de «montagnards» dont 32 % dans l'entreprise dirigée.
Mauvaise connaissance générale du fonctionnement de base de l'entreprise, difficulté à motiver, tendance au développement externe.	Bonne connaissance générale du fonctionnement de base de l'entreprise, forte motivation de l'encadrement, tendance au développement interne.
36 % de «catapultés» arrivés directement à la DG.	16 % de «catapultés».
Prédominance de l'atout-État et de l'atout-capital (dirigeants détectés dans les milieux de l'État ou par leur proximité avec les détenteurs de capitaux) : 44,5 % et 33,6 %.	Prédominance de l'atout-carrière (dirigeants détectés du côté de l'entreprise) : 65,5 %.

Source : Bauer M., Bertin-Mourot B., «Comment les entreprises françaises et allemandes sélectionnent-elles leurs dirigeants ?», *Problèmes économiques*, n° 2337, 11 août 1993, pp. 15-17.

ments de production de l'autorité légitime.»[1]

Celle-ci est en fait produite à l'extérieur de l'entreprise et hors de la seule logique de la gestion des ressources humaines qui, dans ce cas, doit tenir compte des contraintes qui lui viennent de l'«espace social», faute d'être capable de les modifier. Cette règle quant à l'origine externe des dirigeants semble jouer en France un rôle très important et «elle explique (...) la démission des DRH en ce qui concerne la détection des futurs dirigeants car elle obéit à une autre logique que la leur»[1].

*

* *

Le recrutement n'est donc ni une pure affaire «scientifique» qui vaudrait essen-

1. *Ibid.*, p. 27.
2 *Ibid.*

© Dunod – La photocopie non autorisée est un délit.

tiellement par la qualité de ses techniques, ni un pur univers de manipulation machiavélique des individus dans lequel les jeux seraient tous faits d'avance. Il nous paraît en fait être une *pratique sociale* en ce sens que c'est par lui que s'effectue l'interface – au moins humaine – entre le dedans et le dehors de l'entreprise, entre la société et l'organisation. À ce titre, il nous semble peu probable qu'il soit régi de façon vraiment différente des autres pratiques sociales. Affecté des mêmes phénomènes (besoin de confiance, rapports de forces, processus de reproduction sociale, ritualisation, influence du contexte socio-économique, facteurs nationaux), il ne saurait donc – pas plus qu'elles – être gouverné par la seule question de l'efficacité, sauf si on l'envisage au sens très élargi d'efficacité sociale, c'est-à-dire de capacité à remplir toutes sortes de fonctions sociales rarement vues au premier abord.

L'essentiel

- La conduite d'un acte de recrutement n'est que très partiellement liée aux **caractéristiques techniques des outils de sélection** (validité, fidélité, discriminance) choisis par l'entreprise. Elle dépend aussi de :
  - la **maîtrise de ces instruments** par ceux qui mènent la sélection (c'est tout particulièrement le cas pour l'entretien et les outils très techniques comme les tests) ;
  - la **pertinence** des outils par rapport à la situation de recrutement (qualités à évaluer, population concernée, moyens de l'entreprise, urgence, etc) ;
  - la qualité du processus engagé **en amont et en aval de la sélection** (de la définition d'un besoin à l'intégration du nouvel embauché) ;
  - l'**influence des différents acteurs** sur ce processus (rapports de forces entre eux).

- La sélection ne se fait **pas uniquement par le canal des outils** de sélection classiques :
  - **les réseaux et liens sociaux** (liens faibles notamment) interviennent de plus en plus souvent dans la présélection, voire le choix définitif, des candidats ;
  - les **formes précaires d'emploi** (CDD, intérim, stages, etc.) jouent fréquemment le rôle de prérecrutement et permettent de tester un individu en situation professionnelle.

- Le recrutement n'est **pas seulement un acte de sélection**. Il constitue également :
  - un moment de **socialisation** et un **rituel de passage** : les outils font partie de la ritualisation au même titre que les comportements et rôles adoptés par les différents protagonistes ;
  - un vecteur de **reproduction sociale** et de **constitution des élites** entérinant largement (en France) des hiérarchies et des classements établis, bien avant le recrutement lui-même, dans et par les institutions de formation.

- Le fait que, notamment en France, **les outils les plus valides ne soient pas les plus utilisés** n'est donc pas :
  - un problème **si grave** qu'il y paraît au premier abord ;
  - suffisant pour décréter **scandaleuses ou inutiles** les pratiques des entreprises et les outils utilisés dans le domaine du recrutement.

© Dunod – La photocopie non autorisée est un délit.

7 L'APPRÉCIATION

Parce qu'elle sous-tend de nombreuses décisions quotidiennes en matière de gestion de ressources humaines (recrutement, formation, promotion, mobilité, etc.), l'évaluation[1] constitue un sujet de débat potentiel au sein des entreprises :

– Souhaite-t-on objectiver les bases sur lesquelles sont prises ces décisions ?
– La formalisation des informations disponibles sur un individu en situation professionnelle permet-elle de prendre de façon plus rationnelle les décisions de GRH le concernant ?
– Peut-on espérer surmonter les biais susceptibles d'affecter le jugement en explicitant et en interrogeant les conditions concrètes de l'évaluation et de la circulation des informations sur les individus œuvrant dans l'organisation ?

Pour progresser sur ces questions il est utile de disposer d'une grille ou d'un cadre permettant de mettre à plat les choix implicites ou explicites opérés par toute organisation en matière d'évaluation. Toute organisation juge ses membres et cherche à remplacer ceux qui ne font pas l'affaire ; c'est même ce qui caractérise une organisation et fait la différence avec une famille ou un clan. On ne se débarrasse pas d'un enfant qui ne fait pas l'affaire !

Si la fonction d'évaluation est inhérente à la notion d'organisation, cela ne signifie pas, bien sûr, qu'on s'y est pris de la même manière de tous temps et dans toutes les organisations pour élaborer les jugements. Chaque théorie managériale véhicule une problématique spécifique de l'évaluation et de son instrumentation.

Les travaux de recherche portant sur l'évaluation et l'appréciation sont très nombreux et toutes les enquêtes empiriques font état d'insatisfaction, de scepticisme et

1. Nous définirons dans la première partie de ce chapitre les notions d'évaluation et d'appréciation ; considérons pour le moment que le terme d'évaluation est plus large que celui d'appréciation.

même de lassitude. Pour prendre un peu de recul par rapport à la question de l'instrumentation de l'évaluation, nous solliciterons les éclairages de quelques disciplines des sciences sociales.

Section 1 ■ Les composantes de tout processus d'évaluation
Section 2 ■ L'appréciation au fil du temps et des théories managériales
Section 3 ■ Nouveaux regards sur l'appréciation

L'appréciation du personnel est une situation souvent décrite par les manuels de gestion comme relativement simple. La plupart d'entre eux évoquent une pratique dominante, celle d'un entretien annuel organisé entre un collaborateur et son supérieur hiérarchique direct (*n+1*). Au cours de l'entretien s'installe un dialogue conduit par le responsable hiérarchique qui dispose de supports plus ou moins formalisés, depuis le guide d'entretien jusqu'à la grille de critères qu'il convient de renseigner avec le maximum de soin et de précision. Ce type de situation est communément considéré comme un standard vers lequel toute entreprise devrait tendre. Néanmoins, cette forme est relativement récente et cohabite avec d'autres formes d'appréciation, telles que la notation administrative par exemple.

La simplicité de cette pratique n'est qu'apparente : elle ne concerne que la partie «visible» (la grille d'appréciation ou l'entretien, par exemple) d'une réalité qui est en fait beaucoup plus complexe. En effet, si l'on s'attarde sur les multiples composantes qui constituent et conditionnent les situations d'appréciation, on se trouve très rapidement confronté à un processus d'autant plus complexe qu'il n'est le plus souvent que partiellement explicité. Ainsi, à une situation circonscrite et clairement délimitée dans le temps correspond en réalité une démarche qui fait appel à de nombreux éléments de nature différente. Cela explique pourquoi la focalisation sur la «procédure» (les outils et leur administration) de l'appréciation empêche bien souvent de saisir clairement l'ensemble du «processus» (ensemble des composantes de tout système d'appréciation, même très peu formalisé) implicite, et donc caché, dans lequel s'inscrit toute procédure. Cela occulte aussi le fait que l'appréciation s'inscrit à son tour dans un ensemble de pratiques de gestion des ressources humaines vis-à-vis desquelles sa cohérence n'est pas toujours garantie.

L'identification et l'explicitation de ces composantes non immédiatement perceptibles constituent donc un passage obligé en vue d'un diagnostic des pratiques d'appréciation. La grille d'explicitation des composantes d'un système d'appréciation que nous allons présenter est susceptible d'être appliquée à toute pratique d'évaluation en organisation : évaluation de recrutement, évaluation individuelle en vue d'une formation, évaluation de rémunération[1] pour ne prendre que quelques

1. Comment va-t-on déterminer la rémunération de tel nouvel embauché ou du titulaire de tel emploi ?

© Dunod – La photocopie non autorisée est un délit.

exemples. Nous l'appliquerons à un domaine particulier, celui de l'appréciation, qui concerne le jugement porté sur l'activité d'un individu dans son emploi ou sur un groupe d'individus partageant une même activité. Nous serons amenés dans la première partie de ce chapitre à préciser cette notion d'appréciation.

Section 1 LES COMPOSANTES DE TOUT PROCESSUS D'ÉVALUATION

Nous présenterons dans un premier temps un cas afin de rendre plus sensibles les difficultés inhérentes à l'appréciation. Puis nous détaillerons une grille des composantes facilitant l'analyse d'un système d'appréciation.

1. Un exemple de révisions de l'appréciation

L'exemple présenté ci-dessous est assez classique dans la mesure où il illustre une activité relativement récurrente dans les entreprises, celle qui consiste à revoir, pour la énième fois, un système d'appréciation dont on n'est plus satisfait. Une récente enquête a montré en effet que 80 % des entreprises se déclaraient insatisfaites de leur système d'appréciation[1].

1.1. La réforme prévue par l'institution

La direction régionale disposait d'un outil d'appréciation mis en place trois années auparavant afin, notamment, d'aider à la gestion des carrières. Le système d'avancement plus ou moins automatique qui prévalait était en effet remis en cause. Le nouvel outil devait recueillir les souhaits d'évolution des agents et permettre d'évaluer les conséquences de leurs résultats actuels sur leur évolution future.

◆ *Première rénovation de l'outil*

Cet outil a été développé par la direction des ressources humaines (DRH) de la direction régionale (DR) et sa mise en place a été négociée avec les syndicats (notamment la CGT, largement majoritaire chez les personnels non cadres). Il est alors considéré par les dirigeants comme un pas significatif vers la nécessaire modernisation interne du service public[2].

---

1. Le Solleu G., «Évaluation des salariés : un système décevant et inefficace», *La Tribune*, 25 avril 1994 ; Baudet M.B., «L'évaluation des salariés reste un processus mal maîtrisé», *Le Monde*, 25 juin 1996.
2 Le remaniement du système d'appréciation est un des premiers chantiers engagés par les organisations impliquées dans la modernisation du secteur public. Il est arboré comme un emblème de modernité.

Mais, très vite, ce système, pourtant longuement réfléchi, s'avère source d'insatisfactions croissantes. De moins en moins d'entretiens d'appréciation sont effectivement réalisés : les appréciateurs se sentent peu à l'aise dans cette situation nouvelle et beaucoup d'entre eux la jugent même inutile, tant, d'après eux, ils ont une bonne connaissance de leur personnel. Dès la seconde année, la part des entretiens réalisés passe à moins de 50 %. Quant à ceux qui sont assurés effectivement, ils s'écartent de plus en plus d'une utilisation orthodoxe de l'outil. Jugé trop impliquant et susceptible de remettre en cause la bonne atmosphère des services par la «sécheresse» de ses critères (très impersonnels) et par l'importance des conséquences prévues, l'outil ne produit qu'une information fort disparate d'un évaluateur à l'autre et donc pratiquement inexploitable. Enfin, la crédibilité des entretiens d'appréciation est rapidement entamée par le fait qu'ils n'occasionnent que peu de suites effectives : le caractère inexploitable et incomplet de l'information recueillie décourage rapidement la DRH dans ses tentatives de gestion des carrières à partir de l'outil. Un cercle vicieux est engagé, qui conduit les gens de la structure à l'alimenter de moins en moins.

◆ *Deuxième rénovation*

Pour sortir de cette situation, il est donc décidé de procéder à une réforme approfondie de l'outil d'appréciation, notamment en revoyant les critères utilisés. Le centrage de l'appréciation sur la gestion des carrières apparaît en effet trop brutal dans une culture peu habituée à de telles pratiques et surtout soucieuse de maintenir la paix sociale. La nouvelle grille est donc délibérément centrée sur des critères contribuant à promouvoir le «développement de l'agent» : ses besoins de formation, son vécu dans l'organisation, ses souhaits d'évolution deviennent les nouveaux objets de l'investigation et de l'appréciation. Il s'agit autant de tenter d'effacer la mauvaise impression laissée par l'ancien outil que de tenter d'instituer une «appréciation» plus conforme aux particularités culturelles et sociales de l'entreprise.

Un cabinet extérieur est sollicité pour former (dans le cadre de sessions de trois journées et par groupes de dix personnes) les appréciateurs, tant à l'utilisation de l'outil qu'à la menée d'un entretien de face-à-face. Il est devenu évident que, contrairement à ce que l'on a cru lors de la mise en place du premier outil, les appréciateurs ne sont pas spontanément convaincus, ni capables d'administrer cet acte nouveau pour eux. La formation est donc autant un moyen de leur présenter les intérêts, les objectifs et la démarche du nouveau support qu'une façon de les sécuriser en leur fournissant les outils techniques suffisants pour gérer une situation d'entretien.

1.2. Les questions de mise en œuvre imprévues

Cependant, une nouvelle fois, malgré des précautions nettement plus importantes que celles qui ont prévalu lors de la mise en place du premier outil, de nombreux dysfonctionnements non anticipés, voire non anticipables, se font jour.

© Dunod – La photocopie non autorisée est un délit.

Tout d'abord, l'idée même d'un entretien d'appréciation semble avoir été décrédibilisée à la fois par l'échec initial et par la volte-face soudaine de la DRH et des dirigeants. Le scepticisme des salariés sur l'utilité de la démarche se nourrit de divers sentiments : «ils ne savent pas ce qu'ils veulent» ; «c'est encore un de leurs trucs qui changent sans arrêt» ; «ça ne sert à rien, mais c'est à la mode et ça fait bien» ; «c'est le DRH qui se fait mousser et qui justifie sa paye en inventant sans arrêt des usines à gaz qui nous font perdre notre temps».

Ensuite, les incohérences internes de la nouvelle procédure ne tardent pas à apparaître. En effet, les objectifs les plus clairement affirmés (se centrer sur l'agent) sont en réalité démentis par le contenu même de la grille : celle-ci laisse apparaître en effet une dimension fortement évaluative à travers de nombreux critères utilisés (centrés sur les comportements de communication, d'intégration dans l'équipe, de dynamisme), définis de façon tellement floue qu'ils sont interprétables à loisir. De plus, elle se conclut toujours par la formulation d'une appréciation globale dont personne ne sait si elle doit être un jugement sur l'individu ou une reformulation de son vécu et des moyens pour l'améliorer. Soucieuse d'aménager les bases d'un véritable dialogue ouvert, la DRH n'a pas vu que l'annonce qu'elle a faite de ce nouvel outil (par l'intermédiaire du journal de la DR et par une lettre de la direction) est en complet décalage avec son contenu.

De plus, son inadaptation à l'organisation elle-même se manifeste vite de façon flagrante : l'idée d'un «dialogue centré sur l'agent» heurte de plein fouet les modes de commandement en vigueur, surtout fondés sur l'expertise et la reconnaissance technique. Elle menace certaines pratiques ou tabous largement répandus : éviter soigneusement tout sujet lié à la relation interpersonnelle et régler les conflits par le non-dit ou par l'argument d'autorité. Toute bien intentionnée qu'elle soit, la nouvelle procédure plonge les hiérarchies aussi bien que leurs subordonnés dans des abîmes de perplexité et de malaise, pires encore que ceux ouverts par le premier support. L'absence de marge de manœuvre laissée aux appréciateurs est vécue comme une ingérence dans la gestion de leurs subordonnés. La formation dispensée, plus qu'une sécurisation, leur suscite frustration et rancœur vis-à-vis de la DRH : «c'est comme s'ils nous disaient que jusque-là on n'a jamais su gérer nos équipes» ; «c'est toujours ceux qui ne sont pas sur le terrain qui se croient capables de donner des leçons aux autres» ; «tout ça, c'est du vent : je me demande combien le cabinet les a fait payer pour nous faire faire joujou avec la vidéo».

Enfin, la déconnexion de la procédure d'appréciation par rapport aux procédures d'avancement et d'individualisation de la rémunération s'avère desservir l'outil de deux façons. Tout d'abord, elle ôte tout enjeu concret à l'évaluation et nombreux sont alors ceux – évaluateurs comme évalués – qui se demandent à quoi elle peut bien servir : *«Mais alors à quoi ça sert de perdre deux heures en entretien si ça ne débouche sur rien ? Moi, j'ai autre chose à faire»*. Mais surtout, elle alimente les craintes des partenaires sociaux qui n'arrivent pas à croire au caractère gratuit ou humaniste de cette démarche et, en réalité, se demandent quelle manipulation de la direction se cache derrière tout ça : *«C'est trop beau pour être vrai» ; «tiens, d'un seul coup ça les intéresse, le vécu de l'agent ?» ; «ça, c'est encore une manœuvre pour nous sucrer autre chose».*

Peu à peu, la nécessité d'une nouvelle «réforme» se fait jour dans l'esprit de la DRH qui va chercher à innover dans d'autres directions jusque là négligées. Ainsi va-t-elle mettre en place une formation des appréciés eux-mêmes à l'appréciation et à l'entretien et une modification des objectifs et des critères explicites de la démarche à travers, notamment, une réflexion collective autour du support. De même, la formation des appréciateurs doit faire une large place au débat afin que les formés puissent abondamment exprimer leurs critiques, questions et suggestions à propos de la procédure, en présence d'un membre de la DRH. On peut toutefois se demander si ces inflexions nouvelles suffiront à améliorer le fonctionnement de l'appréciation du personnel au sein de la DR.

Nous reviendrons sur ce cas après avoir présenté les composantes d'un système d'appréciation.

2. Les composantes interdépendantes d'un processus d'évaluation

Le cadre d'analyse proposé ici s'applique à l'appréciation, mais aussi à l'ensemble des situations d'évaluation des individus rencontrées dans les organisations, comme nous l'avons indiqué plus haut. En effet, quelle que soit la décision à prendre vis-à-vis de la personne évaluée (recrutement, promotion, reconversion, envoi en formation, allocation d'un supplément de rémunération, etc.), le processus d'évaluation comporte les mêmes dimensions. Le cadre d'analyse appliqué ici à l'appréciation offre donc une pertinence excédant largement ce cas particulier.

Ce cadre d'analyse[1] se décompose en cinq éléments clés ou composantes correspondant chacun à une question essentielle.

2.1. La visée, ou pourquoi évaluer ?

Bien que pouvant être considérée comme allant de soi – quel responsable de personnel mettrait en place une procédure sans s'être auparavant demandé à quoi elle sert ? –, cette question est souvent éludée. En pratique, il existe de multiples raisons de procéder à l'évaluation (figure 7.1). De nombreux auteurs ont mis en évidence la pluralité et l'hétérogénéité des objectifs visés par l'évaluation.

À titre d'illustration, nous citons ci-dessous trois typologies qui font état des innombrables finalités que peut servir un système d'appréciation.

Dans une enquête conduite auprès d'une cinquantaine de responsables du personnel ou des affaires sociales dans des entreprises et secteurs variés, R. Monié[1] demandait : «Quel objectif visez-vous en faisant fonctionner un système

1. Il est tiré de l'ouvrage de Aubret J., Gilbert P., Pigeyre F., Savoir et pouvoir. *Les compétences en questions,* Paris, PUF, 1993.
2. Monié R., *De l'évaluation du personnel au bilan annuel. Des systèmes pour communiquer*, Paris, Les Éditions d'Organisation, 1986, pp. 64-69.

© Dunod – La photocopie non autorisée est un délit.

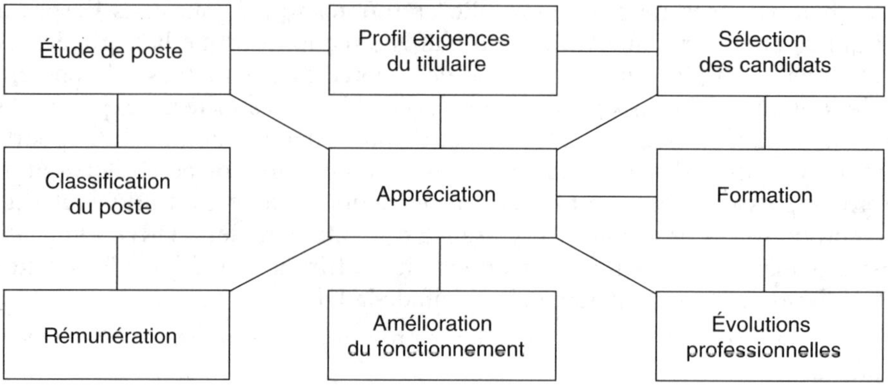

Figure 7.1 : Les visées de l'appréciation

d'appréciation ?» Il mit alors en évidence une hiérarchisation des objectifs suivis :

– répondre à un vœu des salariés (savoir ce qu'on pense d'eux ; pour les cadres évaluer leurs perspectives d'évolution) ;
– «responsabiliser» l'encadrement (empêcher les comportements discrétionnaires issus de jugements occultes) ;
– faciliter la gestion du personnel (évaluation des potentiels, gestion des carrières) ;
– favoriser la communication (dialogue supérieur subordonné) ;
– servir de référence aux propositions d'augmentation de salaires (liaison éventuelle à des systèmes d'individualisation des rémunérations) ;
– fournir des données pour la formation (recueil des besoins et des souhaits) ;
– autres objectifs (plus anecdotiques : améliorer la productivité, rationaliser les décisions de gestion du personnel, valoriser les hommes, etc.).

À l'occasion d'une table ronde organisée en 1985 sur le thème de l'appréciation, B. Galambaud[1] recense quant à lui trois grands types d'objectifs généralement avancés pour l'appréciation :

– l'évaluation proprement dite,
– la création d'un dialogue social,
– le soutien au management des ressources humaines (formation, carrières, mobilité, rémunérations).

Enfin, la typologie de P. Caspar et J.G. Millet[2] met l'accent sur le caractère extrêmement large et varié des objectifs qui peuvent sous-tendre des pratiques d'évaluation. Pour ces auteurs, en effet, un processus global d'appréciation offre bien

1. Galambaud B., Table ronde sur l'appréciation, *Personnel*, n° 266, février 1985, pp. 6-12.
2. Caspar P., Millet J.G., *Apprécier et valoriser les hommes*, Paris, Éditions Liaisons, 1990, pp. 89-90.

d'autres possibilités qu'une forme d'évaluation plus ou moins élaborée. Lorsque l'on fait s'exprimer des cadres à ce sujet, un certain nombre de thèmes reviennent régulièrement. S'agissant d'abord de l'entreprise, la mise en place d'un système d'appréciation est souvent associée à un éventail de finalités.

REPÈRES : **À quoi sert l'appréciation ? (d'après P. Caspar et J.G. Millet)**

- réaliser un bilan formel des activités accomplies et des résultats obtenus sur une période donnée ;
- définir de nouveaux objectifs négociés et des plans d'action, faire adopter une stratégie ;
- gérer les ressources humaines en situant plus précisément les personnes en termes de compétences, de potentiel, et de désir d'évolution ;
- faciliter l'évolution des métiers (gestion prévisionnelle des emplois) ;
- faire évoluer les collaborateurs (gestion prévisionnelle des compétences) ;
- renforcer l'adhésion, développer les motivations ;
- faire prendre en charge des responsabilités de management à chaque niveau hiérarchique ;
- accroître la cohérence entre les orientations individuelles et collectives ;
- instaurer une dynamique d'amélioration permanente de la qualité des contributions rendues, à l'intérieur et à l'extérieur de l'entreprise ;
- développer la clarté des relations interpersonnelles et la transparence de la firme ;
- créer, enrichir un dialogue qui parte des faits et débouche sur l'action.

L'examen de quelques supports d'appréciation disponibles dans différentes entreprises montre aisément qu'ils prescrivent à la fois d'évaluer des résultats, des comportements et un potentiel, tout en recueillant des éléments nécessaires à l'élaboration du plan de formation. Or il n'est pas sûr – en effet, c'est même souvent le contraire qui se produit – qu'un même outil ou qu'une même démarche puisse répondre à tant d'objectifs à la fois. Par ailleurs, si ces objectifs se révèlent difficilement compatibles, seul un effort de définition de la visée de l'évaluation permettra de les hiérarchiser.

A contrario, on peut s'interroger sur l'existence d'outils dont les finalités n'ont pas été explicitées : comment parler ensuite d'efficacité ou simplement d'utilité ? Tout compte fait, la question de la visée permettra de comprendre pourquoi il n'est pas du tout évident de faire de l'évaluation de potentiel avec un outil forgé pour l'appréciation des performances, par exemple.

Aussi triviale soit-elle, la question de la visée n'en demeure pas moins sujette à certains écueils. La visée peut être détournée, lorsqu'elle induit des enjeux trop forts pour certains acteurs. Le cas présenté ci-dessus illustre ce phénomène dans sa première redéfinition. Au contraire, l'absence d'enjeux réels peut conduire à une certaine ritualisation, lorsque la visée n'apparaît plus clairement. Enfin, certaines contraintes (temps, visée ambitieuse constituant une menace pour certains, etc.) contribuent à neutraliser les résultats attendus.

© Dunod – La photocopie non autorisée est un délit.

2.2. L'objet, ou évaluer quoi ?

Si l'évaluation concerne toujours des individus, voire des groupes d'individus dans l'entreprise, elle ne s'intéresse pas forcément aux mêmes dimensions ou caractéristiques de ces individus. Ainsi, on peut choisir d'évaluer la personne de façon globale, les comportements au travail, les résultats, qui peuvent être individuels ou collectifs, le potentiel, les compétences, etc.

On se heurte ici à une double difficulté.

◆ *Définition de l'objet*

Il s'agit en effet de déterminer sur quoi portera exactement l'évaluation. Parmi les différents objets cités, le choix est complexe dans la mesure où l'organisation s'intéresse toujours, peu ou prou, à chacun d'entre eux. Les résultats sont souvent tenus pour essentiels, mais dans la plupart des cas on se préoccupe aussi de la façon dont ils sont obtenus, c'est-à-dire des comportements au travail. De même, les tentations d'évaluation de la personne globale sont très prégnantes. Chacun entend tous les jours des jugements du type : «C'est un bon».

REPÈRES : Quelques objets possibles de l'évaluation

- *Évaluation globale :*

Certaines procédures recommandent d'évaluer les différentes personnes qui constituent une équipe en identifiant successivement le meilleur et le moins bon pour les écarter et poursuivre de la même manière sur le groupe à chaque fois restreint, jusqu'à ce que tout le monde ait été désigné. Un classement général s'opère ensuite au vu des tris successifs.

- *Évaluation de comportements :*

En France, on constate que les critères de comportement sont largement empruntés à des stéréotypes et utilisés de façon homogène dans toute l'entreprise. Comme tels, ils sont souvent critiqués. Les Anglo-Saxons, quant à eux, élaborent des critères de comportements adaptés à chaque situation de travail.

◆ *Caractérisation de l'objet*

Lorsque le choix est opéré, encore faut-il le rendre intelligible et légitime à tous les acteurs et donc élaborer les éléments nécessaires pour caractériser cet objet. Si l'on choisit d'évaluer les résultats par exemple, comment sont-ils définis ? Comment distingue-t-on résultats individuels et résultats collectifs ? Comment sépare-t-on ce qui relève de l'individuel et ce qui relève du collectif ? Comment attribuer la part individuelle au résultat collectif ?

L'ensemble de ces questions n'appelle sans doute pas de réponses simples et mérite donc un examen attentif.

2.3. Les acteurs, ou qui participe à l'évaluation ?

De multiples acteurs sont impliqués dans le processus d'évaluation :

- les concepteurs, acteurs politiques, décidant de la visée de l'évaluation ;
- les spécialistes, qui élaborent les procédures et veillent à leur bon fonctionnement ;
- les fournisseurs, qui produisent les informations d'entrée nécessaires ;
- les producteurs, qui mettent en œuvre les activités ;
- les destinataires, ou utilisateurs de l'évaluation ;
- les salariés, partiellement ou en totalité, qui constituent la population à évaluer.

Cette multiplicité est liée aux différents rôles possibles dans le processus : un même acteur, l'évalué par exemple, peut être aussi bien producteur (dans le cadre de l'auto-évaluation) qu'acteur politique (s'il participe à la définition des objectifs au cours d'une négociation d'entreprise).

Deux aspects de cette multiplicité nous semblent devoir retenir l'attention : la question de la population concernée et celle du choix des appréciateurs.

La détermination de la population directement concernée s'exprime par la question : évaluer qui ? Par rapport à l'objet de l'évaluation proprement dit, il s'agit de définir les individus ou les groupes d'individus concernés chez lesquels on évaluera l'objet précisé. Les distinctions généralement rencontrées portent sur des segmentations classiques : cadres/non-cadres, individu/collectif. Identifier la population concernée est indispensable pour élaborer les procédures les mieux adaptées. Certains outils en effet ne s'appliquent pas indifféremment à des cadres ou des ouvriers peu qualifiés.

La question du choix de la population à évaluer soulève également celle de savoir si l'on veut faire de l'évalué un simple objet de l'évaluation, ou si, au contraire, on le considère comme un sujet, capable de participer, voire capable d'auto-évaluation. Plusieurs conceptions peuvent se dessiner selon le type d'entreprise dans lequel on se trouve et la nature des rapports sociaux et des modes de management.

Le choix d'un ou de plusieurs appréciateurs constitue souvent un point clé du processus. Il s'agit la plupart du temps de trancher entre deux critères : l'objectivité ou la proximité. Ainsi, le responsable hiérarchique direct est souvent choisi pour être évaluateur, car il est censé disposer du maximum d'informations sur l'apprécié. Mais il est possible aussi de désigner un collège *ad hoc*, dans le cadre d'une appréciation de potentiel par exemple ; ou bien d'autres groupes : les pairs, les subordonnés ou les clients.

REPÈRES : L'appréciation à 360°

La «vision 360°»est une notion qui a d'abord été introduite dans les démarches de bilan de compétences ou bilan de carrière. Elle consiste à solliciter les perceptions ou réactions d'un

© Dunod – La photocopie non autorisée est un délit.

certain nombre de personnes, que ce soit à l'égard de celui qui fait son bilan ou par rapport à un projet qu'il cherche à valider.

Elles sont depuis peu introduites dans les dispositifs d'appréciation et consistent à demander à celui qui est apprécié, d'indiquer le nom de quelques personnes avec lesquelles il travaille et dont l'appréciateur pourrait solliciter l'avis sur la manière dont l'apprécié travaille. L'appréciateur peut accepter ou refuser les noms proposés, au nom de la pertinence ou de l'indépendance des personnes indiquées. Cette méthode est présentée comme un élément de nature à rendre l'évaluation plus objective et plus globale.

2.4. Les procédures, ou évaluer avec quoi ?

Les procédures constituent la partie technique du processus : elles regroupent l'ensemble des techniques ou outils utilisés, soit isolément, soit de façon combinée. Elles constituent surtout la partie visible du processus d'évaluation. C'est pourquoi on observe une tendance à la focalisation des débats sur cet aspect, au détriment d'autres dimensions. Cela s'explique par l'apparente exhaustivité de la procédure qui occulte un certain nombre d'éléments du processus.

Aucune procédure ne peut être tenue pour universelle : la qualité première à rechercher réside dans la cohérence entre la procédure et les autres composantes du processus.

REPÈRES : La check-list du chef de projet «Appréciation»

1. Date : choix du moment auquel doit se dérouler l'appréciation.
2. Support de l'appréciation : élaboration et validation de la grille.
3. Information, puis formation des appréciateurs.
4. Lancement de l'appréciation : organisation des «vagues» successives, depuis l'encadrement supérieur jusqu'au bas de la hiérarchie.
5. Tableaux de bord de réalisation : pourcentage des salariés appréciés.
6. Circuit documentaire et archivage.

En général, les manuels classiques évoquent exhaustivement ces questions et s'efforcent de donner pour chacune une réponse la plus claire et complète possible. En réalité, ces questions, aussi pertinentes soient-elles, ne sauraient rendre compte de l'intégralité du problème posé. Ainsi, les procédures ne sont qu'un élément, central certes, mais partiel des activités qui ont lieu à l'occasion de l'appréciation.

En effet, les activités désignent l'ensemble des actions qui sont menées dans le cadre de l'évaluation. Elles s'inscrivent donc nécessairement dans la durée et commencent avant l'évaluation proprement dite par l'observation, la fixation de normes ou d'objectifs et la mémorisation de l'observation. Elles concernent ensuite l'acte d'évaluation, c'est-à-dire le mode d'administration et le déroulement. Elles se poursuivent également après l'évaluation par la mise en forme et la transmission de données. Elles se préoccupent enfin des effets induits par l'évaluation, en traitant des décisions qui en découlent (par exemple : formations demandées...).

Aussi précises soient-elles, les activités énumérées et décrites dans le processus ne sont pas toujours accomplies, et lorsqu'elles sont effectuées, ce n'est pas toujours en conformité avec les prescriptions. Le temps qu'elles nécessitent et leur caractère non immédiatement opérationnel peuvent expliquer les difficultés rencontrées.

Évoquer la question des procédures, c'est aussi s'interroger sur la question du temps[1] : quand évaluer ? Il s'agit donc de définir la périodicité, l'opportunité, et la durée totale du processus. Une fois encore, il ne saurait y avoir de réponse universelle à ces questions ; tout dépendra de la visée du processus, des procédures élaborées, du temps nécessaire pour obtenir les informations, etc.

Exemple : Le cycle annuel de la GRH dans l'entreprise OP

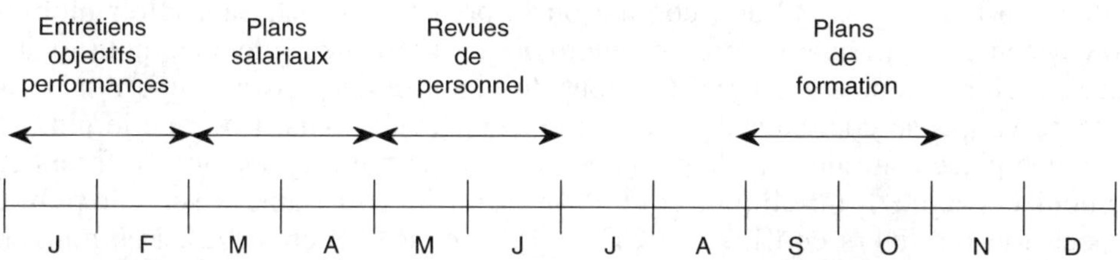

Cette entreprise prescrit que les entretiens d'appréciation, appelés entretiens objectifs-performances (en début de période, on définit des objectifs à atteindre, en fin de période on fait l'état des performances réalisées), soient effectués au cours des deux premiers mois de l'année. Les plans salariaux donnant une large place à l'individualisation sont bouclés à la fin du mois d'avril. Les revues de personnel visent à identifier les mobilités probables et les scénarii de remplacement envisageables. Les plans de formation sont initiés pendant l'été pour finalisation et présentation aux représentants du personnel en fin d'année.

Ce calendrier montre qu'il n'est pas vraiment réaliste d'attendre des entretiens d'appréciation des éléments de l'ordre de la formation ; par contre le lien avec l'évolution de la rémunération est volontairement marqué.

2.5. Le référentiel, ou au nom de quoi évaluer ?

L'appréciateur doit avoir une légitimité pour proférer un jugement sur l'action de celui qui est apprécié. Cette légitimité ne peut pas être seulement puisée dans l'autorité que confère une position dans la structure ; de fait elle s'adosse au système de valeurs en vigueur dans l'organisation.

Par exemple, l'appréciation peut faire référence implicitement ou explicitement à

1. On a vu que le temps pouvait être pris en compte comme un élément de la mise en œuvre de l'appréciation.

© Dunod – La photocopie non autorisée est un délit.

une certaine conception du service public, à une ambition d'acquérir ou de conserver une position de leader sur un marché, ou à une mission de développement de la science ou de contribution à la mise en œuvre d'un idéal humanitaire. Cette liste est bien sûr non exhaustive.

Un enjeu non négligeable de l'appréciation consiste à ce que le référentiel soit partagé tant par l'apprécié que par l'appréciateur. On peut analyser les démarches selon lesquelles l'apprécié propose les objectifs qu'il entend poursuivre à son supérieur hiérarchique, lequel ensuite les discute jusqu'à ce qu'un accord soit obtenu, comme une modalité de construction d'un référentiel partagé.

Un analyste quelque peu attentif n'aura pas trop de mal à décoder le système de valeurs d'une organisation à partir de ses supports d'appréciation et de quelques entretiens avec des appréciateurs et des appréciés. «Montre moi tes pratiques d'appréciation, je te dirai qui tu es», pourrait-on dire.

Symétriquement toute organisation qui cherche à faire évoluer son système de valeurs, à agir sur sa culture, comme on le prétend parfois, va vouloir mobiliser son système d'appréciation pour promouvoir ses nouvelles valeurs et pour inciter à leur intériorisation. L'exemple du début du chapitre en constitue une illustration. Elle ne va pas se contenter d'actionner ce seul levier, mais il occupe le plus souvent une place centrale dans le plan général. Les partenaires sociaux en feront également un enjeu symbolique, comme on a pu le voir dans le secteur public à l'occasion de divers conflits (SNCF en 1987 et RATP en 1992). Les nouvelles valeurs promulguées peuvent contrarier des valeurs auxquelles le personnel reste attaché.

REPÈRES : Les composantes de l'appréciation

Visée	pour quoi faire ?	sanctionner le présent ? préparer la carrière ?
Objet	apprécier quoi ?	comportements, résultats, potentiel, personne...
Acteurs	qui apprécie qui ?	supérieur hiérarchique direct, collège *ad hoc*...
Procédure	comment faire ?	quel support ? quel calendrier ? destinataires ?
Référentiel	au nom de quoi ?	loyauté au chef, conformité, coopération...

Les composantes de l'appréciation constituent une grille de questionnement d'un système d'appréciation. C'est un fil directeur commode pour mettre en perspective un état du système à un moment donné ou pour interroger des évolutions ou des changements qui génèrent des pertes de cohérence par rapport à une version antérieure. Ainsi, revenons sur le cas présenté en début de chapitre.

Exemple : Exploitation du cas sur la base des composantes de l'appréciation

Le cas peut être relu en s'appuyant sur les cinq composantes de l'appréciation. Les changements intervenus successivement en matière d'appréciation dans cette entreprise représentent des remises en cause de certaines composantes : la visée, l'objet, le référentiel.

• *La visée*

La première rénovation, mise en place trois ans auparavant, a voulu faire de la gestion des carrières la principale finalité du processus d'appréciation ; il s'agit en fait d'une évaluation de potentiel fondée sur les résultats dans l'emploi actuel.

La deuxième rénovation met en avant les besoins de formation de l'apprécié et cherche à capter ses souhaits d'évolution.

• *L'objet*

On pourrait dire en simplifiant que la première rénovation a introduit les résultats comme objet prioritaire, alors que la deuxième a privilégié les comportements.

• *Le référentiel*

L'entreprise dont il est question a longtemps privilégié l'expertise technique, laquelle constitue le fondement de la légitimité hiérarchique et le critère promotionnel principal. Les versions successives de l'appréciation sont symptomatiques de la montée en puissance progressive d'une nouvelle légitimité d'inspiration managériale, faisant place à des dimensions relationnelles du rôle hiérarchique et relativisant la prépondérance conférée antérieurement à l'expertise technique.

Les acteurs ne semblent pas avoir changé et les procédures consacrent la déconnexion de l'appréciation, de la rémunération et de l'avancement.

Pour conclure cette section et faire transition avec la partie suivante, nous souhaitons évoquer un article de E. Enriquez[1]. L'auteur s'efforce d'y mettre en rapport des formes d'organisation, diverses modalités de l'appréciation, et des référentiels sous-jacents.

La variété des organisations rencontrées est ramenée à trois types :

– *la structure charismatique* qu'on peut définir sommairement comme une organisation où le chef occupe une place centrale et a pleine autorité sur les subordonnés ;
– *la structure bureaucratique* considérée comme un système hiérarchique de rôles impersonnels ;
– *la structure coopérative* caractérisée par une forte interdépendance entre les membres de l'organisation dans la poursuite de leurs propres objectifs.

Cette typologie des organisations qui procède d'un remaniement des sources de pouvoir de M. Weber[2] prête à discussion, mais c'est la mise en rapport avec les composantes de l'appréciation qui nous intéresse ici.

© Dunod – La photocopie non autorisée est un délit.

1. Enriquez E., «Évaluation des hommes et structures d'organisation des entreprises», *Connexions*, n°19, 1976, pp.79-101.
2. Weber M., *Economie et société*, Paris, Plon, 1971.

REPÈRES : Appréciation et types d'organisation

	Structure charismatique	Structure bureaucratique	Structure coopérative
Objet	qualités personnelles du sujet	conformité aux comportements professionnels requis	performances réalisées/ objectifs fixés
Procédure	jugement d'ensemble porté sur la personne	appréciation analytique	appréciation par un collège
Référentiel	loyauté et soumission au chef	adéquation homme/poste	amélioration de la marche de l'organitation

Ce tableau est extrêmement réducteur par rapport à la richesse de l'article. Il a toutefois l'avantage de mettre en relation des formes archétypales de l'appréciation avec des conceptions de l'organisation et des types de relations de travail.

Les configurations organisationnelles élaborées par H. Mintzberg [1] constituent une typologie plus élaborée que celle utilisée par E. Enriquez et fournissent un cadre possible pour rendre compte de contingences pesant sur l'appréciation[2] :

– *la structure simple* traite l'appréciation au coup par coup et de façon subjective et informelle (on est proche du modèle charismatique de E. Enriquez) ;
– *la bureaucratie mécaniste* met l'accent sur la notion de poste. Les postes sont pesés, décrits en termes psychométriques ; les performances sont mesurées et référées à des standards ;
– *la bureaucratie professionnelle* s'appuie essentiellement sur les diplômes ; elle donne une place à la cooptation et privilégie les systèmes grade-ancienneté ;
– *la structure divisionnalisée* développe des dispositifs d'appréciation basés sur les objectifs et favorise les mobilités de nature à former les potentiels de généraliste dont elle a besoin ;
– *la structure adhocratique* s'intéresse aux compétences ; elle mobilise des réseaux d'acteurs dans le cadre de projets ; ces réseaux exercent une influence sur les actes d'évaluation.

L'auteur cherche à articuler appréciation et problématiques centrales de GRH. Là encore, il s'agit plus d'un cadre conceptuel utile pour questionner des cas réels que du résultat d'une étude empirique.

En bref, un système d'appréciation peut s'analyser comme un ensemble de réponses apportées aux questions correspondant aux composantes selon lesquelles nous proposons de l'analyser (quelle visée ? quel objet ?...). D'un type d'organisation à l'autre (charismatique, bureaucratique, coopérative), le jeu de réponses définit un système d'appréciation spécifique.

---

1. Mintzberg H., *Structure et dynamique des organisations,* Paris, Les Éditions d'Organisation, 1982.
2. Brabet J., article «L'évaluation dans tous ses états», à paraître.

Section 2 L'APPRÉCIATION AU FIL DU TEMPS ET DES THÉORIES MANAGÉRIALES

Nous souhaitons aborder dans cette section l'évolution de l'appréciation. Dans un premier temps, nous retracerons les apports des différentes théories managériales aux problématiques de l'appréciation. En effet, si l'analyse des composantes peut être appliquée à tout système d'appréciation, chaque théorie managériale a mis l'accent sur des questions spécifiques. Ainsi les pratiques d'entreprise peuvent être comparées à des couches sédimentaires qui se sont déposées les unes sur les autres au fil de ces influences managériales successives ; une brève incursion dans l'histoire des théories peut aider à mieux se repérer. Dans un deuxième temps, nous reviendrons sur des problèmes récurrents des systèmes d'appréciation et notamment sur l'évolution, voire les dérives, de ces systèmes.

1. Les théories managériales et l'appréciation

Pour simplifier le propos, on se contentera de ne distinguer que trois grands moments dans l'histoire des théories managériales[1] :

- la fondation du management scientifique,
- le courant des relations humaines,
- l'approche de la gestion des ressources humaines en termes de processus de décision.

1.1. Management scientifique et appréciation

On peut considérer que les tenants du management scientifique ont été principalement préoccupés par la question de l'objectivité de l'appréciation. Il semble alors possible d'élaborer une technologie de l'appréciation qui se substituerait à la subjectivité hiérarchique. Les pratiques de notation encore en vigueur dans l'administration publique française ou dans l'armée, avec recorrection ou relissage des notes par un responsable hiérarchique de niveau supérieur, peuvent être interprétées en fonction de cette logique de l'objectivité. Dans la tradition industrielle du management scientifique c'est la notion de poste qui va constituer le vecteur de l'objectivité, car c'est en ajustant les critères aux exigences du poste qu'on va progresser vers une plus grande objectivation. Les exigences du poste sont traduites en termes de comportements porteurs de performances[1]. La construction d'échelles de comportements peut recourir à des méthodologies extrêmement élaborées comme on

1. Galambaud B., *L'appréciation du personnel : une pratique rénovée*, Document d'études, Institut Entreprise et Personnel, Paris, juin 1987.
1. Le type bureaucratique évoqué par E. Enriquez s'inscrit dans cette inspiration.

© Dunod – La photocopie non autorisée est un délit.

peut s'en rendre compte en parcourant des manuels de GRH nord-américains. La législation américaine, très soucieuse de prévenir les discriminations, stimule de nombreux travaux sur les conditions d'une objectivité du dispositif d'appréciation et sur les recommandations permettant d'aborder des contentieux en position favorable ou solide.

REPÈRES : Prescriptions légales aux USA en matière d'appréciation[1]

1. Une analyse du travail doit précéder le développement du système d'appréciation.
2. Le système d'appréciation doit être formalisé.
3. Les standards d'appréciation doivent être communiqués aux appréciés avant la période d'appréciation.
4. Des données objectives doivent être utilisées autant que possible.
5. Des jugements portant sur des traits tels que la dépendance, l'attitude... doivent être évités ou appréhendés en termes de comportement.
6. L'appréciation des dimensions spécifiques du travail doit être référée à un seul indicateur ou à un indicateur général.
7. Si les comportements sont évalués de préférence aux résultats, les appréciateurs doivent être en mesure d'observer l'apprécié.
8. Pour augmenter la fiabilité des jugements, recourir à plusieurs appréciateurs chaque fois que c'est possible.
9. L'apprécié doit pouvoir avoir connaissance des appréciations et un système de recours formel doit être prévu en cas de désaccord.
10. Les appréciateurs doivent être formés.

1.2. Le courant des relations humaines et l'appréciation

Le courant des relations humaines a braqué le projecteur sur l'entretien d'appréciation. Les théories de la motivation insistent sur l'attente de retour (*seeking for feed-back*), sur les besoins de reconnaissance, sur les besoins de réalisation de soi et de dépassement. Il s'agit d'aménager un moment privilégié d'écoute et de communication, en retrait des péripéties de la vie quotidienne. La qualité de ce moment est susceptible de régénérer la confiance, la motivation, et de fonder un contrat mutuel. Le problème de l'objectivité devient second par rapport à l'accord des subjectivités. La préparation de l'appréciateur[2] à ce moment exceptionnel mobilise une énergie telle que l'entretien en devient une fin en soi. Réussir une authentique

1. Ces préoccupations se retrouvent aussi dans le domaine du recrutement (question des minorités).
2. L'exemple du début du chapitre illustre l'importance accordée à la formation à la conduite de l'entretien.

communication devient plus important que ce qui doit ou peut en résulter ultérieurement. L'apport du courant des relations humaines à la problématique de l'appréciation est considérable et continue à stimuler des travaux de recherche importants tels que ceux relatifs à la réceptivité de l'apprécié aux avis, constats et jugements de l'appréciateur.

REPÈRES : Conditions d'efficacité d'un feed-back

- Spécifique plutôt que général.
- Centré sur le comportement plutôt que sur la personne.
- Prend en compte les besoins de l'apprécié plus que ceux de l'appréciateur.
- Oriente sur les comportements que l'appréciateur peut changer.
- Sollicite plutôt qu'impose.
- Procède de l'échange d'information plus que de l'administration de conseils.

1.3. Processus de décision en GRH et appréciation

L'approche de la GRH en termes de processus de décision soulève la question suivante : à quoi sert effectivement l'appréciation ? Les décisions de salaire, d'affectation, de formation intègrent-elles ce qui se joue lors de l'appréciation ? On retrouve la question relative à la composante visée, évoquée en première partie.

Le constat est souvent critique : les décisions concrètes de salaires ne s'appuient que de loin sur les appréciations ; les affectations renvoient à des jeux sociaux qui dépassent largement les propos tenus lors de l'entretien d'appréciation[1]. Faut-il alors s'étonner de la ritualisation des entretiens d'appréciation et de la baisse du taux de réalisation des entretiens ? Certes l'enjeu rémunération risque de peser fortement sur la communication, mais l'absence d'enjeu induit la désaffection.

Poser la question de l'influence de l'appréciation dans les décisions de GRH revient à poser celle du pouvoir de l'appréciateur dans ces décisions de GRH. Moins celui qui conduit l'appréciation a de poids dans les décisions de GRH et moins il y a de chance que les éléments ressortant de l'appréciation soient pris en compte dans l'élaboration des décisions.

Nous retraçons ci-dessous de façon schématique, une configuration de pouvoir qui se retrouve fréquemment lors des études de terrain[2].

© Dunod – La photocopie non autorisée est un délit.

1. Voir chapitre 8.
2. Emprunt à Galambaud B., *L'appréciation du personnel : une pratique rénovée*, *op. cit.*

REPÈRES : Conditions de crédibilité d'un appréciateur

Ligne hiérarchique	Information pertinente	Influence sur la décision
Directeur de division	–	++
Directeur de Département	+	+
Chef de section	++	–

Ce constat de décalage entre la proximité de l'apprécié et la distance aux instances de décision en matière de GRH[1] conduit à considérer que l'appréciateur crédible réunit deux conditions :

– il est suffisamment proche de l'apprécié pour pouvoir porter un jugement sur celui-ci ;
– il a suffisamment d'influence dans les processus de décision de GRH pour que ceux-ci intègrent les apports de l'appréciation et pour que l'appréciation comporte des enjeux réels.

L'intérêt principal de ce balayage théorique consiste à inciter celui qui entend réformer un système d'appréciation à s'interroger sur l'action qu'il aurait spontanément tendance à privilégier :

– Est-ce vraiment un problème de critère(s) ou de support d'appréciation ?
– Faut-il se précipiter sur la formation des appréciateurs ?
– Que fait-on finalement des résolutions scellées lors des entretiens d'appréciation ?

REPÈRES : Les théories managériales et l'appréciation

Théorie managériale	Préoccupation majeure	Techniques privilégiées
Management scientifique	Objectivité	Critères d'appréciation
Relations humaines	Motivation	Entretien
Processus de décision	Les décisions de GRH	Analyse des processus

Nous allons nous appuyer également sur ces ancrages théoriques de l'appréciation pour éclairer des problèmes récurrents évoqués par les praticiens en matière d'appréciation.

1. Ce qui constitue une question différente du dilemme proximité-objectivité évoqué en première partie.

2. Les difficultés de conception et d'évolution de systèmes d'appréciation

Beaucoup de pratiques mises en place par les entreprises dépérissent ou dérivent (voir l'étude récente relatée dans la presse[1]) et, sans viser à l'exhaustivité, un certain nombre de causes classiques de ces échecs peuvent être identifiées.

2.1. Excès de visées

Lorsqu'une entreprise met en place une procédure d'appréciation, la tentation est grande de vouloir lui assigner de multiples objectifs : fournir une base plus objective à l'individualisation des rémunérations, améliorer le fonctionnement quotidien et bâtir un plan de formation individuel, identifier des orientations professionnelles souhaitables et souhaitées.

Mais, est-on sûr que c'est le même appréciateur qui est pertinent pour ces différentes visées ? Tel responsable hiérarchique direct a-t-il les éléments et la sûreté de jugement lui permettant de faire un pronostic valable quant aux chances de réussite d'un projet de changement de fonction ou de réorientation avancé par un de ses collaborateurs ? Les processus d'affectation aux emplois vacants en vigueur dans l'entreprise permettent-ils de prendre en compte les évolutions professionnelles envisagées ?

2.2. Visées incohérentes avec les processus de décisions

Faut-il passer beaucoup de temps à parler carrière, si le principal outil de gestion des mobilités est une bourse d'emploi assurant la mise en compétition des candidatures individuelles ? Faut-il mettre l'accent sur la rémunération des performances si la politique salariale ne permet pas de différencier significativement entre elles et si beaucoup d'autres facteurs interviennent dans la détermination des salaires ?

2.3. Absence d'enjeux réels de la procédure d'appréciation

En dépit des annonces officielles, la procédure d'appréciation ne s'articule sur aucun processus de prise de décision. Ces dernières continuent à être prises de la même façon qu'avant la mise en place de l'appréciation, encourageant ainsi ses opposants à ne pas la suivre.

La procédure est alors, au pire, un rituel dépourvu de sens ; au mieux, une simple formalité utilisée par ceux qui le souhaitent à des fins qu'ils définissent seuls. À l'extrême, on peut rencontrer des effets pervers, lorsque la procédure officielle est utilisée comme alibi pour se défausser de certaines responsabilités : certains cadres

1. Le Solleu G., *art. cit.*

© Dunod – La photocopie non autorisée est un délit.

«frileux» expliquent ainsi à leurs collaborateurs que les décisions prises à leur égard ne sont pas de leur fait, mais proviennent de décisions de niveau supérieur.

2.4. Problème de la pertinence du choix de l'appréciateur

Dispose-t-il d'une capacité d'influence suffisante en matière de décision et d'une information satisfaisante concernant l'évalué ? Qui est le mieux placé pour jouer le rôle d'appréciateur ? La réponse la plus souvent apportée désigne le responsable hiérarchique immédiatement supérieur. C'est sans doute lui qui a la visibilité la plus grande des résultats, comportements, compétences... de son collaborateur. Mais a-t-il vraiment une capacité d'influence sur les décisions de GRH : salaire, promotion, carrière ? Si on veut que l'appréciation ne porte pas seulement sur les performances dans l'emploi, mais aussi sur l'évolution professionnelle, ne vaut-il pas mieux identifier un appréciateur qui réalise un meilleur compromis entre information relative à l'apprécié et capacité d'influence ?

2.5. Implication purement verbale des dirigeants dans le processus

L'introduction d'un dispositif d'appréciation formalisé ne manque pas de susciter le scepticisme : «Là-haut, à la direction, vont-ils aussi faire des entretiens d'appréciation ?» ; «on connaît trop le "faites ce que je vous dis et ne regardez pas ce que je fais !"». La crédibilisation de la démarche passe souvent par une implantation descendante basée sur l'exemplarité, et sur une certaine publicité interne autour de l'avancement de la réalisation des entretiens.

2.6. Déficits en formation ou information

La peur du face-à-face dans la culture française a été suffisamment démontrée par M. Crozier[1] pour qu'il ne soit pas surprenant que la perspective d'un entretien d'appréciation suscite quelques appréhensions auprès des futurs appréciateurs comme des appréciés. Si la formation des appréciateurs est souvent mise en place, celle des appréciés est quelquefois négligée ; ce déséquilibre peut engendrer une méfiance de ces derniers et la crainte d'être manipulé par des appréciateurs entraînés.

L'énumération de ces écueils classiques plaide en faveur d'une certaine modestie. Il ne faut pas demander à l'appréciation plus qu'on ne se sent capable d'en tirer : est-on vraiment en mesure d'en exploiter les résultats ? Le piège vient de la pluralité des attentes des différentes parties à l'égard de l'appréciation : les appréciés voudraient avoir des perspectives en termes de carrière, les hiérarchies souhaiteraient des retombées en termes de performances. Grande est la tentation de vouloir

1. Crozier M., *Le phénomène bureaucratique*, Paris, Éditions du Seuil, 1963.

satisfaire tout le monde bien au-delà de ce que permettent les mécanismes effectifs de décision. Que vaut-il mieux ? Un système complet qui va séduire d'abord, puis décevoir ensuite, parce qu'il ne tiendra pas ses promesses, ou un dispositif plus limité qu'on pourra ensuite compléter ?

Section 3

NOUVEAUX REGARDS SUR L'APPRÉCIATION

Comme nous l'avons déjà évoqué à plusieurs reprises, le constat le plus largement partagé est celui des difficultés éprouvées par les organisations à mettre en place et surtout à pérenniser des dispositifs d'appréciation qui correspondent à leurs attentes. Malgré une abondante littérature dans le domaine de l'appréciation, les pratiques restent toujours aussi décevantes. Comment expliquer une telle situation ? Et surtout, que faire pour y remédier et pour agir ?

Deux pistes peuvent être explorées :

- un déficit persistant en maîtrise technique serait à l'origine des difficultés. Un système d'appréciation serait toujours perfectible pour peu qu'on intègre les acquis des travaux de recherche dans le domaine et qu'on forme les intéressés ;
- le recours à des disciplines autres que la gestion susceptibles d'amener à renouveler le regard porté sur ces difficultés récurrentes. Ce parti repose sur une prise de conscience du caractère largement insoluble par la seule technique des difficultés rencontrées.

Ainsi la psychologie permet de comprendre, à travers la mise en évidence de nombreux biais inhérents à toute situation d'évaluation, que les pratiques d'appréciation ne sont jamais exemptes de subjectivité. D'autres analyses proposées par diverses sciences humaines et sociales peuvent se révéler tout à fait heuristiques. Nous en suggérons ci-dessous trois qui nous semblent de nature à faire progresser la réflexion.

1. La sociologie de la régulation

L'énergie qu'une organisation doit dépenser pour implanter un système formalisé d'appréciation est considérable : conception du dispositif et des supports, information et formation des appréciateurs et appréciés, suivi de l'avancement et exploitation des décisions ou actions retenues lors des entretiens. L'expérience des organisations semble montrer que dès que la pression des dirigeants et de la fonction Ressources humaines se relâche, les pratiques d'appréciation se dégradent ou s'enlisent. L'indicateur du taux de réalisation d'entretiens accuse en général une baisse plus ou moins rapide et souvent conséquente. Une fatalité pèserait sur les modalités formalisées d'appréciation qui seraient irrésistiblement tirées vers la ritualisation ou l'abstention.

Une interprétation en termes de ritualisation a déjà été avancée plus haut : dès

© Dunod – La photocopie non autorisée est un délit.

que l'acuité des enjeux devient moins perceptible, appréciateurs et/ou appréciés préfèrent simuler les figures de l'appréciation plutôt que de s'en servir comme d'un moyen pour traiter des problèmes et pour prendre des décisions. La non-réalisation des entretiens peut ainsi être comprise comme le souci partagé par les appréciateurs et les appréciés de s'épargner une corvée !

Si la ritualisation bureaucratique constitue un phénomène d'observation courante et une interprétation utile, puisqu'elle amène à s'intéresser aux enjeux, elle ne doit pas dispenser de la recherche d'autres grilles de lecture. La théorie de la régulation conjointe[1] nous aide à regarder autrement les réactions à la mise en place ou à la redéfinition des dispositifs d'appréciation. Au lieu de nous focaliser sur les règles formelles produites par la direction et sur les résistances qu'elles suscitent, cette théorie nous invite à prendre en compte les règles souvent tacites en vigueur entre les acteurs concernés. Elle nous propose de comprendre en termes de négociation les règles effectivement adoptées. Ainsi la régulation de contrôle promulguée par la direction rencontre la régulation autonome des salariés ; la régulation conjointe est le produit des négociations entre acteurs autour des deux régulations précédentes.

Nous proposons donc d'assimiler les prescriptions de la direction en matière de dispositif formalisé d'appréciation à une régulation de contrôle. Nous faisons l'hypothèse qu'il n'existe pas d'unité organisationnelle qui ne forge pas de jugement sur les performances et sur les comportements de ses membres et qui ne prenne pas quelque mesure en conséquence. Ces dispositifs d'appréciation, sans doute le plus souvent informels, procèdent d'équilibres et de négociations intervenus au fil des ans. L'introduction de nouvelles règles ne manque pas de remettre en cause ces équilibres. Les réactions du personnel de l'entreprise publique aux impulsions successives de la direction en matière d'appréciation, évoquées au début de ce chapitre, peuvent être interprétées dans ces termes. De manière générale, les décalages constatés entre le modèle promu par la direction et les pratiques effectives correspondent à des négociations autour de la règle. Il ne s'agit pas de dysfonctionnements mais d'un décalage classique, normal entre réel et prescrit.

Exemple : Application de la régulation conjointe à l'appréciation

Les Salins du Midi ont lancé il y a quelques années une démarche formalisée d'appréciation du personnel ouvrier dans un de leurs établissements[2]. Craignant une polarisation excessive des entretiens d'appréciation sur les questions salariales, la direction a planifié ces entretiens à une période éloignée des décisions de rémunération. Après déroulement de la campagne d'entretiens, maîtrise et ouvriers ont été d'accord pour demander une modification de la période de réalisation des entretiens : ils ont souhaité que ceux-ci interviennent en amont des délibérations salariales. On peut lire ces ajustements en termes de régulation conjointe.

---

1. Reynaud J.D., «Les régulations dans les organisations : régulation autonome et régulation de contrôle», *Revue Française de Sociologie*, XXIX, 1988, pp. 5-18.
2. Cadin L., Terrade J.L., «La vie d'un système d'appréciation ou la gestion continue du changement», *Ressources Humaines*, n° 22, janvier 1991, pp. 7-8.

Afin de tenir compte des expériences vécues par les différents protagonistes, cet établissement fait retravailler périodiquement les supports et procédures d'appréciation par des représentants des appréciateurs et des appréciés. Ainsi maîtrise et ouvriers redéfinissent les supports ouvriers ; cadres et maîtrise font de même pour les supports maîtrise et ainsi de suite. Cette démarche qui prend acte, en quelque sorte, des régulations conjointes ne va pas dans le sens d'une standardisation des supports d'appréciation.

Mais c'est bien là que réside un apport de la théorie de la régulation conjointe à la problématique de l'appréciation : plutôt que de vouloir faire converger les pratiques d'appréciation d'une organisation, il est préférable de privilégier l'appropriation par les différents acteurs, quitte à ce que les modalités en soient plus locales que générales.

2. L'approche par la culture nationale

2.1. Les fondements de cette approche

Dans différents travaux, P. d'Iribarne[1] tente d'explorer la relation existant entre les modes de management des entreprises et la «culture nationale» du pays où elles sont implantées. Le but principal de cette longue recherche est de s'inscrire en faux de l'universalisme managérial induisant notamment la tentation de greffer dans un pays, souvent sans succès, des pratiques qui ont réussi ailleurs. L'auteur s'efforce au contraire de montrer le caractère inéluctable, pour toute entreprise s'installant hors de son aire culturelle d'origine, de la prise en compte, dans son mode de gestion, des traditions nationales du pays où elle s'est implantée. Ainsi, trois monographies portant sur trois usines de production, filiales d'un même grand groupe industriel français, implantées en France, aux États-Unis et aux Pays-Bas, ont été réalisées. P. d'Iribarne s'est attaché à montrer comment ces trois unités de taille semblable et fabriquant les mêmes produits vont en réalité différencier leur mode de gestion pour s'adapter aux valeurs principales véhiculées par la «culture nationale» de leur pays d'implantation.

L'usine française est particulièrement marquée par la «logique de l'honneur», c'est-à-dire l'importance que chacun des salariés, à son propre niveau, accorde à la réalisation de sa tâche, non pas selon les procédures définies, mais en fonction de la conception qu'il a intériorisée de son rôle, de ses responsabilités, et selon l'interprétation qu'il a fait de la mission qui lui incombe. Cette «logique» aboutit souvent, soit à une transgression des règles et procédures écrites, soit à leur respect formel, mais vide de sens : on respecte, par exemple, la procédure de coordination entre services en matière d'achats, mais quand la confirmation officielle d'une

1. A propos de sa thèse de la «culture nationale», voir de cet auteur, *La logique de l'honneur – Gestion des entreprises et traditions nationales*, Paris, Éditions du Seuil, 1989, ou encore, «Culture et "effet sociétal" », *Revue Française de Sociologie*, XXXII-4, octobre-décembre 1991, pp. 599-614.

© Dunod – La photocopie non autorisée est un délit.

commande téléphonique est faite, le matériel est en réalité bien souvent déjà livré et la procédure ne sert donc plus à rien. En fait, au lieu de simplement respecter un contrat, «il s'agit plutôt d'accomplir les devoirs que la coutume fixe à la catégorie à laquelle on appartient (les devoirs de son état)»[1]. Chacun est avant tout attaché par amour-propre et par fierté à cette réalisation des devoirs de son état, d'où une conception selon laquelle chaque individu «n'a, à la limite, de comptes à rendre qu'à sa conscience et à son propre sens de l'honneur»[2]. Il en résulte des modes de fonctionnement marqués par le caractère direct, parfois violent, des conflits en cas de désaccord sur le rôle de chacun, tempérés par une obligation informelle de modération s'imposant tant à la hiérarchie qu'aux personnels d'exécution. En cas d'affrontement, cela favorise l'émergence d'arrangements informels sans lesquels il serait impossible de continuer à fonctionner ensemble.

L'usine américaine, elle, semble bien plus dominée par un modèle que P. d'Iribarne nomme «l'échange *fair* entre égaux»[3]. Dans cette culture, il s'agit avant tout de définir le plus explicitement et le plus précisément possible les termes d'un contrat : responsabilités de chacun, objectifs poursuivis, évaluation prévue, sanctions et récompenses... La forme légitime des rapports, que ce soit entre supérieur et subordonné, entre employeur et employé ou entre syndicat de salariés et dirigeants, est celle du contrat et celui-ci doit avant tout rester équitable, honnête et loyal (*fair*). Chaque supérieur, quel que soit son niveau, fixe vis-à-vis de ses collaborateurs ses objectifs, les résultats qu'il attend et les critères d'évaluation. Il est responsable des actes de ses subordonnés et ceux-ci, en retour, lui rendent des comptes. La condition pour que ce type de contrat fonctionne est évidemment que le salarié, même s'il est mis en situation d'échec, ait «eu sa chance», qu'il ait pu disposer des moyens nécessaires à l'atteinte des objectifs qui lui avaient été fixés. Enfin, dans la mesure où chaque supérieur est fondé à demander des comptes à ses subordonnés – puisqu'il est responsable de leurs actes –, il importe que l'évaluation soit la plus objective possible. Le moyen alors utilisé consiste en une procédure très précise, fondée sur des faits concrets et constatés, à partir d'objectifs clairement définis *a priori* : l'évaluation du personnel se doit elle aussi d'épouser des formes quasi contractuelles.

2.2. Fondements culturels de l'appréciation.

Cette approche des modes de gestion des entreprises liés à la culture nationale du pays d'implantation est particulièrement intéressante dans la perspective d'une meilleure analyse des systèmes d'appréciation du personnel.

Tout d'abord, pareille conception contingente de la gestion des entreprises – ici le facteur de contingence est la «culture nationale» –, introduit l'idée qu'il ne sau-

---

1. Iribarne P. (d'), *La logique de l'honneur – Gestion des entreprises et traditions nationales*, *op. cit.*, p. 27
2. *Ibid.*, p.28.
3. *Ibid.*, p. 129.

rait y avoir de modèle universel d'appréciation du personnel, quand bien même une pratique aurait fait abondamment ses preuves dans un contexte déterminé. Les comportements d'imitation de pratiques qui marchent ailleurs ou de transposition de modèles issus de pays performants sur le plan économique ne sauraient être envisagés sans un maximum de précautions. Il s'agit de s'assurer que les pratiques concernées sont bien «compatibles» avec les modes de gestion habituels du pays d'implantation. Cette approche constitue en quelque sorte un appel général à la prudence.

Mais surtout, cette analyse soulève des questions plus précises quant à l'introduction en France de certaines pratiques d'appréciation. En effet, les idées d'évaluation formalisée à travers une procédure et des critères, ou d'évaluation des performances par comparaison aux objectifs fixés, de sanction et de récompense liées à la plus ou moins bonne atteinte des objectifs, semblent être avant tout des idées en phase avec le modèle américain d'un contrat *fair* entre le supérieur et son subordonné. Ceci est confirmé par d'autres auteurs, comme B. Galambaud qui rappelle que les pratiques d'appréciation, quel que soit le courant d'idées auquel elles se réfèrent, sont «venues pour l'essentiel des États-Unis»[1]. En d'autres termes, la question qui est ici posée est particulièrement impliquante pour les entreprises françaises : la diffusion massive, et généralement peu satisfaisante des pratiques formalisées d'appréciation, le plus souvent fondées sur une démarche objectifs/performances, ne résulte-t-elle pas en partie d'un malentendu quant à leur compatibilité avec la «logique de l'honneur» dominante en France ? Une part de l'insatisfaction enregistrée par les entreprises françaises à l'égard de leurs systèmes d'appréciation ne viendrait-elle pas de l'importation, trop peu prudente, de ces approches ?

Ce type de question a été abondamment posé en son temps pour expliquer, par exemple, la faillite des cercles de qualité en France : porteurs d'une logique profondément ancrée dans le système social et les valeurs du Japon, ils seraient – tout au moins tels quels – inadaptés aux modes de gestion français. Or, étrangement, pareille question n'est que très rarement posée pour ce qui concerne l'appréciation du personnel tant elle semble, malgré ses imperfections, faire définitivement partie du paysage managérial français. Il ne s'agit pas bien sûr de dénoncer toute procédure formalisée d'appréciation comme symptôme d'une quelconque emprise idéologique américaine, mais plutôt de s'interroger sur les véritables origines intellectuelles de «processus idéalisés»[2], donc admis comme allant de soi.

---

1. Galambaud B., *Des hommes à gérer – Direction du personnel et gestion des ressources humaines*, Paris, ESF, 2e éd., 1991. (2ème édition), p. 162.
2. Voir à ce propos l'article de C. Morel qui voit comme étant une manifestation du mal chronique de la connaissance ordinaire en gestion une tendance à «l'idéalisation des processus» : «L'idéalisation des processus consiste à leur donner une efficacité complètement exagérée, c'est-à-dire une vertu magique ; à leur attribuer une valeur universelle ; et à les présenter d'une façon outrageusement simplifiée», certains étant d'autant plus dangereux qu'«ils sont très solidement implantés dans les esprits et les organisations». Voir Morel C., «Le mal chronique de la connaissance ordinaire sur l'entreprise», *Annales des Mines, Gérer et Comprendre*, n° 28, septembre 1992, pp. 71-83.

© Dunod – La photocopie non autorisée est un délit.

Il n'est pas question de surestimer la variable culture nationale et d'exclure toute possibilité d'apprentissage. La «logique de l'honneur» ne rend pas forcément compte des cultures organisationnelles de toutes les entreprises françaises. La culture du contrat peut être très présente dans telle entreprise particulière. Une utilisation possible de l'apport des cultures nationales consiste à évaluer la distance qui sépare telle culture organisationnelle des logiques présentées, et à en tenir compte dans l'aménagement d'étapes ou de paliers d'apprentissage dans la transformation du système d'appréciation étudié.

3. La sociologie interactionniste

On peut également, à la manière de E. Goffman[1], considérer l'appréciation comme une situation de représentation, au sens théâtral du terme[2]. L'entretien d'appréciation est une situation d'interaction de face-à-face, susceptible d'être regardée comme une mise en scène de soi et être interprétée à la lumière de la conception de E. Goffman. Cet éclairage permet davantage d'illustrer autrement de nombreux éléments déjà évoqués que d'en découvrir de nouveaux, mais il ne manque pas d'intérêt en raison du caractère particulièrement pédagogique de la métaphore théâtrale.

L'entretien proprement dit ainsi que la procédure formalisée constituent bien la région antérieure, la «scène», de l'interaction. Mais, et c'est là le sens de toute la distinction entre procédure et processus, cette représentation a aussi des «coulisses» particulièrement développées où se trouvent les secrets du véritable déroulement de l'entretien.

Par exemple, les difficultés que l'appréciateur a éprouvées lors de la formation à l'entretien, ce qu'on lui a dit des «vrais» objectifs de la procédure, la façon dont il en a parlé avec ses collègues, les relations qu'il entretient avec la DRH, destinataire final des informations que l'entretien sert à recueillir, le fait que chacun sache que les formulaires d'appréciation ne seront pas dépouillés faute de moyens informatiques, ce que l'appréciateur connaît de l'opinion de la direction, la réputation qu'il a auprès de ses salariés, ce que ses collaborateurs se racontent sur la «bonne» façon de le «prendre» en entretien, le budget total dont il dispose pour d'éventuelles primes individuelles, ce qu'il a en vue pour l'avenir de ce salarié précis, sont autant d'éléments que chacun des acteurs garde en coulisses. Bien qu'invisibles lors de la représentation, ils agissent très lourdement sur les caractéristiques et le déroulement de celle-ci. La région antérieure peut être d'ailleurs en parfaite contradiction avec les coulisses : entretien poli alors que la relation habituelle est conflictuelle ; implications prévues pour l'avenir alors que chacun sait que cela ne

---

1. Voir, pour mieux connaître cette approche faisant partie du courant américain de l'interactionnisme, Goffman E., *La mise en scène de la vie quotidienne*, Tome 1 : *La présentation de soi* et Tome 2 : *Les relations en public*, Paris, Les Éditions de Minuit, 1973, 252 p. et 368 p.
2. Les fondements de cette approche sont évoqués dans notre chapitre consacré au recrutement.

sert à rien ; semblant d'écoute alors que l'appréciation a déjà été rédigée. On obtient alors une ritualisation pure et simple de l'entretien. Or l'essentiel ne réside pas dans le visible ou le formalisé, mais dans le processus, et la représentation ne saurait avoir lieu sans coulisses : réduire le problème de l'appréciation à celui de l'entretien n'a pour cette raison aucun sens, car on s'expose alors à passer à côté des dimensions véritablement fondamentales du processus d'évaluation.

De même, la représentation peut fort bien avoir lieu non pas comme une «véritable» interaction mettant face-à-face deux individus armés de leur seule psychologie et de leur seul désir de communiquer l'un avec l'autre. Elle peut très bien n'être que l'actualisation d'une routine comme par exemple «supérieur/subordonné». Ce que les acteurs joueront sera alors parfaitement codifié et attendu puisqu'il s'agira de décliner sur deux nouveaux rôles (appréciateur/apprécié) une représentation depuis longtemps mise au point dans le cadre de l'interaction supérieur/subordonné. Quoi que l'organisation ait décidé formellement sur le déroulement ou le climat de l'entretien, il sera particulièrement difficile aux deux acteurs de jouer une autre représentation que celle de leurs *social roles* habituels : si le supérieur a l'habitude d'être directif avec ses salariés, non seulement il aura du mal à devenir participatif en entretien (même si l'entreprise souhaite ce type de comportement), mais en outre ses subordonnés risquent d'avoir du mal à comprendre un changement d'attitude brutal entre la situation «normale» et l'entretien. De même, si l'appréciateur a pour habitude de professer un mépris ouvert à l'égard des stages de formation, l'apprécié aura des difficultés à comprendre qu'au cours de l'entretien son supérieur lui demande quels sont ses besoins de formation. L'entretien n'est pas une représentation isolée entre deux acteurs qui se découvrent pour la première fois. Elle s'inscrit au contraire dans une longue série d'interactions, de représentations plus ou moins à la source de la constitution d'une «équipe» qui a déjà acquis ses repères, voire routinisé la représentation. Quelle chance a-t-on, même au prix de formations à l'entretien, d'annuler d'un seul coup toute l'histoire d'une relation où chacun attend de l'autre qu'il joue son rôle habituel ?

A contrario, l'appréciateur ou l'apprécié (ou les deux) peut très bien considérer, consciemment ou non, au nom de stéréotypes plus ou moins affirmés, que le rôle d'appréciateur ou d'apprécié est parfaitement nouveau, qu'il s'inscrit dans une autre logique (celle du jugement, de l'aide, de l'écoute, du conseil, de la sanction...) que la représentation habituelle supérieur/subordonné et, à ce titre, suppose une mise en scène particulière. On peut alors assister à des effets de théâtralisation de l'appréciation qui, pour bien pointer le caractère particulier de cette représentation, est volontairement jouée dans un décor non habituel (que ce soit au restaurant, dans une salle de réunion ou ailleurs en fonction de la façade que l'on souhaite instaurer), avec une réalisation dramatique également très marquée dans sa différence avec les représentations habituelles entre les deux acteurs (solennité, ton de la confidence, attitude défensive...). La théâtralisation excessive peut alors avoir pour origine la volonté des acteurs de rompre visiblement et nettement avec les rôles habituels. Encore faudrait-il que la nouvelle représentation soit vue de la même façon, avec des rôles compatibles, par chacun des deux acteurs...

Enfin, la situation d'entretien, comme toute représentation, va soulever des phé-

© Dunod – La photocopie non autorisée est un délit.

nomènes de trac de la part des acteurs, d'autant plus que cette représentation est de nature très particulière et impliquante : peur que ce qui va être dit soit mal compris ou crée une mauvaise relation, crainte de ne pas pouvoir se justifier, attente de reconnaissance, incapacité à faire des compliments, difficulté à gérer le contact direct.... Par ailleurs, le fait de se retrancher derrière un rôle, qu'il s'agisse de la routine instituée ou d'un rôle créé pour la circonstance, peut également avoir pour but d'aider l'acteur à dépasser ce trac. La théâtralisation, la mise en scène de soi offre aussi une vertu de conjuration de l'angoisse plus ou moins importante selon les individus, ce qu'aucune procédure ne peut prévoir ou contraindre. Cela reste un argument de plus en faveur de la tolérance à l'hétérogénéité des pratiques : vaut-il mieux une évaluation non «orthodoxe» au regard de la norme ou une situation non (ou mal) gérée sur le plan psychologique ?

*

* *

Nous n'avons retenu que trois regards susceptibles d'être portés sur l'appréciation à partir des points de vue théoriques spécifiques de disciplines particulières des sciences sociales. Bien d'autres disciplines peuvent être mises à contribution pour apporter leurs lumières aux pratiques de l'appréciation. La psychologie sociale, par exemple, permet de construire une problématique de l'appréciation comme instrument de domination[1] ou même de manipulation[2], en recourant aux théories de l'engagement et de la dissonance cognitive[3]. La question de l'appréciation débouche ainsi sur des débats tels que celui de la liberté et de la soumission dans les organisations, et plus particulièrement dans les organisations «hypermodernes» ou «excellentes»[4].

On est alors bien au-delà de la question de l'intégration des produits du processus de l'appréciation dans la prise des décisions de GRH, question qui apparaît alors comme une préoccupation d'un instrumentalisme étroit. On voit ainsi, sur cette question de l'appréciation, où se joue la frontière entre une conception instrumentale de la GRH et une conception plus politique qui voudrait la dépasser[5].

---

1. Pagès M., Bonetti M., Gaulejac V. (de), Descendre D., *L'emprise de l'organisation*, Paris, PUF, 1979.
2. Voir en particulier Beauvois J.L., Joule R., *Petit traité de manipulation à l'usage des honnêtes gens*, Grenoble, Presses Universitaires de Grenoble, 1987.
3. Festinger L., *A theory of Cognitive Dissonance*, Peterson, 1957, cité par Beauvois J.L., «Sommes-nous vraiment libres ?», *Sciences Humaines*, n° 48, mars 1995, pp. 10-13. Ce courant de recherche repose sur l'observation d'une certaine cohérence entre les actes et les pensées des individus, entre les comportements et les opinions. Ainsi, l'individu éprouve un inconfort psychologique lorsqu'il est amené, par un concours de circonstances, à se comporter d'une manière contradictoire avec les principes, les valeurs ou les opinions qu'il défend habituellement. Pour réduire cet inconfort, le psychologue social L. Festinger a montré que l'individu allait alors reconsidérer ses idées dans la perspective d'une meilleure cohérence avec ses actes. Ainsi, il sera conduit à modifier son système de valeurs pour que son comportement puisse entrer en cohérence avec ce système de valeurs.
4. Aubert N., Gaulejac V. (de), *Le coût de l'excellence*, Paris, Éditions du Seuil, 1991.
5. Sur la mise en cause du modèle instrumental de la GRH, revoir notre chapitre 1.

L'essentiel

Pour faire évoluer les pratiques d'appréciation en vigueur dans une organisation, il est préférable d'avoir une compréhension large de ces pratiques et de ne pas se contenter des seules manifestations visibles. C'est le principal intérêt des questions relatives au processus d'appréciation.

Les 5 composantes du processus d'appréciation

- **La ou les visées** caractérise(nt) la ou les retombées prioritaires attendues du processus d'appréciation. Elle peut concerner l'amélioration de la performance dans l'emploi actuel et/ou la préparation des évolutions professionnelles futures.
- **L'objet** spécifie ce qui est apprécié. Il peut s'agir de résultats, de comportements, de potentiels, de compétences ou de la personne.
- **Les acteurs** sont l'apprécié (un individu ou un collectif) et l'appréciateur (le supérieur hiérarchique direct ? un collège d'appréciateurs ?)
- **La procédure** précise selon quel calendrier, selon quelles étapes s'opére l'appréciation, qui formalise quoi et quels traitements sont effectués sur les supports de formalisation.
- **Le référentiel** est le système de valeurs sous-jacent aux pratiques d'appréciation. C'est ce qui rend l'appréciation légitime ou acceptable. L'appréciation cherche souvent à promouvoir de nouvelles valeurs.

Les influences des théories managériales

Décoder les pratiques d'appréciation d'une organisation, c'est aussi repérer les problématiques managériales dominantes qui l'imprègnent. On peut ramener chaque influence théorique à une focalisation principale :

- **La préoccupation de l'objectivité** : les théoriciens de l'Ecole du management scientifique se focalisent sur la question des critères de l'appréciation et examinent la procédure du point de vue des conditions de justice qu'elle assure.
- **Le souci de l'authenticité** : pour l'École des relations humaines, il s'agit de permettre une authenticité de la communication dans le cadre de l'entretien d'appréciation.
- **L'exigence d'articulation avec les décisions de GRH** : l'intérêt de l'appréciation est jaugé à la mesure de sa prise en compte dans les décisions de GRH (salaire, carrière, formation).

L'appréciation : chantier éternellement inachevé

Comment expliquer que les organisations soient périodiquement amenées à remettre en chantier leurs pratiques d'appréciation et que celles-ci suscitent tant de frustration de toutes parts ?

- **L'enjeu de négociations permanentes** : la théorie de la régulation conjointe explique qu'il en va de l'appréciation comme de toute règle de contrôle, elle est en permanence confrontée à la régulation autonome.
- La question de la **légitimité** de l'appréciation ne se traite pas entièrement dans l'enceinte de l'organisation. Elle s'enracine dans une **culture nationale**, dans une histoire qui façonne les relations hiérarchiques et entre pairs.
- L'appréciation met en scène des acteurs qui jouent des rôles et sont placés en **situation de représentation**. Pour les comprendre n'oublions pas qu'il y a la scène et ses coulisses, des rites et routines, qui remplissent des fonctions telles que la conjuration de l'angoisse. Ne soyons pas dupes !

© Dunod – La photocopie non autorisée est un délit.

TROISIÈME PARTIE

LE DÉVELOPPEMENT DU POTENTIEL HUMAIN

8 MOBILITÉ ET GESTION DE CARRIÈRES

Lorsqu'un besoin de main-d'œuvre se déclare dans une organisation, elle a le choix soit de recruter à l'extérieur sur le marché du travail, soit de trouver au sein de sa structure la ou les personnes nécessaires. Dans ce chapitre, nous envisagerons le cas du recours à la structure interne, le recrutement ayant fait l'objet du chapitre 6.

La question se pose alors immédiatement de l'intérêt que l'entreprise peut trouver à construire une relation stable avec ses salariés. Mettre en place une gestion des carrières, c'est implicitement reconnaître qu'il est utile, voire indispensable, d'assurer une certaine stabilité du personnel. Nous nous interrogerons donc dans ce chapitre sur les raisons qui peuvent expliquer une telle nécessité.

En outre, décider de recourir en priorité à la main-d'œuvre disponible dans l'entreprise suppose que celle-ci soit mobile de façon à pouvoir s'adapter dans des délais raisonnables aux besoins de l'entreprise. Nous analyserons donc les multiples pratiques de mobilité qui existent dans les entreprises, à la lumière de modèles sociétaux relativement structurants.

Nous nous interrogerons enfin sur l'évolution des conditions objectives dans lesquelles se sont développées les pratiques de gestion de la mobilité, et sur leurs effets actuels : peut-on encore parler de carrière ? Comment évoluent les pratiques dans ce domaine, en particulier au regard des exigences économiques actuelles et de la situation générale de l'emploi ?

Section 1 ■ Les principaux déterminants des trajectoires professionnelles
Section 2 ■ La carrière : notion d'avenir ou du passé ?
Section 3 ■ De nouvelles perspectives entre responsabilité organisationnelle et responsabilité personnelle

© Dunod – La photocopie non autorisée est un délit.

Section 1 LES PRINCIPAUX DÉTERMINANTS DES TRAJECTOIRES PROFESSIONNELLES

Carrière et mobilité sont des notions chargées d'implicites forts. Si le terme carrière contient l'idée d'une progression dans l'entreprise, celui de mobilité semble davantage chargé de connotations négatives. Il est nécessaire d'en présenter d'abord les pratiques, avant de tenter de les expliquer.

1. La mobilité : une réalité hétérogène

La gestion de la mobilité se présente comme une pratique fondamentalement contingente pour au moins trois raisons :

- un même vocable recouvre des réalités très différentes
- les pratiques identifiables sont étroitement liées aux caractéristiques propres à l'organisation qui les met en place et aux politiques qui les sous-tendent
- l'existence même de pratiques de mobilité suppose que soient réunies certaines conditions précises.

1.1. Les différentes formes de mobilité

On distingue habituellement trois types de mobilité :

➤ ***la mobilité verticale, ou promotion***

Elle caractérise les évolutions hiérarchiques des individus dans les organisations. Elle est assimilée à la carrière, et donc synonyme de progression. Elle s'exprime au sein d'une même fonction, ou d'un même métier.

➤ ***la mobilité horizontale, dite aussi fonctionnelle ou professionnelle***

Elle désigne les passages d'une fonction, ou d'un métier, à un autre, sans changement de niveau hiérarchique. Parfois, l'expression mobilité interne est utilisée pour désigner la mobilité fonctionnelle.

➤ ***la mobilité d'environnement***

Elle concerne les individus qui occupent la même fonction, à un même niveau hiérarchique, mais qui changent de lieu d'exercice de leur activité (nouveau service, nouvel établissement, nouvelle région, etc.). Elle est souvent synonyme de mutation. La mobilité d'environnement englobe la mobilité géographique.

À partir de ces différentes définitions, un effort de clarification s'impose pour rendre compte des pratiques des entreprises. Ainsi, il apparaît que la notion de mobilité englobe celle de carrière et que, par conséquent, un même vocable est susceptible de renvoyer à des pratiques très différentes, répondant à des politiques elles aussi différentes.

Les trajectoires professionnelles des individus dans l'entreprise sont nettement déterminées par des éléments d'environnement, à la fois interne, c'est-à-dire par les caractéristiques propres de l'entreprise, et externe, relativement à des modèles sociétaux.

1.2. L'influence des caractéristiques internes

Les caractéristiques internes de l'entreprise renvoient autant à son fonctionnement, et en particulier aux comportements des acteurs, qu'à des éléments de structure ou de culture.

◆ *Des acteurs aux représentations ambivalentes*

La diversité des pratiques de mobilité que l'on peut observer est d'abord liée à la variété des acteurs concernés, et donc à la diversité des stratégies individuelles qui peuvent s'exprimer en matière de mobilité.

La littérature managériale, se plaçant du point de vue de la direction de l'entreprise, expose ainsi un certain nombre de représentations que partagent généralement les directions :

- la mobilité contribue au développement d'un brassage culturel ;
- elle oblige les salariés à sortir d'une routine professionnelle qui peut devenir sclérosante ;
- elle constitue une importante source de motivation individuelle ;
- elle contribue, en visant le meilleur ajustement possible des ressources aux besoins, à optimiser l'organisation et le fonctionnement de l'entreprise ;
- elle favorise enfin la collaboration entre les différents services et permet la diffusion des techniques de gestion et de contrôle.

En fonction de ses attentes particulières, la direction sera amenée à favoriser l'une ou l'autre des formes de mobilité.

Bien que la mobilité, quelles que soient ses formes, soit généralement valorisée aux yeux de la direction de l'entreprise, elle n'en a pas moins un coût. Non seulement elle suppose que des moyens soient octroyés, en temps, en personnel chargé de l'organiser ou en formation pour les salariés mobiles, mais elle présente également des risques : équipes désintégrées, compétences gaspillées, expérience perdue, etc.

À l'inverse, pour le salarié, la mobilité est très souvent perçue comme une gêne, voire un risque. Il peut craindre en effet de se tromper de voie, de réaliser de moins bonnes performances dans un domaine qu'il ne maîtrise pas et d'en être pénalisé, de devoir faire l'effort de se former à de nouvelles activités, etc. En contrepartie, une mobilité peut aussi se traduire positivement, en termes de rémunération, d'élargissement des compétences, de «retour au pays», etc.

© Dunod – La photocopie non autorisée est un délit.

Les stratégies développées par les salariés ne s'expriment pas uniquement dans le cadre des procédures de gestion et des normes véhiculées par l'entreprise, qui constituent une régulation de contrôle : «Elles s'insèrent dans un ensemble de contraintes techniques (transférabilité des compétences, structure de l'entreprise) et économiques (contraintes financières de l'entreprise et de l'individu)»[1]. Compte tenu de ces différentes contraintes, les salariés adoptent le plus souvent des attitudes pragmatiques : ils mesurent les avantages et les inconvénients de la situation et opèrent leur choix par comparaison. Pour que la balance penche pour la mobilité, il faut que les rétributions attendues – au sens large de contrepartie à leur contribution – soient significativement supérieures.

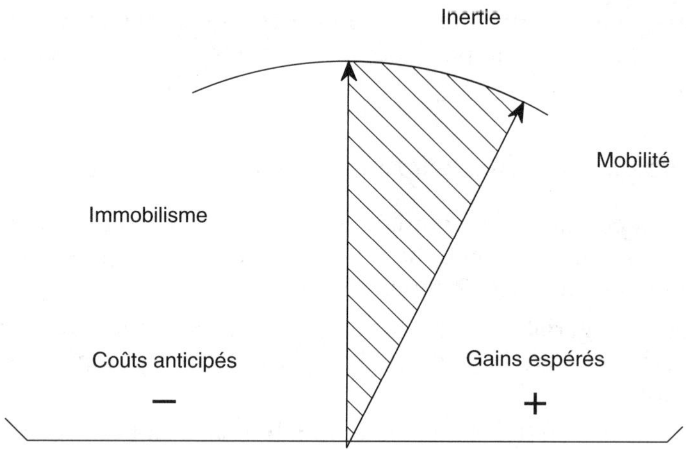

Figure 8.1 : *Balance de mobilité*

Source : Galambaud B., *Mobilité, gestion des carrières,* Document d'études, Entreprise et Personnel, 1983

La zone d'inertie dite «culturelle» indiquée sur la figure 8.1 caractérise la nécessité pour les salariés d'obtenir des garanties suffisantes pour que la mobilité, d'idée séduisante, devienne réalité tangible.

◆ *Éléments structurels et culturels*

L'existence de pratiques différenciées de mobilité tient également à des caractéristiques structurelles. La taille constitue un préalable essentiel : pour qu'il y ait mobilité, il faut qu'existent des opportunités de mobilité. Celles-ci sont évidemment plus limitées dans les petites structures, en particulier dans les PME. Ces organisations ont alors plutôt recours à la polyvalence, lorsqu'un même salarié est amené à remplir plusieurs fonctions proches, presque simultanément, sans véritablement passer d'une fonction à une autre de façon durable.

1. Bailly A.F., «Les «effets» des systèmes de gestion des carrières», *Actes du 6e congrès de l'AGRH*, Poitiers, novembre 1995.

Pourtant, les grandes entreprises ne disposent pas spontanément de réelles opportunités de mobilité : il est utile notamment qu'elles aient choisi une unité de gestion pertinente, c'est-à-dire le lieu à partir duquel les décisions en matière de GRH sont prises de façon autonome. Dans un groupe constitué de plusieurs entreprises, on peut par exemple choisir de décider au niveau central du groupe, ou bien au niveau de chaque filiale. Un tel choix n'est bien sûr pas neutre. Le fait de décentraliser ce type de décisions, par ailleurs parfaitement légitime, peut contribuer à gêner la mobilité, chaque unité de gestion fonctionnant dans l'ignorance des autres. Plus que la taille de l'entreprise elle-même, la façon dont on organise ou pas la mobilité se révèle au moins aussi importante.

Exemple : Les conséquences liées à la création du groupe Constructor

Spécialisé dans le secteur du bâtiment, ce groupe s'est constitué au fil du temps par croissance externe, en rachetant des PME implantées localement. Soucieuse de respecter les particularismes locaux et de bénéficier de la qualité des réseaux relationnels existant sur le terrain, tant avec les clients que les architectes et les sous-traitants, la direction du groupe s'est toujours montrée extrêmement respectueuse de la spécificité de ses filiales, chacune constituée en centre de profit. La plupart des décisions concernant le personnel sont prises localement. C'est seulement en matière de rémunération que la maison mère intervient à travers la détermination d'un pourcentage maximum d'évolution de la masse salariale.

Efficace pendant les années de constitution du groupe, cette politique a montré ses limites quelques années plus tard, sous l'effet de problèmes rencontrés dans certaines régions pour recruter du personnel qualifié et en particulier des jeunes ingénieurs. Constatant simultanément que d'autres marchés stagnaient, voire déclinaient, la direction du groupe pensa à développer la mobilité pour faciliter les échanges entre les différentes filiales régionales.

Elle s'est alors heurtée à plusieurs années de pratiques «isolationnistes», ayant contribué à faire de chaque filiale une PME régionale, très autonome, dont l'appartenance à un groupe national s'avérait tout à fait secondaire. Il fallut plusieurs années d'efforts, de modification des pratiques habituelles et de reconsidération des modes de gestion dans les filiales et dans le groupe, pour parvenir à homogénéiser ces pratiques et créer une réelle synergie au sein du groupe.

Les valeurs propagées dans l'entreprise ont également une importance en matière de mobilité. La culture de mobilité fait ainsi partie des éléments de différenciation des pratiques observées. Avec des facteurs tels que l'absence de syndicats, une politique sociale forte et la pression exercée par les employés, la culture de mobilité permet d'expliquer l'implication des entreprises en matière de gestion des carrières. La mobilité, tant horizontale que verticale, est valorisée et constitue implicitement un critère d'évaluation du personnel. Cela crée une pression sur les salariés en les incitant à s'intéresser à tout ce qui touche à la mobilité. Celle-ci fait partie des règles du jeu de la réussite[1].

Les caractéristiques de l'entreprise de nature à dessiner des formes spécifiques

1. Wils T., Guérin G., «Facteurs explicatifs de l'implication en gestion des carrières des organisations», *Actes du 4ᵉ Congrès de l'AGRH*, Jouy-en-Josas, 18 et 19 novembre 1993.

© Dunod – La photocopie non autorisée est un délit.

de mobilité sont à rechercher également à un niveau plus global. Le modèle d'organisation du travail adopté par l'entreprise d'une part, et la culture et la structure sociétales dans laquelle elle évolue d'autre part, constituent des déterminants importants.

1.3. L'ancrage organisationnel et sociétal des pratiques de mobilité

◆ *Organisation et mobilité*

Il est des formes d'organisation du travail et des modes de management qui induisent des types spécifiques de culture de mobilité. On peut ainsi distinguer, comme l'indique le tableau suivant (8.1), trois modèles caractéristiques :
– le modèle administratif,
– le modèle baronnique,
– le modèle technocratique.

Le modèle administratif est celui des grandes organisations, publiques ou privées, qui disposent d'une gestion par grades telle que nous l'avons présentée dans le chapitre 5. Le modèle baronnique peut être appliqué à notre exemple précédent, Constructor.

Quant au modèle technocratique, il correspond à une approche qui utilise la mobilité comme moyen de développement des individus, et qui détecte les meilleurs sur la base des performances réalisées dans des contextes différents. Il correspond à la démarche de détection et de valorisation des potentiels défendue par M. Husson. En effet, alors que de nombreuses entreprises élaborent des pronostics de réussite sur la seule base du diplôme possédé, attribuant ainsi un plus fort potentiel aux titulaires des diplômes les plus prestigieux, M. Husson préconise de mettre les individus en situation de façon à déterminer plus sûrement leurs capacités réelles à tirer profit desdites situations : *«On ne peut détecter les potentiels individuels qu'en leur donnant l'occasion de se révéler à travers une action».*[1]

Cette typologie permet de comprendre que les pratiques de mobilité sont essentiellement déterminées par la nature des besoins de l'entreprise et de son système de GRH. Ainsi, le modèle administratif répond aux exigences de la gestion par grades des grandes entreprises publiques, dont le fonctionnement repose sur les principes de la fonction publique (principes d'égalité et d'équité, assurance d'une carrière, reconnaissance par la réussite au concours. Voir chapitre 5).

Le modèle baronnique repose d'évidence sur une logique «opportuniste», c'est-à-dire sur la nécessité de pouvoir disposer à tout instant des individus qui soient capables d'assurer rapidement des responsabilités nouvelles. La connaissance précise, à la fois des individus et des emplois vacants, que suppose un tel fonctionne-

1. Husson M., *L'orientation professionnelle continue. Concepts et méthodes pour une gestion préventive de l'emploi en entreprise,* Paris, FNEGE – Développement et Emploi, 1985.

Tableau 8.1 : *Typologie des modèles de gestion des carrières*

	Enjeux	Principes	Acteurs privilégiés	Processus	Avantages	Inconvénients
Modèle administratif	– Garantie du service public – Gestion de corps de fonctionnaires	– Accès par concours – Gestion par grades, indépendante des emplois – Obligation de mobilité	– Le cadre, candidat au concours – Faible poids de la hiérarchie – Contrôle paritaire – DRH : gestion des concours, contrôle	– Liste d'aptitude (anc. + mérite), procédure spécifique d'avancement – Affectation selon grade et ancienneté – Formation importante (adaptation aux postes)	– Importante promotion interne – Gestion de carrières à long terme – Importante mobilité – Forte tradition de formation interne	– Rigidité des strates hiérarchiques – Concours privilégiant les aptitudes scolaires – Gestion des compétences difficile – Résultats et performances peu pris en compte
Modèle baronnique	– Faire face aux besoins de fonctionnement	– Gestion de carrières décentralisées – Pas de procédures formalisées – Priorité aux compétences techniques	– Tout pouvoir aux responsables opérationnels – DRH : recrute et gère les cas difficiles – DG : cadres dirigeants et hauts potentiels	– Libre choix des opérationnels (recrutement, promotion, etc.) – Gestion «par exception» des potentiels par la DG et recrutement	– Adaptation rapide de la hiérarchie aux besoins court terme	– Carrières limitées au secteur opérationnel d'appartenance (sauf pour H.P.*) – Pas d'anticipation ni gestion moyen terme – Entreprise «cloisonnée»
Modèle technocratique	– Faire émerger un corps homogène de managers	– Pas de recrutement externe – Mobilité systématique des managers – Objectivité des choix – Respect des procédures – Responsabilité de la hiérarchie	– Hiérarchie responsable de l'évolution des cadres – DRH : garantit les procédures, anime les programmes centralisés de développement des managers	– Évaluation formalisée (postes, performances, potentiels) – Préparation collective des décisions – Formation systématique au management	– Conformité : cohérence choix/décisions – Systématisme : optimisation du potentiel de tous les cadres – Effort d'anticipation	– Culture très endogène – Procédures lourdes et contraignantes – Expertise et professionnalisation mal prises en compte

* Hauts potentiels

Source : Gentil B., *La question du potentiel au sein de la gestion des cadres,* Document d'études, Institut d'études Entreprise et Personnel, 1991.

ment, justifie la prédominance du rôle des responsables opérationnels dans le dispositif.

◆ *Des modèles sociétaux de la mobilité*

Il est possible d'étudier les pratiques de mobilité à un niveau encore plus global, celui du pays dans lequel est implantée l'entreprise. On constate en effet que la structure et la culture sociales propres à chaque société modifient les configurations des carrières d'un pays à l'autre. Cela tient à la conception de chaque pays sur la façon de repérer et former ses élites, et singulièrement ses élites industrielles.

Certains travaux procédant à des comparaisons internationales se sont intéressés à deux dimensions essentielles des pratiques de mobilité au sein des entreprises : la détection des potentiels et l'organisation de leur parcours à l'intérieur de l'entreprise. Ils révèlent une réalité souvent implicite : la mobilité, au sens d'évolution de carrière, n'est pas pensée pour tous les salariés de façon indifférenciée. Elle repose sur la détection des meilleurs dont les caractéristiques varient selon les cultures, ce que montre le tableau 8.2.

Tableau 8.2 : *Modèles sociétaux d'identification et de développement des potentiels*

	Identification des potentiels	**Développement des potentiels**
Modèle anglo-saxon	– Recrutement d'une petite élite – Recrutement décentralisé pour les emplois fonctionnels – Assessment centers internes – Recrutement possible de hauts potentiels (HP)	– Suivi des HP par des comités ad hoc – Adéquation performance/potentiel – Équipes de «développement managérial»
Modèle japonais	– Recrutement de cohortes d'élite pour des carrières à long terme – Rotation des postes, formation intensive, tutorat – Performance réelle – Égalité des chances	– Les meilleurs aux meilleurs postes – 4 à 5 ans dans un poste (maxi : 7 – 8 ans) – Comparaison avec les pairs de la cohorte – Mobilité fonctionnelle
Modèle latin	– À l'entrée, par promotions d'écoles – Qualités prédites – Écoles spécialisées dans la sélection des futurs dirigeants	– Dans les hautes sphères – Compétition et collaboration entre pairs – Processus politique – Si échec : sortie et poursuite ailleurs
Modèle allemand	– Recrutement écoles techniques et universités – Apprentissage (2 ans) : rotation des postes, formation intensive – Recrutement marginal de très hauts diplômes	– Carrières fonctionnelles, réseau relationnel – Compétition basée sur l'expertise – Mobilité fonctionnelle seulement pour les élites

Source : Adapté de Evans, Doz, Laurent, *Human Resource Management in International Firms*, Londres, MacMillan.

Un rapprochement entre les deux figures montre que le modèle technocratique correspond assez bien aux caractéristiques du modèle anglo-saxon. L'identification des potentiels repose sur la pré-sélection d'une petite élite qui devra néanmoins prouver, en situation, sa capacité réelle à devenir membre effectif de l'élite. Cela explique pourquoi il reste minoritaire en France et est développé surtout par les entreprises anglo-saxonnes. En revanche, les pratiques des entreprises françaises correspondent principalement au modèle latin. En particulier, on constate une très grande stabilité des individus au sein des groupes dirigeants. Les conséquences d'un éventuel échec restent limitées à l'entreprise concernée. L'appartenance à un corps garantit à ses membres une grande stabilité au sein de l'élite[1].

2. Les conditions d'instauration de la gestion des carrières

La gestion des carrières apparaît souvent comme l'expression la plus achevée de la gestion de la mobilité. Il nous semble important de réfléchir aux raisons qui peuvent expliquer le développement de la notion de carrière : en quoi l'entreprise est-elle intéressée à développer la stabilité des salariés ? En quoi les salariés sont-ils également prompts à rechercher des opportunités de carrière ? Plusieurs éléments de réponse peuvent être apportés.

2.1. La carrière comme contrat implicite

Il est possible de comprendre le développement des pratiques de gestion de carrières comme correspondant à un moment daté de l'état du marché du travail et de l'environnement de l'entreprise.

Si l'ensemble du personnel des entreprises est concerné par la notion de carrière, on constate que le personnel d'encadrement constitue souvent le principal bénéficiaire de politiques de gestion de carrières formalisées et organisées. De nombreux travaux ont depuis longtemps mis en évidence le clivage existant en France entre cadres et non-cadres, faisant du passage cadre, à la fois un enjeu essentiel pour un grand nombre de salariés qui aspirent à accéder à une catégorie placée en «ligne de mire», et un point clé des procédures d'évolution de carrière dans de nombreuses entreprises qui en contrôlent étroitement l'accès[2].

Sur une période de près de trente ans, depuis les années 1960 et jusque dans les années 1980 environ, on peut considérer la carrière comme l'expression d'un contrat implicite entre les entreprises et les cadres. En raison d'une certaine pénu-

1. C'est le cas, souvent mentionné dans la presse, des diplômés de l'ENA membres du corps de l'Inspection des Finances, dont la carrière reste assurée tout au long de la vie professionnelle (sauf cas exceptionnel), aussi bien dans la fonction publique que dans les grandes entreprises publiques ou privées.
2. Voir par exemple, Galambaud B., Simonneau M., *Cadre-non cadre : un mur social essentiel*, Document d'études de l'Institut Entreprise et Personnel, 1991.

© Dunod – La photocopie non autorisée est un délit.

rie de personnel qualifié, les entreprises ont été amenées à fidéliser ce personnel, qu'elles avaient souvent eu du mal à recruter, tout en exigeant de lui une forte implication. La contrepartie de cette demande s'exprimait alors sous la forme de carrière : l'entreprise garantissait à ceux de ses cadres qui acceptaient de s'impliquer, voire d'identifier leur réussite à celle de l'entreprise, un «déroulement de carrière» satisfaisant.

Ce contrat implicite, mis en évidence par certaines théories économiques sur les règles de formation des salaires[1], trouve en partie sa légitimité dans les rapports entre appareil éducatif et appareil de production : c'est parce que l'employeur doit supporter des coûts dits «de transaction» pour disposer d'une main-d'œuvre efficace (recrutement et formation en l'occurrence) qu'il a intérêt à conserver longtemps ses salariés. Il peut le faire au moyen d'une rémunération plus élevée que le marché, ou en offrant des possibilités de carrière, comme le suggère la théorie économique des marchés internes.

2.2. La mobilité comme mode de régulation dans les marchés internes

Parmi les différentes théories économiques qui se sont intéressées au fonctionnement du marché du travail et à ses conséquences sur les stratégies des firmes en matière de GRH, la théorie des marchés internes nous éclaire sur la place de la carrière dans les systèmes de GRH.

P.B. Doeringer et M.J. Piore, qui ont élaboré cette théorie désormais bien connue, définissent un marché interne comme «une unité administrative à l'intérieur de laquelle la rémunération et l'affectation du travail sont déterminées par un ensemble de règles et de procédures administratives»[2]. A l'inverse de ce qui se produit sur un marché externe, où les règles de rémunération, d'allocation et de formation de la main-d'œuvre sont déterminées par des variables économiques, les règles en vigueur sur le marché interne sont directement produites par les dirigeants de l'entreprise.

Comment expliquer l'émergence de tels marchés ? Trois raisons essentielles sont évoquées par P.B. Doeringer et M.J. Piore :
- l'existence de qualifications spécifiques,
- l'apprentissage «sur le tas»,
- la coutume produite par les collectifs de travail.

En réalité, ces trois raisons sont liées. La spécificité des qualifications résulte

1. Voir en particulier la théorie du salaire d'efficience qui consiste pour l'entreprise à verser un salaire supérieur au prix du marché, en échange de la loyauté du salarié. Le contrat qui sous-tend cet échange est largement implicite dans la mesure où l'équivalence n'est pas établie entre le salaire reçu et le niveau de productivité atteint. Pour davantage de précisions sur les débats autour de cette notion, on pourra se référer entre autres à Amadieu J.F., *Organisations et travail*, Paris, Vuibert, 1993.
2. Doeringer P.B., Piore M.J., *International Labor Markets and Manpower Analysis*, Lexington, 1971.

principalement des rapports entre technologie et organisation du travail, de sorte que les qualifications requises ne sont pas disponibles sur le marché du travail. L'entreprise contribue donc elle-même à les former, en partie par l'apprentissage sur le tas qui favorise la transmission du savoir productif partagé entre les membres des groupes de travail. Spécifiquement produites par et pour l'entreprise, ces qualifications ne sont pas transférables à d'autres entreprises.

Afin de rentabiliser les investissements qu'elles doivent faire dans le domaine de la formation des salariés, les entreprises sont donc amenées à les protéger de la concurrence des marchés externes. Les règles et procédures du marché interne sont donc élaborées dans ce but. Elles visent à fidéliser les salariés en leur offrant des possibilités de promotion et des salaires suffisamment attractifs. La stabilité du personnel ainsi obtenue favorise, selon P.B. Doeringer et M.J. Piore, la constitution de groupes sociaux à l'origine de la coutume sur le lieu de travail.

Les règles organisant le fonctionnement du marché interne sont également recherchées par les salariés car elles leur garantissent à la fois la sécurité d'emploi et une certaine équité. Ces règles, en grande partie coutumières, sont souvent porteuses d'un contenu éthique ou moral. Elles contribuent aussi à la socialisation des nouveaux entrants, ce qui assure leur pérennité.

Cet intérêt partagé entre employeurs et salariés permet de conclure que l'organisation des marchés internes se justifie par la coopération qu'elle permet entre les agents économiques.[1] Pendant la période dite des «Trente Glorieuses», les cadres ont constitué un marché interne pour de nombreuses entreprises. Ceci permet d'expliquer l'existence d'un contrat implicite qui repose en réalité sur des besoins économiques précis pour l'entreprise, en particulier en termes de qualifications élevées.

Pourtant, la distinction entre emplois qualifiés et non qualifiés ne suffit pas à rendre compte des pratiques différenciées en matière de GRH, et particulièrement de gestion de la mobilité[2]. La distinction entre compétences non normalisées, – c'est-à-dire spécifiques à l'entreprise et non reconnues sur le marché du travail – et compétences normalisées, traduites par des titres et certifications nationales, se révèle plus pertinente. C'est pourquoi certaines catégories de salariés, relativement peu qualifiés, peuvent également faire l'objet de politiques de fidélisation et de stabilisation. Plus un salarié dispose de compétences spécifiques à son entreprise, plus son employeur aura tendance à le fidéliser.

La pratique actuelle qui semble se développer, consistant à conforter un «noyau dur» de salariés bénéficiant de nombreux avantages, dont la stabilité de l'emploi, et des groupes de salariés plus ou moins «satellisés» et utilisés au fur et à mesure des besoins, procède d'une démarche similaire de création de marchés internes. Ceux-ci ne sont plus seulement réservés aux cadres, ils englobent aujourd'hui ceux des salariés qui disposent des compétences jugées, pour un moment, indispensables à la stratégie de l'entreprise.

---

1. Amadieu J.-F., *op. cit.*
2. Ferrary M., «La GRH à l'aune de l'économie des institutions», *Gérer et Comprendre, Annales des Mines,* n°41, déc. 1995.

© Dunod – La photocopie non autorisée est un délit.

Aussi solide soit la démonstration de la nécessité pour l'entreprise d'organiser des marchés internes, force est de constater que leur mise en œuvre concrète n'est pas toujours facilitée. Outre l'ambivalence des représentations liées plus généralement à la mobilité, il existe un certain nombre de freins de diverses natures, qui tiennent autant à des raisons d'ordre général qu'au fonctionnement même de l'entreprise.

3. Les freins à la mobilité

3.1. Les freins structurels

Ils se rapportent au mode de fonctionnement de l'entreprise et concernent autant certains principes de fonctionnement et d'organisation que l'existence de pratiques spécifiques.

Dans le domaine des principes, on peut par exemple faire référence à une tendance fréquente dans les entreprises, et sans doute renforcée en période de difficultés économiques, d'accorder une importance capitale à la sécurité de leur fonctionnement. En d'autres termes, le risque d'erreur devient inacceptable, ce qui freine la mobilité. Sentant sur eux la pression permanente de la performance, les responsables hiérarchiques cherchent à s'encadrer des collaborateurs les plus sûrs, donc souvent les plus expérimentés et familiers des responsabilités et des missions qui leur sont confiées. Ils seront alors réticents à encourager la mobilité de ces collaborateurs comme à en accueillir de nouveaux, qui présentent des dangers potentiels de moindre performance.

Valoriser l'expertise au sein de l'entreprise, comme but à atteindre par chacun dans son activité, c'est donc aussi, implicitement, dévaloriser la mobilité.

Concernant les pratiques, on peut aisément constater que l'absence de formalisation, qui est souvent considérée comme une lourdeur, voire une perte de temps, peut se révéler dommageable à la mobilité. En effet, une culture orale développée au détriment de l'écrit, conduit à capitaliser les savoir-faire et les expériences collectives d'un service ou d'une unité dans les têtes d'un nombre restreint de collaborateurs. Il arrive même parfois qu'un individu possède à lui seul l'essentiel des données et procédures nécessaires à la réalisation d'une mission ou d'un procédé de production. Outre les risques liés à un accident de la personne, l'absence de traces écrites et de formalisation des procédures ne favorise pas les apprentissages par d'autres et constitue donc un frein à la mobilité.

Le rôle et la position des hiérarchies sont à l'origine de pratiques ordinaires qui limitent en fait la mobilité. En effet, la plupart des freins recensés s'expriment par leur voie. Si l'on admet que les responsables hiérarchiques sont eux-mêmes soumis à des exigences précises de la part de leur propre hiérarchie, on comprend qu'ils ne recherchent pas toujours le développement de la mobilité de leurs collaborateurs. Celle-ci est souvent synonyme de désorganisation, de surcroît de travail

– aussi bien pour eux-mêmes que pour les collaborateurs restant –, et donc de difficultés supplémentaires nuisibles à la performance de l'équipe.

3.2. Les freins dans les politiques de GRH

Ils relèvent d'une conception souvent trop éclatée de la GRH, lorsque chaque champ de la politique sociale de l'entreprise est pensé et développé de façon autonome.

Ainsi, les politiques de recrutement peuvent contenir des éléments contraires aux besoins de mobilité. Nous avons vu en quoi le choix d'une unité de gestion pertinente, dans une grande entreprise, se révélait essentiel. En matière de recrutement, il importe de ne pas s'en tenir à la sélection du meilleur candidat pour un poste donné. Cela suppose de ne retenir que les seules qualités requises pour la tenue du poste, sans se préoccuper de l'avenir. Or, il peut être tout à fait utile de s'interroger sur les caractéristiques des postes vers lesquels il serait possible éventuellement d'évoluer, à terme. Plus la prise en compte du devenir du salarié se fera précocement, c'est-à-dire dès son entrée dans l'entreprise, plus les chances de réduire ce type de freins seront réelles et plus la politique de mobilité pourra être mise en pratique. Et cela suppose que la décision soit prise à un niveau qui permette une vision plus prospective.

En d'autres termes, il est souhaitable, si l'on veut développer la mobilité, que le processus de recrutement tienne compte de la future aire de mobilité possible pour un poste donné.

Il en est de même pour la plupart des pratiques de GRH. En matière de rémunération, par exemple, le développement de l'individualisation des salaires basée sur les performances, qu'elles soient individuelles ou en partie collectives, peut se révéler un obstacle à la mobilité. Le fait de quitter un service risque de se traduire par une perte de rémunération qui ne sera pas immédiatement compensée dans la nouvelle entité. Ne pouvant apprécier le collaborateur arrivant, son responsable n'aura certainement aucune envie de le récompenser. Cela pose la question de l'utilisation pertinente des degrés de liberté des hiérarchies : jusqu'où la liberté de choix et de décision des responsables hiérarchiques ne nuit-elle pas à la mobilité ?

De façon plus générale, les freins qui s'expriment lors de la mise en œuvre des différentes politiques de GRH traduisent en réalité des détournements de ces politiques, dans la mesure où ils renvoient à la question importante du partage du risque entre salariés et entreprise. Si l'on admet en effet que toute mobilité présente un risque pour le salarié, de se tromper ou d'échouer, puis de devoir en supporter les conséquences psychologiques, intellectuelles ou financières, la question se pose aussi du risque potentiel pour l'entreprise.

Une analyse en termes d'enjeux, c'est-à-dire de gains à espérer ou de pertes à déplorer, peut s'avérer utile. Développer la mobilité des salariés suppose qu'ils puissent en retirer des gains, faute de quoi ils se satisferont de leur situation actuelle. Le risque faisant inévitablement partie du jeu, il importe que des gains soient présentés en contrepartie.

© Dunod – La photocopie non autorisée est un délit.

4. Présentation de quelques outils de gestion de la mobilité

4.1. La nécessité de définir une politique de mobilité

Moins que toutes les autres pratiques sociales, en raison des nombreux types de freins que nous venons d'évoquer, les pratiques de mobilité ne peuvent se manifester spontanément : elles supposent qu'une politique ait été préalablement définie. En effet, la mobilité n'est pas une fin en soi, mais un moyen au service d'un objectif à définir, un instrument de gestion permettant de résoudre certaines contraintes. En outre, la mobilité ne saurait être la réponse unique adaptée à tout type de problèmes. Il n'est pas de même nature en effet de chercher à réduire la routine des salariés que d'améliorer la souplesse de fonctionnement, par exemple. Dans le premier cas, une simple rotation des emplois pourrait suffire, alors que dans le second, le développement d'une mobilité professionnelle réelle peut se révéler indispensable.

Une politique de mobilité a donc d'autant plus de chance de donner les résultats escomptés qu'elle s'accompagne d'une réflexion et de choix précis :

- volume de mobilité souhaité,
- catégories professionnelles concernées et répartition du volume de mobilité selon les catégories concernées,
- filières «normales» de développement de carrière,
- fourchettes de temps d'occupation d'une fonction,
- équilibre entre mobilité externe et mobilité interne,
- assurance donnée aux différents acteurs, en particulier aux salariés et aux responsables hiérarchiques.

La qualité d'une politique de gestion de la mobilité ne dépend pas seulement du choix des «bons» outils : elle repose d'abord sur la qualité de la circulation de l'information au sein de l'entreprise. De nombreuses tentatives échouent en raison du manque d'information dont souffrent les salariés, aussi bien que les responsables de la GRH, même si celle-ci est de nature différente. Les premiers ignorent souvent ce qui se passe au sein même de leur entreprise ; ils n'en ont souvent qu'une vision très parcellaire. Les seconds disposent rarement d'une connaissance approfondie des parcours antérieurs des salariés, et donc de leurs compétences précises et des apprentissages réalisés, sans même parler de leurs souhaits. Parmi les outils que nous allons succinctement présenter, nombreux sont ceux qui visent à faciliter la circulation de l'information nécessaire.

4.2. Les principaux outils de la gestion des carrières

La plupart du temps, ces dispositifs sont mis en œuvre au sein de grandes structures qui souhaitent développer des politiques de mobilité au sens large. Ils pourront être aisément évalués en référence à deux critères : leur propension à éliminer les freins évoqués, ainsi que leur capacité à produire des enjeux positifs pour les salariés, en reportant sur l'entreprise une partie du risque de la mobilité.

◆ *Des outils de stimulation de l'initiative individuelle*

Ils visent à développer la motivation des salariés en faveur de la mobilité. Ils s'efforcent surtout de combler leur manque d'information sur les possibilités réelles et objectives de mobilité. Ils ne répondent donc qu'à une partie des difficultés habituelles de la mobilité.

➤ *Les bourses de l'emploi*

Elles informent sur l'ensemble des emplois à pourvoir au sein de l'entreprise. Chacun est ainsi supposé connaître précisément et de façon fiable les opportunités de mobilité. Dans la pratique, on constate que l'information manque souvent de transparence. Ainsi, des postes effectivement disponibles ne sont pas portés à la connaissance de tous, car ils sont en réalité réservés à des individus cooptés. De même, on observe souvent que les informations sont lacunaires ou imprécises, ce qui décourage d'éventuelles candidatures. La mise à jour des offres n'est pas non plus toujours assurée avec une périodicité satisfaisante. Des dispositifs informatiques sont souvent utilisés dans ces domaines, car ils sont supposés faciliter la mise à jour des informations et leur consultation. Toutefois, outre le coût de leur installation et de la maintenance, ils soulèvent la question de leur accessibilité : tous les salariés ne sont pas forcément enclins à utiliser spontanément ce type de matériel. Ils peuvent craindre d'être fichés comme salariés mécontents, dès lors qu'ils consultent des offres.

Mais surtout, ces démarches sont uniquement fondées sur le volontariat. Placés en position de demandeurs, les salariés sont donc les seuls à courir le risque de la mobilité. C'est pourquoi elles suscitent davantage la méfiance que l'adhésion.

➤ *Les cartes des métiers*

Elles permettent d'améliorer la connaissance générale que les salariés peuvent avoir de leur entreprise. L'objectif recherché consiste à élargir les représentations que les salariés se font d'éventuelles opportunités de mobilité afin d'envisager des passerelles possibles à partir des emplois qu'ils occupent. Elles prennent la forme de représentations graphiques sur lesquelles figurent côte à côte, souvent différenciées par couleurs, les aires de mobilité les plus proches.

➤ *Les forums métiers*

Les forums métiers s'inscrivent dans une démarche similaire mais plus concrète dans la mesure où ils permettent aux salariés d'entrer directement en relation avec les personnes exerçant ces métiers. L'objectif consiste à développer l'intérêt des salariés pour ce qui se passe un peu plus loin d'eux dans l'entreprise, et qui pourrait, éventuellement, les intéresser pour une orientation nouvelle.

© Dunod – La photocopie non autorisée est un délit.

➤ ***Les cellules d'orientation***

Ces instances ont pour but d'aider les salariés à élaborer des projets professionnels. Elles sont constituées de personnes généralement rattachées à la DRH, indépendantes des lignes hiérarchiques et garantes du respect de la confidentialité. Les informations obtenues peuvent ensuite être utilisées et examinées dans le cadre d'une négociation entre l'entreprise et le salarié, à l'initiative de ce dernier (voir *infra* section 3, 1.).

◆ ***Des outils à l'initiative de l'organisation.***

Conçus comme des aides à la décision, ils permettent à l'entreprise d'organiser la mobilité.

➤ ***Les revues de personnel ou comités carrière***

Ces instances réunissent différents responsables hiérarchiques au sein d'une même direction, ou d'un département. Elles fonctionnent souvent en assurant l'interface avec les pratiques d'appréciation. Lorsque celles-ci comportent des éléments prospectifs sur l'évolution de carrière, les comités carrières jouent un rôle de régulation en vérifiant s'il y a accord ou désaccord entre le salarié et sa hiérarchie. Ils traitent ainsi toutes les situations particulières et sont amenés à prendre des décisions en cohérence avec les besoins à long terme de l'entreprise. De ce fait, les comités carrières tendent à diminuer l'autonomie hiérarchique.

L'efficacité de ce type de structure repose principalement sur la qualité et la fiabilité des informations disponibles. Cela suppose que les données concernant les salariés soient disponibles et suffisamment précises. Or, dans de nombreuses structures, on se limite souvent à ne traiter le cas que de quelques individus déjà bien repérés.

➤ ***Les cellules de gestion des hauts potentiels***

Similaires, dans leur principe, aux dispositifs précédents, ces instances ne traitent que les cadres considérés comme ayant du «potentiel».

REPÈRES : À propos de l'identification des potentiels

Définir un potentiel, c'est établir un pronostic sur les chances de réussite d'un individu. Si ce pronostic est fait sérieusement, il doit s'efforcer à la précision, c'est-à-dire déterminer le champ de compétences concerné, le niveau hiérarchique ultime auquel on imagine que l'individu pourra accéder et le délai dans lequel il le fera. En outre, élaborer un pronostic, c'est, par définition, accepter le risque de se tromper ; c'est aussi réunir les preuves du bien-fondé du pronostic qui, au fil du temps, va se transformer en diagnostic.

Dans la pratique, les méthodes d'identification des potentiels sont souvent sujettes à caution. On rencontre ainsi beaucoup d'entreprises qui considèrent le seul diplôme comme élément de jugement. Les titulaires des diplômes les plus prestigieux sont ainsi sélectionnés pour occuper les emplois les plus élevés de la hiérarchie. Ils bénéficient de parcours particulièrement choisis qui, tout naturellement, les conduiront avec succès aux postes auxquels on les destinait. Les entreprises pratiquent ainsi des prophéties autoréalisatrices.

Cela explique que les cellules de gestion des hauts potentiels fonctionnent souvent comme des clubs fermés dans lesquels on ne s'occupe que de quelques individus triés sur le volet.

Un mode d'identification plus efficace[1] consisterait à mettre les personnes pressenties en situation afin de juger concrètement de leurs capacités. On pourrait ainsi à la fois donner une chance à certains individus, même s'ils ne sont pas fortement diplômés, et éliminer les diplômés qui ne donnent pas satisfaction.

Quelques entreprises se distinguent des habitudes françaises attachées à la valorisation des diplômes et à leur notoriété. C'est le cas du Crédit Agricole.

Exemples : Les modes de sélection des futurs dirigeants du Crédit Agricole

Le Crédit Agricole a élaboré un dispositif, tout à fait original parmi les grandes entreprises françaises, de repérage et de sélection de ceux qui sont appelés à devenir les futurs cadres dirigeants.

La détection des élites se fait au sein même de l'entreprise et tend à donner les mêmes chances aux cadres autodidactes qu'à ceux qui détiennent des diplômes prestigieux.

Chaque cadre désireux de se porter candidat doit d'abord obtenir l'aval de son directeur qui élabore un dossier le concernant en y mentionnant ses appréciations personnelles. Après une période d'environ un an, au cours de laquelle le candidat va se mettre à niveau et se préparer à entrer dans le dispositif, il aborde la seconde étape : le «galop d'essai», consistant en un bilan professionnel et personnel mené à la fois par un cabinet extérieur et par un jury interne.

À l'issue de cette pré-sélection, un tiers environ des candidats est autorisé à poursuivre. Les deux tiers éliminés peuvent être autorisés à se représenter ultérieurement. Le parcours se poursuit par un séminaire de trois semaines axé sur le «management stratégique» et composé d'études de cas de gestion bancaire, de tests d'aptitude à l'animation d'équipe ou à la prise de décision. Un stage de quatre semaines dans une caisse régionale fait ensuite l'objet d'un rapport, relatant un problème géré par le candidat pendant le stage et soutenu devant un jury.

Le jugement final émane des différents évaluateurs impliqués dans la totalité du parcours et d'une commission de «sages». Il donne lieu à l'établissement d'une «liste d'aptitude» sur laquelle figurent les noms de ceux qui ont réussi l'intégralité du parcours de sélection. Le dispositif fait intervenir à chaque fois une grande variété d'évaluateurs, ce qui garantit une certaine rigueur dans l'évaluation et fonde en grande partie sa légitimité. Cela permet également à ceux qui échouent de ne pas nuire à leur image professionnelle. La liste comprend environ une vingtaine de personnes.

Elle constitue un vivier dans lequel l'entreprise puise pour pourvoir les fonctions de

1. Qui peut être assuré, en effet, que de bonnes performances scolaires attestées par un diplôme puissent garantir en permanence la capacité à exercer les plus hautes responsabilités dans une entreprise ? Voir *supra*, le propos de M. Husson.

© Dunod – La photocopie non autorisée est un délit.

directeurs généraux, d'adjoints de direction générale et de directeurs de département. La structure décentralisée de la banque, fortement implantée dans les régions et pratiquant un recrutement essentiellement local, explique la nécessité de créer une mobilité fonctionnelle et géographique.

➤ *Les démarches d'orientation-évolution*

Dans leur fonctionnement, elles rejoignent les cellules d'orientation puisqu'elles sont destinées à aider les salariés à élaborer des projets professionnels. Mais l'esprit est ici radicalement différent puisqu'il s'agit d'initiatives d'entreprises qui sont prêtes à accepter l'idée que le salarié – même si elles souhaitent absolument le faire évoluer – puisse quitter l'entreprise afin de conduire un projet qui ne trouverait pas sa place chez elles. Les salariés bénéficient ainsi d'entretiens d'orientation, distincts des habituels entretiens d'appréciation. Le succès de ce type de démarche suppose qu'une confiance réelle s'instaure entre salarié et entreprise et que celle-ci ait conduit une réflexion préalable sur les opportunités qu'elle pourrait offrir aux salariés.

➤ *Les cellules de reconversion*

Elles fonctionnent dans le cadre d'entreprises qui sont amenées à reconvertir des groupes de salariés dont les emplois sont menacés. Elles sont souvent mises en place en relation avec les pratiques de gestion de l'emploi (identification d'«emplois sensibles», mesures d'ajustement, voir chapitre 4). Leur rôle essentiel consiste à organiser l'apprentissage et l'acquisition de compétences nouvelles. Elles mettent à la disposition de salariés volontaires divers outils d'aide à la reconversion, soit à l'intérieur, soit à l'extérieur de l'entreprise : bilans professionnels, entretiens individuels, aide à la recherche d'emploi, contacts avec les organismes spécialisés (ANPE, APEC, etc.). Elles fonctionnent en général dans des grandes entreprises soucieuses d'accompagner au mieux des restructurations lourdes[1].

➤ *Les entretiens de démission*

Ils interviennent dans les entreprises qui, touchées par une rotation élevée de leur personnel, de leurs cadres en particulier, souhaitent analyser les raisons qui poussent ces salariés à partir. En situation de pénurie d'emploi, ce type de démarche tend à disparaître du fait de la plus grande stabilité du personnel en place. Il peut sembler utile de recueillir une information auprès de salariés qui parleront librement, puisqu'ils sont démissionnaires. Cependant une rationalisation élaborée *a posteriori* risque de ne pas rendre compte des raisons réelles du départ des salariés.

---

1. Lorsque Renault a fermé son usine de Billancourt, 3 500 salariés ont été soit reclassés dans ou hors de l'entreprise, dans leur métier d'origine ou dans un autre métier. Les Charbonnages de France qui doivent complètement s'arrêter en 2005 reconvertissent également chaque année des dizaines de salariés.

➤ ***Les organigrammes de remplacement***

Ils consistent à imaginer, pour les postes clés de l'organigramme, les personnes susceptibles de remplacer les titulaires en place, dans différentes circonstances et à plus ou moins long terme. On procède de façon successive à partir du haut de l'organigramme, en examinant tous les postes de proche en proche, de façon à favoriser une approche dynamique. Si le poste A peut être tenu par X, actuellement au poste B, qui pourra à son tour remplacer X dans le poste B ? Et ainsi de suite, jusqu'au niveau jugé suffisant.

On s'efforce ainsi de repérer les «remplaçants immédiats» qui pourraient tenir les postes au pied levé, puis ceux qui pourraient être pressentis moyennant une certaine formation. Cela permet de conduire une réflexion prospective pour tenter de prévoir, et de préparer, les évolutions possibles.

Carrière et mobilité se différencient davantage dans leur forme que dans leurs principes : elles ne sont que les différentes facettes de politiques d'adaptation des ressources aux besoins. Les tentatives actuelles de valorisation des «carrières horizontales», fondées sur la mobilité fonctionnelle, qui tendent à s'imposer comme alternative à la carrière traditionnelle, en sont une bonne illustration. Les transformations profondes des conditions d'emploi dans l'entreprise dessinent les contours de nouvelles pratiques que nous allons aborder maintenant.

Section 2

LA CARRIÈRE : NOTION D'AVENIR OU DU PASSÉ ?

1. La carrière : une notion à l'épreuve

Si les grandes entreprises traditionnelles «pourvoyeuses de carrière» multiplient les réductions d'effectifs, cela suggère qu'un nombre croissant de salariés n'est plus concerné par cette notion de carrière ; non seulement les salariés licenciés, mais aussi ceux qui restent en place. Soumis à un mouvement parallèle de diminution du nombre de niveaux hiérarchiques – organigrammes plats, structures projets et autres changements organisationnels équivalents – les salariés voient les possibilités de carrière, au sens traditionnel, se réduire sensiblement pour laisser place à la mobilité horizontale.

Peut-on encore faire carrière ? S'interrogeant ainsi, J.F. Chanlat rappelait que «l'idée de gestion des carrières suppose une stabilité de l'emploi, une bonne rémunération, un avenir professionnel relativement tracé et prévisible, une formation adéquate et une éthique du travail»[1]. Or, selon lui, ces conditions ne sont plus réunies : le marché du travail crée de moins en moins d'emplois stables et bien rémunérés, les entreprises développent des préoccupations essentiellement finan-

1. Chanlat J.F., «Peut-on encore «faire carrière»» ?, *Gestion*, septembre 1992.

© Dunod – La photocopie non autorisée est un délit.

cières et l'horizon professionnel est de plus en plus court. Ces modifications importantes concernent aussi bien de nouvelles caractéristiques du fonctionnement du marché du travail dans les pays industrialisés que les modes de gestion des entreprises visant d'autres objectifs, en particulier, financiers. Elles contribuent à transformer sensiblement les marges de manœuvre des entreprises.

Ces nouvelles pratiques contribuent à transformer les attentes des salariés vis-à-vis de la carrière. Alors que l'acceptation de certaines mutations, telles que l'expatriation par exemple, garantissait naguère l'accès à des positions de plus en plus élevées dans la structure, les opportunités offertes aujourd'hui ressemblent davantage à des obligations, sans assurance aucune en retour.

Schématiquement, il est possible de différencier deux périodes récentes dans les conceptions des entreprises en matière de management, qui ont fortement influencé les pratiques de gestion de carrières :

- les années 1980, avec l'émergence et le développement de l'entreprise comme valeur de premier plan ;
- le déclin du «mythe de l'entreprise», à partir des années 1990 avec une nouvelle phase de ralentissement de la croissance économique mondiale, puis l'actuelle crise de l'emploi.

La première période se caractérise par une tendance lourde à faire de l'entreprise moderne le modèle pour la société entière. Une très forte valorisation était faite, jusqu'aux sommets de l'État, de l'esprit d'entreprise et donnait lieu à l'exhortation de changer de mentalités pour détruire les préjugés à l'encontre de l'entreprise. Celle-ci devait être réhabilitée et la plupart de ses actes étaient présentés comme les exemples à suivre.

Dans un ouvrage récent, J.P. Le Goff[1] décrit les nombreuses pratiques mises en œuvre à l'intention des cadres par la plupart des grandes entreprises dans les années 1980, pour développer leur motivation et leur implication dans l'entreprise. L'auteur dénonce les «mythes de l'idéologie managériale», qui utilise tous les moyens possibles (méthodes de développement personnel, stages «hors limites», entreprises «intégrées») pour «inciter les salariés à se mobiliser pour la compétitivité des entreprises, à intérioriser les contraintes et la rigueur de la gestion».

Les cadres, principales cibles de ces pratiques managériales, en retiraient des avantages en termes d'évolution de carrière et de rémunération, malgré le prix «idéologique» à payer. Plusieurs auteurs ont analysé les méthodes utilisées pour les motiver et qui en réalité les «condamnaient à réussir»[2].

La seconde période est marquée par un «désenchantement» certain de ces mêmes cadres qui, comme beaucoup d'autres salariés, connaissent désormais le chômage, après s'être impliqués et avoir cru aux vertus de cette idéologie. Certains cadres, en particulier les plus jeunes, hésitent à consentir des efforts et des sacrifices importants lorsque les perspectives professionnelles sont de moins en moins assurées.

---

1. Le Goff, J.P., *Le mythe de l'entreprise*, Paris, PUF, 1992.
2. Voir par exemple Gaulejac V. (de), «Condamnés à réussir», *Sociologie du Travail,* n° 4/82.

Le discours centré sur le salarié-acteur a donc pris la relève de pratiques managériales envahissantes. Puisque l'entreprise n'est plus en mesure de garantir la carrière, au nom de laquelle elle exigeait une adhésion totale, le salarié est renvoyé à sa propre responsabilité. Sommé de se prendre en charge, de définir lui-même son propre projet sur la base d'une auto-évaluation de ses possibilités, le salarié doit se comporter comme un acteur autonome et responsable.

Fortement critiquées en période de plein emploi pour des raisons déontologiques, les pratiques qui visent à assujettir le salarié à son entreprise peuvent être dénoncées aujourd'hui comme l'expression d'un inacceptable chantage à l'emploi. Le but recherché naguère, à savoir la réussite, n'existe même plus. Le salarié est condamné à se plier à toutes les exigences de l'entreprise, sans n'être plus assuré de rien.

2. La ligne brisée des trajectoires professionnelles

La continuité en matière d'activité professionnelle, à plus forte raison au sein d'une même entreprise, tend à devenir exceptionnelle. Pour la plupart des salariés du secteur privé en particulier, les parcours «en dents de scie» deviennent monnaie courante. Les évolutions du marché du travail et de l'emploi en France et en Europe laissent penser que cette tendance est actuellement en train de se renforcer.

REPÈRES : Le contrat d'activité

Dans *Le travail dans vingt ans*, la Commission Boissonnat[1] propose de réfléchir aux caractéristiques d'un «contrat d'activité». Celui-ci serait la forme institutionnalisée de pratiques déjà existantes sur le terrain, à l'initiative d'acteurs locaux. Ce contrat s'inscrit dans une transformation de la relation d'emploi et une reconstruction du droit du travail. Il répond à deux objectifs principaux :

– prendre en compte les attentes des salariés concernés par les mutations actuelles du travail ;
– donner au système productif les capacités d'adaptation dont il a besoin.

Il est conçu comme le moyen de réarticuler de façon acceptable, sinon satisfaisante pour tous, les besoins nouveaux des entreprises et les attentes légitimes des individus en termes de sécurité en particulier.

Il aura des conséquences en termes de mobilité, puisqu'il est supposé avoir plusieurs objets à la fois : l'emploi, la formation, l'activité indépendante et même l'activité associative. Dans une enveloppe globale de cinq ans au minimum se succéderaient des sous-contrats de travail, de formation, d'activité indépendante et de participation à diverses activités sociales ou sociétales. Il serait signé entre les actifs ou leurs représentants, d'une part, et un «collectif de responsables économiques et sociaux» constitué en groupement d'entreprises, d'autre part.

1. Boissonnat J. (Rapport de la commission présidée par), *Le travail dans vingt ans*, Paris, Odile Jacob/La Documentation Française, 1995.

© Dunod – La photocopie non autorisée est un délit.

La norme en matière d'activité professionnelle et de carrière est en profonde mutation. Depuis le recrutement, qui s'effectue de moins en moins sous la forme de contrats à durée indéterminée[1], les parcours professionnels prennent l'allure de lignes brisées, faisant se succéder des périodes de nature différente – emploi précaire, emploi stable, chômage, formation ou stage, alternativement – sur des durées variables.

Les pistes de réflexion explorées aujourd'hui s'appuient donc sur des réalités déjà partiellement existantes et extrapolées à tout type d'activité. En cela, elles préfigurent peut-être déjà les pratiques des années futures.

Section 3 DE NOUVELLES PERSPECTIVES POUR LA NOTION DE CARRIERE : ENTRE RESPONSABILITÉ ORGANISATIONNELLE ET RESPONSABILITÉ PERSONNELLE

Le débat sur la carrière apparaît fortement clivé : l'organisation, qui naguère offrait des possibilités de carrière, est aujourd'hui légitimée à y renoncer, et l'individu «consommateur» de ces parcours ascendants est invité à se prendre en charge lui-même. Entre responsabilité de l'entreprise et responsabilité du salarié, le choix n'est peut-être pas aussi exclusif. Des réflexions se développent, de nouvelles idées encore insuffisamment conceptualisées émergent qui permettent de donner une vision plus nuancée des réalités actuelles.

1. Les pratiques d'orientation : une tentative de conciliation des intérêts de l'entreprise et des individus

1.1. Quelques éclairages sur l'origine d'un concept

L'orientation scolaire et professionnelle est apparue à la fin du XIXe siècle avec le développement de certaines sciences humaines, en particulier de la psychologie. Un rapide retour à l'histoire permet de mieux comprendre certaines de ses caractéristiques actuelles.

De façon générale, on peut dire que la forme prise en France par l'orientation professionnelle est déterminée par quatre séries de facteurs[2].

---

1. Voir le chapitre sur le recrutement.
2. Ces lignes s'appuient sur un article de Huteau M., Lautrey J., «Les origines et la naissance du mouvement d'orientation», *L'orientation scolaire et professionnelle*, 1979, 8, n°1, pp. 3-43, et l'ouvrage de Reuchlin M., *L'orientation scolaire et professionnelle*, Paris, PUF, Que sais-je, n° 121, 3e éd., 1978.

➤ *Des facteurs économiques et sociaux*

Ils sont liés à l'essor du capitalisme libéral au début du XXe siècle. L'extrême division du travail s'accompagne alors d'un besoin de sélection des travailleurs, et l'orientation doit contribuer à leur affectation. Elle doit permettre aussi de résoudre le problème de l'apprentissage qui, faute d'avoir été organisé, ne parvient pas à satisfaire les attentes des industries en matière de main-d'œuvre qualifiée. Celle-ci faisant cruellement défaut, l'orientation professionnelle est vue comme un facteur de renaissance de l'apprentissage.

➤ *Des facteurs scolaires*

Ils sont caractérisés par la juxtaposition de deux réseaux relativement cloisonnés : d'un côté l'enseignement primaire, gratuit, fréquenté par les classes populaires ; de l'autre, l'enseignement secondaire, payant, et réservé aux enfants de la bourgeoisie, préparés aux plus hautes positions sociales. Aucun de ces réseaux ne prend véritablement en charge la formation des futurs employés de l'industrie et du commerce. Les quelques tentatives dans ce sens se sont heurtées à la désaffection généralisée pour l'enseignement manuel et professionnel. À partir de 1919, l'orientation professionnelle constitue la procédure de recrutement rationnel des élèves pour l'enseignement technique nouvellement créé. En 1938, elle sera rendue obligatoire pour tous les adolescents de moins de 17 ans qui veulent être employés dans l'industrie ou le commerce.

➤ *Des facteurs scientifiques*

Ils sont le fait de la psychologie qui s'intéresse à la variabilité individuelle. Au départ fondée sur la détermination des aptitudes grâce à des méthodes scientifiquement éprouvées, l'orientation professionnelle est développée par certains de ces scientifiques dans un esprit positiviste, avec l'ambition de rationaliser et réformer la société : disposer des bases et outils scientifiques permettant de mesurer les aptitudes individuelles, n'est-ce pas le moyen de lutter contre le scandale des privilèges liés à la naissance ou aux traditions ?

En revanche, pour les praticiens empiriques, issus de l'enseignement professionnel ou du monde de la production, l'orientation est considérée comme le moyen d'éviter les gaspillages dans la formation professionnelle en formant des ouvriers qualifiés.

➤ *Des facteurs idéologiques*

Ils tiennent à la croyance que les problèmes et les conflits sociaux peuvent être résolus à l'aide de données et de méthodes scientifiques. Grâce à la détermination des aptitudes individuelles, chacun pourra s'orienter vers une occupation adaptée à ses affinités et ses aptitudes. Les ouvriers s'en trouveront satisfaits et les patrons tireront plus grand profit d'ouvriers plus aptes à leur travail.

© Dunod – La photocopie non autorisée est un délit.

Au départ, scientifiques et praticiens ne partagent pas la même conception de l'orientation. Si les patrons ont tendance à l'assimiler à un processus de sélection, les scientifiques jugent utile de rappeler que l'orientation professionnelle est «une tâche positive, plus complexe et plus longue que la sélection. [Elle consiste à] dire l'ensemble des métiers que pourrait faire un individu.»(Piéron, cité par M. Huteau). Cependant, il convient de remarquer, alors que précisément très peu l'affirment, que l'orientation scolaire et professionnelle s'adresse seulement aux enfants sortis de l'école primaire et se destinant aux métiers manuels. Déjà implicite au moment de son émergence, l'idée d'une orientation réservée à ceux qui sont considérés comme ayant échoué dès lors qu'ils ne poursuivent pas dans la voie de l'enseignement général n'a guère évolué au fil du temps. L'orientation est encore souvent considérée aujourd'hui, tout comme l'apprentissage, comme une pratique socialement marquée.

Au fil du temps et du développement économique, l'orientation scolaire est devenue un service public, visant à donner aux élèves et à leurs familles les informations nécessaires pour les orienter dans des filières conduisant aux emplois.

1.2. L'orientation en entreprise

Cette notion d'orientation, assez fortement connotée comme destinée à aider les élèves en échec scolaire[1], n'a été introduite dans l'entreprise qu'assez tardivement, avec l'apparition des premières grandes opérations de reconversion de la main-d'œuvre, peu ou pas qualifiée, de l'industrie. Ce faisant, elle continuait de faire rimer orientation avec échec, au mieux avec difficulté.

Explorant les raisons qui poussent les entreprises à entreprendre ce qu'elle désigne comme une démarche, S. Michel[2] les a classées en trois groupes : les traumatisées, les classiques et les modernes.

Les *traumatisées* regroupent des entreprises, *a priori* peu portées à l'innovation sociale, et qui ont connu de graves restructurations ayant donné lieu à des plans sociaux successifs. Pour éviter de nouveaux traumatismes, elles ont mis en place des dispositifs variés : création d'emplois de conseillers en orientation, hors hiérarchie, souvent liés aux services de formation ; organisation de bilans de groupe réguliers ; intégration, avant toute formation longue, de «modules d'orientation».

Les *classiques* désignent de grandes entreprises, publiques ou privées, caractérisées par une tradition de pratiques sociales avancées. Confrontées aux incertitudes de l'avenir et à des sur-effectifs structurels, elles veulent éviter le plus possible de recourir aux plans sociaux. Les tentatives d'orientation restent encore assez

1. On peut d'ailleurs s'interroger sur le paradoxe qui consiste à demander à des élèves en situation, sinon d'échec, du moins en difficulté, de devoir faire un effort non évident pour élaborer un projet, alors que ce type de démarche n'est pas demandée aux bons élèves pour lesquels l'avenir est déjà tracé...
2. Michel S., «Le bilan de l'orientation en entreprise», *Education Permanente*, n° 108, 1991.

timides et isolent ceux qui y ont recours, à savoir les employés et la maîtrise qui se savent bloqués en termes de carrière.

La catégorie des *modernes* est plus hétérogène : entreprises de tailles différentes, souvent «en pointe» sur le plan social, elles partagent la responsabilité de l'orientation entre DRH et hiérarchies, ces dernières jouant un rôle important.

Les deux dernières catégories recensées donnent de l'orientation une vision plus positive et définie par S. Michel comme une «démarche de l'entreprise qui s'adresse à tous les salariés qui le souhaitent, pour les aider à élaborer eux-mêmes, un projet professionnel négociable».

Fondée sur le volontariat, la démarche est proposée à tous les salariés et non pas seulement à ceux que l'entreprise souhaiterait, soit voir partir, soit absolument retenir. L'aide proposée est essentiellement de nature méthodologique, pour favoriser une élaboration autonome du projet. Celui-ci devra ensuite être discuté pour être, totalement ou partiellement, immédiatement ou ultérieurement, mis en œuvre dans l'entreprise.

Ainsi reconsidérée, la notion d'orientation est étroitement liée à celle de projet. Elle s'inscrit ainsi dans un discours qui se développe depuis déjà quelques années et qui présente le management comme l'art de mettre en adéquation la multitude et la variété des projets individuels avec la conduite du projet de l'entreprise.

Malgré leur réel intérêt et les résultats qu'elles ont pu apporter, à la fois aux entreprises et aux salariés, les démarches d'orientation restent encore assez peu développées. Parmi les freins à leur développement, il faut sans aucun doute évoquer le paradoxe qui est au fondement même du concept. Parler d'orientation, ce n'est pas seulement s'adresser à un travailleur, mais à une personne dans son entier c'est-à-dire responsable, impliquée et capable de négocier. Mais l'entreprise n'y est pas forcément prête, car à terme, elle risque de voir son autorité remise en cause et son fonctionnement menacé : là où le devenir du salarié était décidé par l'entreprise, l'orientation lui donne les moyens de discuter, voire de contredire et refuser cette décision.

Il faut également noter que ces démarches d'orientation supposent implicitement que l'entreprise accepte à la fois de regarder vers l'avenir, de reconnaître que cet avenir est incertain, et enfin de communiquer à tous sur cette réalité, ce qui est loin d'être une pratique généralisée. Même si l'idée de rendre l'individu acteur de son propre devenir peut constituer un progrès pour certains, les conditions nécessaires à sa mise en œuvre sont loin d'être réunies.

2. De la compétence au bilan de compétences

2.1. Gestion des compétences et mobilité : le développement de la validation des acquis

Les démarches d'orientation s'appuient largement sur la notion de compétence. D'une certaine manière, le recours à cette notion peut être compris par certains, en

© Dunod – La photocopie non autorisée est un délit.

particulier par les non-diplômés, comme une sorte de «seconde chance» d'être réellement considérés pour ce qu'ils font et ce qu'ils savent faire, parce qu'ils l'ont prouvé, et non plus seulement par les titres qu'ils possèdent ou plutôt qu'ils ne possèdent pas.

L'idée de s'appuyer sur d'autres éléments que les diplômes pour évaluer les individus renvoie à la question de la reconnaissance et de la validation des acquis, c'est-à-dire à la prise en compte de l'expérience professionnelle, voire de pratiques individuelles extra-professionnelles, comme source de compétences. Nées aux États-Unis après la Seconde Guerre mondiale, les pratiques de reconnaissance et de validation des acquis se sont développées en France dans le champ de la formation, à partir de 1971. Depuis le milieu des années 1980, la démarche s'est étendue à toute l'entreprise. Ces pratiques soulèvent des enjeux de nature différente : la transformation des grilles de classification, la requalification des populations ouvrières et le développement de la mobilité professionnelle, en particulier.

Les démarches de reconnaissance et de validation des acquis pourraient se révéler utiles pour déterminer les évolutions professionnelles. En pratique, elle restent peu utilisées par les entreprises et concernent presque toujours le salarié privé de diplômes. Ces derniers constituent encore largement pour l'employeur la garantie que l'individu peut, ou pourrait faire, certaines choses.

2.2. Le bilan de compétences et ses usages

S'inscrivant dans une démarche voisine de celle de l'orientation, les pratiques de bilan se sont développées essentiellement au tournant des années 1980, dans le contexte de chômage et de crise de l'emploi. Elles visaient au départ des populations particulièrement touchées par les mouvements de restructuration des entreprises et plus généralement, de transformation de l'appareil de production industriel. Ainsi, les travailleurs peu ou pas qualifiés, engagés dans des démarches de reconversion relativement lourdes, et les jeunes sortis de l'appareil scolaire sans diplôme, ont constitué les premières populations bénéficiaires des démarches de bilan professionnel.

L'idée générale consistait, à la suite de démarches plus anciennes conduites en Amérique du Nord, à concevoir les compétences de l'individu de façon très générale. La vie sociale, la vie personnelle et relationnelle sont considérées comme autant d'occasions d'acquérir, de mettre en œuvre et de développer des compétences spécifiques qui, même si elles ne sont pas exercées dans le cadre d'une activité professionnelle, constituent néanmoins des qualifications réelles et des atouts à valoriser dans le cadre d'une recherche d'emploi.

L'intervention du législateur a contribué à officialiser une terminologie et à formaliser des pratiques variées.

REPÈRES : Le bilan de compétences

C'est la loi du 31.12.1991 sur la formation professionnelle qui a donné naissance au bilan de compétences. Chaque salarié peut désormais bénéficier d'un congé pour analyser ses compétences professionnelles et personnelles afin de définir un projet professionnel et, le cas échéant, un projet de formation.

L'employeur peut différer le congé du salarié mais ne peut le refuser. Le bilan doit être réalisé par un organisme habilité, et comporter trois phases :
- une phase préliminaire, pour préciser la nature des besoins et informer le bénéficiaire des conditions de déroulement du bilan ;
- une phase d'investigation, permettant d'analyser les motivations et intérêts personnels et professionnels, d'identifier les compétences et aptitudes du salarié et de déterminer ses possibilités d'évolution ;
- une phase de conclusion, sous la forme d'entretiens personnalisés, destinés à faire connaître les résultats des investigations, à recenser les facteurs susceptibles de favoriser ou non la réalité du projet et à prévoir les étapes de sa mise en œuvre.

Les conclusions détaillées du bilan sont la propriété exclusive du salarié.

Le financement du bilan est assuré par les organismes gérant le congé individuel de formation (CIF).

Le bilan de compétences est ainsi reconnu par la loi comme une démarche personnelle. Ce n'est ni un acte d'expert, ni un outil à la disposition des entreprises. On peut donc s'interroger sur ses résultats effectifs, environ quatre ans après sa mise en application. Certaines études relatives au nombre de bilans effectués indiquent que moins de 10 000 bilans ont été réalisés en 1994, pour environ 15 millions de salariés actifs[1].

L'échec relatif du bilan, qui n'a pas répondu à l'espoir fondé par l'État et les partenaires sociaux, tient à plusieurs causes. La lourdeur et le prix élevé des prestations des organismes habilités ne sont pas les seules explications. Il faut également tenir compte de la réticence des salariés à se dévoiler comme porteurs de projets et donc de dynamique de changements en période de réductions d'effectifs. Ils peuvent légitimement penser en effet qu'une démarche de bilan les exposerait en première ligne comme candidats au départ de l'entreprise. Une analyse qui prendrait en compte la réalité des menaces pesant sur l'emploi serait particulièrement éclairante[2].

Par ailleurs, il est peu probable que l'entreprise qui souhaiterait développer des démarches de type orientation s'oriente vers la généralisation de bilans de compétences dont elle n'aurait pas les résultats de façon systématique. Cela explique que

1. 10 000 bilans supplémentaires ont été réalisés par l'ANPE et l'APEC pour des personnes en recherche d'emploi, d'après Joras M., *Le bilan de compétences*, Paris, PUF, Que sais-je, 1995.
2. Voir Michel S., *Sens et contresens du bilan de compétences*, Paris, Les Éditions d'Organisation, 1993. Pour d'autres détails relatifs aux bilans de compétences, on pourra se reporter aussi à Lévy-Leboyer C., *Le bilan de compétences*, Paris, Les Éditions d'Organisation, 1993.

© Dunod – La photocopie non autorisée est un délit.

certaines entreprises préfèrent parfois mener leurs propres investigations avec des bilans bien à elles dont elles possèdent les résultats.

Tout compte fait, on peut s'interroger sur le bien-fondé de la loi. Celle-ci a cherché à protéger l'individu du risque professionnel et psychologique qu'il y a à accepter de se faire évaluer, en instituant des garanties à la fois techniques – méthodes fiables et personnels compétents – et de secret. Mais, comme le font remarquer certains spécialistes, «d'une part, il est difficile de définir ces garanties techniques dans l'absolu et, d'autre part, des frustrations peuvent apparaître si les capacités authentifiées par un expert ne se traduisent pas dans l'entreprise»[1].

Ces outils, malgré leurs limites, constituent néanmoins des possibilités offertes, autant aux salariés qu'aux entreprises, d'engager un dialogue véritable sur les conditions d'évolution de l'entreprise et du salarié dans l'entreprise.

3. L'employabilité : nouvelle responsabilité de la GRH ?

Aujourd'hui de nombreux discours abandonnent l'idée de carrière, jugée obsolète, et font référence à l'employabilité. Parée de nombreuses vertus, il convient de faire le point sur la définition et la pertinence de ce concept.

3.1. Employabilité et chômage

Utilisée depuis plusieurs décennies par les économistes, l'employabilité désigne la capacité d'un chômeur à retrouver un emploi. R. Ledrut la définit comme «l'espérance objective ou la probabilité plus ou moins élevée que peut avoir une personne à la recherche d'un emploi d'en trouver un»[1]. Le plus souvent, l'employabilité est mesurée en fonction de l'ancienneté moyenne du chômage par catégories de salariés.

Ce concept a été utilisé en partie pour différencier les catégories de salariés en fonction de leur vulnérabilité par rapport au chômage. Ces analyses ont contribué à asseoir certaines politiques d'emploi. Aujourd'hui, le retour véritable à l'emploi durable apparaissant comme un horizon de plus en plus incertain, l'accent n'est plus tant mis sur les déterminants collectifs du chômage que sur le rôle des chômeurs eux-mêmes, renvoyés à des démarches d'amélioration et de dynamisation personnelles. Ainsi, le durcissement de la pénurie d'emplois produisant un allongement des durées de chômage, les discours tendent à responsabiliser l'individu en vue de l'amélioration de sa propre employabilité.

Mais l'employabilité n'est pas un simple attribut de la personne. Elle est aussi une construction opérée par les employeurs. Selon les modes de gestion de la

1. Aubret J., Gilbert P., *Reconnaissance et validation des acquis,* Paris, PUF, Que sais-je, 1994.
2. Ledrut M., *Sociologie du chômage*, Paris, PUF, 1966.

main-d'œuvre élaborés par une entreprise, ses salariés peuvent contribuer à développer ou non leur employabilité[1].

L'utilisation récente du concept d'employabilité en GRH peut donc se comprendre à la lumière de son évolution dans le champ de l'économie. Il est introduit aujourd'hui en GRH comme élément que l'ensemble des salariés doivent prendre en compte, comme si l'entreprise cherchait à officialiser le caractère provisoire des emplois qu'elle offre.

3.2. La notion d'employabilité en GRH

Le recours à la notion d'employabilité permet de légitimer les discours ambiants sur le thème du salarié-acteur, en renvoyant à l'importance des qualités personnelles dans la capacité à obtenir un emploi.

Certains cherchent à valoriser le concept d'employabilité en la définissant comme la «capacité d'un individu à se maintenir en état de trouver un autre emploi que le sien, dans ou hors de son métier actuel»[2]. L'employabilité est donc constituée d'un bagage d'expériences, de volonté d'anticipation et d'autonomie. Elle se construit dans la durée sur quatre facteurs principaux :

– des savoirs faire validés et exercés,
– l'apprentissage du changement,
– la capacité à identifier et anticiper un projet professionnel,
– un niveau de rémunération et d'avantages sociaux acceptable.

Cette approche tente de réconcilier à la fois la dimension macroéconomique, retenue par les économistes, et des aspects plus individuels. Il s'agit là de mettre en perspective la responsabilité individuelle et la responsabilité de l'entreprise dans la constitution et le développement de l'employabilité. Loin d'opposer l'acteur et son environnement, il s'agit d'encourager une démarche conjointe des salariés et de l'entreprise, dans le but précis de maintenir, et si possible de développer, l'employabilité des salariés.

Parmi les «facteurs d'inemployabilité» existant dans les entreprises, on trouve des éléments qui renvoient aussi bien à la responsabilité de l'entreprise (insuffisance de la formation continue, obsolescence rapide des compétences, absence ou refus de mobilité professionnelle) qu'à celle des salariés (culture du non-changement, incompréhension de la gestion anticipée). La mobilité est considérée comme l'un des points clés dans la construction de l'employabilité. L'entreprise doit donc s'efforcer de développer la mobilité, non pas sur «le stress à partir de la peur de perdre son emploi», mais en la valorisant concrètement à travers l'ensemble de ses politiques sociales, rémunération et promotion en particulier.

---

1. D'après Gazier B., «L'employabilité, brève radiographie d'un concept en mutation», *Sociologie du Travail,* n° 4/90. Pour des analyses complémentaires, on pourra se reporter à l'ensemble du numéro de cette revue.
2. Thierry D., «Employabilité en GRH», *Actes du 6e Congrès de l'AGRH,* Poitiers, novembre 1995.

© Dunod – La photocopie non autorisée est un délit.

Cette approche suppose simultanément :

– que l'individu prenne conscience des conséquences que ses choix personnels peuvent avoir sur son employabilité ;
– que l'entreprise reconnaisse également sa part de responsabilité à travers un ensemble de pratiques qui peuvent, soit aider, soit au contraire contribuer à réduire l'employabilité de ses salariés.

Les partenaires sociaux et l'État sont également concernés par l'employabilité. Les premiers sont invités à modifier leur attitude de maintien des avantages acquis et à développer une vision nouvelle de la carrière professionnelle, en défendant des systèmes de reconnaissance fondés sur les compétences effectivement exercées et non plus sur l'ancienneté ou la pénibilité du travail.

L'État, qui agit par le biais de l'homologation des titres et diplômes nationaux, peut développer de nouvelles formes de certification susceptibles de favoriser la mobilité des travailleurs et de développer leur employabilité. La loi du 20 juillet 1992, par exemple, permet à toute personne ayant exercé pendant cinq ans une activité professionnelle de valider ses acquis professionnels pour obtenir un diplôme de l'enseignement supérieur. Depuis peu, l'Éducation nationale doit partager avec d'autres – Commission technique d'homologation ou Commissions nationales pour l'emploi des branches professionnelles – le droit de reconnaître la valeur d'une personne. Un salarié pourra désormais être reconnu, du moins dans les textes, en fonction des qualifications qu'il aura acquises en entreprise. Sans doute faut-il voir dans la date d'apparition de cette loi le signe d'une évolution qui tend à faire de la mobilité professionnelle généralisée une norme nouvelle.

Le fait d'avoir recours aujourd'hui au concept d'employabilité marque l'évolution des entreprises vers des pratiques de prévention. L'employabilité s'inscrit en effet dans un processus qui vise à encourager les salariés à se préparer à faire face à d'éventuelles transformations en matière d'emploi. Il s'agit bien de veiller à ce que les compétences individuelles restent utilisables et recherchées dans un avenir proche mais, par définition, inconnu. En cela, l'employabilité s'oppose à la carrière.

*

* *

Carrière et mobilité sont des notions en pleine évolution qui dessinent des pratiques fortement différenciées depuis les modèles traditionnels. Les trajectoires les plus courantes prennent de plus en plus souvent l'allure de lignes brisées discontinues, qui tendent à constituer une norme.

S'il semble être acquis que les modèles traditionnels sont bel et bien révolus, les pratiques émergentes accordent toutes une place de choix à l'individu dans la construction de son propre devenir, au sein, mais aussi de plus en plus hors de l'entreprise, voire vers d'autres formes d'activité. Mais elles butent sur des conceptualisations souvent inachevées et sur des dispositifs légaux qui, lorsqu'ils existent, sont encore peu satisfaisants.

L'essentiel

Types de mobilité et principaux outils de gestion

- On distingue **trois types de mobilité** :
  - la mobilité verticale, ou carrière (ou promotion)
  - la mobilité horizontale, ou professionnelle (ou fonctionnelle)
  - la mobilité d'environnement (dont géographique).
- La **gestion des carrières** s'est instaurée dans les entreprises parce qu'elle correspondait à un besoin particulier de celles-ci à un moment donné. Elle constitue un mode de régulation des **marchés** du travail **internes**, et repose sur la notion de **contrat implicite**.
- De nombreux outils ont été développés pour favoriser cette gestion. On peut les classer en deux catégories :
  - ceux qui visent à développer les **initiatives individuelles** (bourses de l'emploi, forums métiers, etc.) ;
  - ceux qui reposent sur des **démarches volontaristes** de la part des entreprises (comités carrières, cellules de reconversion, organigrammes de remplacement, etc.)

Les déterminants des trajectoires professionnelles

- De façon générale, on peut dire que les trajectoires professionnelles repérées dans les entreprises correspondent à trois modèles distincts :
  - le **modèle administratif,** caractéristique des grandes entreprises, relevant d'une gestion par grades des aptitudes individuelles ;
  - le **modèle baronnique**, permettant de pourvoir rapidement les emplois qui se libèrent et accordant une place de choix aux responsables opérationnels ;
  - le **modèle technocratique**, fondé sur le respect de procédures favorisant l'optimisation des potentiels par une mise en situation dans des contextes d'action différents.
- Chacun de ces modèles se rapproche de **modèles sociétaux** : les pays anglo-saxons adoptent plus largement le modèle technocratique alors que les pays latins, tels que la France, fonctionnent sur le modèle baronnique ou administratif.

Les interrogations actuelles sur la carrière

- Aujourd'hui, les conditions de fonctionnement du marché de l'emploi et le développement de la flexibilité dessinent des trajectoires professionnelles de plus en plus **discontinues.** La notion de carrière évolue et tend à devenir une **responsabilité partagée** entre l'entreprise et le salarié.
- Diverses démarches sont développées par certaines entreprises dans ce sens :
  - l'**orientation** vise à aider les salariés volontaires à élaborer un projet professionnel ;
  - la loi sur **le bilan de compétences** offre aux salariés les moyens d'entreprendre une réflexion approfondie sur leur parcours professionnel afin d'envisager des projets de formation ou d'évolution professionnelle.
- Dans un domaine caractérisé par de nombreuses remises en cause et réflexions, la notion d'**employabilité** apparait comme une approche permettant, tant aux entreprises qu'aux salariés, de réfléchir aux moyens susceptibles d'améliorer la propension des individus à trouver une place dans l'entreprise. L'employabilité peut être aisément accrue par la mobilité, mais elle s'oppose à la carrière dans la mesure où elle s'inscrit dans un futur totalement inconnu.

© Dunod – La photocopie non autorisée est un délit.

9 LA FORMATION PROFESSIONNELLE CONTINUE

La formation professionnelle continue semble particulièrement bien implantée dans les entreprises françaises : en 1993, ce ne sont pas moins de 129 milliards de francs qui ont été dépensés en son nom. Ces chiffres n'ont cessé de progresser depuis 1971, année de promulgation de la loi qui a donné à la formation continue son véritable cadre juridique.

Pourtant, les chiffres de 1994[1] font apparaître une stagnation de l'implication des entreprises puisque l'effort de formation a représenté, comme en 1993, 3,3 % de leur masse salariale[2], après que l'on a pu noter un fort ralentissement de la croissance des dépenses depuis 1990, c'est-à-dire depuis une nouvelle dégradation de la situation économique.

Le problème est de savoir de quoi cette stagnation témoigne. Un tel indicateur quantitatif est-il en quoi que ce soit représentatif de l'activité de formation et de sa qualité ? Y a-t-il actuellement une crise de la formation professionnelle continue ? Ou au contraire un progrès au sens où les entreprises dépenseraient moins parce qu'utilisant mieux leur argent ? Quels renouvellements ou mutations dans les finalités et méthodes de formation alimentent cette évolution quantitative ?

Parce que la formation continue est une pratique particulièrement vaste et riche, ces questions n'auront pas de réponse unique : on cherchera cependant ici à mieux connaître ce domaine en donnant un certain nombre d'éléments fondamentaux permettant d'éclairer ces interrogations.

Section 1 ■ Une pratique en tensions
Section 2 ■ La formation : seulement une pratique de gestion ?

1. Voir *Le Monde Initiatives*, 16 avril 1996, p. 3.
2. CEREQ, *Bref*, n° 105, janvier 1995.

Tout d'abord, il convient de s'entendre sur ce dont on parle ici. Si l'on reprend les termes de la loi du 16 juillet 1971, «La formation professionnelle permanente constitue une obligation nationale. Elle comporte une formation initiale et des formations ultérieures destinées aux adultes et aux jeunes déjà engagés dans la vie active ou qui s'y engagent. Ces formations constituent la formation professionnelle continue.»[1]

Cela signifie que la formation professionnelle continue (FPC) n'est pas, contrairement à ce que l'on croit souvent, destinée aux seuls salariés des entreprises et financée par les seules entreprises : en bénéficient aussi les demandeurs d'emploi et les jeunes en quête d'insertion professionnelle dès lors qu'ils sont sortis du système scolaire. D'ailleurs, en 1992, seuls 57 % des sommes allouées aux dépenses effectives de formation ont été consacrés aux actifs occupés et les entreprises n'ont financé que 41,1 % de l'effort total[2]. Cela signifie aussi que la FPC fait partie d'un système éducatif plus global (celui de la formation professionnelle permanente en général) dont la plus grande partie est prise en charge par l'État.

On se trouve donc avec la FPC face à un domaine qui, contrairement aux autres pratiques de gestion des ressources, ne concerne pas seulement – ni même majoritairement – les entreprises et les salariés. C'est sans aucun doute en partie pour cette raison que la formation professionnelle continue va se trouver en tension permanente entre des acteurs, des finalités et modalités multiples et peu habituels dans la gestion des ressources humaines.

Section 1 UNE PRATIQUE EN TENSIONS

1. Tension entre l'entreprise et l'État

1.1. La faible tradition de formation de l'entreprise française

La FPC financée par les entreprises a certes connu une croissance significative depuis vingt-cinq ans (figure 9.1), mais il importe de se souvenir que l'implantation massive de cette pratique reste récente.

En effet, traditionnellement, l'entreprise française a peu développé, à quelques notables exceptions près, de pratiques spécifiques et organisées de formation professionnelle des salariés. L'essentiel de ses efforts dans ce domaine a longtemps pris la seule forme de la *formation sur le tas*, système dans lequel c'est au contremaître ou aux autres ouvriers qu'il incombe de former l'ouvrier, au sein même de

1. Article 900-1 du Code du travail.
2. Voir Gérard L., Sélini O., «Où passent les 120 milliards de la formation professionnelle continue en France ?», *Entreprises et Carrières*, n° 246/247, 10 au 23 mai 1994, p. 5.

© Dunod – La photocopie non autorisée est un délit.

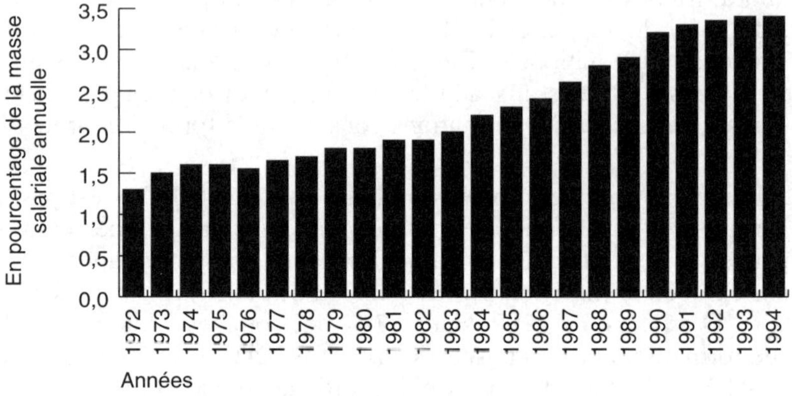

Figure 9.1 : *Évolution des taux de participation financière des entreprises de 1972 à 1994*

l'atelier, à la bonne tenue du poste[1]. Cela ne signifie pas qu'il n'y ait pas de besoins, bien au contraire : dès la fin du XIXe siècle, le manque d'ouvriers qualifiés se fait cruellement sentir[2] et peu de réponses sont apportées à cette lacune.

À cela, plusieurs raisons. Tout d'abord, le fort retard industriel de la France fait qu'il faut attendre bien plus longtemps que dans d'autres pays pour voir les entreprises atteindre une taille significative leur permettant d'envisager d'autres pratiques que celle de la production immédiate et de développer d'autres fonctions que celles de l'atelier.

De plus, il faut bien avouer que les entreprises françaises sont alors avant tout soucieuses de faire des économies, ainsi qu'en témoigne le dépérissement du seul système de formation professionnelle en vigueur, celui de l'apprentissage : son coût pousse les entreprises à préférer embaucher des jeunes sans formation aucune et à les mettre d'emblée au travail. En outre, l'apprentissage tel qu'il est alors envisagé est surtout adapté pour des métiers traditionnels et peu évolutifs et ne correspond guère aux réalités et aux besoins d'entreprises industrielles alors en pleine mécanisation.

Ensuite et surtout, sur toute la deuxième moitié du XIXe siècle et même au début du XXe siècle, les priorités restent l'instruction, la lutte contre un important analphabétisme et la quasi inexistence de la formation professionnelle de base depuis la déliquescence du système traditionnel d'apprentissage lié aux corporations de l'Ancien régime. Ainsi furent créées les «écoles de fabrique» développées dans une perspective paternaliste par de grandes entreprises telles que Schneider, Chaix ou Dollfus ou les écoles d'apprentissage telles celles de Peugeot ou Saint-Gobain.

1. Fombonne J., «Pour un historique de la fonction Personnel», *in* Weiss D. et *alii*, *La fonction ressources humaines*, Paris, Les Éditions d'Organisation, 1988, p. 68.
2. Dubar C., *La formation professionnelle continue*, Paris, La Découverte, coll. «Repères», 2e éd., 1990, p. 14.

Mais elles restaient très centrées sur les besoins immédiats et les particularités productives d'une entreprise précise, ce qui leur ôtait beaucoup de leur portée. De plus, elles étaient limitées à quelques rares grandes entreprises.

De même, la plupart des tentatives effectuées en vue d'assurer la formation professionnelle des ouvriers vont échouer, qu'elles émanent des bourses du travail, des syndicats ou du patronat lui-même. Souvent soupçonnées de contribuer à un endoctrinement idéologique favorable au patron, ces dernières étaient en outre inadaptées à la population ouvrière de l'époque : peu demandeuse, celle-ci avait énormément de difficultés à suivre ces formations car elle était majoritairement illettrée et d'origine rurale. De plus, les conditions d'horaires (souvent douze heures par jour et six jours par semaine) et de travail des ouvriers, particulièrement lourdes, étaient peu compatibles avec une quelconque démarche d'apprentissage, surtout sous forme de cours du soir.

Enfin, les entreprises sont en concurrence avec d'autres organisations dispensatrices de formation (générale ou professionnelle). Qu'il s'agisse des bourses du travail ou des syndicats déjà évoqués, des mouvements d'obédience catholique (comme par exemple les Équipes sociales fondées en 1921 par Robert Garric[1]), du compagnonnage toujours survivant bien qu'en crise profonde dans les années 1930, ces organisations défendent toutes une conception, une idéologie de l'éducation et de la formation qui les éloigne du pur apprentissage professionnel ou des approches patronales.

Ce sera encore plus patent pour d'autres mouvements : les Compagnons de l'Université nouvelle qui plaident pour «une éducation à la fois utile au pays et démocratique»[2], l'Éducation populaire liée au front populaire de 1936 ou, bien plus tard, l'Education permanente incarnée aujourd'hui encore par Bertrand Schwartz et qui s'inscrivait à la fois dans une critique des méthodes de l'école et dans la volonté de développer un «moyen (ou mieux, un ensemble de moyens) auquel l'homme fait appel aux divers âges de sa vie, aux divers stades de son développement, aux diverses fonctions privées ou publiques qu'il occupe dans la société»[3]. Pour toutes ces approches, la formation professionnelle ne saurait, ni ne devrait, être contenue dans les limites ou les intentions de l'entreprise : elles s'opposeront donc à l'appropriation par cette dernière d'une pratique devant servir la nation, les individus avant d'être inféodée à l'économie.

Pour toutes ces raisons, l'entreprise française ne sera pendant longtemps ni volontaire, ni légitime, ni même apte pour assurer la formation des salariés. Les autres organisations étant tout aussi incapables de lui donner une portée à la hauteur des besoins, l'État va peu à peu se substituer à ces acteurs économiques et sociaux impuissants qui apprendront à se reposer sur lui. Cet interventionnisme

1. Voir Pierrard P., *L'Eglise et les ouvriers en France (1840-1940)*, Paris, Hachette, 1984, pp. 524-525.
2. Besnard P., Liétard B., *La formation continue*, Paris, Presses Universitaires de France, coll. «Que Sais-je ?», 4e éd., 1993, p. 73.
3. B. Schwartz, cité par Pucheu R., «La formation permanente, idée neuve, idée fausse ?», *Esprit*, n° 439, octobre 1974, p. 326.

© Dunod – La photocopie non autorisée est un délit.

n'est d'ailleurs pas sans rappeler celui dont l'État a fait preuve dans le domaine des relations professionnelles (voir chapitre 2).

2.2. L'implication croissante de l'État

L'État va tout d'abord organiser le domaine prioritaire de la formation professionnelle initiale : ce sera la fameuse loi Astier de 1919 qui institue un nouveau dispositif d'apprentissage et oblige les entreprises à le financer par une taxe annuelle de 0,2 % de leur masse salariale puis, en 1946, la création de l'AFPMO (Association pour la formation professionnelle de la main-d'œuvre) qui gérera 44 centres publics de formation destinés à former les salariés du bâtiment et des travaux publics indispensables à la reconstruction. Elle deviendra plus tard l'AFPA (Association nationale pour la formation professionnelle des adultes) qui est aujourd'hui le plus important prestataire de formation en France.

Viendront s'ajouter tout un ensemble de textes : loi Debré de 1959 créant un ensemble d'institutions nationales, régionales et départementales chargées de l'analyse des besoins, de l'orientation de la politique et de la gestion des moyens engagés ; loi de 1963 instituant le Fonds national de l'emploi ; loi de 1966 déclarant la formation «obligation nationale» et introduisant clairement l'idée d'organismes privés obtenant des crédits en passant des conventions avec l'État pour compléter l'action des centres publics.

De même, l'État s'impliquera de façon croissante et active dans la formation professionnelle. Les différents textes cités précédemment montrent combien celle-ci fut considérée – surtout à partir de l'accession du Général de Gaulle à la présidence de la République – comme un instrument porteur tour à tour ou simultanément de grandeur nationale, de promotion sociale individuelle, de reconversion industrielle ou de préservation de l'emploi (surtout à partir du début des années 1960 et des premières graves crises sectorielles), d'aménagement du territoire (puisque les Plans successifs lui font une place de plus en plus large et lui allouent de plus en plus de moyens).

Rien d'étonnant donc à ce que la formation professionnelle n'ait pendant longtemps pas figuré, pour la plupart des entreprises, parmi les domaines qu'elles prenaient en charge. On pourra cependant nuancer ce propos en gardant à l'esprit l'essor des formations destinées à l'encadrement et à la maîtrise dès l'après-Deuxième Guerre mondiale, concrétisé notamment par l'adoption des méthodes de formation à l'encadrement importées des États-Unis (le célèbre *Training Within Industry*), par la multiplication d'écoles techniques internes ou par la création en 1958 du CESI (Centre d'études supérieures industrielles), né de l'association de plusieurs grandes entreprises désireuses de pallier leur manque d'ingénieurs.

C'est en toute logique encore l'État qui signera l'acte de naissance de la formation professionnelle continue telle qu'on la connaît actuellement : l'accord interprofessionnel du 9 juillet 1970 – qui faisait partie des tumultueuses négociations d'après-Grenelle – est transformé presque exactement un an après en loi, laquelle institue deux grandes innovations. Sur le fond, elle instaure l'obligation pour toute entreprise de dix salariés au moins (étendue aux entreprises de moins de dix salariés depuis 1992), non pas de former ses salariés, mais de contribuer financièrement à l'effort de FPC à hauteur d'un pourcentage minimum de sa masse salariale. Jamais démenti, ce principe continue d'alimenter la législation actuelle dans la *nature* et le *volume* des participations financières demandées aux entreprises.

REPÈRES : Contributions obligatoires en matière de formation professionnelle

L'obligation légale de participation financière des entreprises à la formation professionnelle continue se décompose en réalité en trois contributions obligatoires apparues progressivement au cours de l'histoire et correspondant chacune à une finalité bien précise :

- *Le plan de formation*

Créé dès 1971, il recouvre l'ensemble des actions de formation ou de bilan de compétences qu'une entreprise peut mettre en œuvre. S'inscrivant dans la marche normale de l'entreprise, il est tout naturellement sous l'autorité de l'employeur : celui-ci peut fort bien décider de ne pas former ses salariés. Il peut alors s'acquitter de son obligation de financement en versant la somme due au Trésor ou à des organismes collecteurs auxquels il a choisi d'adhérer. Le nom de «plan de formation» est donc particulièrement trompeur.

- *Le congé individuel de formation*

Son principe est posé dès la loi de 1966 et la loi de 1971 prévoit bien la possibilité d'obtenir un «congé de formation» pour suivre un stage agréé par l'État[1]. Mais c'est seulement dans la loi de juillet 1978 que se trouve clarifié le fait que ce congé concerne bien des formations distinctes de celles organisées par l'entreprise. Il s'agit d'un droit individuel auquel a accès tout salarié ayant au moins 24 mois d'ancienneté en tant que salarié, dont 12 au moins dans l'entreprise. Il permet au salarié qui en fait la demande, sous réserve que le dossier du salarié soit accepté par l'OPACIF (Organisme paritaire agréé au titre du congé individuel de formation) qui collecte et gère les fonds versés par les entreprises, de suivre sur son temps de travail la formation de son choix indépendamment de l'appréciation de l'employeur. En clair, l'employeur n'a pas le droit de refuser à un salarié un départ en CIF (il peut seulement le reporter pour neuf mois au plus pour raisons de service ou si 2 % de l'effectif sont déjà en CIF).

- *L'alternance et l'insertion sociale et professionnelle des jeunes*

C'est surtout avec la loi de 1978 (et l'apparition des pactes nationaux pour l'emploi des jeunes) que se précise le rôle de la formation professionnelle continue dans l'accès à l'emploi des jeunes, population très exposée au chômage. Sont alors créés des dispositifs d'insertion en alternance (travail en entreprise et formation). Ils ont connu de multiples formes depuis les travaux d'utilité collective (TUC) jusqu'aux actuels contrats de qualification en passant par les stages d'Initiation à la vie professionnelle (SIVP). Leur principe est simple : l'entreprise verse au Trésor ou à un organisme mutualisateur agréé sa contribution ou accueille des jeunes en contrats d'alternance, se libérant de tout ou partie de sa contribution.

1. Guilloux P., *Le congé individuel de formation – Genèse et évolution d'un droit. 1966-1996*, Paris, L'Harmattan, 1996.

© Dunod – La photocopie non autorisée est un délit.

Sur la forme, cette loi inaugure un principe fort dans le domaine de la FPC (comme dans une part importante du droit du travail français) : les principaux textes le régissant sont issus d'une négociation interprofessionnelle (voir chapitre 2) préalable entre les partenaires sociaux, dont ils reprennent le plus souvent les grandes lignes. Ce sont donc en quelque sorte des textes «négociés» s'abreuvant à la source conventionnelle : *régulation* et *contractualisation* entre les partenaires sociaux restent des constantes. C'est en partie pour cette raison qu'un texte qui faisait exception à cette règle (le projet de loi sur le contrat d'insertion professionnelle – CIP – présenté par le gouvernement Balladur en 1994) a été si violemment attaqué par les partenaires sociaux.

L'État adopte donc depuis 1971 une attitude faite à la fois de contrainte et d'incitation. *Contrainte* par le simple fait de légiférer dans ce domaine (ce n'est pas le cas pour tous les pays), mais aussi, plus précisément, dans des mesures telles que :

– les diversifications et relèvements fréquents de la contribution obligatoire (figure 9.2) ;

– le contrôle – grâce à la déclaration annuelle 2483 envoyée en avril aux services de la délégation régionale à la formation professionnelle – de la réalité et du montant des dépenses engagées par les entreprises ;

– la définition très stricte de la structure et du contenu des conventions obligatoirement signées avec les organismes prestataires de formation ;

– les contrôles périodiques des dépenses par les inspecteurs et contrôleurs de la formation professionnelle.

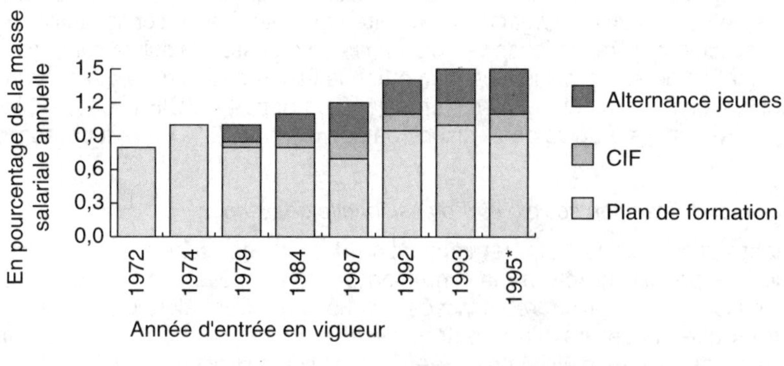

Figure 9.2 : *Évolution des taux légaux de participation financière*

* Pour les entreprises assujetties à la taxe d'apprentissage

Incitation, au contraire, à travers le simple fait de ne pas contraindre des entreprises qui n'en éprouveraient pas le besoin à organiser effectivement des formations, dans le principe déjà évoqué de «lois négociées», dans le dispositif du crédit d'impôt formation (possibilité de réduction d'impôt offerte depuis 1988 aux entreprises qui dépensent plus que l'obligation légale et augmentent leur participation d'une année sur l'autre[1]), etc.

Mais, de toute façon, l'État reste en France – c'est là une particularité marquante de notre système – un acteur incontournable du dispositif de FPC qu'il a contribué à créer : l'entreprise ne peut donc l'ignorer[2]. On peut même dire que les pressions et incitations de l'État structurent fortement la politique de formation de certaines entreprises.

1.3. Attitudes des entreprises vis-à-vis de la formation

De nombreux auteurs ont tenté de fournir des typologies des politiques de formation des entreprises françaises et on ne sera pas étonné de constater que là encore elles traduisent une certaine opposition entre des pratiques véritablement gestionnaires et des approches plus «sociales», plus traditionnelles.

◆ *Typologie de A. Meignant*

A. Meignant a développé une typologie maintenant devenue classique où il identifie les quatre «paradigmes» de la formation[3]. Plus on progresse dans cette typologie, plus les entreprises ont une vision autonome de la formation, libérée du droit et des cadres institutionnels.

➤ *La formation-impôt*

Pour les entreprises qui sont dans cette logique (souvent des PME), il s'agit avant tout de se mettre en conformité avec la loi en acquittant la taxe à payer. Cela suppose peu d'utilisation directe et interne des fonds (sauf pour certains d'individus que l'on souhaite récompenser ou faire progresser) : la majeure partie est versée au Trésor ou à des organismes collecteurs professionnels ou géographiques.

➤ *La formation-pactole*

Il s'agit avant tout de profiter de financements externes (État, régions) pour réaliser à chaud un certain nombre d'opérations de reconversion devenues urgentes du fait d'une grave situation sectorielle (exemple de la sidérurgie) ou à cause d'une politique de gestion de l'emploi et des compétences de très court terme, incapable de prévenir de très graves inadaptations. L'entreprise cherche alors à obtenir des aides et à profiter des opportunités offertes par les programmes prioritaires et les

1. Pour le mécanisme détaillé du crédit d'impôt formation, voir Centre INFFO, *Les fiches pratiques de la formation continue*, Paris, 1995, pp. 478-487.
2. Voir à ce propos Nallet J.C., «Entreprise et formation – Effets du droit», *Actualité de la formation permanente*, n° 93, février 1988, pp. 64-83.
3. Meignant A., *La formation, atout stratégique pour l'entreprise*, Paris, Les Éditions d'Organisation, 1986, pp. 51-54.

© Dunod – La photocopie non autorisée est un délit.

stages subventionnés : c'est alors la collectivité qui vient au secours de ces organisations.

➤ *La formation-sécurité*

Soucieuse de se protéger contre tout risque de déstabilisation, l'entreprise va mobiliser tous les moyens à sa disposition. En particulier la formation, qui constitue fréquemment un terrain d'accord possible avec les partenaires sociaux et devient un instrument de réponse aux diverses demandes, de création de satisfaction et de consensus. L'individu y est privilégié et y trouve des stages lui permettant de se perfectionner, d'être promu ou récompensé. La paix sociale est alors une préoccupation majeure et peut pousser l'entreprise à dépenser un pourcentage important de sa masse salariale : on retrouve donc fréquemment cette approche dans des grandes entreprises agissant dans des secteurs peu concurrentiels.

➤ *La formation-développement*

Dans cette dernière optique, le plan de formation est considéré comme un élément contribuant à l'efficacité globale de l'organisation, à l'atteinte des objectifs qu'elle s'est fixés dans sa politique générale. Elle accompagne les projets et programmes de l'entreprise et, de ce fait, est supervisée par la direction générale, laquelle n'hésite pas à confier au responsable de la formation des moyens à la hauteur des objectifs poursuivis et à inscrire son action au cœur même des programmes d'investissement, d'organisation, de qualité... de l'entreprise. Condition de survie et de performance, la formation des hommes est alors elle-même considérée comme un investissement de long terme.

◆ *Typologie de l'association Interface*

Une autre typologie classique et datant à peu près de la même période est celle présentée par l'équipe de l'association Interface[1].

➤ *Le stade fiscal*

Surtout au sein des PME, les désagréments induits par la formation (absences de salariés, équipes désorganisées) sont considérés comme supérieurs aux avantages qui pourraient en être tirés. il est donc plus simple de se contenter de remplir la déclaration 2483 et de verser la somme due au Trésor et/ou à des organismes collecteurs.

---

1. Hauser G., Masingue B., Maître F., Vidal F., *L'investissement formation*, Paris, Les Éditions d'Organisation, 1985, pp. 31-35.

➤ *Le stade légal*

Ces entreprises feront effectivement de la formation, mais seulement jusqu'à concurrence de l'obligation légale. Cherchant à être en règle, elles stopperont leurs efforts dès que ce montant sera atteint : c'est la loi qui détermine leur budget de formation.

➤ *Le stade du catalogue*

À partir des demandes des différents acteurs de l'entreprise, il y a réalisation et émission d'un catalogue recensant toutes les formations offertes pour l'année. Les individus n'ont plus qu'à s'inscrire pour participer aux actions qui les intéressent. Cette offre est composée tant de formations classiques (informatique, anglais, filières de promotion), instituées, que d'actions reprenant les priorités du moment ou de stages issus de demandes individuelles ou de phénomènes de mode. Elle concerne plus particulièrement les grandes entreprises.

➤ *Le stade du recensement*

Cette approche (qui paraît majoritaire aux auteurs) est celle d'entreprises qui cherchent à recueillir les besoins de formation des services et élaborent des actions centrées sur une réponse à ces besoins exprimés par les responsables des services (avec l'aide ou non de leurs subordonnés). Le but est ici d'améliorer le fonctionnement des entités.

➤ *Le stade de l'investissement*

On retrouve à ce stade des entreprises qui se préoccupent de leurs besoins d'évolution à tous niveaux (et plus seulement de formation) et y inscrivent, entre autres réponses, leur plan de formation. Les individus, les unités et l'entreprise elle-même (à moyen comme à long terme) sont alors pris en compte simultanément.

Ces typologies ont, on peut le constater, de nombreux points communs. Chacune, dans ses deux premiers éléments, relève les comportements d'entreprises orientés par les stimuli externes des actions de l'État (taxation, subventions). À l'opposé, toutes deux utilisent le terme d'*investissement* pour désigner les approches de la formation qui oublient le plus clairement l'extérieur pour se centrer sur les besoins intrinsèques de l'entreprise et intégrer la formation à l'intérieur de logiques plus vastes qu'elle-même, où elle cesse de constituer une fin en soi. Nous reviendrons par la suite sur cette dernière approche qui, d'après P. Méhaut, tend à se diffuser depuis plusieurs années dans les entreprises : on assisterait en leur sein à «un déplacement des enjeux de la formation "dépense sociale" à la formation "investissement"»[1].

---

1. Méhaut P., *Vers un nouveau rapport de l'entreprise à la formation ? – Principales conclusions de la recherche «Production et usage de la formation par et dans l'entreprise»*, Paris, GREE-CNRS, octobre 1989, p. 10.

© Dunod – La photocopie non autorisée est un délit.

2. Tension entre l'entreprise et l'individu

2.1. L'impossible harmonie des intérêts

La loi du 16 juillet 1971 et l'ensemble du cadre juridique auquel elle a donné naissance depuis lors ont eu une autre conséquence importante. En effet, ils ont entériné – autant qu'ils ont contribué à la renforcer – l'irréconciliabilité des intérêts entre individu et organisation en matière de formation. Connue et explorée comme fait quasi général de la vie des organisations[1], cette irréconciliabilité n'épargne pas la formation professionnelle continue. En témoigne, dans le système français, la coexistence de deux dispositifs différents : l'un, le plan de formation, est centré sur les besoins de l'entreprise alors que l'autre, le congé individuel de formation, est destiné aux individus et est protégé des ingérences de la part des entreprises, notamment par *le mode de gestion paritaire* des OPACIF.

Cette distinction juridique entre les deux systèmes renvoie à une idée noble consistant chez le législateur de 1971 et surtout celui de 1984 à faire en sorte à la fois que les salariés ne soient pas totalement dépendants à l'égard de leur entreprise pour avoir accès au savoir et que les entreprises ne soient pas contraintes de financer des formations qui ne leur rapportent strictement rien, car non liées à leurs objectifs.

En fait, cette distinction s'est vite transformée dans les esprits en «opposition entre les nécessités pour l'entreprise et les besoins personnels de l'individu. (...) Cette dichotomie est bien l'héritière du système éducatif français qui distingue nettement le technique du général, l'opératoire du culturel.»[2] Elle est aussi en parfaite harmonie avec le *principe tutélaire* animant le droit du travail français : la protection du salarié – partie présumée la plus faible dans le rapport salarial du fait de la subordination créée par le contrat de travail – est une des finalités guidant la mise au point des textes juridiques. La loi, avec le congé individuel de formation, aménage donc une contrepartie au plan de formation : «Par définition, le plan de formation est un espace dans lequel les salariés n'ont pas de droit individuel, comme l'atteste la définition du congé de formation.»[3]

Un autre exemple de cette opposition entre individu et organisation est fourni par le débat qui a eu lieu au début des années 1990 autour du «co-investissement».

---

1. Chanlat A., Dufour M., *La rupture entre l'entreprise et les hommes*, Paris, Les Éditions d'Organisation, 1985.
2. Hauser G., Masingue B., Maître F., Vidal F., *op. cit.*, p. 29.
3. Nallet J.C., *art. cit.*, p. 70.

REPÈRES : Le co-investissement[1]

Cherchant à dépasser le clivage entre individu et organisation, l'accord interprofessionnel du 3 juillet 1991 (repris par la loi du 31 décembre de cette même année) proposait une démarche de contractualisation de la formation qualifiante entre individu et entreprise destinée à réduire les déficits en qualification des entreprises. Il s'agissait d'encourager à la fois les salariés et les entreprises à s'investir dans des formations qualifiantes, souvent plus longues et coûteuses que celles habituellement pratiquées. Ainsi, pour toute action de formation supérieure à 300 heures et permettant d'acquérir une qualification professionnelle (soit sanctionnée par un diplôme ou un titre de l'enseignement technologique, soit définie par la Commission paritaire nationale de l'emploi de la branche professionnelle concernée), salarié et employeur pouvaient signer un contrat prévoyant que : 25 % de la durée de la formation (hors travaux personnels) pourra être réalisée – avec l'accord du salarié – hors du temps de travail, sans donner lieu à rémunération. Un aménagement des horaires de travail compatible avec la bonne marche de l'entreprise pourra être décidé par l'employeur.

En contrepartie, celui-ci s'engage, dans un délai d'un an, à faire accéder le salarié aux fonctions disponibles correspondant aux connaissances acquises. L'employeur s'emploie également à prendre en compte, dès la fin de la formation, les efforts consentis par l'individu (sous forme de primes, de majoration de salaire, etc.).

Entamant le tabou de la participation financière des salariés à leur propre formation, ce texte sera très controversé tant du côté du patronat (qui sera très soucieux lors de ces débats de ne pas alourdir les charges de l'entreprise et de préserver le contrôle exclusif de l'entreprise sur le plan de formation) que du côté des syndicats de salariés. La CFDT y voit en effet une victoire en raison à la fois du lien enfin établi entre formation et obtention d'un nouveau poste et du levier qu'il offre pour tenter d'entraîner les PME dans un développement qualitatif et quantitatif de la formation. La CGT, elle, ne signera pas l'accord car elle y voit une remise en cause des avantages acquis (la charge de la formation ne repose plus sur la seule entreprise, contrairement au principe en vigueur jusqu'alors), une avancée vers la mainmise du patronat sur le système éducatif et un moyen d'entraîner les salariés à faire des efforts de formation en échange de trop vagues promesses de contrepartie[2].

De façon plus générale, le débat autour des formations *qualifiantes* (donnant accès à un poste de niveau supérieur ou d'un autre domaine) ou *diplômantes* (sanctionnées par un diplôme, le plus souvent délivré par l'Éducation nationale) montre tout autant l'opposition au moins partielle existant entre individu et organisation dans le domaine de la formation. Elles sont souvent valorisées comme constituant une récompense de l'effort fourni par un salarié soucieux de sa formation, un facteur favorisant la mobilité sociale (elles fournissent une forme de visibilité externe des savoirs acquis), une garantie de formations sérieuses et suffisamment longues

© Dunod – La photocopie non autorisée est un délit.

1. Voir Boutreau F., *La formation co-investissement : des balbutiements conceptuels aux tâtonnements opérationnels*, CNAM (mémoire de DEA), Paris, 1992.
2. Ce résumé est largement emprunté à Boutreau F., *op. cit.*, pp. 41-43.

pour être significatives, un investissement de long terme sur des compétences et des potentiels d'évolution ou une prévention des inadaptations.

Mais elles sont tout aussi souvent rejetées ou lancées avec réticence car trop longues et trop coûteuses, trop «théoriques» (surtout pour les formations diplômantes qui, fondées sur des programmes scolaires, apparaissent sans rapport avec la réalité du travail et sont dispensées par des formateurs qui ne connaissent pas l'entreprise). On leur reproche aussi de ne rien apporter de mieux en matière d'occupation des postes actuellement tenus, de désorganiser la production du fait d'absences trop longues et trop souvent répétées ou d'offrir au salarié des opportunités de se vendre plus cher ailleurs en ne récompensant ainsi guère l'entreprise qui a investi sur lui (d'où les clauses de dédit-formation – souvent illégales – par lesquelles le salarié s'engage à rester un certain temps dans l'entreprise).

2.2. Les multiples finalités du plan de formation

En partie du fait de ce clivage, il est difficile d'identifier une finalité unique ou dominante au plan de formation d'une entreprise. La plupart du temps, il sera une synthèse plus ou moins équilibrée entre individu et organisation, entre court terme et long terme, entre entreprise et État : chaque entreprise, voire chacun des acteurs en son sein, verra plusieurs finalités possibles ou prioritaires à son plan de formation. Certains auteurs se sont penchés sur cette question en essayant d'identifier l'ensemble des possibles dans ce domaine. Les typologies d'objectifs auxquelles ils sont arrivés disent toute la richesse et le caractère contingent et parfois contradictoire des politiques de formation entrepreneuriales.

Le meilleur exemple que l'on puisse donner est celle qu'a construite A. Meignant[1], qui met en perspective les trois finalités (consolider l'existant, accompagner et faciliter les changements et préparer l'avenir) à court, moyen et long terme pouvant animer une politique de formation, ainsi que les objectifs inscrits dans chacune d'elles (tableau 9.1).

Quoique très utile pour caractériser les politiques de formation des entreprises et éviter de se focaliser sur les finalités de court terme qui sont souvent les plus évidentes, cette typologie appelle plusieurs remarques.

Tout d'abord, une même entreprise ne saurait adopter en même temps tous ces objectifs : parce qu'elle a des moyens limités, parce qu'elle a des priorités, parce qu'elle ne connaît pas nécessairement toutes les formes de changement évoquées, parce qu'elle n'est pas même consciente de tous ses besoins, sa politique de formation ne s'orientera que vers quelques-uns des objectifs évoqués ci-dessus.

En outre, des organisations de moins en moins capables d'anticipation comme c'est le cas actuellement auront finalement peu ou difficilement accès aux objectifs de moyen ou long terme : ceux-ci supposent une gestion prévisionnelle des

1. Meignant A., *Manager la formation,* Paris, Liaisons, 1991, pp. 63-78.

Tableau 9.1 : *Les finalités possibles d'un plan de formation*

Finalité	Objectif	Situation	Exemples
Court terme (1 an) : consolider l'existant	Perfectionnement individuel.	Acquisition de techniques/outils nouveaux pour un métier inchangé dans sa nature. Comblement de lacunes ou recherche de progrès dans la tenue du poste.	Formation au traitement de texte, à la négociation. Apprentissage d'un nouveau langage de programmation.
	Perfectionnement collectif pour améliorer les performances.	Prise en compte d'événements affectant un métier. Mutation touchant une équipe entière. Amélioration d'indicateurs collectifs.	Formation à la sécurité dans un atelier. Formation de toute la DRH aux nouvelles législations sur la formation.
	Formations d'insertion.	Accueillir de nouveaux entrants.	Séminaires d'intégration.
Moyen terme (3 ans) : accompagner et faciliter les changements	Réussir un investissement et/ou un changement d'organisation.	Achat de nouveaux équipements induisant des changements lourds (technologies nouvelles, procédés différents).	Formation chez le fournisseur de la nouvelle machine. Formation aux automatismes.
	Développer les potentiels.	Constitution d'un «vivier» d'individus à potentiel susceptibles de prendre des responsabilités dans l'avenir.	Universités d'entreprises. Séminaires réservés aux «hauts potentiels». Formations diplômantes externes (ex : CNAM).
	Optimiser les flux promotionnels.	Salariés clairement engagés dans un parcours de promotion.	Nouvelles filières d'ingénieurs. Brevets professionnels par unités capitalisables.
	Former aux métiers.	Accès des individus à des métiers actuels ou futurs.	Formation au métier d'acheteur de formation, de chef de projet.
	Faciliter des projets individuels.	Aide aux salariés cherchant à réaliser un projet à l'extérieur de l'entreprise.	Bilan de compétences. Formation à la création d'entreprise. Essaimage.
Long terme (3 à 10 ans) : préparer l'avenir	Changer de culture.	Adaptation des salariés aux grandes tendances ou nécessités anticipables. Promotion de valeurs et d'une culture d'entreprise.	Formation de l'ensemble du personnel à la qualité, au management participatif, à l'interculturel. Universités d'entreprise, stages hors limites.
	Développer l'adaptabilité et prévenir les risques d'inadaptation.	Reconversion de salariés dont les métiers ont disparu ou vont disparaître.	Bilans de compétences. Cellules de reconversion.

© Dunod – La photocopie non autorisée est un délit.

emplois et des compétences ou une capacité prospective sur les métiers dont on a pu voir précédemment qu'elles étaient aujourd'hui particulièrement ardues à mettre en œuvre. Il risque d'en résulter, mécaniquement, des dispositifs de formation de plus en plus réduits aux objectifs de court terme.

De plus, pour une entreprise donnée, ces objectifs peuvent être contradictoires entre eux : perfectionner des gens sur leur poste n'est pas nécessairement compatible avec le fait de les préparer à la disparition de ce poste anticipée à deux ans ; chercher à enraciner une forte culture d'appartenance et de rentabilité laisse peu de place à la facilitation des projets individuels.

Enfin, cette typologie recense en réalité uniquement les objectifs d'entreprises qui seraient entrées dans un «paradigme» de formation-investissement : soit les autres paradigmes ont été oubliés, soit A. Meignant les considère implicitement comme étant caducs ou moins légitimes... ce qui reste à démontrer.

3. Tension entre situation de travail et situation de formation

Cette dernière tension renvoie à une question de méthodes qui, à la lumière des évolutions actuelles, prend une importance croissante : pour être efficace, la formation doit-elle se situer dans ou hors de la situation de travail ?

3.1. Un bref retour sur l'histoire

Les modes de «formation sur le tas» qui ont longtemps dominé dans l'entreprise française avaient d'emblée répondu à cette question : la formation se faisait sur le poste même de travail et le lieu d'apprentissage était l'atelier ou le bureau. Observer la pratique des autres, expérimenter sous la surveillance d'un contremaître ou d'un collègue plus expérimenté prêt à rectifier les erreurs et à montrer le bon mode opératoire, travailler en doublon avec quelqu'un d'autre, avoir une cadence plus faible que les titulaires confirmés du poste étaient les méthodes les plus habituellement utilisées. Toutes supposaient une intrication étroite entre situation de travail et situation de formation.

Après 1971, la formation a au contraire subi ce que l'équipe d'Interface appelle une «stagification»[1] massive, c'est-à-dire une distinction quasi-systématique entre travail et formation. Il s'agit là d'un des effets induits par la loi : les critères fixés par le Groupe national de contrôle chargé de vérifier la bonne utilisation des fonds, ainsi que les rubriques même que doivent comporter toutes les conventions de formation signées avec des prestataires entraînent la confusion entre formation et stage. «Lieu de déroulement de la formation», «effectifs concernés», «moyens pédagogiques mis en œuvre», «modalités de contrôle des connaissances», «durée

1. Hauser G., Masingue B., Maître F., Vidal F., *op. cit.*, p. 27.

et dates» laissent à penser que le législateur n'a pas pensé que la formation pouvait prendre d'autres formes que le stage formalisé.

Ainsi, les formations sur le terrain se sont trouvées dévalorisées. De plus, elles sont particulièrement difficiles à chiffrer : comment prouver à un contrôleur qu'un ouvrier était bien en formation (et non en poste) alors qu'il n'a pas bougé de son lieu de travail ? Comment montrer que la production qu'il a réalisée pendant ce temps n'a pas été vendue et que, à ce titre, les matières premières, l'énergie et les pièces qu'il a consommées, son salaire sont bien des dépenses de formation et de ce fait déductibles de l'obligation de participation financière de l'entreprise ? Comment affecter à la formation le salaire du contremaître qui l'a supervisé pendant tout ce temps ? Le contrôle d'un stage facturé par un cabinet extérieur et où les participants signent une feuille de présence ensuite archivée est bien plus facile.

De plus, la formation en situation de production comporte des limites[1] dont certaines ont été perçues dès cette époque : les contraintes de productivité, de sécurité, d'intempéries propres au monde de l'entreprise ne sont pas toujours favorables au respect des rythmes et des temps de formation ; les «encadrants» ont rarement le temps et la formation pédagogique nécessaires ; la formation en situation de travail peut être pour l'entreprise un moyen de sélectionner et garder seulement les meilleurs salariés, ce qui induit une pression peu favorable à l'apprentissage ; elle est par nature tournée vers les besoins à très court terme de l'entreprise et se prête peu à l'anticipation ou à l'acquisition de savoirs fondamentaux ; etc.

Enfin, à cette époque, la formation sur le tas est trop étroitement associée aux conditions d'un fordisme avec lequel, précisément, la société a semblé vouloir rompre à la fin des années 1960. Liée à un modèle stigmatisé comme étant celui du passé et de l'aliénation, elle sera jetée aux oubliettes et abondamment méprisée, notamment par les formateurs dont les racines idéologiques et les approches pédagogiques sont tout autres. Persuadés de participer de la création d'un monde nouveau où les salariés gèrent leur savoir autant que les employeurs, baignés par le mythe de l'éducation permanente, cherchant à inventer de nouvelles méthodes d'apprentissage[2], ils rompent avec tout ce qui se rapporte au passé et à ses méthodes.

3.2. Le retour de la formation par le travail

Par un de ces retours de balancier dont l'histoire a le secret, la fin des années 1980 et surtout les années 1990 voient le retour en force de la formation par et dans la situation de travail, et ce à la faveur d'un certain nombre de changements survenus dans les entreprises. Ceux-ci occultent ses limites ou, tout au moins, les font apparaître comme mineures à côté des nouveaux atouts qui lui sont conférés par ces mutations.

---

1. Voir Bertier M.S., Dost F., «École entreprise, quel rapprochement ?», *Economie & Humanisme*, n° 298, novembre-décembre 1987, pp. 27-35.
2. Voir le dossier «La dérive de la formation permanente : de l'utopie au fonctionnel», *Projet*, n° 164, avril 1982, pp. 448-466.

© Dunod – La photocopie non autorisée est un délit.

En effet, la gestion à effectifs tendus et la constitution d'équipes aux membres de plus en plus interdépendants (recherche d'optimisation du coût de la main-d'œuvre et de la flexibilité) rendent de plus en plus difficile l'envoi d'un individu en stage de formation, surtout pour une longue durée : la désorganisation du travail induite par sa soustraction aux effectifs productifs se fait particulièrement difficile à compenser. Si on le forme, ce sera donc – de toute nécessité – le plus possible en situation de production.

De plus, les horizons de la formation, comme ceux des entreprises, tendent à se réduire. La difficulté croissante à anticiper les emplois futurs (voir chapitre 3), les urgences de la survie ou de la rentabilité immédiate, l'évolution à marche forcée des technologies et des modes de production (donc des emplois), l'impératif de limitation des coûts engagés tendent à recentrer la formation sur des priorités de court terme, sous peine de prendre sur la concurrence un retard irrémédiable. L'amélioration de la tenue du poste actuellement occupé par l'individu, sa capacité à remplacer un de ses collègues en cas d'absence, sa polyvalence dans l'équipe (re)deviennent des priorités à la réalisation desquelles la formation sur le poste de travail se prête tout particulièrement, voire constitue la modalité pédagogique la plus efficace et la plus adaptée.

En outre, pour satisfaire à ces finalités d'adaptation aux conditions immédiates de la production, il devient de moins en moins pertinent de faire former les individus à l'extérieur par un intervenant n'appartenant pas à l'entreprise : la formation alors dispensée serait inévitablement déconnectée du terrain et dispensée par un formateur lui-même peu au fait de la réalité à laquelle préparer les stagiaires. Alliée là encore à l'impératif de faire des économies, cette évolution entraîne le développement du «rôle formateur de l'encadrement». Que ce soit en situation de production ou au cours de sessions de formation, les cadres et les agents de maîtrise sont de plus en plus incités (cela fait d'ailleurs de façon croissante partie de leurs fonctions normales) à se muer en formateurs et à transmettre leurs connaissances et leurs savoir-faire aux collaborateurs de l'entreprise. Ils ont pour ce faire un atout considérable : leur connaissance de l'entreprise, de ses outils, de son langage, de sa culture, d'exemples connus par tous, de certains formés rend leur intervention plus proche du quotidien des formés que ne le sera jamais celle d'un formateur extérieur à l'entreprise. Mais ils rencontrent aussi un certain nombre de difficultés : ils n'ont pas toujours reçu une formation de formateur et il doivent parfois affronter cette situation nouvelle pour eux (passer du «faire» à sa mise en représentation et à sa transmission) sans y être préparés ; cette fonction est souvent assumée en plus de celles qu'ils avaient avant et il leur est parfois difficile de s'y consacrer valablement ; la reconnaissance et la valorisation de ce rôle par l'entreprise ne sont pas toujours au rendez-vous.

Enfin, la société comme les entreprises se trouvent confrontées à de nouveaux enjeux : l'insertion des jeunes dans le monde du travail se fait toujours plus problématique, leur acquisition d'une véritable culture entrepreneuriale, de plus en plus vitale pour eux comme pour les organisations qui les embaucheront, est toujours plus tardive et difficile. De même, les populations de chômeurs non qualifiés ou déqualifiés par une trop longue exclusion professionnelle – jeunes ou non – ne peuvent retrouver un emploi sans une socialisation préalable dans l'univers entrepreneurial et sans une formation d'autant plus nécessaire et problématique à réaliser que leur bagage initial n'est guère conséquent, ou que leurs capacités à apprendre ont été entamées par la rude expérience du chômage.

Là encore, de nouvelles modalités de formation (ou la revitalisation d'anciennes formes[1]) se font nécessaires pour aider et insérer ces différentes populations. En plus des formations en alternance des jeunes déjà évoquées, on voit notamment se multiplier les formes d'alternance école-entreprise, y compris pour les niveaux de formation les plus élevés, pourtant traditionnellement peu concernés : témoignent de cette évolution les écoles de gestion et d'ingénieurs de plus en plus nombreuses à proposer des formules d'apprentissage et d'alternance plus ou moins complètes à leurs étudiants, ou à être favorables à des stages pouvant aller jusqu'à une année entière. Ces pratiques se développent à un point tel qu'il est parfois difficile de faire la différence entre la formation initiale et la formation continue. Par exemple, les nouvelles formations d'ingénieurs déjà évoquées existent sous ces deux modalités. Là encore, l'encadrement est sollicité pour assumer une mission de tutorat à l'égard du jeune en formation accueilli dans l'entreprise[2] : accueil, encadrement, suivi de progression, adaptation du poste à la mise en pratique des acquis de formation, interface avec l'organisme délivrant les cours, etc.

On peut aussi ranger parmi ces approches les Missions nouvelles qualifications et les diverses expériences promues par Bertrand Schwartz[3] : celui-ci met en évidence le fait que des populations *a priori* particulièrement difficiles à insérer ou à former (jeunes sans qualification ou de bas niveau scolaire, mineurs qualifiés en reconversion) peuvent acquérir une maîtrise (dont on ne les croyait pas capables) d'opérations ou de processus complexes, à partir du moment où la formation part des situations concrètes et des problèmes quotidiens auxquels ces populations sont confrontées et qui les intéressent, quand ce sont les individus eux-mêmes qui peuvent en fixer les thèmes et les objectifs au lieu de se voir dispenser un contenu plaqué sur leurs expériences, mais sans rapport avec elles.

Cette redécouverte massive et parfois idéalisante du caractère formateur des situations de travail se retrouve, *in fine*, dans le concept d'organisation qualifiante : la qualification ne s'acquiert plus hors de l'entreprise, mais en son sein, car celle-ci est devenue «capable de développer de l'apprentissage permanent»[4] et s'y emploie d'autant plus activement que cela devient une des conditions de sa survie économique.

---

1. Sur ce point, on pourra lire Lichtenberger Y., «Alternance en formation et qualification professionnelle», *in* Poupart R. et *alii*, *Construire la formation professionnelle en alternance*, Paris, Les Éditions d'Organisation, 1995, pp. 67-110 ou Charlot B., «L'alternance : formes traditionnelles et logiques nouvelles», *Education Permanente*, n °115, 1993/2, pp. 7-18.
2. Voir à ce propos Boulet P., Courtois B., *L'enjeu des tuteurs : accueillir et former des jeunes en milieu industriel*, Paris, Les Éditions d'Organisation, 1992 ou Boru J.J., Leborgne C., *Vers l'entreprise tutrice : du tuteur à la fonction tutorale*, Paris, Entente, 1992.
3. Schwartz B., *Moderniser sans exclure*, Paris, La Découverte, coll. «Essais», 1994.
4. Selon la terminologie du cabinet Développement et Emploi.

© Dunod – La photocopie non autorisée est un délit.

La tendance est donc au rapprochement, voire à la confusion entre situation de travail et situation de formation. Mais les limites évoquées précédemment à propos de la formation en situation de travail n'ont pas pour autant toutes disparu. De nouvelles apparaissent, comme par exemple le problème de la validation des acquis générés par ces situations : comment les repérer ? Comment les faire reconnaître en dehors de l'entreprise ? Qui a autorité pour les valider et les évaluer ? Quel lien entretiennent-ils avec les diplômes reconnus – définitivement, eux – par l'Éducation nationale[1] ? Toute la question est donc de savoir si et quand le balancier connaîtra un nouveau retour.

REPÈRES : Organisation qualifiante et formation

- *Deux approches*

Selon J.F. Amadieu et L. Cadin qui tentent d'en définir l'idéal type, l'organisation qualifiante possède en particulier les caractéristiques suivantes :
«- la prise en compte du caractère formateur des situations de travail sous certaines conditions et dans certaines limites ;
– la reconnaissance du découpage du travail comme élément de la stratégie de formation ;
– la légitimité du formateur à intervenir dans l'organisation.»[2]

Pour G. Ropert et R. Haspel, «l'organisation qualifiante est (...) une organisation dont les caractéristiques (...) permettent le développement des compétences individuelles et collectives»[3]

- *Un exemple*

L'entreprise Bronze Acior SA[4], entreprise produisant du bronze d'aluminium coulé en coquille (pour l'automobile, la serrurerie, etc.) et implantée dans l'Eure, a multiplié les occasions de rendre formatrices les situations de travail. Ainsi peut-on y recenser les pratiques suivantes :

L'information formative : un effort tout particulier a été mené pour rendre l'information pédagogique, compréhensible, adaptée au personnel : journal d'entreprise, panneaux d'affichage spécialisés, flashes d'information joints aux bulletins de salaire, réunions d'information, d'échanges, de groupes d'expression, d'instances représentatives du personnel, etc.

Le progrès technologique comme occasion de formation : chaque innovation, arrivée de nouvelles machines ou changement des procédés est assumée avec les salariés existants (engagement formel de la direction générale) et donne lieu à deux types de formation :

---

1. Ce problème est posé par Tanguy L., «Compétences et intégration sociale dans l'entreprise», *in* Ropé F., Tanguy L. (dir.), *Savoirs et compétences – De l'usage de ces notions dans l'école et l'entreprise*, Paris, L'Harmattan, coll. «Logiques sociales», 1994, pp. 205-231.et par Thiercelin J.C., «Validation des acquis professionnels – Incidence sur les formations diplômantes de l'enseignement supérieur», *Personnel*, n° 361, juin 1995, pp. 50-56.
2. Amadieu J.F., Cadin L., *Compétence et organisation qualifiante*, Paris, Economica, coll. «Gestion Poche», 1996, p. 34.
3. Ropert G., Haspel R., *Construire des organisations qualifiantes ou comment concilier compétitivité et solidarité*, Paris, Les Éditions d'Organisation, 1996, p. 64.
4. L'essentiel de cet exemple est tiré de Bricaud M., «Les situations de travail formatrices chez Bronze Acior SA», *Education Permanente*, n° 112, octobre 1992, pp. 53-59.

séances théoriques ou pratiques sur les nouvelles technologies et séquences formatives sur le tas à la conduite des nouveaux équipements ou à la mise en œuvre des nouveaux procès.

La mobilité interfonctionnelle : le but est d'offrir à tous ceux qui le souhaiteront la possibilité de passer d'un secteur à l'autre (maintenance, mécanique, informatique, commercial, achats, fonderie, etc.) grâce à des formations souvent dispensées sur le nouveau poste de travail même et adaptées au niveau initial de l'individu et à l'ampleur du changement.

Les groupes participatifs : ils ont été l'occasion d'un apprentissage à la fois des outils nécessaires à leur fonctionnement (communication, animation de groupe et de réunion, techniques de résolution de problèmes) et des enjeux économiques de l'entreprise (grâce au partage des problèmes et des expériences).

Les formations-cascades : des salariés ayant été formés forment à leur tour leurs successeurs à leur poste avant d'en prendre un nouveau : cette démultiplication des savoirs devient d'ailleurs une des conditions pour pouvoir évoluer dans l'entreprise.

Les séquences courtes de formation : animées en salle par la maîtrise (deux heures environ, par petits groupes), elles sont concrétisées ensuite sur le poste de travail et font l'objet d'un suivi pour chaque opérateur. Elles concernent des méthodes susceptibles de responsabiliser les opérateurs machines à leur poste (maîtrise statistique des procédés, suivi des capacités machines, etc.).

La transmission du savoir des anciens : par groupes, des travailleurs expérimentés conçoivent de véritables manuels de formation à leurs techniques, à leur métier, puis ils deviennent formateurs sur la base de ces manuels (pour des nouveaux embauchés, pour des bénéficiaires de la mobilité interfonctionnelle).

L'ouverture sur l'environnement : chaque collaborateur, quel que soit son poste, est lié à des individus ou organisations de l'extérieur et assure la relation entre elles et Bronze Acior : visites de l'entreprise, animation de la convention de jumelage avec un collège voisin, participation à des foires ou salons professionnels, relations avec la préfecture, etc.

Section 2 LA FORMATION : SEULEMENT UNE PRATIQUE DE GESTION ?

La formation professionnelle continue connaît aujourd'hui un paradoxe qu'ont également connu la culture d'entreprise ou la participation : reconnue dans les entreprises parce qu'érigée au rang de véritable pratique gestionnaire, elle est aussi de ce fait en passe d'être réduite à cette seule dimension, ce qui n'est pas sans déclencher quelques effets pervers dans sa mise en œuvre et dans le regard porté sur elle.

1. Nécessité d'une approche gestionnaire

Plus exactement, il importe qu'elle soit reconnue comme constituant une pratique de gestion comme les autres. On a en effet pu voir plus haut combien la légi-

© Dunod – La photocopie non autorisée est un délit.

timité et la place de la formation professionnelle continue dans les entreprises françaises avaient été longues à se faire jour, en partie parce que les firmes ne se l'étaient pas appropriée, n'en avaient reconnu ni l'intérêt, ni la nécessité.

1.1. L'idée de formation-investissement

De même que la gestion des ressources humaines ne s'est imposée dans les organisations qu'à partir du moment où elle a pu être considérée comme un facteur significatif de la productivité et de la performance (voir chapitre 1), la formation ne se fera une place à côté des autres disciplines de gestion – aidée en cela par l'émergence de la GRH – que dès lors que la preuve sera faite de ses complicités étroites avec les idées de productivité, de qualité, de rentabilité et de compétitivité, de ses liens avec la stratégie de l'entreprise.

Cette mutation se fera peu à peu dans les années 1980 (toutes les entreprises ne sont cependant pas convaincues de l'intérêt qu'il y a à faire de la formation) et elle se cristallisera dans l'expression «formation-investissement» (ou encore «investissement formation», selon les auteurs) déjà rencontrée dans les typologies citées en première partie de ce chapitre.

À ce titre, et quelles que soient ses limites, la formation-investissement est un «mythe utile»[1] car en elle-même, elle est gratifiante pour la pratique qu'elle désigne et pour ceux qui la mettent en œuvre ou la financent. Par elle, la formation cesse d'être une dépense faite à fonds perdus, aux retombées exclusivement sociales, dépourvue de toute visée anticipatrice et de tout lien avec les priorités économiques et stratégiques de l'entreprise, sans technicité particulière.

En effet, lorsque l'on cherche à la définir, on convient de dire que la formation tend à devenir un investissement lorsque[2] :

1. Elle est un moyen, et non plus une fin en soi : un investissement est toujours consenti en fonction des résultats qu'on en attend à terme. Il ne s'agit pas de récompenser ou de sanctionner des salariés, de former aux thèmes à la mode, mais de dimensionner la formation par rapport aux objectifs qu'elle vise. Il conviendra donc de se poser la question de l'utilité de la formation et de formuler le plus clairement possible ses *objectifs*.

2. Elle est *au service de la stratégie* (et du projet) de l'entreprise à moyen terme. Cela signifie d'une part que le plan de formation mérite d'être pluriannuel et d'autre part que la formation n'est pas isolée : au même titre que les moyens organisationnels, techniques, humains, financiers, elle contribue à des changements d'ensemble qu'elle ne saurait réaliser seule et qui ne sauraient se produire sans

---

1. Expression empruntée à Caspar P., Meignant A., «L'investissement formation : un mythe utile», *Education Permanente*, n° 9 octobre 1988, pp. 11-20.

2. Les éléments qui suivent sont une synthèse de plusieurs tentatives de définition auxquelles ils sont empruntés : Le Boterf G., «La problématique des plans de formation en entreprise : dix caractéristiques orientées vers l'investissement formation», *Personnel*, n° 290, octobre 1987, pp. 21-23 ; Hauser G., Masingue B., Maître F., Vidal F., *op. cit.*, pp. 51-54.

elle. Elle doit donc être mobilisée conjointement à ces autres moyens, et non pas après eux : elle s'intègre dans des projets dont elle n'est qu'un des éléments combinés, mais dans lesquels elle intervient dès le début au lieu de se contenter d'accompagner ou de suivre des changements décidés sans qu'elle soit prise en compte. Le *véritable décideur* en matière d'orientation de formation est donc celui qui a en charge le devenir de l'organisation tout entière (son dirigeant, l'état-major, le directeur de l'usine), et non le seul responsable de formation, chargé, lui, de la mise en œuvre.

3. Comme pour tout investissement, il en est attendu des effets à terme : il pèse donc sur elle une forme d'obligation de résultat et c'est en fonction des résultats atteints qu'on pourra juger de sa rentabilité et de ses effets. Se pose en tout cas le problème de l'*évaluation* rigoureuse de la formation, problème posé en termes d'efficacité et de rentabilité de l'investissement consenti.

4. Devenue un enjeu important, la formation ne saurait être durablement livrée à l'empirisme et à l'intuition : il lui faut devenir efficiente, c'est-à-dire optimiser son propre fonctionnement et les moyens qu'elle utilise. Pour cela, elle doit devenir systématique, se professionnaliser, rationaliser ses dépenses. Apparaît alors la nécessité d'une véritable *ingénierie de la formation.*

5. Se voulant centrée sur la réponse à des besoins et à des objectifs par nature évolutifs, elle s'accommode mal d'un catalogue de formation dans lequel l'offre précède et enferme la demande ou de la seule modalité pédagogique du stage. La construction du plan de formation suppose donc une phase préalable de *recueil* et *d'analyse des besoins* (auprès des dirigeants, des responsables d'unité, des individus). De même, on y trouve un ensemble cohérent et diversifié de *méthodes de formation* pertinentes aux objectifs poursuivis : stages, formation sur le poste, formation-action, conférences, voyages d'études, auto formation, etc.

6. Comme tout plan d'action supposé être pris en compte et rencontrer l'adhésion des membres de l'entreprise, le plan de formation doit faire l'objet d'une *politique de communication* complète portant sur ses finalités, sur les actions qui le composent, sur son mode de fonctionnement, sur ses moyens, ses résultats, etc. D'ailleurs, la loi elle-même impose que le comité d'entreprise ou d'établissement (ou sa commission formation si l'unité concernée compte plus de deux cents salariés) soit consulté annuellement à propos du plan de formation.

1.2. L'ingénierie de formation

Constituant «l'ensemble coordonné des travaux méthodiques de conception et de réalisation des systèmes de formation»[1], elle est l'aboutissement méthodologique de l'idée de formation-investissement : elle correspond à la démarche par laquelle un responsable de formation doit passer pour espérer être crédible comme gestion-

1. Le Boterf G., *L'ingénierie et l'évaluation de la formation*, Paris, Les Éditions d'Organisation, 1990, p. 31.

© Dunod – La photocopie non autorisée est un délit.

naire à part entière. Elle est donc la démarche par laquelle s'exprime la *rationalisation* et la *professionnalisation* de la formation dans les années 1980.

De ce fait, comme la plupart des pratiques de gestion (et en particulier la gestion des ressources humaines), elle renvoie clairement au mode de raisonnement du «modèle rationnel de la décision»[1] : il s'agit bien d'une démarche d'optimisation articulée autour de quatre étapes : analyse/diagnostic → Décision → Mise en œuvre → Contrôle/évaluation.

Déclinaison particulière de ce modèle (figure 9.3), l'ingénierie de formation en partage les ambitions : elle va donc, pour les mener à bien, développer des techniques, des modes opératoires, des outils toujours plus nombreux et sophistiqués.

Cela étant, le schéma d'ensemble figurant ci-après appelle quelques commentaires.

Tout d'abord, on constate bien, comme nous l'avions suggéré plus haut, que la démarche spécifique au domaine de la formation ne commence qu'au moment de l'étape de la décision (phase 5). Auparavant, et en particulier sur l'ensemble de la phase de diagnostic, on se préoccupe bien davantage de dresser un tableau d'ensemble de l'organisation, de ses forces et faiblesses, de ses dysfonctionnements, de ses dynamiques.

Cela se fait le plus souvent en tirant parti d'informations recueillies sous les formes et dans les buts les plus divers : audits organisationnels, diagnostics stratégiques, enquêtes de satisfaction auprès des clients, entretiens d'appréciation, écarts entre profils de postes et compétences détenues par les individus, indicateurs de gestion, bilans financier et social, etc. Cela peut se faire aussi au moyen de diagnostics spécifiques au domaine de la formation : enquêtes auprès des responsables de services ou d'unité, entretiens ou «questionnaires de besoins» auprès des salariés, réunions de titulaires d'un même emploi.

Un diagnostic si large a pour but d'éviter deux écueils : chercher, à l'issue d'analyses trop restrictives et cloisonnées, à résoudre par la formation des problèmes auxquels elle apporte une réponse inappropriée ou, au contraire, ne pas penser à l'utiliser dans des situations où elle serait utile. Par exemple, chercher à résoudre les difficultés rencontrées par des cadres dans leur management d'équipe en organisant à leur intention un séminaire sur ce sujet n'aura aucun effet s'il s'avère que ce sont en réalité la centralisation de la décision et le peu de respect témoigné par la direction à ces cadres qui font problème. De même, l'exemple qui suit offre une autre illustration des difficultés que pose l'identification des «besoins» de formation.

Exemple : L'exemple de la société Textinet

> La société Textinet a engagé 20 millions de francs dans l'achat d'une chaîne de bobinage de papier toilette utilisant des technologies nouvelles pour l'entreprise. Cet investissement a requis l'intervention du bureau des méthodes pour son implantation, celle de la direction de la fabrication pour la planification de sa montée en puissance, celle de la DRH pour la définition des nouveaux postes et celle de la direction de la formation pour la formation des opérateurs sélectionnés pour être affectés sur cette nouvelle ligne.

1. Voir, à propos du modèle rationnel de la décision, le chapitre 6.

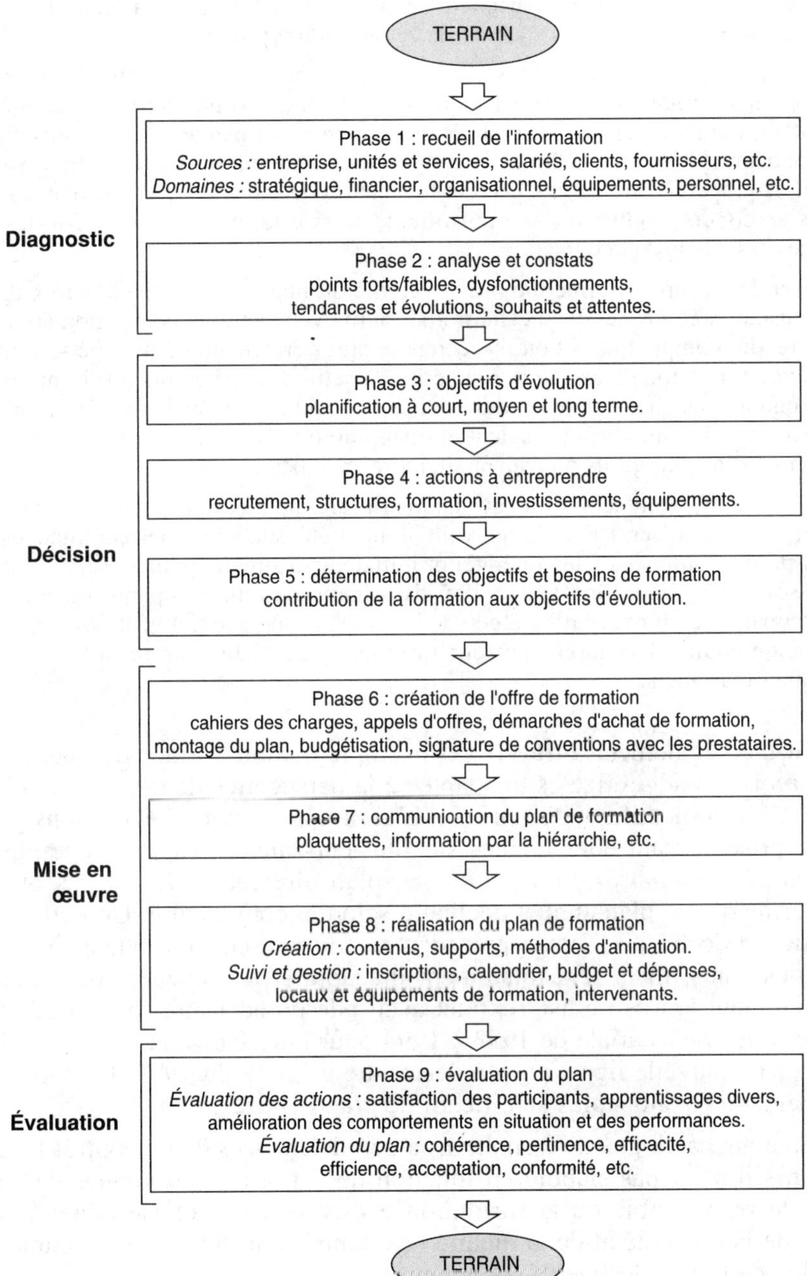

Figure 9.3 : *La démarche d'ingénierie de formation*

© Dunod – La photocopie non autorisée est un délit.

Tout semble donc avoir été parfaitement prévu et la formation a bien été associée – parmi d'autres moyens – à la réussite de cet important projet.

Pourtant, lorsque la chaîne est installée et prête à entrer en service (il a fallu près de six mois pour l'implanter), après environ 400 heures de formation dispensées à chaque opérateur à la fois dans des disciplines fondamentales (mathématiques, pneumatique et automatismes) et sur la machine (ils sont pour ce faire envoyés chez le fournisseur... en Italie), la plupart d'entre eux s'avèrent incapables de travailler correctement sur la ligne et les arrêts de production se multiplient, ainsi que les casses matérielles sur des organes essentiels de la ligne.

En effet, le besoin de formation n'a été étudié qu'une fois effectué le choix de la nouvelle installation. Or, un diagnostic initial tourné vers cette préoccupation aurait permis de se rendre compte que cet outil – certes le plus performant du marché – supposait un niveau de formation théorique très supérieur à celui des opérateurs (utilisant jusqu'alors des technologies plus simples et des équipements moins sophistiqués, l'entreprise a toujours recruté des autodidactes ayant au mieux un niveau CAP et privilégié la formation sur le tas) et à celui qu'ils pouvaient atteindre en si peu de temps.

Des opérateurs détenteurs d'un baccalauréat professionnel ont dû être recrutés à l'extérieur ; l'entrée en service de la nouvelle unité a été retardée et les commandes signées n'ont pu être honorées ; les opérateurs initialement prévus pour la servir ont dû être reclassés sur les lignes existantes d'où ils avaient été retirés auparavant. Associer une préoccupation de formation à l'étude de l'achat lui-même aurait peut-être pu conduire à choisir un équipement moins performant, mais plus réaliste au regard des ressources humaines existantes.

On voit bien également à travers cet exemple combien l'idée de plan annuel de formation ou de budget fixe est inadaptée à la perspective de la formation investissement : c'est l'objectif qui doit primer. L'accompagnement d'évolutions générales de l'entreprise courant elles-mêmes sur plusieurs années suppose l'établissement d'un *plan pluriannuel de formation* (ou «plan directeur») fixant des objectifs à moyen terme que le plan annuel déclinera selon la conjoncture. Un budget calculé en fonction de celui de l'année précédente sera peut-être un indicateur de bonne gestion des coûts, mais sera totalement inadapté si les objectifs de l'année sont particulièrement lourds : ainsi Textinet avait-elle dû accroître son budget de 3,4 à 5,2 % de sa masse salariale de 1993 à 1994 pour faire face à la formation des opérateurs sur la nouvelle ligne, pour redescendre à 3,7 % en 1995. Le budget alloué annuellement n'est alors plus significatif de grand-chose.

De même, un catalogue de formations a peu de chances de rencontrer les besoins du terrain s'il n'est pas élaboré en fonction des informations venues de ce même terrain : le responsable de la formation est avant toute chose dépendant de la richesse, de la diversité et de la qualité des données qu'il recueille en amont de la conception de l'offre destinée à ses «clients».

On comprend aussi pourquoi la logique de la formation investissement est *a priori* (sauf pour des formations dont seuls un ou deux salariés bénéficieront) peu propice à la formation *interentreprises* (ouverte à des salariés issus de plusieurs sociétés, par opposition à la formation *intraentreprise* spécifiquement construite pour une entreprise donnée). Une offre *standardisée* et destinée à attirer le plus grand nombre sera inévitablement moins facile à mettre au service des objectifs propres à une entreprise. Le même problème se pose, on l'a vu, pour la formation *externe*, c'est-à-dire réalisée essentiellement avec des moyens – animateurs, contenus, supports – qui ne sont pas ceux de l'entreprise : la formation *interne* pourra plus facilement épouser les objectifs spécifiques à une firme. En outre, si la formation devient vraiment un outil au service de la stratégie, elle devient un atout concurrentiel dont il vaut mieux ne pas partager le secret avec ses compétiteurs : destinée à différencier l'entreprise, elle se fera de préférence en interne *et* en intra et sera conçue *sur mesure*.

2. Un investissement pas comme les autres

En effet, si la formation a beaucoup été crédibilisée au sein des entreprises par son avènement au rang d'investissement (malgré de fréquentes remises en cause dans les périodes de crise[1] qu'elle pourrait pourtant aider à surmonter), il ne faut pas pour autant méconnaître l'incapacité d'une telle approche à embrasser totalement ce qui reste avant tout un *processus éducatif* et un *enjeu organisationnel*. Si la formation doit être un investissement, elle constitue néanmoins un *investissement intellectuel*[2] et, à ce titre, ne saurait se confondre avec la figure habituelle de l'investissement matériel et tangible.

2.1. Problèmes liés à la notion d'investissement

Sur le plan conceptuel, assimiler la formation à un investissement conduit tout d'abord à quelques impasses difficiles à surmonter qui peuvent engendrer un certain nombre d'effets pervers très pratiques. Par exemple, un investissement, sur le plan comptable, s'inscrit à l'actif du bilan de l'entreprise. Or la formation est une charge dans la logique comptable, et appartient en fait à ceux qui l'ont reçue[3] : s'ils quittent l'entreprise, elle aussi. D'où la tentation pour des entreprises ayant «investi» en formation sur des salariés de vouloir les conserver à tout prix en leur faisant signer des clauses de dédit-formation (engagement du salarié à rembourser la formation s'il ne reste pas dans l'entreprise un certain temps après la formation), la plupart du temps illégales[4].

De même, la formation n'est pas en elle-même un bien de production (contrairement aux investissements classiques tels que les machines qui constituent un potentiel de production) car elle passe là encore par la médiation des personnes. Il

1. Arcimoles C.H. (d'), «Les raisons de la tourmente», *Personnel*, n° 361, juin 1995, pp. 23-27.
2. C'est dans ce sens qu'elle a été étudiée par Caspar P., Afriat C., *L'investissement intellectuel – Essai sur l'économie de l'immatériel*, Paris, Economica, coll. «CPE», 1988.
3. Voir Rafinon E., «La formation est et n'est pas un investissement», *Education Permanente*, n° 95, octobre 1988, pp. 99-110.
4. Centre INFFO, *Les fiches pratiques de la formation continue, op. cit.*, pp. 22-23.

© Dunod – La photocopie non autorisée est un délit.

faut que celles-ci soient capables et acceptent d'utiliser les compétences potentielles acquises, qu'elles le fassent dans la production et que cette dernière crée des conditions favorables à la mobilisation de ces compétences. La formation n'est pas *par nature* un investissement : elle ne l'est que sous certaines conditions parfois difficiles à identifier et à combiner, car elles vont de l'existence d'une gestion prévisionnelle des emplois et des compétences à la motivation des salariés en passant par l'évaluation de leur capacité d'apprentissage ou l'étroitesse de la relation entre emploi et formation reçue[1] ; si un salarié reçoit une formation aux automatismes et que son poste ne lui permet pas de la mettre en œuvre (ou partiellement, ou seulement dans le futur), on ne saurait parler d'investissement.

Une telle analyse pourrait également conduire à la conclusion selon laquelle une entreprise n'aurait surtout pas intérêt à «investir» sur certains salariés, ce qui risque de hâter leur exclusion[2] et de diminuer leur «employabilité» : à quoi bon en effet investir sur des salariés de plus de cinquante ans, sur des femmes en âge d'avoir des enfants, sur des travailleurs à temps partiel ou en contrat à durée déterminée ?

Mais la métaphore de l'investissement n'est pas non plus sans poser des difficultés d'ordre technique ou pratique. Ainsi est-il difficile de recueillir l'information préalable nécessaire à l'établissement du diagnostic, et ce pour plusieurs raisons : d'abord parce que le responsable de formation n'est pas nécessairement en position suffisamment établie et légitime dans l'organisation pour avoir accès à toute l'information indispensable. Ensuite parce que le fait même de parler d'investissement suppose que l'on soit capable de repérer des «besoins» et, sur leur base, de formuler des *objectifs* clairs. Or, consulter les responsables d'unités, les dirigeants, les salariés, les clients, etc., suppose l'utilisation de méthodes de recueil différentes (donc une multiplication des moyens[3] et du temps de ce recueil). Et faire exprimer des *besoins de formation* à chacun de ces acteurs est un exercice périlleux.

REPÈRES : Qu'est-ce qu'un besoin en formation ?

Un salarié qui dit «J'ai besoin d'une formation en anglais» peut avoir *envie* de cette formation (parce que la compétence linguistique est valorisante, parce qu'il souhaite suivre le même stage que ses collègues, parce que son supérieur admire la culture anglo-saxonne, parce qu'il prépare ses prochaines vacances aux États-Unis, etc.), mais sans en avoir besoin pour son travail.

---

1. Voir Lamoure J., «Formation et emploi – Enquête sur une relation», *Projet*, n° 244, 1995, pp. 50-60 ou Tanguy L. (dir.), *L'introuvable relation formation-emploi*, Paris, La Documentation Française, 1986.
2. Risque mis en évidence par Caspar P., Meignant A., «L'investissement formation : un mythe utile», *art. cit.*, pp. 17-19.
3. Pour une vision d'ensemble des moyens possibles pour l'analyse des objectifs inducteurs de formation, des exigences de fonctionnement de l'organisation et des attentes des individus et groupes, voir Barbier J.M., Lesne M., *L'analyse des besoins en formation*, Paris, Robert Jauze, coll. «Sciences Humaines», 2e éd., 1986.

De même, un chef de service qui estime : «Mes subordonnés ont besoin d'une formation à la communication» peut très bien reporter sur eux son propre problème dans ce domaine, avoir suivi un stage de ce type et l'avoir tellement apprécié qu'il estime que chacun se doit de vivre la même expérience, vouloir être à la pointe du management vis-à-vis de ses collègues, etc.

Le responsable de formation qui a fini par programmer une formation sur les automatismes sous l'insistance du directeur de la production est très embêté : de désistements en reports, il n'a plus que trois stagiaires pour la semaine prochaine. Ouvrir le stage dans ces conditions est économiquement catastrophique et il va lui falloir chercher à «remplir» à tout prix la session s'il ne veut pas se voir reprocher sa gestion dispendieuse. Il va donc faire du «rabattage» auprès des chefs d'atelier qu'il connaît et proposer la formation au tout-venant.

G. Le Boterf l'affirme : «Les besoins de formation n'existent pas «en soi». ils constituent des «écarts» qu'il faut identifier et analyser par rapport aux situations concrètes ou aux référentiels qui sont à leur origine (dysfonctionnements, projets, évolutions des métiers et des contenus des emplois, évolutions culturelles).»[1] Pour cette raison, nous préférons quant à nous parler d'objectifs plutôt que de «besoins».

Pour convertir tous ces «besoins» en *objectifs de formation*, un long travail d'analyse doit donc s'engager afin de confronter les «demandes» et les «envies» exprimées avec des référentiels plus objectivants.

En outre, il n'est pas toujours aisé d'utiliser les acteurs de l'entreprise dans ce travail de recueil des besoins et de construction de l'offre de formation. Prenons l'exemple de la hiérarchie. Compte tenu de leur charge de travail, les responsables d'unité ont du mal à respecter les délais de remise de leurs besoins (et d'autant plus s'ils ne sont pas convaincus de l'intérêt de la formation). L'exploitation des entretiens d'appréciation destinés entre autres à l'élaboration des plans de formation individuels se révèle souvent illusoire : par manque de temps et de moyens à consacrer au dépouillement, du fait de l'imprécision ou des différences de formulation entre individus, il est difficile de savoir si le stage de «programmation pour débutants» demandé par l'un est vraiment différent ou proche du «Turbo Pascal» souhaité par l'autre. L'inventaire résultant de l'addition des «besoins» formulés par l'ensemble des responsables est souvent très atomisé, si bien qu'il est difficile de vraiment en tenir compte (sauf à vouloir organiser une formation différente pour chaque salarié). Dans ces conditions, il est difficile d'éviter l'«effet-catalogue» qui s'avère *in fine* la seule solution viable. L'expression des besoins est alors canalisée et orientée : le responsable de la formation émet, sur la base de ce qui s'est fait les années précédentes et des éléments de diagnostic déjà en sa possession, un catalogue recensant un certain nombre d'actions de formation et les responsables sont appelés à exprimer leurs besoins à partir de cette liste.

La notion d'investissement comporte également une dimension financière non négligeable. En effet, un investissement a toujours un coût et il doit engendrer un «retour sur investissement». Le terme d'investissement crée donc une attente de quantification (peut-être excessive), car la seule façon de justifier un investisse-

© Dunod – La photocopie non autorisée est un délit.

1. Le Boterf G., *L'ingénierie et l'évaluation de la formation, op. cit.*, p. 33.

ment et de montrer qu'il a été rentable est de mettre en évidence un rapport favorable entre les sommes dépensées et les résultats obtenus, ce qui suppose donc que l'on peut chiffrer ces deux éléments.

Or, le chiffrage des dépenses de formation (comme celles du recrutement), c'est-à-dire de l'investissement initial, se heurte à un certain nombre de difficultés (voir l'exemple de la BNAC). Les coûts à prendre en compte sont en effet multiples et il est difficile de n'en oublier aucun. De plus, certains d'entre eux sont cachés et difficilement chiffrables (comme par exemple les coûts des dysfonctionnements engendrés dans les services par la formation elle-même ou les coûts de fonctionnement administratifs). Enfin, on peut se demander si des coûts tels que les dépenses de fonctionnement, de par leur caractère habituel et récurrent, méritent vraiment de figurer au titre d'un «investissement» renvoyant par essence à l'idée d'un objectif bien défini et clairement circonscrit dans le temps.

Exemple : Les coûts d'une action de formation[1] à la BNAC

La Banque Normande des Artisans et Commerçants a mis en place, pour dix cadres de son réseau d'agences venus de toute la Seine-Maritime, un séminaire résidentiel de trois jours (à l'Hôtel du Bord de Seine, qui offre des prestations complètes : restauration, hébergement, salles et matériel pédagogique) sur le thème du management d'équipe. Elle a choisi pour cela un nouveau partenaire, le cabinet Proform', qui était le seul à offrir les méthodes pédagogiques demandées par le responsable de formation : apports théoriques, simulations vidéo, autodiagnostics, exercices et cas tirés de situations de la banque, assistance individuelle postérieure à la session.

Pour cette action, relativement simple et classique, on peut lister les coûts suivants :

Coûts pédagogiques : coûts de recherche et de sélection du prestataire (recueil et analyse des besoins des participants, rédaction du cahier des charges, rencontres avec les différents prestataires candidats, établissement de la convention de formation), honoraires du cabinet Proform', temps passé par les personnels internes de formation à recueillir les données et à élaborer les exercices tirés de la vie de l'entreprise, reprographie des supports de la formation, cassettes vidéos remises aux participants (enregistrement de leurs prestations en jeux de rôles), location d'un ensemble vidéo.

Coûts liés aux participants : salaires et charges sur trois jours (la formation constitue bien un détour de production), coût des dysfonctionnements créés par leur absence dans leurs agences respectives.

Coûts de fonctionnement : frais de déplacement, d'hébergement et de restauration des participants, coûts d'administration de l'action de formation (communication, gestion des inscriptions, convocations, etc.).

Coûts d'investissement et d'entretien : ils sont ici inexistants car la formation ne se déroule pas dans des locaux ou avec du matériel appartenant à la banque.

Le retour sur investissement d'une action de formation n'est guère plus facile à cerner, et ce pour de multiples raisons.

---

1. Typologie empruntée à Le Boterf G., *L'ingénierie et l'évaluation de la formation, op. cit.*, p. 169.

Tout d'abord, l'«effet de la formation sur l'entreprise»[1] est loin de se réduire aux seules conséquences mesurables qui en sont attendues. Elle a des impacts positifs ou négatifs de tous ordres : création d'apprentissages collectifs de comportements, de normes autant que de compétences, effets sur le système social de l'entreprise et les rapports internes (création de réseaux entre individus, modification des rapports de forces dans l'entreprise par l'action de certains acteurs sur les contenus et les savoirs, etc.), remotivation des individus par les perspectives ou la sortie du quotidien qu'elle leur offre. Tous ces effets ne sont pas mesurables, ni même perceptibles.

De plus, qui dit investissement dit risque : le retour sur investissement relève nécessairement du pari et n'a jamais aucun caractère de certitude. L'investissement en formation présente quant à lui une incertitude supplémentaire : à quel terme doit-on chercher à l'évaluer ? Autrement dit quand peut-on être sûr qu'une formation a donné tous ses résultats, tous ses effets, et que le moment est venu d'en dresser le bilan ? Il est impossible d'apporter une réponse universelle à ces questions : tous les individus n'assimilent pas au même rythme les mêmes contenus ; la mise en œuvre des savoirs acquis dans une formation prend nécessairement plus ou moins de temps selon les modifications dans le contenu des postes, dans l'organisation ou les équipements qu'elle requiert ; certains changements de comportement (communication, respect des consignes de sécurité) ne sont pas immédiatement observables et ne donnent pas sur le champ des résultats tangibles.

Cela nous ramène à la question de l'*évaluation des actions de formation*. Celle-ci comporte plusieurs niveaux et moments très différents. On peut en effet évaluer entre autres : la *satisfaction* des stagiaires (à très court terme : à l'issue de la formation), leurs *changements de comportements* suite à une formation (mise en œuvre à moyen terme), les acquis qu'ils en ont vraiment retirés, l'*accroissement de performances* dont leur unité ou leur propre activité a bénéficié (effets à long terme sur l'entreprise). Encore ne s'agit-il pas là d'une liste exhaustive des critères possibles pour évaluer une action de formation[2].

Cette pluralité des niveaux possibles d'évaluation des formations soulève une question plus fondamentale : s'il est si difficile et si complexe d'évaluer vraiment de façon exhaustive l'ensemble des effets d'une formation, est-il *pertinent* de chercher à évaluer ? Faut-il y consacrer un temps et un argent plus importants que ceux que l'on peut espérer gagner grâce aux améliorations apportées suite à un tel bilan ? Toute évaluation a elle-même un coût et elle devient (sur un strict plan économique) non pertinente dès lors que les dépenses à engager pour la mener excèdent les profits qu'elle peut permettre de réaliser : cela est en particulier vrai pour une action aussi complexe que l'est la formation. Peut-être est-ce là une des raisons pour lesquelles – malgré la progression des techniques disponibles – nombre d'entreprises continuent de se contenter d'une évaluation «à chaud» (c'est-à-dire

1. Voir Sainsaulieu R., «L'effet de la formation sur l'entreprise», *Esprit*, n° 439, octobre 1974, pp. 407-428 ou Sainsaulieu R. et le CESI, *L'effet formation dans l'entreprise*, Paris, Dunod, 1981.
2. Pour plus de précisions dans ce domaine, voir Pain A., *Évaluer les actions de formation*, Paris, Les Éditions d'Organisation, 1992.

© Dunod – La photocopie non autorisée est un délit.

immédiatement après l'action) de la seule satisfaction des formés. Peu coûteuse, cette modalité de contrôle apporte un maximum d'informations sur le déroulement et la perception de l'action menée et sa pertinence est rarement remise en cause.

Ce dérapage vers une conception purement «économique» de l'évaluation serait évidemment tentant pour une entreprise qui ne penserait qu'en termes d'efficacité de la formation en tant qu'investissement et qui oublierait que l'évaluation peut être indispensable, par exemple dans le cadre d'une logique compétence supposant une validation des acquis.

Enfin, une autre raison fondamentale s'oppose à une véritable évaluation de la formation et surtout de ses résultats : même si l'on sait clairement ce que l'on souhaite évaluer, même si l'on en a les moyens financiers et les compétences techniques, il n'en reste pas moins vrai que l'on ne sait jamais quel est l'impact exact de la formation sur ce que l'on mesure (voir l'exemple de la SGAR). Autrement dit, pour être sûr que les résultats enregistrés sont bien imputables à la formation, il faudrait que leur mesure se fasse *toutes choses étant égales par ailleurs*, c'est-à-dire que la formation soit le seul changement qu'aient connu le service, l'entreprise, voire la vie du salarié. Ce n'est que très rarement le cas et il est impossible de savoir si la formation figure vraiment parmi les causes efficientes des résultats obtenus. De même, on ne dispose pas de «situation-témoin» : on ne peut projeter ce qui se serait passé si la formation n'avait pas eu lieu... puisque justement elle a été suivie.

Exemple : La SGAR et l'effet de formation

Monsieur Jacques Siloy, commercial à la Société Générale des Assurances Réunies (SGAR), a suivi un stage de prospection téléphonique destiné à améliorer sa prise de rendez-vous, l'insuffisance de ses résultats dans ce domaine ayant été constatée par son supérieur hiérarchique au cours du bilan trimestriel.

Trois mois plus tard, cette formation semble avoir porté ses fruits puisque Monsieur Siloy a obtenu auprès de sa clientèle (des particuliers pour l'essentiel) 20 % de rendez-vous en plus par rapport à la période précédente. De plus, le ratio de transformation de ces rendez-vous en contrats a significativement progressé lui aussi.

En y regardant d'un peu plus près, on peut cependant noter un certain nombre de faits troublants :

1. Parmi les dix commerciaux ayant suivi cette formation, deux ont eux aussi amélioré leurs résultats (même si c'est dans de moindres proportions), six n'ont pas enregistré de progression notable et le dernier n'a pas réussi à enrayer leur chute.

2. Monsieur Siloy est enfin sorti il y a quatre mois de la douloureuse affaire de divorce qui l'opposait depuis près d'un an à son ex-épouse et il a en outre obtenu la garde des enfants, lesquels s'entendent très bien avec sa nouvelle compagne.

3. L'obtention d'un micro-ordinateur portable acheté par la SGAR lui fait gagner depuis deux mois un temps considérable dans la rédaction de ses comptes-rendus de visites, le suivi de ses prospects et l'établissement de ses offres de contrat : il n'est plus obligé de revenir sans cesse au bureau et est beaucoup plus autonome.

4. Le nouveau produit d'assurance-vie créé par les actuaires de la société et commercialisé depuis à peine trois mois fait un «malheur» sur le secteur géographique de

> Monsieur Siloy, essentiellement résidentiel et à forte population de cadres : ce contrat est très intéressant et constitue pour lui un excellent produit d'appel.
>
> La formation reçue est-elle si importante que cela dans l'amélioration des résultats obtenus par Monsieur Siloy ?

Idée séduisante et porteuse d'une forte légitimation des pratiques de formation dans les entreprises, l'idée de formation-investissement reste donc bien un «mythe nécessaire».

2.2. Les enjeux organisationnels de la formation

Comme nous avons déjà commencé à le suggérer dans le paragraphe précédent, l'effet de la formation sur l'entreprise s'étend très fréquemment à son système social : «(...) La formation permanente ne concerne pas que les individus ; en développant de nouvelles connaissances et habitudes de relations humaines, elle peut modifier en profondeur les comportements collectifs et atteindre ainsi l'équilibre du système social, tant au plan des décisions et du commandement officiel qu'à celui de la définition des tâches et des spécialisations socioprofessionnelles. La formation permanente peut même aller jusqu'à perturber l'équilibre interne des solidarités de groupes au travail en touchant aux sources de pouvoir qui fondaient la hiérarchie informelle des rapports humains parmi les ouvriers, les employés ou même les techniciens et les cadres.»[1]

La FPC n'est donc pas dans l'entreprise un objet socialement neutre : ayant rapport au *savoir* (qui constitue selon les tenants de l'analyse stratégique des organisations une des ressources pertinentes et mobilisables au service des stratégies de *pouvoir* des acteurs[2]), elle va prendre un sens particulier dans les rationalités situées et limitées de chacun des acteurs de l'organisation. Ceux-ci ne verront probablement aucun inconvénient à reconnaître intellectuellement – «abstraitement» pourrait-on dire – que la formation est et doit constituer un investissement au service de la stratégie de l'entreprise, mais il y a de fortes chances pour qu'ils la considèrent d'un tout autre œil dès lors qu'elle viendra affecter leur propre situation au sein de l'entreprise.

Ainsi peut-on repérer tout un ensemble de représentations classiques de la formation (la liste qui suit n'a pas la prétention d'épuiser l'ensemble des visions ou des acteurs pertinents dans ce domaine) qui n'ont guère à voir avec la formation-investissement et que l'on rencontre au quotidien dans les entreprises. Vouloir nier la légitimité de ces représentations, ce serait s'exposer à ne pas comprendre combien la formation professionnelle peut remettre en cause ou servir les intérêts de ces acteurs ; vouloir la réduire au seul statut d'investissement productif, c'est risquer de ne pas comprendre un certain nombre de réactions, de blocages ou au contraire d'adhésions inhérents à la position de chacun dans l'entreprise.

---

1. Sainsaulieu R., «L'effet de la formation sur l'entreprise», *art. cit.*, p. 409.
2. Pour un résumé des concepts de cette école, voir Friedberg E., «L'analyse sociologique des organisations», *Pour*, n° 28, février 1988 pour la troisième édition.

© Dunod – La photocopie non autorisée est un délit.

➤ *Les salariés*

Pour les salariés, elle peut revêtir de multiples visages. Il peut être rassurant d'être envoyé en formation dans la mesure où une entreprise ne se donnerait pas la peine de former un collaborateur dont elle aurait décidé de se passer à court terme : le fait que la société «investisse» sur un individu peut alors être considéré par ce dernier comme un signe de sa stabilité et de sa sécurité dans l'organisation. De même, le fait d'avoir accès à certains stages réservés par exemple aux jeunes cadres à potentiel peut prendre des allures de forte rétribution symbolique et peut apparaître comme une promesse d'évolution de carrière, comme une récompense à des comportements «positifs». Il peut aussi s'agir d'une stratégie défensive : chercher à se rendre indispensable, être le seul à détenir une compétence valorisée sont aussi des motivations possibles.

A contrario, une formation peut être inquiétante si elle est vue comme un moyen de signifier une «mise au placard» ou comme un envoi en reconversion, si elle annonce une mobilité non choisie ou si elle sanctionne des manques de compétence. Elle peut aussi être humiliante si elle concerne des contenus que l'individu a l'impression de maîtriser ou qu'il pratique depuis longtemps. De même, elle peut être angoissante si l'on a peur d'être éloigné des événements déterminants qui peuvent se dérouler dans le service pendant l'action ou si les urgences du travail sont telles qu'une absence risque d'être difficile à rattraper.

Pire encore, la formation peut être traumatisante, notamment pour des populations ayant été auparavant en situation d'échec scolaire : ce «retour à l'école» peut alors être mal vécu et générer plus de blocages ou de refus que d'apprentissages (c'est par exemple une des limites des stages d'alphabétisation).

De façon beaucoup moins implicante, la formation peut aussi constituer une récréation, c'est-à-dire une occasion d'échapper momentanément à un quotidien stressant, conflictuel ou ennuyeux.

Tout simplement, une formation peut aussi être considérée comme un moyen d'évoluer dans l'organisation : stratégies de carrière, notamment dans les organisations où la promotion est liée au passage d'examens, recherche de mobilités de toutes sortes (se rapprocher d'une région, changer de métier, échapper à une hiérarchie pesante). Elle peut tout autant être vue comme un moyen d'acquérir le bagage suffisant pour quitter une entreprise avec une meilleure employabilité ou une plus grande valeur marchande.

Ainsi, il ne faut guère s'étonner que les salariés ne soient pas aussi spontanément désireux de partir en formation qu'on pourrait le penser. Il ne faut pas davantage s'étonner que leurs motivations à suivre des actions de formation ne soient pas nécessairement liées à la stratégie ou aux besoins de l'organisation.

➤ *Les responsables opérationnels*

Pour eux, la formation constitue objectivement, quelle que soit leur conviction quant à son utilité et les avantages qu'il peuvent tirer à terme de collaborateurs mieux formés, un facteur de désorganisation : il leur faut selon les cas compenser les absences, organiser la polyvalence, aménager le tutorat, dégager des ressources sur leur budget. C'est pour eux que le détour de production qu'elle représente s'avère le plus gênant. D'où des comportements visant parfois à restreindre, voire à empêcher la formation des membres de leur équipe, à en diminuer la durée, à privilégier les modalités de formation pouvant se dérouler à même le lieu de production.

Elle peut également constituer pour eux, à plus long terme, une menace : un salarié formé et compétent est certes davantage productif, mais il a aussi davantage de moyens pour aller exercer ailleurs ses talents (on retrouve ici toute l'ambiguïté des hiérarchies vis-à-vis de la mobilité de leur personnel le plus compétent). De même, un salarié mieux formé est potentiellement en mesure de contester l'autorité, la légitimité (ou même la position) de son supérieur hiérarchique grâce à un savoir nouvellement acquis pouvant contredire ou dépasser celui du responsable.

Enfin, dans le cadre de la gestion d'une unité, la formation peut être valablement appropriée par le responsable dans le cadre de son mode de management : elle peut, tour à tour ou simultanément, se faire instrument de sanction, de récompense, de motivation, de mise à l'écart ou de ménagement, toutes finalités n'ayant guère à voir avec l'acquisition de compétences.

➤ *Les dirigeants*

Ils ne sont que rarement des techniciens de la formation et ce sont néanmoins eux qui sont en position de lui donner du sens à l'échelle de l'organisation toute entière. Cela étant, même quand ils sont persuadés de la contribution potentielle de la formation à leur stratégie, les impulsions qu'ils lui donnent risquent d'être marquées par cette méconnaissance normale.

Ainsi rencontre-t-on souvent chez eux une forme d'irréalisme quant aux contraintes (de temps, de conditions pédagogiques, de répétition, de moyens à allouer) d'un processus éducatif ou quant aux services que la formation peut raisonnablement rendre à une entreprise : elle peut parfois prendre dans leur esprit la dimension d'une «panacée» capable de résoudre tous les problèmes auxquels ils ont tant besoin de trouver des solutions rapides et les plus économiques possible. Leur rapport à la formation confine alors à la foi, que ce soit parce qu'ils en ignorent les véritables limites ou parce qu'elle est finalement moins déstabilisante pour l'organisation que les solutions réellement applicables au problème posé : il est moins douloureux et sûrement moins coûteux de former son personnel que de procéder à une réorganisation, de remettre en cause son propre fonctionnement ou d'admettre la non-validité d'une politique qu'on a soi-même conçue. La formation devient alors plutôt un écran placé devant les vraies difficultés.

Ce caractère parfois magique que prend la formation auprès de certains dirigeants (mais pas d'eux seuls) explique également en partie les phénomènes de modes auxquels est très souvent sujet l'univers de la formation. Fortement marqué par un séminaire, par un concept, par un outil ou par un intervenant, le dirigeant est l'acteur de l'organisation le plus à même de projeter son intérêt sur les autres membres de l'entreprise et d'imposer (ou à tout le moins de prescrire) à tout l'encadrement l'action de formation qui l'a à ce point touché.

© Dunod – La photocopie non autorisée est un délit.

Ces quelques remarques (qui n'évoquent pas les partenaires sociaux, les formateurs) permettent de conclure que le responsable de formation (quel que soit le titre qu'on lui donne dans une organisation donnée) n'est pas seulement – et selon nous pas principalement – un excellent gestionnaire maîtrisant pleinement la démarche de l'ingénierie de formation. Il doit également être un remarquable analyste des organisations. Dépositaire d'une pratique à la légitimité encore fragile et apparaissant difficilement comme un «métier» à part entière tant elle emprunte à des disciplines et domaines de savoir divers («andragogie»[1], droit du travail, techniques d'enquête, gestion, communication, etc.), il n'existe durablement dans l'organisation que dans la mesure où il va être capable d'arbitrer entre les différents acteurs de l'entreprise et de s'appuyer sur ceux dont les représentations et les stratégies sont à même de servir son propos. Et ce d'autant plus qu'il a lui-même ses propres enjeux et stratégies.

3. Changer la formation ?

A lire les pages précédentes, on peut se représenter le domaine de la formation professionnelle continue comme étant en perpétuelle mutation, qu'il s'agisse de redécouvrir et de moderniser ce qui s'était déjà fait ou de frayer de nouvelles voies. Tout cela est vrai, mais doit néanmoins être relativisé : la formation professionnelle continue connaît également des limitations dans les évolutions et dans les innovations qu'elle peut être amenée à connaître, et il nous semble important de repérer les principales d'entre elles.

3.1. L'investissement-formation : une innovation conceptuelle ?

En effet, le terme lui-même n'est pas aussi nouveau qu'on pourrait le croire puisque c'est le CNPF qui inventa l'expression dès les années 1960[2]. Mais sur le plan théorique, la formation-investissement apparaît souvent comme le prolongement d'approches tout aussi anciennes et, en particulier, comme une résurgence implicite – car apparemment ignorée – de la *théorie du capital humain,* développée notamment par les économistes néoclassiques J. Mincer et G. S. Becker[3].

Celle-ci, tournée vers l'individu, le considère comme un acteur économique rationnel à la recherche d'une optimisation des consommations qu'il pourra réaliser tout au long de sa vie. Ainsi, il investit en lui-même par des actions de formations destinées à augmenter sa productivité marginale, espérant que le sacrifice qu'il réalise ainsi (en termes de manque à gagner tant qu'il reste en situation de

---

1. Terme consacré servant à désigner l'ensemble des méthodes de formation destinées non aux enfants, mais aux adultes.
2. Voir Caspar P., Afriat C., *op. cit.*, p. 39.
3. Mincer J., «Investment in Human Capital and Personal Income Distribution», *Journal of Political Economy,* 4, 1958, pp. 281-302 et Becker G. S., *Human Capital*, New York/Londres, Columbia University Press, 1964.

formation-éducation) sera par la suite compensé par un gain prenant la forme d'un différentiel de salaire et d'une meilleure position sur le marché du travail. Ainsi pourra-t-il à terme espérer augmenter sa capacité de consommation[1].

Dans cette approche, c'est l'individu qui, libre de son choix, décide de maximiser sa propre utilité en incorporant en lui-même une valeur productive, que ce soit au cours de son parcours scolaire ou lors de sa formation continue : il est donc au centre de la démarche, comme il l'est aujourd'hui dans les approches de l'employabilité développées en particulier par le cabinet Développement et Emploi : «Il s'agit qu'ils [les salariés] ne soient pas tétanisés par la perspective de la perte de leur emploi mais simplement conscients de leur responsabilité dans leur propre devenir ; conscients aussi du caractère de monnaie d'échange que revêtent les compétences et soucieux de leur "valeur marchande" ».[2]

Appliquée à l'entreprise[3], cette théorie renvoie au calcul d'une firme prête à mettre en formation un salarié auquel elle aura reconnu des qualités. Cela l'engage à supporter un coût d'opportunité (perte de production liée à l'absence ou à la baisse de production durant la période de formation) et un coût de formation dans l'attente du gain (supplément de productivité) qui résultera de ces coûts (productivité marginale qu'elle rémunérera par un supplément de salaire).

On ne peut donc qu'être frappé par les proximités de cette approche – datant de plus de trente ans – avec ce que nous avons dit plus haut de la logique supposée nouvelle de la formation-investissement, dont les limites sont par ailleurs proches de celles qui sont reprochées à la théorie du capital humain (absence de lien prouvé entre formation, productivité et salaires, non-prise en compte des autres déterminants et des institutions du marché du travail, etc.).

Mais surtout, au-delà d'un constat relativisant la créativité du champ, il est beaucoup moins étonnant que l'idée de formation-investissement ait pu séduire à ce point les entreprises : elle fait basculer la formation dans un champ qui leur est familier, celui de l'économie. Il semble que cette réduction, cette approche tronquée de la formation et de l'individu auquel elle est incorporée, soit le prix à payer pour que la formation professionnelle continue acquière droit de cité dans les entreprises : plus que jamais, la formation-investissement nous paraît mériter l'appellation de «mythe nécessaire».

3.2. La formation professionnelle continue comme système

Il est également une question fréquemment évoquée ayant trait elle aussi au changement et à l'innovation : celle de la réforme du système français de forma-

1. Pour des approches plus approfondies de cette théorie, voir Clément W., «Pour un renouveau du paradigme du capital humain», *Education Permanente*, n° 95, octobre 1988, pp. 21-31 ou Caspar P., Afriat C., *op. cit.*, pp. 119-127.
2. Voir Thierry D., «Métier, mobilité et employabilité», Actes du 6e Congrès de l'AGRH, Poitiers, 1995, pp. 778-788.
3. Voir à ce propos Berton F., «Capital humain : une théorie d'actualité ?», *Education Permanente*, n° 95, octobre 1988, pp. 33-39.

© Dunod – La photocopie non autorisée est un délit.

tion professionnelle. Après la mise en évidence des failles de ce système (trop faibles liens entre formation et emploi, déconnexion entre les préoccupations des entreprises et les contenus trop théoriques des formations, trop faible place du technique par rapport à la formation générale dans la formation initiale, etc.), les tenants d'une telle réforme travaillent sur les axes vers lesquels la diriger. Et, très souvent, ils en viennent à évoquer une importation de l'approche allemande : «Pour de nombreux partisans de l'apprentissage et de la formation professionnelle, le système dual allemand constitue le modèle de référence.»[1]

Le postulat implicite ou explicite de cette référence au modèle allemand est qu'il serait souhaitable, et donc possible, de transférer en France les formules faisant le succès du modèle outre-Rhin : cela suppose une plasticité, une flexibilité relativement importantes de la part des systèmes de formation, ce qui nous semble devoir être relativisé.

Tout d'abord, pour la petite histoire, un tel transfert n'est peut-être pas aussi souhaitable qu'il y paraît de prime abord : un certain nombre de travaux récents montrent que chacun des deux systèmes a ses points forts et ses points faibles[2], et que le modèle allemand subit aujourd'hui un certain nombre de mutations pouvant entraîner à terme sa déstabilisation[3].

Mais surtout, un tel transfert n'est pas nécessairement possible, ainsi qu'ont pu le montrer les tenants de l'analyse sociétale[4]. Ceux-ci, en analysant des entreprises en tous points comparables dans les deux pays, mettent en évidence dans chaque nation un «effet sociétal» : la comparaison entre les deux pays n'a pas de sens si elle ne s'applique qu'à un élément isolé tel que le système de formation. En effet, dans chaque société, le rapport salarial est le fruit de l'interaction permanente, de l'interdépendance entre trois «rapports» faisant système entre eux : *organisationnel* (les structures d'emploi, les relations dans le travail, la hiérarchie, l'encadrement), *éducatif* (formation des salariés, qualifications, mobilités) et *industriel* (formation des salaires, relations professionnelles, négociations et conflits).

En d'autres termes, vouloir séparer le système éducatif des autres éléments n'a pas de sens puisque c'est précisément l'interaction entre les trois rapports qui donne sa cohérence à chaque société. Pour aller encore plus loin, prétendre réformer le rapport éducatif d'une société sans toucher aux deux autres, sans voir qu'il en est le produit tout autant qu'il les produit est une entreprise vouée à l'échec.

De même que nous avons pu mettre en évidence l'importance de l'histoire sur le système actuel de formation professionnelle continue français, il nous apparaît important de rappeler qu'il est également le fruit d'un ensemble de rapports, d'ins-

---

1. Möbus M., «Allemagne : la formation professionnelle en question», *Stratégie ressources humaines*, n° 7, automne 1993, p. 56.
2. Voir en particulier Gehin J.P., Méhaut P., *Apprentissage ou formation professionnelle continue ? Stratégies éducatives des entreprises en Allemagne et en France*, Paris, L'Harmattan, coll. «Développement et Emploi», 1993.
3. Möbus M., *art. cit.*, pp. 56-61.
4. Maurice M., Sellier F., Silvestre J.J., *Politique d'éducation et organisation industrielle en France et en Allemagne – Essai d'analyse sociétale*, Paris, Presses Universitaires de France, coll. «Sociologies», 1982.

titutions, d'acteurs[1] dont il est inséparable. Sa réforme ne saurait donc être aussi facile et rapide qu'on pourrait *a priori* le penser et sera inévitablement le résultat d'une mutation d'ensemble de la société dans laquelle il s'enracine.

3.3. Les limites à la plasticité de l'individu

Enfin, il reste une dernière question à poser aux nouvelles approches de la formation (formation interne et à travers la situation de travail, organisation qualifiante, etc.). Nous avons vu précédemment en quoi et combien elles correspondaient aux priorités actuelles des entreprises, notamment à leurs impératifs de flexibilité et de réactivité.

L'ensemble de ces pratiques convergent toutes vers une «internalisation» de la formation par les entreprises, c'est-à-dire à une prise en charge par elles de fonctions auparavant confiées à l'État ou au marché (les prestataires de formation), et ce en vue d'une acquisition de compétences de plus en plus spécifiques aux besoins d'une organisation donnée.

Or cette tendance paraît devoir ôter à la formation professionnelle un des rôles majeurs qu'elle tenait jusqu'alors : sa fonction de *socialisation* et de participation à la construction identitaire des individus.

En effet, devenir polyvalent, acquérir sans cesse de nouvelles compétences au gré de besoins toujours renouvelés, voir ses acquis ne pouvoir être reconnus que dans le seul cadre de l'entreprise ne permet plus à l'individu de se positionner, de se situer ou de s'identifier à une référence externe et durable, d'exister socialement en dehors de l'entreprise.

Ainsi certains auteurs montrent-ils combien les nouveaux modes de gestion de l'emploi et de management mettent à mal les «métiers»[2] qui pouvaient fournir jusqu'alors cette identité socialement et largement reconnaissable, et qui s'appauvrissent au fur et à mesure que la dimension économique y devient dominante et tend à les transformer en «emplois» sans dimension d'*œuvre* ou de *rapport à autrui*.

C. Dubar parle, lui, d'une «identité bloquée»[3] à propos de ces nouveaux professionnels qui ont du mal à se reconnaître dans la figure de l'opérateur polyvalent et gestionnaire alors que leur «identité pour soi» se nourrit plutôt d'une vision faite de filières de métier et de progression technique à l'intérieur d'un métier dont la référence reste celle de leur formation initiale : «(...) Leurs perspectives antérieures sont remises en cause par les nouvelles formes d'organisation du travail et de ges-

1. Voir sur ce point Maurice M., «La formation professionnelle en France, en Allemagne et au Japon – Trois types de relation entre l'école et l'entreprise», *Entreprises et Histoire*, n° 3, 1993, pp. 47-59.
2. Voir en particulier Descolonges M., *Qu'est-ce qu'un métier ?*, Paris, Presses Universitaires de France, coll. «Sociologie d'aujourd'hui», 1996.
3. Dubar C., *La socialisation – Construction des identités sociales et professionnelles*, Paris, Armand Colin, coll. «U», 1991, pp. 219-230.

© Dunod – La photocopie non autorisée est un délit.

tion de l'emploi et ils ne voient aucune perspective d'avenir dans les formes de polyvalence qui leur sont proposées. Ceux qui s'y sont engagés se déclarent aussi bloqués que les autres et aussi incapables de savoir "ce qu'ils vont devenir".»[1] Ainsi nombre d'opérateurs polyvalents des chaînes de montage automobiles exercent-ils des activités sans grand rapport avec leur formation initiale et vivent-ils leur emploi comme une «déqualification» par rapport au «métier» auquel ils aspiraient suite à leur parcours scolaire.

*

* *

Comme le modèle de la compétence avec lequel elles entretiennent de fortes complicités et dont elles sont un des modes d'affirmation, ces nouvelles approches de la formation supposent aussi un individu capable et volontaire pour apprendre et se remettre en cause en permanence : quelles sont les limites d'un tel postulat ? Peut-il concerner toutes les populations ? On pensera en particulier au cas de ces salariés confinés dans les mêmes postes depuis quinze à vingt ans et dont on se rend compte qu'il faut leur réapprendre à apprendre tant leurs capacités d'appréhension de la nouveauté ont été obérées par la routine.

On peut donc légitimement s'interroger quant à la capacité des salariés à être socialement et cognitivement aussi malléables, aussi flexibles que semblent les supposer ces nouvelles approches. On peut aussi douter de la capacité des organisations à s'adapter elles-mêmes sans cesse à des individus toujours plus et mieux formés (postulat posé, comme on l'a vu, par la notion d'organisation qualifiante). Facteur de changement, la formation professionnelle continue rappelle parfois douloureusement combien complémentaire et antagonique à la fois est la relation entre organisation et innovation[2].

---

1. *Ibid.*, p. 221.
2. Voir à ce propos Alter N., *Sociologie de l'entreprise et de l'innovation*, Paris, Presses Universitaires de France, coll. «Premier cycle», 1996.

L'essentiel

- Le **système français** de formation professionnelle continue est marqué par :
  - une **forte implication de l'État** qui légifère (tantôt sur le mode incitatif, tantôt sur le registre prescriptif) et encourage les partenaires sociaux au dialogue ;
  - des **lois «négociées»** (intervenant sur la base d'accords interprofessionnels qui les précèdent et les inspirent) ;
  - une **obligation de financement** de la part des entreprises (mais pas d'obligation de former) ;
  - un **rôle traditionnellement faible des entreprises**, mais qui a fortement évolué ces vingt-cinq dernières années (quoique de façon très variable selon les tailles d'entreprise et les secteurs d'activité).
- La FPC est par nature une pratique **écartelée**, ce dont rend compte la multiplicité des **finalités, problèmes techniques et formes concrètes** liés aux plans de formation d'entreprise. Ainsi, la FPC peut être regardée comme :

– à centrer sur les souhaits et demandes de l'individu (épanouissement personnel, employabilité, stratégies de carrière, etc.) ;	*ou*	– à centrer sur les besoins de l'entreprise (productivité) ;
– liée à des objectifs de court terme (bonne tenue du poste, amélioration de la rentabilité immédiate de l'unité, etc) et circonscrite à un plan annuel ;	*ou*	– liée à des objectifs de long terme (accompagnement de l'évolution des métiers ou des technologies, constitution d'une culture commune) et passible de plans pluriannuels ;
– pratique de nature économique : à réserver aux populations au plus fort potentiel ;	*ou*	– pratique à enjeux sociaux : destinée à tous et compensatrice des inégalités de départ ;
– à administrer en situation de travail ;	*ou*	– à déconnecter du lieu et de la situation de travail ;
– coût à limiter autant que faire se peut ou à maîtriser dans les limites des budgets alloués ;	*ou*	– investissement à relier à des objectifs de formation et à mesurer dans ses résultats ;
– à faire animer par des formateurs experts et extérieurs à l'entreprise ;	*ou*	– à faire prendre en charge par des membres de l'entreprise ;
– positive et valorisante en soi ;	*ou*	– génératrice d'enjeux, de désorganisations quotidiennes, d'angoisses, etc. ;
– pratique à traiter comme un tout cohérent et autonome.	*ou*	– impérativement liée à d'autres moyens d'action pour être efficace.

© Dunod – La photocopie non autorisée est un délit

BIBLIOGRAPHIE

(Les ouvrages précédés d'un ☞ sont ceux dont nous recommandons tout particulièrement la lecture.)

Références générales

☞ AMADIEU J.F., CADIN L., *Compétence et organisation qualifiante*, Paris, Economica, coll. «Gestion Poche», 1996, 110 p.

AMADIEU J.F., ROJOT J., *Gestion des ressources humaines et relations professionnelles*, Paris, Litec, coll. «Les essentiels de la gestion», 1996, 187 p.

☞ AUBERT N., GRUERE J.P., JABES J., LAROCHE H., MICHEL S., *Management – Aspects humains et organisationnels*, Paris, PUF, coll. «Fondamental», 1991, 656 p.

BECKER G.S., *Human Capital*, New York/Londres, Columbia University Press, 1964, 184 p.

BOURNOIS F., POIRSON P., *Gérer et dynamiser ses collaborateurs – La gestion et le management des ressources humaines par l'encadrement*, Paris, Eyrolles, 1990, 233 p.

☞ BOYER R., DURAND J.P., *L'après-fordisme*, Paris, Syros, coll. «Alternatives Economiques», 1993, 174 p.

☞ BRABET J. (coord.), *Repenser la GRH ?*, Paris, Economica, coll. «Gestion», 1993, 367 p.

CROZIER M., FRIEDBERG E., *L'acteur et le système*, Paris, Le Seuil, coll. «Points», 1977, 500 p.

☞ FRIEDBERG E., «L'analyse sociologique des organisations», *Pour*, n° 28, 3e éd., février 1988, 126 p.

GALAMBAUD B., *Des hommes à gérer – Direction du personnel et gestion des ressources humaines*, Paris, ESF, 2e éd., 1991, 209 p.

GALAMBAUD B., *Une nouvelle configuration sociale de l'entreprise – Le social désemparé*, Paris, ESF, 1994, 142 p.

☞ GUÉRIN G., WILS T., *Gestion des ressources humaines, du modèle traditionnel au modèle renouvelé*, Montréal, Les Presses de l'Université de Montréal, 1992, 276 p.

LIU M., *Approche socio-technique de l'organisation*, Paris, Les Éditions d'Organisation, 1983, 200 p.

MARTORY B., CROZET D., *Gestion des ressources humaines*, Paris, Fernand Nathan, coll. «Comprendre la gestion», 1984, 255 p.

MIDLER C., *L'auto qui n'existait pas*, Paris, Interéditions, 1993, 215 p.

☞ REYNAUD J.D., *Les règles du jeu : l'action collective et la régulation sociale*, Paris, Armand Colin, coll. «U», 1989, 306 p.

SAINSAULIEU R., *L'identité au travail – Les effets culturels de l'organisation*, Paris, Presses de la Fondation Nationale des Sciences politiques, 1977, 486 p.

SIMON H.A., *Administration et processus de décision*, Paris, Economica, coll. «Gestion», 1983 (1945 pour l'édition originale américaine), 321 p.

STRATEGOR, *Stratégie, structure, décision, identité – Politique générale d'entreprise*, Paris, InterÉditions, 2e éd., 1993, 615 p.

TAYLOR F.W., *Principes de l'organisation scientifique des usines*, Paris, Dunod et Pinat, 1912, 116 p.

☞ WOMACK J.P., JONES D.T., ROOS D., *Le système qui va changer le monde – Une analyse des industries automobiles mondiales dirigée par le MIT*, Paris, Dunod, 1992, 352 p.

© Dunod – La photocopie non autorisée est un délit.

1. Qu'est-ce que la GRH ?

Ouvrages

☞ BERRY M., *Une technologie invisible ? L'impact des instruments de gestion sur l'évolution des systèmes humains*, Paris, Centre de Recherche en Gestion de l'Ecole Polytechnique, juin 1983, 93 p.

☞ FOMBONNE J., «Pour un historique de la fonction Personnel», *in* Weiss D. et *alii*, *La fonction ressources humaines*, Paris, Les Éditions d'Organisation, 1988, pp. 51-138.

PERETTI J.M. (dir.), *Tous DRH*, Paris, Les Éditions d'Organisation, 1996, 352 p.

STANKIEWICZ F. (dir.), *Les stratégies d'entreprise face aux ressources humaines, l'après-taylorisme*, Paris, Economica, 1988, 261 p.

Articles

BRABET J., FENNETEAU H., «La fonction personnel : évolutions et différenciations», *Actes du 1er Congrès de l'AGRH*, Bordeaux, 27-28 novembre 1990, pp. 129-142.

DUYCK J.Y., «Les métiers de la fonction ressources humaines : appellations, missions et profils», *Actes du 1er Congrès de l'AGRH*, Bordeaux, 27-28 novembre 1990, pp.143-156.

LE MOIGNE J.L., «Epistémologies constructivistes et sciences de l'organisation», *in* Martinet A.C. (coord.), *Epistémologies et Sciences de Gestion*, Paris, Economica, 1990, pp. 81-140.

ROGER A., «De la gestion du personnel à la gestion des ressources humaines : une analyse de l'évolution de la fonction Personnel à travers les offres d'emploi», *Actes du 1er Congrès de l'AGRH*, Bordeaux, 27-28 novembre 1990, pp. 91-106.

VELTZ P., ZARIFIAN P., «Vers de nouveaux modèles d'organisation ?», *Sociologie du travail*, XXXV, 1/93, pp. 3-25.

2. Les relations professionnelles

Ouvrages

☞ AMADIEU J.F., *Organisations et travail – Coopération, conflit et marchandage*, Paris, Vuibert, coll. «Ressources humaines», 1993, 229 p.

☞ DUNLOP J.T., *Industrial Relations Systems*, Cambridge, Harvard Business School Press, 1993, édition originale : New York, Holt, 1958, 399 p.

☞ GROUX G., *Le conflit en mouvement – Débat avec Michel Wieviorka*, Paris, Hachette, coll. «Questions de politique», 1996, 144 p.

LALLEMENT M., *Sociologie des relations professionnelles*, Paris, La Découverte, coll. «Repères», 1995, 123 p.

☞ MOREL C., *La grève froide*, Toulouse, Octares éditions, coll. «Travail», 1994, 235 p.

NOIRIEL G., *Les ouvriers dans la société française – XIXe-XXe siècles*, Le Seuil, coll. «Points Histoire», 1986, 317 p.

OLSON M., *Logique de l'action collective*, Paris, PUF, coll. «Sociologies», 1978, 199 p.

REYNAUD J.D., *Le conflit, la négociation et la règle*,, Toulouse, Octares éditions, coll. «Travail», 1995, 260 p.

☞ REYNAUD J.D., *Sociologie des conflits du travail*,, Paris, PUF, coll. «Que Sais-je ?», 1982, 128 p.

ROSANVALLON P., *La question syndicale*, Paris, Hachette, coll. «Pluriel», 1988, 273 p.

SAINSAULIEU R., *Les relations de travail à l'usine*, Paris, Les Éditions d'Organisation, 1972, 295 p.

☞ TERSSAC G. (de), *Autonomie dans le travail*, Paris, PUF, coll. «Sociologie d'aujourd'hui», 1992, 279 p.

TOURAINE A., WIEVIORKA M., DUBET F., *Le mouvement ouvrier*, Paris, Fayard, coll. «L'espace du politique», 1984, 438 p.

Articles

FRIEDBERG E., «De la drôle de négociation au système indulgent», *Gérer et Comprendre*, mars 1995, pp. 59-60.

GROUX G., «Le système de relations professionnelles : une évolution heurtée», *in* Crawshaw R. (coord.), *The French Business Environment*, Londres, Routledge (à paraître).

MOREL C., «La drôle de négociation», *Gérer et comprendre*, mars 1991, pp. 4-20.

PIZZORNO A., «Political Exchange and Collective Identity in Industrial Conflict» *in* Crouch C., Pizzorno A., *The Resurgence of Class Conflict in Western Europe since 1968*, Londres, Macmillan, 1978, pp. 277-298.

REHFELDT R., «Le syndicalisme allemand entre branche et entreprise», *CFDT aujourd'hui*, n° 103, décembre 1991, pp. 60-72.

SEGRESTIN D., «Les communautés pertinentes de l'action collective – Canevas pour l'étude des fondements sociaux des conflits du travail en France», *Revue Française de Sociologie*, XXI, 1980, pp. 171-203.

TERSSAC G. (de), Reynaud J.D., «L'organisation du travail et les régulations sociales» *in* Terssac G. (de), Dubois P., *Les nouvelles rationalisations de la production*, Toulouse, Cépaduès éditions, 1992, pp. 169-186.

3. Gestion de l'emploi et anticipation en GRH

Ouvrages

☞ ALLOUCHE J., SCHMIDT G., *Les outils de la décision stratégique* (2 tomes), Paris, La Découverte, Coll. «Repères», 1995, 128 p. et 128 p.

EGG G., *Audit des emplois et gestion prévisionnelle des ressources humaines*, Paris, Les Éditions d'Organisation, 1987, 209 p.

JARDILLIER P., *Gestion prévisionnelle du Personnel*, Paris, PUF, coll. «L'économiste», 1972, 224 p.

LE BOTERF G., *Le schéma directeur des emplois et des ressources humaines – Un outil de management stratégique*, Paris, Les Éditions d'Organisation, 1988, 240 p.

☞ MALLET L., *Gestion prévisionnelle de l'emploi et des ressources humaines*, Paris, Liaisons, 1991, 200 p.

MATHIS L., *Gestion prévisionnelle et valorisation des ressources humaines*, Paris, Les Éditions d'Organisation, 1982, 276 p.

TÉRENCE, *Encyclopédie des Ressources Humaines, Projets individuels et collectifs*, Tome 4, Paris, Les Éditions d'Organisation, 1994, 392 p.

☞ THIERRY D., *La gestion prévisionnelle et préventive des emplois et des compétences*, Paris, L'Harmattan, coll. «Pour l'emploi», 1990, 186 p.

Articles

GAZIER B., «L'employabilité, brève radiographie d'un concept en mutation», *Sociologie du Travail*, n° 4/90, pp. 575-584.

GILBERT P., «Le modèle de référence de la GPE, postulats sous-jacents et structuration de l'action», Actes du 4e Congrès de l'AGRH, Montpellier, novembre 1994, pp. 114-123.

THIERRY D., «Métier, mobilité et employabilité», Actes du 6e Congrès de l'AGRH, Poitiers, 1995, pp. 778-788.

4. Flexibilité des ressources humaines

Ouvrages

AZNAR G. (dir.), *Répertoire 1994 des «innovations temps de travail»*, Paris, Le Catral, 1994, 152 p.

☞ BERNARD BRUNHES Consultants, *L'Europe de l'emploi ou comment font les autres*, Les Éditions d'Organisation, Paris, 1994, 295 p.

☞ BOISSONNAT J. (Rapport de la commission présidée par), *Le travail dans vingt ans*, Paris, Odile Jacob/La Documentation Française, 1995, 373 p.

CASTEL R., *Les métamorphoses de la question sociale – Une chronique du salariat*, Paris, Fayard, coll. «L'espace du politique», 1995, 490 p.

DUMOULIN E., LOMBARD D., *Le guide de l'aménagement du temps de travail*, Paris, Les Éditions d'Organisation, 1995, 79 p.

☞ EVERAERE C., *Le management de la flexibilité*, Paris, Economica, coll. «Gestion», 1997, 203 p.

Articles

ATKINSON J., «Manpower Strategies for Flexible Organisations», *Personal Management*, 16 (8), août 1984, pp. 28-31.

BOULIN J.Y., «Les politiques du temps de travail en France : la perte de sens», *in* Boulin J.Y., Cette G., Taddéi D. (dir.), *Le temps de travail*, Paris, Syros, coll. «Futuribles», 1993, pp. 41-62.

BUÉ J., «Les différentes formes de flexibilité», *Travail et Emploi*, n° 3/89, pp. 29-35.

DONNADIEU G., «Les flexibilités – Bilan et perspectives», *Personnel*, n° 353, août-septembre 1994, pp. 25-29.

LÉONARD E., «De la gestion du personnel à la gestion des ressources humaines : de nouvelles orientations ?», *in* Ingham M. (ed.), *Management stratégique et compétitivité*, Bruxelles, De Boeck Université, coll. «Management», pp. 359-378.

PÉPIN M., «Flexibilité de l'entreprise et aménagement du temps de travail» (rapport introductif), *Colloque international «Compétitivité, organisation du travail et place des sala-*

© Dunod – La photocopie non autorisée est un délit.

riés – Les grandes tendances en Europe» (2 et 3 avril 1992), document ronéoté, 17 p.

POLLERT A., «L'entreprise flexible : réalité ou obsession ?», *Sociologie du Travail*, n° 1-89, pp. 75-104.

5. Classification et rémunérations

Ouvrages

☞ DONNADIEU G., Denimal P., *Classification Qualification – De l'évaluation des emplois à la gestion des compétences*, Paris, Liaisons, 1994, 198 p.

☞ DONNADIEU G., *Du salaire à la rétribution. Pour une nouvelle approche des rémunérations*, Paris, Liaisons, 2e éd., 1993, 202 p.

☞ SIRE B., *Gestion stratégique des rémunérations*, Paris, Liaisons, 1993, 264 p.

THOMAS J., *Qualification professionnelle, évaluation et évolution*, Paris, Les Éditions d'Organisation, 1991, 267 p.

Articles

COSTER M. (de), PICHAULT F., «Les systèmes et politiques de rémunération», *in* Coster M. (de), Pichault F., *Traité de sociologie du travail*, Bruxelles, De Boeck Université, coll. «Ouvertures sociologiques», 1994, pp. 301-335.

COURPASSON D., LIVIAN Y.F., «Le développement de la notion de "compétence", glissement sémantique ou idéologie ?», *Revue de Gestion des Ressources Humaines*, n° 1, octobre 1991, pp. 3-10.

MARBACH V., «Rémunération par la compétence, Expériences américaines», *Personnel ANDCP*, n°357, février 1995, pp. 40-44.

SAGLIO J., «Les logiques de l'ordre salarial : avenants classification et salaires dans le système français de relations professionnelles», *Formation et emploi*, n° 35, juillet-septembre 1991, pp. 35-47.

6. Recrutement

Ouvrages

ABOVILLE A. (d'), BERNIÉ M.M., *Les tests de sélection en question*, Paris, Les Éditions d'Organisation, 1980, 139 p.

☞ AGARD J., VAZ P., *Le recrutement de A à Z*, Paris, InterÉditions, 1988, 320 p.

☞ BOURDIEU P., PASSERON J.C., *La reproduction – Eléments pour une théorie du système d'enseignement*, Paris, Éditions de Minuit, coll. «Le sens pratique», 1970, 279 p.

☞ DEGENNE A., FORSÉ M., *Les réseaux sociaux*, Paris, Armand Colin, coll. «U», 1994, 288 p.

FOURGOUS J.M., LAMBERT H.P., *Évaluer les hommes – Recrutement, Performance, Motivation et climat social*, Paris, Liaisons, 1991, 208 p.

☞ GOFFMAN E., *La mise en scène de la vie quotidienne*, Tome 1 : «La présentation de soi» et Tome 2 : «les relations en public», Paris, Éditions de Minuit, 1973, 251 p. et 369 p.

GRANOVETTER M. S., *Getting a Job : a Study of Contacts and Careers*, Cambridge, Harvard University Press, 1974, 218 p.

☞ LÉVY-LEBOYER C., *Évaluation du personnel – Quelles méthodes choisir ?*, Paris, Les Éditions d'Organisation, 1990, 211 p.

PODEVIN G. (éd.), «Le recrutement – Journée d'étude du CEREQ et de ses centres associés», Rennes – avril 1994, CEREQ, *Document* n° 108, septembre 1995, 292 p.

TAPERNOUX F., *Les centres d'évaluation – Assessment Centers : une autre méthode de sélection et d'évaluation des cadres ?*, Lausanne, Payot, 1984, 470 p.

Articles

AMADO G., DEUMIE C., «Pratiques magiques et régressives dans le management», *Revue de Gestion des Ressources Humaines*, n° 1, octobre 1991, pp. 16-27.

BRUCHON-SCHWEITZER M., «L'évaluation de la personnalité dans la sélection du personnel», *in* Lévy-Leboyer C., Spérandio J.C. (dir.), *Traité de psychologie sociale*, Paris, PUF, 1987, pp. 535-555.

BRUCHON-SCHWEITZER M., LIEVENS S., «Le recrutement en Europe – Recherches et pratiques», *Psychologie et psychométrie*, volume 12, n° 2, (numéro spécial), 1991, 99 p.

EYMARD-DUVERNAY F., MARCHAL E., *Les régimes d'action dans les recrutements*, Paris, Centre d'Etudes de l'Emploi, document ronéoté, janvier 1996, 24 p.

GRANOVETTER M. S., «Economic Action and Social Structure : the Problem of Embeddedness», *American Journal of Sociology*, XCI (1985), pp. 481-510.

PODEVIN G., LOCHET J.F., *Recruter pour intégrer : un processus complexe d'identification et de production des qualités*, Paris, CEREQ, document ronéoté, 1996, 22 p.

7. L'appréciation

Ouvrages

☞ AUBRET J., GILBERT P., PIGEYRE F., *Savoir et pouvoir – Les compétences en questions*, Paris, PUF, coll. «Gestion», 1993, 222 p.

BEAUVOIS J.L., JOULE R., *Petit traité de manipulation à l'usage des honnêtes gens*, Grenoble, Presses Universitaires de Grenoble, 1987, 231 p.

BEAUVOIS J.L., *Traité de la servitude libérale*, Paris, Dunod, 1994, 240 p.

BESSON B., *L'appréciation du personnel*, Paris, Chotard et Associés, 1991, 168 p.

☞ CASPAR P., MILLET J.G., *Apprécier et valoriser les hommes*, Paris, Liaisons, 1990, 290 p.

COLLECTIF DAUPHINE, *Organisation et Management en question(s)*, Paris, L'Harmattan, 1987, 228 p.

☞ IRIBARNE, P. (d'), *La logique de l'honneur – Gestion des entreprises et traditions nationales*, Paris, Le Seuil, coll. «Sociologie», 1989, 279 p.

GALAMBAUD B., *L'appréciation du personnel : une pratique rénovée*, Paris, Document d'études, Institut Entreprise et Personnel, juin 1987, 37 p.

LABOREY J.F., *L'entretien individuel d'appréciation et de carrière*, Paris, ESF, 1991, 158 p.

☞ MONIÉ R., *De l'évaluation du personnel au bilan annuel. Des systèmes pour communiquer*, Paris, Les Éditions d'Organisation, 1986, 150 p.

PAGES M., BONETTI M., GAULEJAC V. (de), DESCENDRE D., *L'emprise de l'organisation*, Paris, PUF, coll. «Economie en liberté», 1979, 261 p.

TERRADE J.L., *L'appréciation du personnel ouvrier*, Paris, Les Éditions d'Organisation, 1990, 143 p.

Articles

CADIN L.,TERRADE J.L., «La vie d'un système d'appréciation ou la gestion continue du changement», *Ressources Humaines,* n° 22, janvier 1991, pp. 7-8.

ENRIQUEZ E., «Évaluation des hommes et structures d'organisation des entreprises», *Connexions,* n° 19, 1976, pp. 79-110.

MOREL C., «Le mal chronique de la connaissance ordinaire sur l'entreprise», *Gérer et Comprendre,* n° 28, septembre 1992, pp. 71-83.

REYNAUD J.D., «La régulation dans les organisations : régulation de contrôle et régulation autonome», *Revue Française de Sociologie*, XXIX-1, 1988, pp. 5-18.

8. Mobilité et gestion des carrières

Ouvrages

☞ AUBRET J., GILBERT P., *Reconnaissance et validation des acquis*, Paris, PUF, coll. «Que sais-je ?», 1994, 128 p.

☞ DOERINGER P. B., PIORE M.J., *Internal Labor Markets and Manpower Analysis*, Lexington D.C. Health, 1971, 221 p.

GALAMBAUD B., SIMONNEAU M., *Cadre/non-cadre : un mur social essentiel*, Paris, Document d'études, Institut Entreprise et Personnel, 1991, 209 p.

HUSSON M., *L'orientation professionnelle continue – Concepts et méthodes pour une gestion préventive de l'emploi en entreprise*, Paris, FNEGE – Développement et Emploi, 1985, 239 p.

JORAS M., *Le bilan de compétences,* Paris, PUF, coll. «Que sais-je ?», 1995, 128 p.

LÉVY-LEBOYER C., *Le bilan de compétences*, Paris, Les Éditions d'Organisation, 1993, 128 p.

MICHEL S., *Sens et contresens du bilan de compétences*, Paris, Les Éditions d'Organisation, 1993, 159 p.

☞ REUCHLIN M., *L'orientation scolaire et professionnelle*, Paris, PUF, coll. «Que sais-je ?», 3e éd., 1978, 120 p.

Articles

BAILLY A.F., «Les "effets" des systèmes de gestion des carrières», Actes du 6e Congrès de l'AGRH, Poitiers, novembre 1995, pp. 217-224.

CHANLAT J.F., «Peut-on encore "faire carrière" ?», *Gestion*, septembre 1992, pp. 100-110.

FERRARY M., «La GRH à l'aune de l'économie des institutions», *Gérer et Comprendre,* n°41, décembre 1995, pp. 97-108.

HUTEAU M., LAUTREY J., «Les origines et la naissance du mouvement d'orientation», *L'orientation scolaire et professionnelle*, 1979, 8, n°1, pp. 3-43.

© Dunod – La photocopie non autorisée est un délit.

MICHEL S., «Le bilan de l'orientation en entreprise», *Éducation Permanente*, n° 108, 1991, pp. 105-115.

STROOBANTS M., «La visibilité des compétences», in Ropé F., Tanguy L. (dir.), *Savoirs et compétences, de l'usage de ces notions dans l'école et l'entreprise*, Paris, L'Harmattan, 1994, pp. 175-203.

WILS T., GUÉRIN G., «Facteurs explicatifs de l'implication en gestion des carrières des organisations», *Actes du 4e Congrès de l'AGRH*, Jouy-en-Josas, 18 et 19 novembre 1993, pp. 302-308.

9. Formation professionnelle continue

Ouvrages

BARBIER J.M., LESNE M., *L'analyse des besoins en formation*, Paris, Robert Jauze, coll. «Sciences Humaines», 2e éd., 1986, 231 p.

☞ BESNARD P., LIÉTARD B., *La formation continue*, Paris, PUF, coll. «Que Sais-je ?», 4e éd., 1993, 128 p.

CASPAR P., AFRIAT C., *L'investissement intellectuel – Essai sur l'économie de l'immatériel*, Paris, Economica, coll. «CPE», 1988, 184 p.

Centre INFFO, *Les fiches pratiques de la formation continue*, Paris, Centre INFFO, 1995, 803 p.

☞ DUBAR C., *La formation professionnelle continue*, Paris, La Découverte, coll. «Repères», 2e éd., 1990, 124 p.

DUBAR C., *La socialisation – Construction des identités sociales et professionnelles*, Paris, Armand Colin, coll. «U», 1991, 278 p.

☞ GEHIN J.P., MÉHAUT P., *Apprentissage ou formation professionnelle continue ? Stratégies éducatives des entreprises en Allemagne et en France*, Paris, L'Harmattan, coll. «Développement et Emploi», 1993, 223 p.

HAUSER G., MASINGUE B., MAITRE F., VIDAL F., *L'investissement formation*, Paris, Les Éditions d'Organisation, 1985, 158 p.

☞ LE BOTERF G., *L'ingénierie et l'évaluation de la formation*, Paris, Les Éditions d'Organisation, 1990, 172 p.

MAURICE M., SELLIER F., SILVESTRE J.J., *Politique d'éducation et organisation industrielle en France et en Allemagne – Essai d'analyse sociétale*, Paris, PUF, coll. «Sociologies», 1982, 384 p.

☞ MEIGNANT A., *La formation, atout stratégique pour l'entreprise*, Paris, Les Éditions d'Organisation, 1986, 139 p.

☞ MEIGNANT A., *Manager la formation*, Paris, Liaisons, 1991, 319 p.

PAIN A., *Évaluer les actions de formation*, Paris, Les Éditions d'Organisation, 1992, 135 p.

ROPERT G., HASPEL R., *Construire des organisations qualifiantes ou comment concilier compétitivité et solidarité*, Paris, Les Éditions d'Organisation, 1996, 267 p.

☞ SAINSAULIEU R. et le CESI, *L'effet formation dans l'entreprise*, Paris, Dunod, coll. «L'oeil économique», 1981, 216 p.

SCHWARTZ B., *Moderniser sans exclure*, Paris, La Découverte, coll. «Essais», 1994, 244 p.

TANGUY L. (dir.), *L'introuvable relation formation-emploi*, Paris, La Documentation Française, 1986, 142 p.

Articles

CASPAR P., MEIGNANT A., «L'investissement formation : un mythe utile», *Education Permanente*, n° 95, octobre 1988, pp. 11-20.

MAURICE M., «La formation professionnelle en France, en Allemagne et au Japon – Trois types de relation entre l'école et l'entreprise», *Entreprises et Histoire*, n° 3, 1993, pp. 47-59.

MÉHAUT P., *Vers un nouveau rapport de l'entreprise à la formation ? – Principales conclusions de la recherche «Production et usage de la formation par et dans l'entreprise»*, Paris, GREE-CNRS, octobre 1989, 28 p.

MINCER J., «Investment in Human Capital and Personal Income Distribution», *Journal of Political Economy*, 4, 1958, pp. 281-302.

INDEX

Acceptabilité (validité) sociale, 155, 166, 173, 182
Accords interprofessionnels, 69
Acquis
 – reconnaissance, 278
 – validation, 278, 302
Actif spécifique (capital humain), 11
Action collective, 38
AFPA, 288
Analyse
 – sociétale, 320
 – des écarts (gestion prévisionnelle), 85-86
Anatomie du modèle, 92
Andragogie, 318
Appréciation
 – critères, 221, 235, 238
 – à 360°, 229
 – guide d'entretien, 221
 – objectifs, 226
 – support, 230, 238
 – entretien, 221
 – système, 225
Apprentissage collectif, 10
Approche cognitive, 101, 108
Assessment center, 186-187
Audit des emplois, 84
Augmentation (salaire)
 – en masse, 156
 – en niveau, 156
Avantage concurrentiel, 11
Avenant classification, 145, 147
BDA (union des employeurs allemands), 63
BDI (union fédérale de l'industrie allemande), 63
Besoin de formation, 310-311
Biais de projection, 190
Bilan de compétences, 278-279, 283
Bourse de l'emploi, 267
Broadbanding, 125, 159
Bureau
 – de voisinage, 122
 – satellite, 122
Candidature spontanée, 195, 200
Capital
 – culturel, 216
 – humain (théorie du), 318
 – social, 215
Carte des métiers, 88, 267
Cellule
 – de reconversion, 270
 – d'orientation, 215
CFDT, 57, 59, 72
CFTC, 57, 59, 72
CGC, 58, 59, 72
CGT, 53, 55, 59, 72
CGT-FO, 57, 59, 72
CGTU, 56
Charte d'Amiens, 53
Chasseurs de têtes, 195
CIF (congé individuel de formation), 289-290, 294
CNR (Conseil National de la Résistance), 62
Co-investissement formation, 295
Collaboration confiante, 64
Comité carrière, 268
Comparaison par paires, 154
Compétence
 – définition, 102
 – disponible, 87
 – évaluation, 104
 – identification, 101
 – requise, 101, 148

© Dunod – La photocopie non autorisée est un délit.

Compte-épargne temps, 119
Conflit
– dévié, 36
– fermé, 35
– global, 36
– local, 36
– manifeste, 36
– ouvert, 35
– ponctuel, 36
Congrès de Limoges, 53
Contingence (facteurs de), 27
Contrat
– d'activité, 273
– d'adaptation, 121
– d'apprentissage, 121
– d'insertion professionnelle, 121
– d'orientation, 121
– de qualification, 121
– de travail particulier, 120
– emploi solidarité, 121
– implicite, 261-262
– initiative emploi, 121
Corps de confiance *(Vertrauenskörper)*, 64
Coulisses de l'interaction, 211, 246
Courant des relations humaines, 6
Coût de formation, 312
Crédibilité de l'appréciateur, 238
Critères classants, 146
Cycle annuel de la GRH, 231
DAG (*Deutsche Angestelltengewerkschaft* : synd. allem. des employés), 63
DBB (*Deutscher Beamtenbund* : association allem. des fonctionnaires), 63
Déclaration 2483 (formation), 290
Dédit-formation (clause de), 296, 309
Définition d'emploi, 143
Déqualification (thèse de la), 150
Description
– de poste, 146
– d'emploi, 143
– de fonction, 143
Développement social, 7
DGB (*Deutscher Gewerkschaftsbund* : confédération des synd. allem.), 63
Division du travail, 16
Droit de grève, 50
Échange politique, 13, 46
Éducation permanente, 287
Effet
– cafétéria, 166
– catalogue, 311
– d'inférence, 194
– de cobaye, 190
– de halo, 189
– de primauté, 190
Élections professionnelles, 73
Emploi
– aidé, 120
– sensible, 88, 98
Emploi-type, 87
Employabilité, 280-282, 319
Engagement syndical (gradations), 70
Entreprise
– flexible, 126-127
– virtuelle, 122
Entretien
– de recrutement, 186, 189-190, 207-214
– de démission, 270
Équité, 158, 163, 168, 173
Ère taylorienne-fordienne, 12
Erreur fondamentale, 189
Essaimage, 114
Évaluation de la formation, 305, 307, 313-315
Famille professionnelle, 88, 98-99
Feed-back, 237
FEN, 59-60
Flexibilité
– externe, 128-131
– fonctionnelle, 128
– interne, 128-129
– modèles nationaux, 133
– offensive, 131
– passive, 130
Fordien
– compromis social, 13
– modèle, 13, 18
Fordisme, 8
Formation
– diplômante, 295
– en alternance, 120-122, 289, 301
– externe, 309
– interentreprises, 308
– interne, 309
– intraentreprise, 308
– qualifiante, 295
Forum métiers, 99, 267
Fourchette de rémunération, 144, 159
Formation Professionnelle Continue (FPC)
– obligation de financement, 289, 291

– système français, 319-321
FSU, 60
Gestion
– anticipée, 101, 106, 108, 281
– préventive, 100
Gestion prévisionnelle
– de l'emploi, 81, 108
– des carrières, 83
– des effectifs, 82
Graphologie, 177, 186-187
Grève froide, 41
GVT, 157
Hiérarchisation des salaires, 142, 153
Horaire flexible, 118
Identité professionnelle, 95, 321
Idéologie (selon Dunlop), 49
Instrumentation, 19
Intention stratégique, 106-107
Intéressement, 161-162
Intérim, 113, 198
Inventaire de Strong, 194
JOC, 57
Keynésien, 13
Logique
– de compétence, 10
– de l'honneur, 243
– de métier, 146
– poste, 10, 145
Loi
– Le Chapelier, 50
– quinquennale, 115
Marché interne, 262-263
Masse salariale
– définition, 156
– effet d'effectif, 157
– effet de noria, 157
– effet de structure, 157
– effet report, 157
Métaphore théâtrale, 211, 246
Méthodes d'évaluation critérielles, 154
Missions Nouvelles Qualifications, 301
Mobilité
– balance de, 256
– culture de, 257
– d'environnement, 254
– fonctionnelle, 254
– géographique, 254
– horizontale, 254
– interne, 254
– professionnelle, 254
– verticale, 254
– modèle administratif, 258-259, 283
– modèle baronnique, 258-259, 283
– modèle sociétal, 260, 283
– modèle technocratique, 258-259, 283
Modèle
– d'optimisation, 82
– de simulation, 82
Motivation, 168, 255
Multivalence, 124
Négociation de branche, 67
Objectif de formation, 297, 310-311
Objectivité de l'appréciation, 235
One best way, 16
OPACIF, 289, 294
Organigramme de remplacement, 271
Organisation qualifiante, 100, 301-303
Organisme mutualisateur agréé (OMA), 290
Orientation
– définition, 277, 283
– scolaire et professionnelle, 274
Outil de sélection
– discriminance, 183-184
– étalonnage, 179-180
– fidélité, 183
– prédictivité, 184
– utilité, 187-188
– validité, 183-189
Paradigme de formation, 291
Partage de poste, 117
Participation aux fruits de l'expansion, 162
Périphériques de rémunération
– légaux, 165
– sélectifs, 166
– statutaires, 166
Personnes de confiance *(Vertrauensleute)*, 64
Plan d'épargne d'entreprise (PEE), 165
Plan pluriannuel de formation, 308
Planification stratégique, 81, 108
Pluriactivité, 117
Pôle de compétences, 107
Polyvalence, 124, 256
Potentiel
– cellule de gestion, 268
– développement, 260
– estimé, 105, 108
– identification, 260-261, 268
Pré-recrutement, 198
Pré-retraite progressive (PRP), 119

© Dunod – La photocopie non autorisée est un délit.

Processus d'évaluation, 221
Processus
– d'évaluation, 221
– de décision, 21, 202
Profil
– de candidat, 194
– de poste, 194
Psychologie différentielle, 183
Psychotechnique, 183
Pyramide
– des rémunérations, 163
– d'âge, 87
– d'ancienneté, 87
Qualification, 87, 142, 150
Recrutement
– campagne, 195
– de proximité, 199-201
– étapes, 191
– moyens, 195
– sources, 194-195
Règles
– autonomes, 45, 242
– de contenu, 49
– de contrôle, 45, 242
– de procédures, 49
Régulation conjointe, 45, 242
Rémunération globale (totale), 163-164, 168
Représentativité syndicale, 72
Reproduction sociale, 214-216
Réseaux sociaux, 199
Résolution de problèmes, 105-106
Réversibilité, 163, 166
Ritualisation, 237, 239, 242
Rituel, 207-211
Routine (interaction), 211, 214
SACIAT, 58
Salaire (rémunération)
– à la pièce, 160
– à la productivité, 160
– à la tâche, 160
– au mérite, 160, 165
– au rendement, 160
– fixe, 159, 163, 173
– individualisé, 160, 173
– part fixe, 163, 172
– part variable, 163, 172
Savoir-faire opérationnel, 105-108, 148
Scène de l'interaction, 211, 246
Schéma de base (gestion prévisionnelle), 85-86, 90, 108
Semaine de quatre jours, 117-118
Social roles, 211, 247
Socialisation, 321-322
Sous-traitance, 113
Stagification, 298
Stock options, 165
Structure
– bureaucratique, 233
– charismatique, 233
– coopérative, 233
SUD, 60
Système dual de formation (Allemagne), 122
Télétravail, 122
Temps de travail (annualisation), 115, 118
Temps partiel, 116-118
Test (recrutement), 177, 186
Théorie de la régulation, 15
Toyotisme, 8
Trajectoire professionnelle, 255, 273, 283
Transférabilité, 103
TRILD, 117
Tutorat, 300-301
TWI (Training Within Industry), 288
Unité élémentaire de travail (UET), 124
Variante nationale, 15

Achevé d'imprimer sur les presses de la
SNEL S.A.
rue Saint-Vincent 12 – B-4020 Liège
tél. 32(0)4 343 76 91 - fax 32(0)4 343 77 50
8375

Dépôt légal : octobre 1997